GED®
en Español

GED®
en Español

Guía de preparación completa para tomar la prueba GED

Jill W. Ortman

PUBLISHING

New York

Directora Editorial: Jennifer Farthing
Editoras: Ruth Baygell y Monica P. Lugo
Editora de Producción: Karina Cueto
Diseño Interior: Pamela Beaulieu
Diseño de Portada: Carly Schnur

© 2007 Kaplan, Inc.

Publicado por Kaplan Publishing, un división of Kaplan, Inc.
1 Liberty Plaza, 24th Floor
New York, NY 10006

Producido en los Estados Unidos de América

Agosto del 2007
10 9 8 7 6 5 4 3 2 1

ISBN-13: 978-1-4195-5140-6

Para información sobre descuentos para compras en grandes cantidades, por favor envie un correo electrónico a nuestro departamento de ventas especiales (Special Sales Deparment) a kaplanpublishing@kaplan.com, o escriba a Kaplan Publishing, 1 Liberty Plaza, 24th Floor, New York, NY 10006.

Contenido

kaptest.com/publishing

ACERCA DE LA AUTORA

Jill W. Ortman se graduó en la Universidad de Brown donde obtuvo un B.A. y un M.A. en Literatura Alemana, y en la Universidad de Boston, donde obtuvo un M.A. en TESOL. Ha escrito para varias editoriales de ESL/EFL. Los últimos 15 años ha dado clases de SAT, GRE, y MAT en Quito, Ecuador, donde actualmente reside.

La autora agradece a las siguientes personas por su ayuda y colaboración en este proyecto: Laura Vinocuna, Germania Silva, Andi Narváez, Ana Francisca Trueba, y Fernanda Duque.

¿Qué son las Pruebas de GED?

Puede que no haya tenido la oportunidad de terminar la escuela secundaria, pero nunca ha dejado de aprender. Las Pruebas de GED le dan la oportunidad de utilizar la sabiduría que ha adquirido no tan sólo a través de la educación formal sino también a través de las experiencias de su vida para obtener un diploma de secundaria o *high school*. Para aquellos individuos quienes consideran que el español es su primer idioma, las pruebas están disponibles en español. El idioma no es un obstáculo para que pueda obtener un diploma de escuela secundaria en los Estados Unidos o en Canadá.

Usted tomará las *nuevas* Pruebas de GED. Estas pruebas contienen información que es más significativa para los adultos, y problemas y lecturas que son orientados a los negocios y las experiencias prácticas de la vida cotidiana. Si ya ha estudiado o tomado las *antiguas* Pruebas de GED, puede que note las siguientes diferencias.

Hay un nuevo método de calificar el ensayo, y se pondrá mayor énfasis en la organización del mismo.

Los candidatos que tomen el examen en los Estados Unidos tendrán—por lo menos—un extracto de la Constitución, de la Declaración de la Independencia, o de alguna decisión importante de la Corte Suprema de los Estados Unidos, en la prueba de ciencias sociales.

En el examen de ciencias se cubrirán más temas que en pruebas anteriores.

Para la Parte I de la prueba de matemáticas, en la cúal se permite el uso de calculadora, la única calculadora permitida será la Casio fx-260 solar. Tendrá la oportunidad de practicar con esta calculadora antes del comienzo del examen.

¿QUÉ HAY EN LAS PRUEBAS?

Las Pruebas de GED son una serie de pruebas que duran ocho horas. Las pruebas están basadas en el nivel de conocimiento que un estudiante graduado de secundaria debe haber obtenido. Los exámenes cubren cinco áreas académicas diferentes:

- Redacción
- Estudios Sociales
- Ciencias
- Español: Lengua, Lectura
- Matemáticas (en dos partes)

Prueba	Número de Preguntas	Límite de Tiempo
Redacción	50	80 minutos
Redacción, Parte II	Ensayo	45 minutos
Estudios Sociales	50 preguntas	75 minutos
Ciencias	50 preguntas	85 minutos
Español: Lengua y Lectura	40 preguntas	70 minutos
Matemáticas, Parte I	25 preguntas; uso opcional de una calculadora	50 minutos
Matemáticas, Parte II	25 preguntas sin calculadora	50 minutos

¿POR QUÉ TOMAR LAS PRUEBAS DE GED?

Hay muchas razones para tomar las Pruebas de GED. Tal vez se dió cuenta de que algunos empleadores exigen un diploma de escuela secundaria para darle empleo inicial o para ascensos a empleos con mayor responsabilidad y mejor sueldo. Cuando pase las Pruebas de GED, recibirá ese diploma de escuela secundaria. Puede que quiera continuar su educación en la universidad o escuela profesional.

Con el diploma de las Pruebas de GED, tendrá los mismos derechos y ventajas que cualquier otro graduado de secundaria en los Estados Unidos o en Canadá al aplicar para admisión a instituciones de educación avanzada y para ayuda financiera del gobierno. También puede ser que quiera sacar el diploma de escuela secundaria para su propia satisfacción, para comprobarse a si mismo que puede lograr una meta personal. Sea cual sea su razón, nunca se arrepentirá de haber tomado el tiempo y la energía necesarios para conseguir el diploma de escuela secundaria y se sorprenderá de cuantas oportunidades se abren ante usted como resultado de haberlo hecho.

¿QUIÉN PUEDE TOMAR LAS PRUEBAS DE GED?

Los requerimientos para poder tomar las Pruebas de GED varían de un estado a otro. Para saber los requerimientos para el estado en el que reside, llame al 1-800-62-MYGED (1-800-626-9433). También podrá conseguir información sobre las fechas, costos, y lugares para tomar el examen.

Al igual, puede ver esta información en línea en **www.gedtest.org**. En esta página en contrará información sobre las pruebas, preparación para éstas, lugares donde tomarlas, etc., al igual que información específica para su estado y una persona a la cual puede contactar para que pueda responder a cualquier pregunta que Usted tenga después de haber visto toda la página Web.

¿CUÁNTO VA A COSTAR?

El costo para tomar las Pruebas de GED varía de estado a estado. Para conseguir información específica, llame al 1-800-62-MYGED o revise la información en línea.

¿CUÁNDO DEBERÍA TOMAR LAS PRUEBAS DE GED?

Revise el calendario de fechas para el examen en el centro más cercano a Usted. A menos que necesite el diploma pronto, no se registre para tomar el examen hasta que se sienta cómodo y preparado.

¿QUÉ AYUDA EXTRA PUEDO CONSEGUIR?

Si necesita ayuda extra en ciertas áreas de estudio, hay muchos lugares donde la puede conseguir. Un buen lugar donde comenzar es en la página Web **www.literacydirectory.org** o llamando al 1-800-228-8813. También puede visitar la página oficial de GED **www.gedtest.org** para obtener más información.

ESTUDIANTES IMPEDIMENTADOS

Si tiene algún impedimento documentado, contacte al centro más cercano de Pruebas de GED y pida alguno de los siguientes formularios e información sobre como usarlos. Una vez que su impedimento sea documentada y las acomodaciones sean aprobadas, el Examinador Jefe del centro de las Pruebas de GED se encargará de conducir el examen utilizando las acomodaciones aprobadas. No hay ningún tipo de cargo adicional por estas acomodaciones.

- **Problemas de aprendizaje y/o déficit de atención/ desorden de hiperactividad (Formulario L-15)**

  Ejemplos de condiciones: dislexia, discalculia, afasia receptiva, hiperactividad, desorden de la lengua escrita, desorden de déficit de atención.

- **Impedimentos físicos y emocionales o impedimentos sicológicos (Formulario SA-001)**

  Ejemplos de condiciones: ceguera, poca visión, sordera, problemas de audición, parálisis parcial o total, desorden bipolar, síndrome de Tourette.

  Si necesita averiguar más sobre los problemas de aprendizaje, cómo comprobar si es que tiene un problema de aprendizaje, o qué recursos están disponibles, entre en línea a **www.gedtest.org**.

EL DÍA DEL EXAMEN

Hay algunas cosas que puede hacer para preparase física y mentalmente para el examen.

1. No estudie la noche antes del examen.

2. Es importante sentirse tranquilo y bien descansado en el día del examen. Duerme bien la noche antes del examen y come un desayuno nutritivo pero no pesado en la mañana del examen.

3. No tome mucha bebidas con cafeína antes del examen si no esta acostumbrado a hacerlo.

4. Llegue temprano y no se sentiré presionado. Conozca donde tiene que ir a tomar el examen, como va a llegar, y cuanto tiempo se demora para llegar allí. Guarde un poco de tiempo adicional para el trafico o demoras inesperadas.

5. Vístase cómodamente con varias capas de ropa para poder ajustarse a la temperatura del cuarto done presenta el examen.

6. No pierda su concentración. Tenga confianza en usted y su preparación para el examen.

ESTRATEGIAS PARA EL ÉXITO

Hay algunas cosas que puede hacer para mejorar su calificación. Las siguientes sugerencias le ayudarán a tomar el examen de una manera más eficaz y exitosa.

1. No se olvide que tiene muchas preguntas para responder en un tiempo restringido. Es importante que siga avanzando en el examen a buena velocidad sin quedarse estancado en ninguna pregunta.

2. Lea cada pregunta cuidadosamente. Si una de ellas le parece muy complicada, trate de expresarla de otra manera. Es sumamente importante entender lo que dice la pregunta para escoger la respuesta correcta. Ponga mucha atención a los detalles.

3. Piense en cómo respondería a la pregunta antes de revisar las opciones de respuesta. Elimine las respuestas que no corresponden a la contestación que tenia en mente. Asegúrese de no escoger la primera respuesta que le parece factible—lea todas antes de marcar su hoja de respuesta.

4. No gaste demasiado tiempo en una sola pregunta. No se olvide que su tiempo es limitado y que ninguna pregunta vale más que las demás. Si encuentra una muy difícil, adivine.

5. Use el proceso de eliminación. Siempre es mejor adivinar entre el mínimo de respuestas posibles, entonces utilice el proceso de eliminación para reducir el número de respuestas. Primero, elimine respuestas que son obviamente incorrectas y las que no son racionales. Considere las respuestas que quedan e intente adivinar la respuesta correcta. Ponga una marca ligero en su cuaderno de prueba para localizar la pregunta si le sobra tiempo para revisar su trabajo.

6. Tenga cuidado de no equivocarse llenando su hoja de respuestas. Esté siempre seguro que pone sus respuestas en el lugar correcto.

7. Recuerde que no tiene que contestar las preguntas en el orden establecido en cada prueba. Por ejemplo, si las preguntas sobre geometría son mas fáciles para usted que las de álgebra, puede contestar al final las preguntas de álgebra.

8. Si todavía le sobra tiempo, puede revisar su trabajo. Tenga cuidado de no cambiar respuestas por descuido. Debe tener una buena razón para cambiar una respuesta.

Cómo Utilizar Este Libro

Tranquilícese—el propósito de este libro no es tratar de enseñarle todos los conocimientos que un alumno de secundaria aprendería en cuatro años de estudio. Ésta no sería una meta realista, ni posible, además no es necesario. Las preguntas del GED ponen a prueba su habilidad de analizar información, así que no tiene que producir respuestas basadas en información memorizada. La intención de este libro es:

- Ayudarle a identificar las materias que conoce bien y las que debe estudiar más

- Proporcionarle un repaso completo de los temas tratados en las pruebas

- Sugerirle recursos adicionales para fortalecer sus conocimientos

- Enseñarle estrategias para pasar las pruebas

Para empezar, llene la carta "Usted sabe más de lo que piensa." Reflexione sobre la forma en que utiliza las matemáticas, las ciencias, la redacción, la lectura, y las ciencias sociales en su vida cotidiana. Es muy probable que descubra que las destrezas que desarrolló en la secundaria han ido incrementando y que en realidad, sabe más de lo que piensa.

TOME LOS DIAGNÓSTICOS

Ahora, tome las pruebas del examen de diagnóstico. Las pruebas servirán para identificar sus fortalezas y debilidades académicas. No es necesario tomar todas las pruebas a la vez, pero es importante completar una prueba entera sin ser interrumpido. Solo trabaje por el lapso de tiempo indicado en cada prueba. Intente terminarlas dentro de este lapso de tiempo, contestando todas las preguntas. Si no está seguro de la respuesta correcta, adivine. En algunos casos, se dará cuenta que sus "adivinaciones" no están hechas al azar, sino que están basadas en información enterrada en su memoria.

Después de terminar las pruebas de diagnóstico, compare sus respuestas con las respuestas correctas. Mantenga una actitud positiva. Nadie más verá sus resultados y usted no debe esperar conseguir resultados perfectos, especialmente si es la primera vez que ha tomado una prueba después de varios años. Lea cuidadosamente las explicaciones de las respuestas a las preguntas que falló. En algunos casos, habrá cometido errores por descuido, en otros, porque no entendió la pregunta o no pudo resolver el problema por falta de conocimientos. Para desarrollar su plan de estudios, es importante distinguir entre las materias que son fáciles para usted, y las que le son más desafiantes.

ANALICE SUS PUNTOS FUERTES Y DÉBILES

Considere sus resultados de manera realista. Probablemente se dará cuenta que en algunas áreas tiene más competencia de lo que se imaginó, pero en otras tiene menos. Una vez que sepa cuáles son sus puntos fuertes y débiles, podrá concentrarse en las áreas problemáticas. Si encuentra una materia sobre la cuál verdaderamente no sabe nada (y de éstas habrán menos de lo que piensa), empiece con ella. Estudie el capítulo pertinente, y haga los ejercicios. Si se da cuenta que no progresa, busque ayuda adicional.

HAGA UN PLAN DE ESTUDIO

Para enfocar sus estudios, haga un plan y déjelo en un lugar donde lo vea todos los días. Considere el siguiente plan para el primer mes de estudios. Fue diseñado por una persona que piensa que su punto más débil son las matemáticas.

Esta persona ha decidido dedicar una hora y media a sus estudios durante la semana laboral y cuatro horas en el fin de semana. Tendrá que diseñar un horario realista que funcione para usted. Dependiendo de sus metas personales y de sus conocimientos, puede ser que Ud. quiera trabajar más aprisa o más despacio. Una vez que ha hecho su plan, sígalo con seriedad. Recuerde que esta trabajando hacia una meta importante que cambiará su vida para mejor.

Cuando tenga una buena idea del tiempo que necesitará para prepararse para el examen, consiga un horario de las fechas de prueba del GED en su área. Decida cuanto tiempo necesitará para estudiar, y entonces escoja una fecha para su prueba.

Ahora, ponga manos a la obra! No hay una manera equivocada de estudiar—lo importante es que estudie todas las materias y que adquiera una comprensión básica de cada una de ellas.

TOME LAS PRUEBAS DE PRÁCTICA

Lo importante es que estudie todas las materias y que adquiera una comprensión básica de cada una de ellas. Una vez que ha estudiado todas las secciones, tome las pruebas de práctica. Si encuentra que todavía tiene problemas en una materia, revise el capitulo pertinente.

Para evaluar sus resultados, cuente el número de respuestas correctas en cada prueba. Recuerde que no se quitarán puntos para respuestas incorrectas. Si ha contestado la mitad de las preguntas correctamente en una prueba de diagnostico o de practica, es muy probable que es capaz de aprobar la misma prueba de GED.

El Internet es un recurso inapreciable. Si no tiene su propia computadora, puede usar las de su biblioteca. Abre una maquina de buscar como Google o Yahoo y escriba las palabras que describan lo que quiere estudiar. Por ejemplo, si necesita ayuda en la gramática, escriba "gramática" o "gramática español." Se sorprenderá a la cantidad de artículos ofrecidos. Si no sabe manejar el Internet, pida ayuda en la biblioteca. Es una destreza valiosa que le ayudara en sus estudios y en el trabajo.

Domingo	Lunes	Martes	Miércoles	Jueves	Viernes	Sábado
		1	**2**	**3** Leer Como usar este libro	**4** Llenar carta Usted sabe más de lo que piensa	**5** Tomar pruebas diagnósticas
6 Corregir pruebas y hacer plan de estudios	**7** 8–9:30 P.M. Estudiar: operaciones numéricas	**8** 8–9:30 P.M. Estudiar: seguir con operaciones numéricas	**9** 8–9:30 P.M. Tomar prueba sección 1 Corregir y repasar sección Anotar problemas especiales	**10** 8–9:30 P.M. Estudiar: seguir con medidas y geometría	**11** Día libre	**12** 3–5:00 P.M. Estudiar: seguir con medidas y geometría
13 2–4:00 P.M. Tomar prueba sección 2 Corregir y repasar sección Anotar problemas especiales	**14** 8–9:30 P.M. Estudiar: análisis de datos, estadísticas	**15** 8–9:30 P.M. Estudiar: seguir con análisis de datos, estadísticas	**16** 8–9:30 P.M. Estudiar: análisis de datos, estadísticas	**17** 8–9:30 P.M. Estudiar: análisis de datos, estadísticas	**18** Día libre	**19** 2–4:00 Tomar prueba 3 Corregir y repasar sección Anotar problemas especiales
20 2–4:00 P.M. Estudiar: álgebra, funciones y patrones	**21** 8–9:30 P.M. Estudiar: seguir con álgebra, funciones y patrones	**22** 8–9:30 P.M. 10:00–12:00 Estudiar: seguir con álgebra, funciones y patrones	**23** 8–10.00 P.M. Tomar prueba 4 Corregir y – what should go here?	**24** 8–9:30 P.M. Repasar sección de álgebra Anotar problemas especiales	**25** Día libre	**25** 10–12:00 Repasar capítulo de matemáticas
26 Estudiar: ciencias biológicas	**27** 8:00 –9:30 P.M. Estudiar: estudiando ciencias biológicas	**28** 8:00 –9:30 P.M. Estudiar: genética	**29** 8:00 –9:30 p.m. Estudiar: evolución	**30** 8:00 –9:30 P.M. Estudiar: ciencias químicas	**31** Día libre	

KAPLAN

¡USTED SABE MÁS DE LO QUE PIENSA!

Llene cada línea con algo que sabe, que a leído, o que sabe hacer acerca de cada materia. Descubrirá que tiene conocimientos en áreas sorprendentes. Por ejemplo, se lee el periódico anótelo en

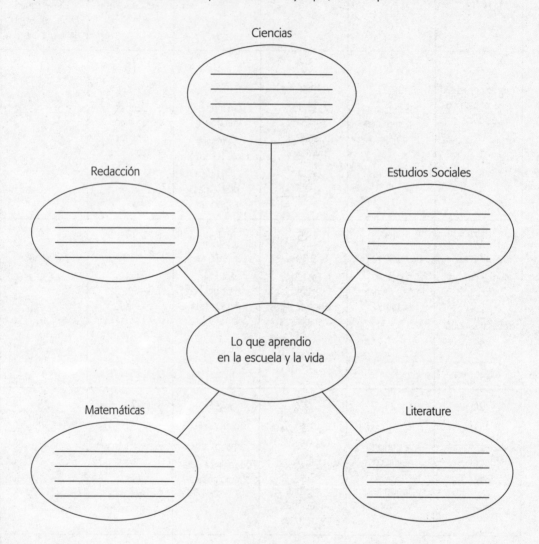

Examen de Diagnóstico

El sistema de calificación de las pruebas de GED es muy complicado y sus resultados no serán la suma de las preguntas contestadas correctamente. Para cada una de las pruebas, recibirá un puntaje estándar de 200 a 800 y una clasificación por percentil, de 1 al 99.

Para aprobar el examen hay que cumplir con dos criterios. Los requisitos varían entre estados, pero la norma mínima de aprobación es de 410 en cada prueba y un promedio de 450 en la batería de 5 pruebas (un total de 2250 puntos).

No se olvide que puede volver a tomar cualquiera de los 5 exámenes en el caso de no aprobar una prueba o de no conseguir los 2250 puntos.

Examen de Diagnóstico
Hoja de Respuestas

Redaccion

1. Ⓐ Ⓑ Ⓒ Ⓓ Ⓔ	14. Ⓐ Ⓑ Ⓒ Ⓓ Ⓔ	27. Ⓐ Ⓑ Ⓒ Ⓓ Ⓔ	40. Ⓐ Ⓑ Ⓒ Ⓓ Ⓔ
2. Ⓐ Ⓑ Ⓒ Ⓓ Ⓔ	15. Ⓐ Ⓑ Ⓒ Ⓓ Ⓔ	28. Ⓐ Ⓑ Ⓒ Ⓓ Ⓔ	41. Ⓐ Ⓑ Ⓒ Ⓓ Ⓔ
3. Ⓐ Ⓑ Ⓒ Ⓓ Ⓔ	16. Ⓐ Ⓑ Ⓒ Ⓓ Ⓔ	29. Ⓐ Ⓑ Ⓒ Ⓓ Ⓔ	42. Ⓐ Ⓑ Ⓒ Ⓓ Ⓔ
4. Ⓐ Ⓑ Ⓒ Ⓓ Ⓔ	17. Ⓐ Ⓑ Ⓒ Ⓓ Ⓔ	30. Ⓐ Ⓑ Ⓒ Ⓓ Ⓔ	43. Ⓐ Ⓑ Ⓒ Ⓓ Ⓔ
5. Ⓐ Ⓑ Ⓒ Ⓓ Ⓔ	18. Ⓐ Ⓑ Ⓒ Ⓓ Ⓔ	31. Ⓐ Ⓑ Ⓒ Ⓓ Ⓔ	44. Ⓐ Ⓑ Ⓒ Ⓓ Ⓔ
6. Ⓐ Ⓑ Ⓒ Ⓓ Ⓔ	19. Ⓐ Ⓑ Ⓒ Ⓓ Ⓔ	32. Ⓐ Ⓑ Ⓒ Ⓓ Ⓔ	45. Ⓐ Ⓑ Ⓒ Ⓓ Ⓔ
7. Ⓐ Ⓑ Ⓒ Ⓓ Ⓔ	20. Ⓐ Ⓑ Ⓒ Ⓓ Ⓔ	33. Ⓐ Ⓑ Ⓒ Ⓓ Ⓔ	46. Ⓐ Ⓑ Ⓒ Ⓓ Ⓔ
8. Ⓐ Ⓑ Ⓒ Ⓓ Ⓔ	21. Ⓐ Ⓑ Ⓒ Ⓓ Ⓔ	34. Ⓐ Ⓑ Ⓒ Ⓓ Ⓔ	47. Ⓐ Ⓑ Ⓒ Ⓓ Ⓔ
9. Ⓐ Ⓑ Ⓒ Ⓓ Ⓔ	22. Ⓐ Ⓑ Ⓒ Ⓓ Ⓔ	35. Ⓐ Ⓑ Ⓒ Ⓓ Ⓔ	48. Ⓐ Ⓑ Ⓒ Ⓓ Ⓔ
10. Ⓐ Ⓑ Ⓒ Ⓓ Ⓔ	23. Ⓐ Ⓑ Ⓒ Ⓓ Ⓔ	36. Ⓐ Ⓑ Ⓒ Ⓓ Ⓔ	49. Ⓐ Ⓑ Ⓒ Ⓓ Ⓔ
11. Ⓐ Ⓑ Ⓒ Ⓓ Ⓔ	24. Ⓐ Ⓑ Ⓒ Ⓓ Ⓔ	37. Ⓐ Ⓑ Ⓒ Ⓓ Ⓔ	50. Ⓐ Ⓑ Ⓒ Ⓓ Ⓔ
12. Ⓐ Ⓑ Ⓒ Ⓓ Ⓔ	25. Ⓐ Ⓑ Ⓒ Ⓓ Ⓔ	38. Ⓐ Ⓑ Ⓒ Ⓓ Ⓔ	
13. Ⓐ Ⓑ Ⓒ Ⓓ Ⓔ	26. Ⓐ Ⓑ Ⓒ Ⓓ Ⓔ	39. Ⓐ Ⓑ Ⓒ Ⓓ Ⓔ	

Estudios Sociales

1. Ⓐ Ⓑ Ⓒ Ⓓ Ⓔ	14. Ⓐ Ⓑ Ⓒ Ⓓ Ⓔ	27. Ⓐ Ⓑ Ⓒ Ⓓ Ⓔ	40. Ⓐ Ⓑ Ⓒ Ⓓ Ⓔ
2. Ⓐ Ⓑ Ⓒ Ⓓ Ⓔ	15. Ⓐ Ⓑ Ⓒ Ⓓ Ⓔ	28. Ⓐ Ⓑ Ⓒ Ⓓ Ⓔ	41. Ⓐ Ⓑ Ⓒ Ⓓ Ⓔ
3. Ⓐ Ⓑ Ⓒ Ⓓ Ⓔ	16. Ⓐ Ⓑ Ⓒ Ⓓ Ⓔ	29. Ⓐ Ⓑ Ⓒ Ⓓ Ⓔ	42. Ⓐ Ⓑ Ⓒ Ⓓ Ⓔ
4. Ⓐ Ⓑ Ⓒ Ⓓ Ⓔ	17. Ⓐ Ⓑ Ⓒ Ⓓ Ⓔ	30. Ⓐ Ⓑ Ⓒ Ⓓ Ⓔ	43. Ⓐ Ⓑ Ⓒ Ⓓ Ⓔ
5. Ⓐ Ⓑ Ⓒ Ⓓ Ⓔ	18. Ⓐ Ⓑ Ⓒ Ⓓ Ⓔ	31. Ⓐ Ⓑ Ⓒ Ⓓ Ⓔ	44. Ⓐ Ⓑ Ⓒ Ⓓ Ⓔ
6. Ⓐ Ⓑ Ⓒ Ⓓ Ⓔ	19. Ⓐ Ⓑ Ⓒ Ⓓ Ⓔ	32. Ⓐ Ⓑ Ⓒ Ⓓ Ⓔ	45. Ⓐ Ⓑ Ⓒ Ⓓ Ⓔ
7. Ⓐ Ⓑ Ⓒ Ⓓ Ⓔ	20. Ⓐ Ⓑ Ⓒ Ⓓ Ⓔ	33. Ⓐ Ⓑ Ⓒ Ⓓ Ⓔ	46. Ⓐ Ⓑ Ⓒ Ⓓ Ⓔ
8. Ⓐ Ⓑ Ⓒ Ⓓ Ⓔ	21. Ⓐ Ⓑ Ⓒ Ⓓ Ⓔ	34. Ⓐ Ⓑ Ⓒ Ⓓ Ⓔ	47. Ⓐ Ⓑ Ⓒ Ⓓ Ⓔ
9. Ⓐ Ⓑ Ⓒ Ⓓ Ⓔ	22. Ⓐ Ⓑ Ⓒ Ⓓ Ⓔ	35. Ⓐ Ⓑ Ⓒ Ⓓ Ⓔ	48. Ⓐ Ⓑ Ⓒ Ⓓ Ⓔ
10. Ⓐ Ⓑ Ⓒ Ⓓ Ⓔ	23. Ⓐ Ⓑ Ⓒ Ⓓ Ⓔ	36. Ⓐ Ⓑ Ⓒ Ⓓ Ⓔ	49. Ⓐ Ⓑ Ⓒ Ⓓ Ⓔ
11. Ⓐ Ⓑ Ⓒ Ⓓ Ⓔ	24. Ⓐ Ⓑ Ⓒ Ⓓ Ⓔ	37. Ⓐ Ⓑ Ⓒ Ⓓ Ⓔ	50. Ⓐ Ⓑ Ⓒ Ⓓ Ⓔ
12. Ⓐ Ⓑ Ⓒ Ⓓ Ⓔ	25. Ⓐ Ⓑ Ⓒ Ⓓ Ⓔ	38. Ⓐ Ⓑ Ⓒ Ⓓ Ⓔ	
13. Ⓐ Ⓑ Ⓒ Ⓓ Ⓔ	26. Ⓐ Ⓑ Ⓒ Ⓓ Ⓔ	39. Ⓐ Ⓑ Ⓒ Ⓓ Ⓔ	

Ciencias

1. Ⓐ Ⓑ Ⓒ Ⓓ Ⓔ   14. Ⓐ Ⓑ Ⓒ Ⓓ Ⓔ   27. Ⓐ Ⓑ Ⓒ Ⓓ Ⓔ   40. Ⓐ Ⓑ Ⓒ Ⓓ Ⓔ
2. Ⓐ Ⓑ Ⓒ Ⓓ Ⓔ   15. Ⓐ Ⓑ Ⓒ Ⓓ Ⓔ   28. Ⓐ Ⓑ Ⓒ Ⓓ Ⓔ   41. Ⓐ Ⓑ Ⓒ Ⓓ Ⓔ
3. Ⓐ Ⓑ Ⓒ Ⓓ Ⓔ   16. Ⓐ Ⓑ Ⓒ Ⓓ Ⓔ   29. Ⓐ Ⓑ Ⓒ Ⓓ Ⓔ   42. Ⓐ Ⓑ Ⓒ Ⓓ Ⓔ
4. Ⓐ Ⓑ Ⓒ Ⓓ Ⓔ   17. Ⓐ Ⓑ Ⓒ Ⓓ Ⓔ   30. Ⓐ Ⓑ Ⓒ Ⓓ Ⓔ   43. Ⓐ Ⓑ Ⓒ Ⓓ Ⓔ
5. Ⓐ Ⓑ Ⓒ Ⓓ Ⓔ   18. Ⓐ Ⓑ Ⓒ Ⓓ Ⓔ   31. Ⓐ Ⓑ Ⓒ Ⓓ Ⓔ   44. Ⓐ Ⓑ Ⓒ Ⓓ Ⓔ
6. Ⓐ Ⓑ Ⓒ Ⓓ Ⓔ   19. Ⓐ Ⓑ Ⓒ Ⓓ Ⓔ   32. Ⓐ Ⓑ Ⓒ Ⓓ Ⓔ   45. Ⓐ Ⓑ Ⓒ Ⓓ Ⓔ
7. Ⓐ Ⓑ Ⓒ Ⓓ Ⓔ   20. Ⓐ Ⓑ Ⓒ Ⓓ Ⓔ   33. Ⓐ Ⓑ Ⓒ Ⓓ Ⓔ   46. Ⓐ Ⓑ Ⓒ Ⓓ Ⓔ
8. Ⓐ Ⓑ Ⓒ Ⓓ Ⓔ   21. Ⓐ Ⓑ Ⓒ Ⓓ Ⓔ   34. Ⓐ Ⓑ Ⓒ Ⓓ Ⓔ   47. Ⓐ Ⓑ Ⓒ Ⓓ Ⓔ
9. Ⓐ Ⓑ Ⓒ Ⓓ Ⓔ   22. Ⓐ Ⓑ Ⓒ Ⓓ Ⓔ   35. Ⓐ Ⓑ Ⓒ Ⓓ Ⓔ   48. Ⓐ Ⓑ Ⓒ Ⓓ Ⓔ
10. Ⓐ Ⓑ Ⓒ Ⓓ Ⓔ   23. Ⓐ Ⓑ Ⓒ Ⓓ Ⓔ   36. Ⓐ Ⓑ Ⓒ Ⓓ Ⓔ   49. Ⓐ Ⓑ Ⓒ Ⓓ Ⓔ
11. Ⓐ Ⓑ Ⓒ Ⓓ Ⓔ   24. Ⓐ Ⓑ Ⓒ Ⓓ Ⓔ   37. Ⓐ Ⓑ Ⓒ Ⓓ Ⓔ   50. Ⓐ Ⓑ Ⓒ Ⓓ Ⓔ
12. Ⓐ Ⓑ Ⓒ Ⓓ Ⓔ   25. Ⓐ Ⓑ Ⓒ Ⓓ Ⓔ   38. Ⓐ Ⓑ Ⓒ Ⓓ Ⓔ
13. Ⓐ Ⓑ Ⓒ Ⓓ Ⓔ   26. Ⓐ Ⓑ Ⓒ Ⓓ Ⓔ   39. Ⓐ Ⓑ Ⓒ Ⓓ Ⓔ

Español: Lenguaje y Lectura

1. Ⓐ Ⓑ Ⓒ Ⓓ Ⓔ   11. Ⓐ Ⓑ Ⓒ Ⓓ Ⓔ   21. Ⓐ Ⓑ Ⓒ Ⓓ Ⓔ   31. Ⓐ Ⓑ Ⓒ Ⓓ Ⓔ
2. Ⓐ Ⓑ Ⓒ Ⓓ Ⓔ   12. Ⓐ Ⓑ Ⓒ Ⓓ Ⓔ   22. Ⓐ Ⓑ Ⓒ Ⓓ Ⓔ   32. Ⓐ Ⓑ Ⓒ Ⓓ Ⓔ
3. Ⓐ Ⓑ Ⓒ Ⓓ Ⓔ   13. Ⓐ Ⓑ Ⓒ Ⓓ Ⓔ   23. Ⓐ Ⓑ Ⓒ Ⓓ Ⓔ   33. Ⓐ Ⓑ Ⓒ Ⓓ Ⓔ
4. Ⓐ Ⓑ Ⓒ Ⓓ Ⓔ   14. Ⓐ Ⓑ Ⓒ Ⓓ Ⓔ   24. Ⓐ Ⓑ Ⓒ Ⓓ Ⓔ   34. Ⓐ Ⓑ Ⓒ Ⓓ Ⓔ
5. Ⓐ Ⓑ Ⓒ Ⓓ Ⓔ   15. Ⓐ Ⓑ Ⓒ Ⓓ Ⓔ   25. Ⓐ Ⓑ Ⓒ Ⓓ Ⓔ   35. Ⓐ Ⓑ Ⓒ Ⓓ Ⓔ
6. Ⓐ Ⓑ Ⓒ Ⓓ Ⓔ   16. Ⓐ Ⓑ Ⓒ Ⓓ Ⓔ   26. Ⓐ Ⓑ Ⓒ Ⓓ Ⓔ   36. Ⓐ Ⓑ Ⓒ Ⓓ Ⓔ
7. Ⓐ Ⓑ Ⓒ Ⓓ Ⓔ   17. Ⓐ Ⓑ Ⓒ Ⓓ Ⓔ   27. Ⓐ Ⓑ Ⓒ Ⓓ Ⓔ   37. Ⓐ Ⓑ Ⓒ Ⓓ Ⓔ
8. Ⓐ Ⓑ Ⓒ Ⓓ Ⓔ   18. Ⓐ Ⓑ Ⓒ Ⓓ Ⓔ   28. Ⓐ Ⓑ Ⓒ Ⓓ Ⓔ   38. Ⓐ Ⓑ Ⓒ Ⓓ Ⓔ
9. Ⓐ Ⓑ Ⓒ Ⓓ Ⓔ   19. Ⓐ Ⓑ Ⓒ Ⓓ Ⓔ   29. Ⓐ Ⓑ Ⓒ Ⓓ Ⓔ   39. Ⓐ Ⓑ Ⓒ Ⓓ Ⓔ
10. Ⓐ Ⓑ Ⓒ Ⓓ Ⓔ   20. Ⓐ Ⓑ Ⓒ Ⓓ Ⓔ   30. Ⓐ Ⓑ Ⓒ Ⓓ Ⓔ   40. Ⓐ Ⓑ Ⓒ Ⓓ Ⓔ

Matemáticas

1. ① ② ③ ④ ⑤   6. ① ② ③ ④ ⑤   11. ① ② ③ ④ ⑤   16. ① ② ③ ④ ⑤
2. ① ② ③ ④ ⑤   7. ① ② ③ ④ ⑤   12. ① ② ③ ④ ⑤   17. ① ② ③ ④ ⑤
3. ① ② ③ ④ ⑤   8. ① ② ③ ④ ⑤   13. ① ② ③ ④ ⑤   18. ① ② ③ ④ ⑤
4. ① ② ③ ④ ⑤   9. ① ② ③ ④ ⑤   14. ① ② ③ ④ ⑤   19. ① ② ③ ④ ⑤
5. ① ② ③ ④ ⑤   10. ① ② ③ ④ ⑤   15. ① ② ③ ④ ⑤   20. ① ② ③ ④ ⑤

21.   22.   23.   24.   25.

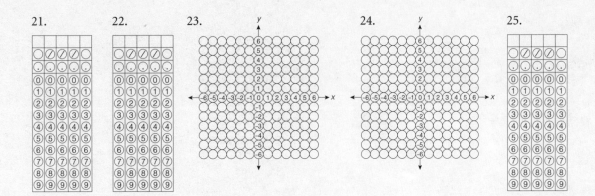

26. ① ② ③ ④ ⑤   31. ① ② ③ ④ ⑤   36. ① ② ③ ④ ⑤   41. ① ② ③ ④ ⑤
27. ① ② ③ ④ ⑤   32. ① ② ③ ④ ⑤   37. ① ② ③ ④ ⑤   42. ① ② ③ ④ ⑤
28. ① ② ③ ④ ⑤   33. ① ② ③ ④ ⑤   38. ① ② ③ ④ ⑤   43. ① ② ③ ④ ⑤
29. ① ② ③ ④ ⑤   34. ① ② ③ ④ ⑤   39. ① ② ③ ④ ⑤   44. ① ② ③ ④ ⑤
30. ① ② ③ ④ ⑤   35. ① ② ③ ④ ⑤   50. ① ② ③ ④ ⑤   45. ① ② ③ ④ ⑤

46.   47.   48.   49.   50.

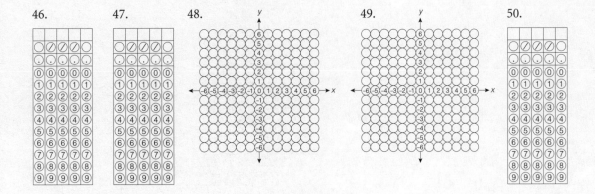

Examen de Diagnóstico: **Redacción**

Parte I

<u>Instrucciones, Parte I</u>: Escoja la mejor respuesta a cada pregunta.
Tiene 80 minutos para contestar 50 preguntas.

<u>Ejemplo:</u>

Oración 1: Piensa en el sentido de la oracion. ¿Qué corrección se debe hacer en la oración 1?

(1)   Pienso en el sentido de la orasión.

(2)   Piensa en el sentido del oracion.

(3)   Piensa en el sentido de la oración.

(4)   Piensa en la sentido de la orasion.

(5)   Pensar en el sentido de la oración.

Las preguntas del 1–12 se refieren a la siguiente carta:

Madrid, 15 de agosto de 2004

Querida hermanita:

(1) ¡Parece increíble pero ya estoy aquí! (2) Llegué muy cansada y dormí 12 horas seguidas. (3) Hoy me levanté dispuesta a cumplir con uno de mis sueños: visitar el Museo del Prado, uno de los mejores del mundo. (4) "Las meninas," "Las lanzas" de Diego Velásquez y las dos majas de Francisco de Goya, me dejaron gratamente impresionada.

(5) Este fin de semana visitaré la antigua ciudad de Toledo, rica por su historia y cultura. (6) Me interesa ver el famoso cuadro "El entierro del conde de Orgaz" que pintó El Greco. (7) Aunque este pintor no nació en España sino en la isla de Creta, Grecia, se lo considera español porque la mayor parte de su obra la hizo en España.

(8) Esta es la temporada de la zarsuela en Madrid y mañana pienso ir a la presentación de "Fuenteovejuna," una de mis favoritas. (9) Hace mucho tiempo que no tengo el placer de ver y escuchar espectáculos de esta naturaleza.

(10) La Alhambra me espera y en sus corredores y amplios salones moriscos reviviré la historia y las costumbres de los musulmanes que invadieron tierras españolas por tantos siglos. (11) Nesesito respirar el aire de este lugar y así cumplir con otro sueño de mi vida.

(12) En tres semanas estaré de regreso. Espero encontrarte lozana y feliz, como siempre.

Tu hermanita mayor

Federica

1. Oración 1: Parece increíble pero ya estoy aquí! Si no necesita corrección, escoja la opción 1.

   (1) Parece increíble pero ya estoy aquí!

   (2) ¡Parece increíble pero ya estoy aquí.

   (3) ¡Parece increíble pero ya estoy aquí!

   (4) Parese increíble pero ya estoy aquí!

   (5) ¡parece increíble pero ya estoy aquí!

2. Oración 2: Llegué muy cansada y dormí 12 horas seguidas. ¿Qué corrección se debe hacer en la oración 2? Si no necesita corrección, escoja la opción 1.

   (1) Llegué muy cansada y dormí 12 horas seguidas.

   (2) Llegé muy cansada y dormí 12 horas seguidas.

   (3) Llegué muy canzada y dormí 12 horas seguidas.

   (4) Llegué muy cansada porque dormí 12 horas seguidas

   (5) Llegó muy cansada porque dormí 12 horas seguidas.

3. Oración 3: Hoy me levanté dispuesta a cumplir con uno de mis sueños: visitar el Museo del Prado, uno de los mejores del mundo. Si se eliminan los dos puntos después de *sueños*: ¿Con qué palabras los podría sustituir?

   (1) … sueños y visitar…

   (2) … sueños por visitar…

   (3) …, el de visitar…

   (4) … sueños para visitar…

   (5) … ojalá visitar…

4. Oración 4: "Las meninas," "Las lanzas" de Diego Velásquez y las dos majas de Francisco de Goya, me dejaron gratamente impresionada. Si la oración comenzara así: *Me dejaron gratamente impresionada…* ¿Cuál sería la manera correcta de continuar?

   (1) "Las lanzas" de Diego Velázquez

   (2) La maja de Francisco de Goya

   (3) Las meninas de Diego Velázquez

   (4) La obra de Francisco de Goya

   (5) "Las meninas," "Las lanzas" de Diego Velázquez y las dos majas de Francisco de Goya

5. Oración 5: Este fín de semana visitaré la antigua ciudad de Toledo, rica por su historia y cultura. ¿Qué corrección se debe hacer en la parte subrayada? Si no necesita corrección, escoja la opción 1.

   (1) Este fín de semana…

   (2) Éste fin de semana…

   (3) Éste fín de semana…

   (4) Este fin de semana…

   (5) Este fin de cemana

6. Oración 6: Me interesa ver el famoso cuadro "El entierro del conde de Orgaz" que pintó El Greco. ¿Cuál es la mejor forma de escribir la parte subrayada de la oración? Si no necesita corrección, escoja la opción 1.

   (1) Me interesa ver el famoso cuadro

   (2) Me interesaba por ver el famoso cuadro

   (3) Me interesó ver el famoso cuadro

   (4) Me pareció interesante ver

   (5) Estoy muy interesada en conocer el famoso cuadro

7. Oración 7: Aunque este pintor no nació en España sino en la isla de Creta, Grecia, se lo considera español porque la mayor parte de su obra la hizo en España. Si la oración comenzara así: *El Greco hizo la mayor parte de su obra en España y…* ¿Cuál sería la mejor forma de continuar con esta oración compuesta?

   (1) Por esta razón es muy famoso

   (2) por eso se le considera español aunque…

   (3) nació en Grecia

   (4) por eso es muy famoso en este país aunque

   (5) nació en Creta, Grecia

8. Oración 8: <u>Esta es la temporada de la zarsuela en Madrid</u> y mañana pienso ir a la presentación de "Fuenteovejuna," una de mis favoritas. ¿Qué corrección se debe hacer en la parte subrayada? Si no necesita corrección, escoja la opción 1.

   (1) Esta es la temporada de la zarsuela en Madrid

   (2) Esta es la tenporada de la zarsuela en Madrid

   (3) Esta es la temporada de la zarzuela en Madrid

   (4) Esta es la temporada de la sarsuela en Madrid

   (5) Esta es la temporada de la sarsuela en madrid.

9. Oración 9: Hace mucho tiempo que no tengo el placer de ver y escuchar espectáculos de esta naturaleza. ¿Se deben hacer correcciones en esta oración? Si no necesita corrección, escoja la opción 1.

   (1) Hace mucho tiempo que no tengo el placer de ver y escuchar espectáculos de esta naturaleza.

   (2) Hacía mucho tiempo que no tenía el placer de ver y escuchar espectáculos de esta naturaleza.

   (3) Hace ya mucho tiempo que no tenía el placer de ver y escuchar espectáculos de esta naturaleza.

   (4) Hace ya mucho tiempo que no tendré el placer de ver y escuchar espectáculos de esta naturaleza.

   (5) Ya hace mucho tiempo que no tenía el placer de ver y escuchar espectáculos de esta naturaleza.

10. Oración 10: <u>La Alhambra me espera y en sus corredores</u> y amplios salones moriscos, reviviré la historia y las costumbres de los musulmanes que ocuparon tierras españolas por tantos siglos. ¿Cuál sería otra forma correcta de escribir la parte subrayada?

    (1) La Alhambra me espera porque en sus corredores…

    (2) La Alhambra me espera aunque en sus corredores

    (3) La Alhambra me espera. En sus corredores…

    (4) La Alhambra me espera para que en sus corredores…

    (5) La Alhambra me espera con sus corredores…

11. Oración 11: <u>Nececito respirar el aire de este lugar y así cumplir</u> con otro sueño de mi vida. ¿Qué corrección se debe hacer en la parte subrayada? Si no necesita corrección, escoja la opción 1.

    (1) Nececito respirar el aire de este lugar y así cumplir…

    (2) Nesecito respirar el aire de este lugar y así cumpli…

    (3) Nesesito respirar el aire de este lugar y así cumplir…

    (4) Necesito respirar el aire de este lugar y así cunplir…

    (5) Necesito respirar el aire de este lugar y así cumplir…

12. Oración 12: En tres semanas estaré de regreso. Espero encontrarte lozana y feliz, como siempre. ¿Cuál es la forma correcta de unir estas dos oraciones simples?

    (1) …de regreso y espero encontrarte…

    (2) …de regreso porque espero encontrarte…

    (3) …de regreso entonces espero encontrarte…

    (4) …de regreso, sin embargo espero encontrarte…

    (5) …de regreso para encontrarte

Las preguntas 13–23 se refieren al siguiente texto:

(1) En la segunda semana de diciembre pasado, mientras el mundo seguía sin pestañear las peripecias del rastreo y la captura del ex dictador iraquí Saddam Hussein, dos noticias provenientes de Europa pasaron casi al vuelo y solamente fueron registradas por los observadores más atentos de la política internacional. (2) Primera, los quince países miembros de la Unión Europea decidieron crear un cuerpo de defensa en capacidad de planificar y ejecutar operaciones militares autónomas. (3) Y segunda, siete países del este europeo, antiguos miembros del imperio soviético, presentaron las cifras asombrosas de su crecimiento económico. Con esas cifras empieza este artículo.

(4) Letonia y Lituania, dos de los tres países bálticos que entre 1940 y 1991 permanecieron retenidos por la fuerza en la Unión Soviética, tuvieron el año 2003 crecimientos económicos superiores al nueve por ciento, los más altos del mundo, incluso mayores que el impresionante ocho y medio por ciento logrado por China. (5) Paralelamente, otros cinco países del área (Estonia, Eslovaquia, Croacia, Bulgaria y Rumania) superaron también, holgadamente, el cuatro por ciento de crecimiento de sus respectivas economías. Y lo hicieron en un año que no fue precisamente de expansión mundial.

(6) En conjunto, esos siete países (a los que ya se llama "los nuevos tigres de la Nueva Europa") crecieron 4,6 por ciento, frente al 2,9 del resto de Europa, el 2,2 de los Estados Unidos y el magro 2,1 de América Latina. (7) Los "tigres europeos" incluso superaron a los voraces "tigres asiáticos" que en conjunto crecieron 3,7 por ciento. (8) Y, según anticipan los expertos, sus índices de expansión no solamente tenderán a mantenerse durante este y los próximos años, sino que incluso podrían subir.

(9) En efecto, mientras la "Vieja Europa" presenta algunos síntomas de recesión, sus vecinos orientales, del Báltico a los Balcanes, exhiben índices de crecimiento que, al cabo de una década de independencia política y de economía de mercado, están repercutiendo con fuerza en el mejoramiento del nivel de vida de sus habitantes. (10) En los 7 países hay una ampliación constante de la base industrial y su captación de inversiones sube aceleradamente, por lo que las tasas de desempleo (o de "falso desempleo," tan frecuente en los países socialistas) están cayendo en picada. (…)

—Jorge Ortiz, "Siete tigres jóvenes y un león enojado"

13. Oración 1: En la segunda semana de diciembre pasado, mientras el mundo seguía sin pestañear las peripecias del rastreo y la captura del ex dictador iraquí Saddam Hussein, dos noticias provenientes de Europa pasaron casi al vuelo y solamente fueron registradas por los observadores más atentos de la política internacional. ¿Qué parte de esta oración compuesta puedo eliminar sin cambiar la información de la misma?

(1) … y solamente fueron registradas por los observadores más atentos de la política internacional.

(2) … mientras el mundo seguía sin pestañear las peripecias del rastreo y la captura del ex dictador iraquí Saddam Hussein

(3) … y la captura del ex dictador iraquí Saddam Hussein

(4) … dos noticias provenientes de Europa pasaron casi al vuelo

(5) En la segunda semana de diciembre pasado.

14. Oración 2: <u>Primera, los quince</u> países miembros de la Unión Europea decidieron crear un cuerpo de defensa en capacidad de planificar y ejecutar operaciones militares autónomas. ¿Cómo se puede remplazar la coma subrayada? Si no es posible substituirla, escoja la opción 1.

(1) Primera, los quince…

(2) Primera; los quince…

(3) Primera… los quince…

(4) Primera: los quince…

(5) Primera y los quince…

15. Oración 3: Y segunda, siete países del este europeo, antiguos miembros del imperio soviético, presentaron las cifras asombrosas de su crecimiento económico. ¿Cuál es la frase que se puede eliminar en esta oración?

   (1) Y segunda

   (2) … las cifras asombrosas de su crecimiento económico

   (3) … antiguos miembros del imperio soviético

   (4) … siete países del este europeo

   (5) … presentaron las cifras asombrosas de su crecimiento económico.

16. Oración 4: Letonia y Lituania, dos de los tres países bálticos que entre 1940 y 1991 permanecieron retenidos por la fuerza en la Unión Soviética, tuvieron el año 2003 crecimientos económicos superiores al nueve por ciento, los más altos del mundo, incluso mayores que el impresionante ocho y medio por ciento logrado por China. ¿Qué corrección se debe hacer en la parte subrayada? Si la original está correcta, escoja la opción 1.

   (1) …permanecieron retenidos por la fuerza en la Unión Soviética

   (2) …permanecieron retenidos por la fuerza de la Unión Soviética

   (3) …permanecieron retenidos por la fuerza para la Unión Soviética

   (4) …permanecieron retenidos por la fuerza con la Unión Soviética

   (5) …permanecieron retenidos por la fuerza por la Unión Soviética

17. Oración 5: Paralelamente, otros cinco países del área (Estonia, Eslovaquia, Croacia, Bulgaria y Rumania) superaron también, holgadamente, el cuatro por ciento de crecimiento de sus respectivas economías. Y lo hicieron en un año que no fue precisamente de expansión mundial. ¿Con cuál de los siguientes adverbios se puede sustituir lo subrayado?

   (1) definitivamente

   (2) fácilmente

   (3) débilmente

   (4) relativamente

   (5) vagamente

18. Oración 6: En conjunto, esos siete países (a los que ya se llama "los nuevos tigres de la Nueva Europa") crecieron 4,6 por ciento, frente al 2,9 del resto de Europa, el 2,2 de los Estados Unidos y el magro 2,1 de América Latina. Si comienzo la oración así: *Los "siete tigres de la Nueva Europa:* ¿Cuáles serían las palabras que vendrían inmediatamente *después de esos dos puntos?*

   (1) crecieron 4,6 por ciento…

   (2) en conjunto crecieron…

   (3) frente al 2,9 del resto de Europa…

   (4) Letonia, Lituania, Estonia, Eslovaquia, Croacia, Bulgaria, y Rumania, crecieron…

   (5) Son países del este europeo que crecieron…

19. Oración 7: Los "tigres europeos" incluso superaron a los voraces "tigres asiáticos" que en conjunto crecieron 3,7 por ciento. ¿Cuál es el singular de la palabra subrayada?

   (1) voras

   (2) vorras

   (3) voraz

   (4) vorras

   (5) vorraz

20. Oración 8: Y, según anticipan los expertos, <u>sus</u> índices de expansión no solamente tenderán a mantenerse durante este y los próximos años, sino que incluso podrían subir. ¿A qué se refiere el posesivo *sus*? Revise las oraciones anteriores.

    (1) los países del este europeo

    (2) a los tigres de la Nueva Europa

    (3) a los países bálticos

    (4) a los porcentajes de América Latina

    (5) al crecimiento económico de los "Siete tigres de la Nueva Europa" en el 2003

21. Oración 9: En efecto, mientras la "Vieja Europa" presenta algunos síntomas de recesión, sus vecinos orientales, del Báltico a los Balcanes, exhiben índices de crecimiento que, al cabo de una década de independencia política y de economía de mercado, <u>están repercutiendo</u> con fuerza en el mejoramiento del nivel de vida de sus habitantes. El verbo *estar* está conjugado al plural porque se refiere:

    (1) a los índices de crecimiento de esos países

    (2) a los vecinos orientales

    (3) a sus habitantes

    (4) a los síntomas de recesión

    (5) a la década de independencia política y de economía de mercado.

22. Oración 10: En los 7 países hay una ampliación constante de la base industrial y su captación de inversiones sube aceleradamente, por lo que las <u>tasas</u> de desempleo (o de "falso desempleo," tan frecuente en los países socialistas) están cayendo en picada. Un sinónimo de la palabra subrayada sería:

    (1) tazas

    (2) fechas

    (3) posibilidades

    (4) índices

    (5) marcas

23. Oración 10: las tasas de desempleo están <u>cayendo en picada.</u> La expresión *caer en picada* significa:

    (1) caer lentamente

    (2) caer aceleradamente

    (3) caer regularmente

    (4) caer horizontalmente

    (5) caer débilmente

Las preguntas de 24–30 se refieren al siguiente texto:

SE BUSCA UN LÍDER

1. **Que busque siempre resultados,** que para él triunfar no sea lo más importante: sea lo único.

2. **Que sea un comunicador** que motive y entusiasme y cuya vida irradie dinamismo positivo.

3. **Que sea congruente,** con lo que piensa, dice y hace.

4. **Que sea creativo** por naturaleza y descubridor permanente de problemas.

5. **Que su trato sea de Excelencia** sembrando ambiciones y visualizando lo que sus seguidores pueden llegar a ser.

6. **Que sea un aprendiz por Excelencia:** aprenda permanentemente y se deje enseñar del éxito y del fracaso, así como del humilde y de sí mismo.

7. **Que eduque a sus seguidores** y les transforme en seres extraordinarios.

8. **Que sea un optimista obsesivo:** que mantenga una actitud positiva ante el fracaso, pues éste es un comienzo, un trampolín de esperanza para alcanzar el éxito.

9. **Que siendo un soñador incorregible y un idealista,** se fije un compromiso y comprometa a sus seguidores con su sueño.

10. **Que sea un ser histórico que trascienda a su tiempo** y cuyas causas sean la justicia, la libertad y la verdad.

    –Cornejo y Rosado, Miguel Angel, Liderazgo de Excelencia, Editorial Grad, S. A. De C.V. México DF, 1990, Introducción

24. Oración 1: Que busque siempre resultados, <u>que para él triunfar no sea lo más importante: sea lo único.</u> Se podría decir lo mismo de la siguiente manera.

    (1) que para él triunfar sea importante

    (2) que para él triunfar sea los resultados

    (3) que para él triunfar sea lo único

    (4) que para él triunfar sea la búsqueda de resultados

    (5) que para él no sea importante triunfar

25. Oración 2: Que <u>sea un</u> comunicador que motive y entusiasme y cuya vida irradie dinamismo positivo. Si se elimina … *sea un* … ¿Cómo escribiría la oración?

    (1) Que comunica, motiva, que entusiasma y cuya vida irradia dinamismo positivo.

    (2) Que comunicare, motivare, entusiasmare y cuya vida irradiare dinamismo positivo.

    (3) Que comunico, motivo, entusiasmo, y cuya vida irradio dinamismo positivo.

    (4) Que comunique, motiva, entusiasma y cuya vida irradia dinamismo positivo.

    (5) Que comunique, motive, entusiasme y cuya vida irradie dinamismo positivo.

26. Oración 3: Que sea <u>congruente con</u> lo que piensa, dice y hace. La palabra *congruente* significa

    (1) correlación

    (2) precisión

    (3) interpretación

    (4) sensibilidad

    (5) insensible

27. Oración 4: <u>Que sea creatibo por naturaleza</u> y descubridor permanente de problemas. ¿Qué se debe corregir en la parte subrayada? Si no necesita corrección, escoja la opción 1.

    (1) Que sea creatibo por naturaleza

    (2) Que sea creativo por naturaleza

    (3) Que sea creatibo por naturalesa

    (4) Que sea criativo por naturaleza

    (5) Que sea criatibo por naturalesa

28. Oración 5: Que <u>su trato sea de *Excelencia*</u> sembrando ambiciones y visualizando lo que sus seguidores pueden llegar a ser. Si se elimina la parte subrayada, la oración se escribiría así:

    (1) Que siembra ambiciones y visualiza lo que sus seguidores pueden llegar a ser.

    (2) Que sembraría ambiciones y visualizaría lo que sus seguidores pueden llegar a ser.

    (3) Que sembrase ambiciones y visualizare lo que sus seguidores pueden llegar a ser.

    (4) Que ha sembrado ambiciones y ha visualizado lo que sus seguidores pueden llegar a ser.

    (5) Que siembre ambiciones y visualice lo que sus seguidores pueden llegar a ser.

29. Oración 6: Que sea un aprendiz por *Excelencia*: aprenda permanentemente y se deje enseñar del éxito y del fracaso, así como del humilde y de sí mismo. ¿Cuál es la forma correcta de escribir la palabra subrayada? Si no necesita correcciones escoja la opción 1.

    (1) Excelencia

    (2) Exelencia

    (3) Excellencia

    (4) Exellencia

    (5) Excelensia

KAPLAN

30. Oración 8: Que sea un optimista obsesivo: que mantenga una actitud positiva ante el fracaso, pues <u>éste</u> es un comienzo, un trampolín de esperanza para alcanzar el éxito. ¿A qué o a quién se refiere la palabra subrayada?

    (1) a un optimista

    (2) a un trampolín

    (3) al éxito

    (4) al fracaso

    (5) al obsesivo

Las preguntas del 31–38 se refieren al siguiente texto:

La reputación de la buena mesa de los franceses está ciertamente justificada.

(1) Después de un desayuno ligero (café, con o sin leche, tartaletas de mantequilla y mermelada o croissants), la comida del mediodía era, tradicionalmente, la comida principal: entrada, plato con carne y legumbres, ensalada, queso y postre, todo esto acompañado de vino. (2) La cena era un poco más ligera: sopa, plato principal, queso y postre.

(3) La alimentación cotidiana se modificó. Los franceses tienden a comer menos. (4) Al mediodía, la comida (que normalmente la toman fuera los niños y la gente que trabaja), es rápida y más ligera, y la cena que se toma en familia, pasó a ser la comida más importante. (5) Las mujeres ya no se encierran en la cocina. (6) Los consejos médicos y los cánones de la estética, incitan a los franceses a vigilar su alimentación.

(7) Pero comer sigue siendo una placer para los franceses y cualquier ocasión es buena para hacer una "comelona": fiestas familiares, velada con amigos, comida de negocios; no se duda en pedir un aperitivo antes de la comida y un digestivo después, y a cada plato lo acompaña un vino. (8) Hay veces incluso que se ofrece un "hueco normando": un vasito con alcohol, generalmente un calvados, para hacer una pausa y continuar de mejor manera.

31. Oración 1: <u>Después de un desayuno lijero</u> (café, con o sin leche, tartaletas de mantequilla y mermelada o croissants), la comida del mediodía era, tradicionalmente, la comida principal: entrada, plato con carne y legumbres, ensalada, queso y postre, todo esto acompañado de vino. ¿Qué corrección se debe hacer en la parte subrayada? Si no necesita correcciones, escoja la opción 1.

    (1) Después de un desayuno lijero

    (2) Después de un desayuno liguero

    (3) Despues de un desayuno ligero

    (4) Después de un desayuno ligero

    (5) Después de un desalluno ligero

32. Oración 2: La cena era un poco más liviana: sopa, plato principal, queso y postre. Las palabras *un poco más…* denotan la primera parte de una comparación. ¿Cuál sería la otra parte?

    (1) La cena era un poco más liviana que el desayuno

    (2) La cena era un poco más liviana que el almuerzo

    (3) La cena era un poco más liviana que el café de la tarde

    (4) La cena era un poco más liviana que antes

    (5) La cena era un poco más liviana que en el campo

33. Oración 3: La alimentación cotidiana se modificó. Los franceses tienden a comer menos. ¿Cuál es la mejor forma de unir estas dos oraciones simples?

    (1) La alimentación cotidiana se modificó porque los franceses tienden a comer menos.

    (2) La alimentación cotidiana se modificó para que los franceses coman menos.

    (3) La alimentación cotidiana se modificó, sin embargo, los franceses tienden a comer menos.

    (4) Para que los franceses coman menos, la alimentación cotidiana se modificó.

    (5) Porque la alimentación cotidiana se modificó, los franceses tienden a comer menos.

34. Oración 4: Al mediodía, la comida (que normalmente la toman fuera los niños y la gente que trabaja), es rápida y más ligera, y la cena que se toma en familia, pasó a ser la comida más importante. Si la oración iniciara así: *La cena pasó a ser la comida más importante…* ¿Cuál sería la forma correcta de completarla?

    (1) al mediodía la comida es rápida y más ligera

    (2) que normalmente la toman fuera los niños

    (3) porque al mediodía, la comida (…) es rápida y más ligera.

    (4) para la familia

    (5) que normalmente a toma la gente que trabaja.

35. Oración 5: Las mujeres ya no se encierran en la cosina. ¿Qué corrección se debe hacer? Si no necesita corrección, escoja la opción 1.

    (1) Las mujeres ya no se encierran en la cosina

    (2) Escribir *mugeres* en lugar de *mujeres*

    (3) Escribir *cozina* en lugar de *cosina*

    (4) Escribir *ensierran* en lugar de *encierran*

    (5) Escribir *cocina* en lugar de *cosina*

36. Oración 6: Los consejos médicos y los cánones de la estética, incitan a los franceses a vigilar su alimentación. ¿Cuál sería la mejor palabra para reemplazar lo subrayado?

    (1) las tradiciones

    (2) las costumbres

    (3) las leyes

    (4) los reglas

    (5) las modalidades

37. Oración 7: Pero comer sigue siendo una placer para los franceses y cualquier ocasión es buena para hacer una "comelona": fiestas familiares, velada entre amigos, comida de negocios; no se duda en pedir un aperitivo antes de la comida y un digestivo después, y a cada plato lo acompaña un vino. ¿Qué correcciones se deben hacer en la parte subrayada? Si la original está correcta, escoja la opción 1.

    (1) y cualquier ocasión es buena para hacer una comelona

    (2) y cualquier ocasion es buena para hacer una comelona

    (3) y cualquier ocasión es buena para hacer una comilona

    (4) y cualquier ocación es buena para hacer una comelona

    (5) y cualquier ocacion es buena para hacer una comilona

38. Oración 8: Hay veces incluso que se ofrece un "hueco normando": un vasito con alcohol, generalmente un calvados, para hacer una pausa y continuar de mejor manera. ¿Qué correcciones necesita la parte subrayada? Si no necesita correcciones escoja la opción 1.

    (1) un "hueco normando": un vasito con alcohol, generalmente un calvados,…

    (2) un "gueco normando": un vasito con alcohol, generalmente calvados,…

    (3) un "hueco normando": un basito con alcohol, generalmente calvados,…

    (4) un "hueco normando": un vasito de alcohol, generalmente calvados,…

    (5) un "hueco normando": un vasito con alcool, generalmente calvados,…

Las preguntas del 39–46 se refieren al siguiente texto:

(1) Eldorado: más de cuatro siglos de ilusión

(2) Enormes cantidades de oro en tierras incas y aztecas hacían arder la imaginación de los españoles. (3) Los indígenas contaban la historia verdadera de un rey que se hacía cubrir de polvo de oro antes de bañarse en las aguas de un lago. (4) Esta historia, corregida y alimentada por la fantasía, dio origen al mito de Eldorado, país donde se apaleaba oro. (5) Entonces los bárbaros ibéricos asolaron el continente buscando desesperadamente el país construido del metal amarillo. Muy pocos regresaron para contar sus aventuras. (6) En 1560, el general Pedro de Ursúa parte hacia la meseta de las Guyanas. Una revuelta estalla en el seno de la tropa de la que Lope de Aguirre toma el control. (7) Los soldados morían por las flechas de los indígenas y por las enfermedades. (8) Enloquecido, Aguirre se dedica a errar por el infierno verde y termina por consagrarse rey de la Amazonía. Pero a pesar de los fracasos, muchos aventureros continuaron buscando Eldorado hasta el siglo XIX.

39. Oración 1: Eldorado: más de cuatro siglos de ilusión. ¿Qué corrección se debe hacer en esta oración? Si la ortografía original es la correcta, escoja la opción 1.

    (1) Eldorado: más de cuatro siglos de ilusión

    (2) El Dorado: mas de cuatro siglos de ilusión

    (3) El Dorado: más de cuatro siglos de ilución

    (4) Eldorado: mas de cuatro siglos de ilucion

    (5) El Dorado: más de cuatro siglos de ilusión.

40. Oración 2: Enormes cantidades de oro en tierras incas y aztecas hacían arder la imaginación de los españoles. Si la oración comenzara así: *La imaginación de los españoles se encendía…* ¿Cuál sería la siguiente palabra?

    (1) La imaginación de los españoles se encendía *para* las enormes…

    (2) La imaginación de los españoles se encendía *debido* a las enormes…

    (3) La imaginación de los españoles se encendía *con* las enormes…

    (4) La imaginación de los españoles se encendía *cuando* las enormes…

    (5) La imaginación de los españoles se encendía *en* las enormes…

41. Oración 3: Los indígenas contaban la historia verdadera de un rey que se hacía cubrir de polvo de oro antes de bañarse en las aguas de un lago. ¿Se puede o no cambiar la conjugación del verbo subrayado sin alterar la oración? Si no es posible escoja la opción 1.

    (1) Los indígenas contaban la historia…

    (2) Los indígenas contarán la historia

    (3) Los indígenas hubieron contado la historia…

    (4) Los indígenas hubiesen contado la historia…

    (5) Los indígenas cuentan la historia…

42. Oración 4: Esta historia, corregida y alimentada por la fantasía, dio origen al mito de Eldorado, país donde se apaleaba oro. Si la parte subrayada comenzara así: *Esta historia que la…* ¿Cómo continuaría?

    (1) Esta historia que la corrigió la fantasía

    (2) Esta historia que la alimentó la fantasía

    (3) Esta historia que la corrige y alimenta la fantasía

    (4) Esta historia que la fantasía corrigió y alimentó,…

    (5) Esta historia que la fantasía originó el mito.

43. Oración 5: Entonces los <u>bárbaros ibéricos asolaron</u> el continente buscando desesperadamente el país construido del metal amarillo. Muy pocos regresaron para contar sus aventuras. ¿Qué palabras podrían reemplazar las tres subrayadas?

    (1) los crueles españoles cultivaron…

    (2) los fieros ibéricos sembraron…

    (3) los fieros españoles destruyeron…

    (4) los crueles españoles recorrieron…

    (5) los extranjeros españoles conocieron…

44. Oración 6: En 1560, el general Pedro de Ursúa parte hacia la meseta de las Guyanas. Una revuelta estalla en el seno de la tropa de la que Lope de Aguirre toma el control. Para unir estas dos oraciones se utilizaría:

    (1) pero

    (2) con

    (3) porque

    (4) para

    (5) de

45. Oración 7: Los soldados morían por las flechas de los indígenas y por las enfermedades. Si la oración comenzara así: *Las enfermedades y las flechas…* ¿Cuál sería la siguiente palabra?

    (1) desanimaron a los…

    (2) corrompieron a los…

    (3) exacerbaron los…

    (4) acabaron con…

    (5) descalificaron a los…

46. Oración 8: <u>Enloquecido,</u> Aguirre se dedica a errar por el infierno verde y termina por consagrarse rey de la Amazonía. ¿En qué parte de la oración se podría insertar la palabra subrayada?

    (1) Aguirre se dedica a errar, enloquecido, por el infierno verde y….

    (2) Aguirre se dedica a errar por el infierno verde enloquecido y…

    (3) Aguirre se dedica, enloquecido a errar por el infierno verde y…

    (4) Aguirre se dedica a errar por el enloquecido infierno verde y…

    (5) Aguirre, enloquecido, se dedica a errar por el infierno verde y…

Las preguntas 47–50 se refieren a la siguiente carta:

Señor
Juan César Augusto Baster
PRESIDENTE DE LA CORPORACIÓN AEROPUERTO
Presente

Señor Presidente.

(1) Soy una ciudadana muy interesada en colaborar con el progreso de mi ciudad y del sector en el que vivo por cuarenta y dos años. (2) Aquí crecieron mis hijos y aquí he pasado los mejores años de mi vida. (3) Sin embargo, en los últimos meses he visto, con mucha inquietud, que los vuelos se extienden hasta altas horas de la noche e incluso, hasta la madrugada.

(4) Ya me había acostumbrado a los aviones que ensendían sus motores a las cinco de la mañana y hasta me resultaba beneficioso el hecho de despertar y comenzar mis actividades con ese ruido. (5) Pero hoy resulta insoportable vivir día y noche con los constantes aterrizajes y salidas de aviones cada vez más poderosos.

(6) Se dice que la tecnología avanza a pasos agigantados y que los aviones son cada vez más silenciosos, entonces pregunto. Cuándo va a ser efectivo ese gran avance en nuestro medio? O mejor aún, Cuándo va a salir el aeropuerto hacia un lugar más alejado como se nos ha venido ofreciendo desde hace una década?

(7) Si yo tuviera los medios económicos suficientes buscara un sector tranquilo para pasar mi vejez pero esta pequeña casa es la única propiedad que poseo. (8) Sé que estoy pidiendo imposibles pero mi esperanza me obliga a hacerlo. (9)Espero por lo menos que esta carta llegue a sus manos y sea atendida por dos minutos.

Atentamente,

Antonieta López

47. Oración 1: Soy una ciudadana muy interesada en colaborar con el progreso de mi ciudad y del sector en el que vivo por cuarenta y dos años. Si la ciudadana tuviese 26 años ¿Cómo escribiría su edad con letras?

   (1) veinte y seis
   (2) ventiséis
   (3) ventiséis
   (4) veintiséis
   (5) bentiséis

48. Oración 4: Ya me había acostumbrado a los aviones que <u>ensendían sus motores a las cinco de la mañana</u> y hasta me resultaba beneficioso el hecho de despertar y comenzar mis actividades con ese ruido. ¿Qué corrección se debe hacer en la parte subrayada?

   (1) Escribir *ensendian* por *ensendían*
   (2) Escribir *encendían* por *ensendían*
   (3) Escribir *sinco* por *cinco*
   (4) Poner una coma después de *cinco*
   (5) Poner *sus motores* entre comas

49. Oración 6: Se dice que la tecnología avanza a pasos agigantados y que los aviones son cada vez más silenciosos, entonces pregunto <u>¿Cuándo va a ser efectivo ese gran avance en nuestro medio?</u> o mejor aún <u>¿Cuándo va a salir el aeropuerto hacia un lugar más alejado como se nos ha venido ofreciendo desde hace una década?</u> ¿Qué corrección se debería hacer en la parte subrayada?

   (1) Eliminar los signos de interrogación
   (2) Escribir *cuando* en lugar de *cuándo*
   (3) Escribir *se nos han venido ofreciendo* en lugar de *se nos ha venido ofreciendo*
   (4) Poner signos de interrogación al principio y al final de cada una de las preguntas
   (5) Escribir *efectibo* en lugar de *efectivo*

50. Oración 7: Si yo tuviera los medios económicos suficientes buscara un sector tranquilo para pasar mi vejez pero esta pequeña casa es la única propiedad que poseo. ¿Qué corrección se debe hacer en las conjugaciones de los verbos de la parte subrayada? Si no necesita corrección escoja la opción 1.

    (1) Si yo tuviera los medios buscara un…

    (2) Si yo tendría los medios buscara un…

    (3) Si yo tuviese los medios buscara un…

    (4) Si yo tuviera los medios buscaré un…

    (5) Si yo tuviera los medios buscaría un…

Parte II

<u>Instrucciones:</u> Debe escribir un ensayo sobre el tema asignado. Tiene 45 minutos en total. Su composición debe enfocarse en el tema; y demostrar su habilidad de organizar, desarrollar, y redactar sus ideas. También debe mostrar su control al usar las convenciones del español escrito.

Una vez que haya terminado la composición, puede volver a repasar las preguntas de selección múltiple.

TEMA

En Francia, el gobierno de Jacques Chirac prohíbe cualquier símbolo religioso en el vestuario de los estudiantes. Esta decisión ha provocado enorme polémica.

¿Cuál es su opinión al respecto?

Escriba una composición sobre el tema asignado. Muestre que puede redactar una composición desarrollando un tema con coherencia y usando el idioma correctamente.

Examen de Diagnóstico: **Estudios Sociales**

<u>Instrucciones</u>: Escoja la mejor respuesta a cada pregunta.
Tiene 75 minutos para contestar 50 preguntas.

<u>Ejemplo:</u>

¿Cuál de los siguientes no es un océano?

(1)   el Atlántico

(2)   el Índico

(3)   el Superior

(4)   el Pacífico

(5)   el Ártico

①②●④⑤

Las preguntas 1–2 se refieren la siguiente información:

Extracto: Artículo Dos, Segunda Sección de la Constitución de los Estados Unidos

El Presidente será comandante y jefe del ejército y de la marina de los Estados Unidos y de la milicia de los diversos estados cuando se les llame al servicio activo de los Estados Unidos; podrá solicitar la

(5) opinión, por escrito, del funcionario principal de cada uno de los departamentos administrativos con relación a cualquier asunto que se trate de los deberes de sus respectivos empleos, y estará facultado para suspender la ejecución de las

(10) sentencias y para conceder indultos que se traten de delitos contra los Estados Unidos, excepto en los casos de acusación por responsabilidades oficiales.

Tendrá facultad, con el consejo y consentimiento del Senado, para celebrar tratados, con la anuencia

(15) de dos tercios de los senadores presentes, y propon-drá, con el consejo y consentimiento del Senado

nombrar a los embajadores, a los demás ministros públicos y a los cónsules; a los magistrados del Tribunal Supremo y a todos los demás funcionarios

(20) de los Estados Unidos cuya designación no se provea por otra forma en este documento y que hayan sido establecidos por ley. Pero el Congreso podrá atribuir el nombramiento de los funcionarios inferiores que considere convenientes, por medio

(25) de una ley, al Presidente solamente, a los tribunales judiciales o a los jefes de los departamentos.

El Presidente tendrá el derecho de cubrir todas las vacantes que ocurran durante el receso del Senado, extendiendo nombramientos provisionales

(30) que terminarán al final del siguiente período de sesiones.

– U.S. Government Information Service

1. ¿Qué debe hacer el presidente de los EEUU para poder hacer un tratado con otro país?

    (1) Publicar el tratado en todos los principales periódicos nacionales

    (2) Consultar con el Senado y obtener que dos tercios de éste apruebe el tratado

    (3) Pedir permiso a los gobernadores de cada estado

    (4) Pedir a la Corte Suprema que revise los términos

    (5) Solicitar la opinión, por escrito, del funcionario principal de cada uno de los departamentos administrativos

2. Cuando las milicias estatales son llamadas a servir, ¿quién es su comandante en jefe?

    (1) El presidente de los Estados Unidos

    (2) El gobernador de cada estado

    (3) El oficial designado

    (4) El vocero oficial de la Cámara de Representantes

    (5) Los senadores

La pregunta 3 se refiere al siguiente texto:

El derecho de sufragio de los ciudadanos de los Estados Unidos no será desconocido ni limitado por los Estados Unidos o por estado alguno por razón de sexo. El Congreso estará facultado para hacer cumplir este artículo por medio de leyes apropiadas.

–Extracto, Enmienda XIX de Constitución de los Estados Unidos de América

3. Esta enmienda fue hecha a la Constitución en 1920. ¿Qué se puede asumir sobre quiénes tenían el derecho de votar en los Estados Unidos hasta aquel entonces?

    (1) Todos los adultos de los EEUU tenían el derecho de votar

    (2) Sólo los ciudadanos adultos sobre los 21 años de edad tenían derecho de votar

    (3) Las mujeres ciudadanas no tenían el derecho de votar

    (4) Sólo los hombres podían votar en las elecciones presidenciales

    (5) Después de 1920, las mujeres sufrieron

Estados Unidos: Porcentaje en el cambio de la población desde 1990 a 2000

Población, % cambio

50.0 to 191.0

25.0 to 49.9

13.2 to 24.9

0.0 to 13.1

−10.0 to −0.1

−42.3 to −10.1

U.S. Census Bureau

Las preguntas 4 y 5 se refieren al mapa:

4. ¿Cuál estado tuvo el mayor porcentaje de cambio en la población entre 1990 y 2000?

   (1) Maryland

   (2) Nevada

   (3) Georgia

   (4) Colorado

   (5) Texas

5. ¿Qué información puedes obtener de este mapa?

   (1) Qué estado tuvo el mayor aumento en población

   (2) Qué estado tuvo el mayor descenso en población

   (3) Qué estados tuvieron cambios en su población

   (4) Razones para los cambios en la población

   (5) Niveles de desempleo en estados específicos

6. En 1978, como resultado de la revolución que tomó lugar en Irán, la producción y exportación de petróleo en ese país bajó dramáticamente. Ya que Irán era un gran exportador de petróleo, los consumidores entraron en pánico.

   Asumiendo que la demanda de petróleo no bajó y aplicando la ley de oferta y demanda ¿puede deducir lo que sucedió con los precios del petróleo?

   (1) Cayeron a niveles anteriores a 1975

   (2) Se mantuvieron estables

   (3) Los precios del petróleo subieron exageradamente

   (4) Los consumidores dejaron de comprar petróleo

   (5) Los precios del petróleo sólo aumentaron en el Medio Oriente

Las preguntas 7–9 se refieren al siguiente texto:

La mayoría en los estados sureños y fronterizos votaron en contra de Lincoln, pero el norte lo apoyó y él ganó las elecciones. Unas semanas después, Carolina del Sur decidió, mediante votación,

(5) abandonar la Unión. Pronto se le unieron Mississippi, Florida, Alabama, Georgia, Louisiana, Texas, Virginia, Arkansas, Tennessee y Carolina del Norte. Estos estados se proclamaron una nación independiente de los Estados Confederados de América y

(10) así empezó la Guerra Civil.

Los sureños declararon que no peleaban sólo por la esclavitud: después de todo, la mayoría de los soldados confederados eran demasiado pobres para poseer esclavos. El sur estaba empeñado en

(15) una guerra de independencia: una segunda revolución. Los confederados generalmente tuvieron la ventaja de pelear en su propio territorio, y su moral era excelente. Tenían magníficos soldados de infantería y de caballería así como generales, pero eran

(20) mucho menores en número que las fuerzas de la Unión (del norte). La red ferroviaria y la base industrial del sur no podían sostener un esfuerzo bélico moderno. La marina de la Unión rápidamente impuso un bloqueo que produjo un grave

(25) escasez de material bélico y de bienes de consumo en la confederación.

7. ¿Qué argumento utilizaron los sureños para justificar su afirmación de que no estaban peleando tan sólo para defender su derecho de tener esclavos?

   (1) Que tenían una economía principalmente agrícola

   (2) Que el norte tenía más esclavos que el sur

   (3) Que la mayoría de sureños no podían costear el ser dueños de esclavos

   (4) Que la esclavitud era inmoral

   (5) Que no querían dejar la Unión

8. ¿Por qué el sur no pudo mantener una fuerza militar moderna?

   (1) Le hacía falta la base industrial para hacerlo

   (2) No podía alimentar a sus soldados

   (3) Debido a que la guerra fue peleada principalmente en el norte, necesitaba mejores sistemas de ferrocarril

   (4) Sus soldados estaban pobremente entrenados

   (5) A los generales sureños les faltaba experiencia

9. ¿Qué influencia tuvo la marina norteña en la habilidad del sur para abastecer a su ejército?

   (1) Hundió la mayoría de los barcos de la Confederación

   (2) Controlaba todos los puertos del sur

   (3) Transportaba tropas del norte al sur

   (4) Era más pequeña y débil que la marina sureña

   (5) Patrullaba las aguas de la costa noreste

Las pregunta 10 se refieren al siguiente texto:

Para enmendar la Constitución, la enmienda propuesta debe ser aprobada en el Congreso por una mayoría de dos terceras partes de cada cámara, y a la votación deben asistir al menos tres cuartas (5) partes de los estados. En más de 195 años, la Constitución ha sido enmendada en 27 ocasiones. Las primeras 10 enmiendas (la Declaración de Derechos) fueron ratificadas en 1791. Ellas garantizan las libertades individuales: de religión, (10) reunión, expresión, el derecho a un juicio justo, el respeto a la vivienda de cada uno.

–U.S. Dept of State

10. ¿Qué hacen las 10 primeras enmiendas a la Constitución de los EEUU?

(1) Garantizan los derechos de los individuos

(2) Garantizan los derechos de la mayoría

(3) Protegen los derechos de los estados para enmendar la Constitución

(4) Determinan los derechos de la Judicatura

(5) Determinan los salarios de los representantes

Las preguntas 11–14 se refieren al siguiente texto:

ENMIENDA 1

El Congreso no hará ley alguna por la que adopte una religión como oficial del Estado o se prohíba practicarla libremente, o que coarte la libertad de palabra o de imprenta, o el derecho del pueblo para reunirse pacíficamente y para pedir al gobierno la reparación de agravios.

ENMIENDA 2

Siendo necesaria una milicia bien ordenada para la seguridad de un Estado Libre, no se violará el derecho del pueblo a poseer y portar armas.

ENMIENDA 3

En tiempo de paz a ningún militar se le alojará en casa alguna sin el consentimiento del propietario; ni en tiempo de guerra, como no sea en la forma que prescriba la ley.

ENMIENDA 4

El derecho de los habitantes de que sus personas, domicilios, papeles y efectos se hallen a salvo de pesquisas y aprehensiones arbitrarias, será inviolable, y no se expedirán al efecto mandamientos que no se apoyen en un motivo verosímil, estén corroborados mediante juramento o protesta y describan con particularidad el lugar que deba ser registrado y las personas o cosas que han de ser detenidas o embargadas.

ENMIENDA 5

Nadie estará obligado a responder de un delito castigado con la pena capital o con otra infamante si un gran jurado no lo denuncia o acusa, a excepción de los casos que se presenten en las fuerzas de mar o tierra o en la milicia nacional cuando se encuentre en servicio efectivo en tiempo de guerra o peligro público; tampoco se pondrá a persona alguna dos veces en peligro de perder la vida o algún miembro con motivo del mismo delito; ni se le compelerá a declarar contra sí misma en ningún juicio criminal; ni se le privará de la vida, la libertad o la propiedad sin el debido proceso legal; ni se ocupará la propiedad privada para uso público sin una justa indemnización.

11. ¿Cuál enmienda garantiza a los individuos el derecho de tener un arma?

(1) Enmienda 1

(2) Enmienda 2

(3) Enmienda 3

(4) Enmienda 4

(5) Enmienda 5

12. Si el gobierno ordena a un ciudadano a dar posada a un soldado en propiedad privada, ¿bajo qué enmienda puede él o ella negarse a hacerlo?

(1) Enmienda 1

(2) Enmienda 2

(3) Enmienda 3

(4) Enmienda 4

(5) Enmienda 5

13. ¿Cuál es la enmienda que protege los derechos de los periodistas?

    (1) Enmienda 1

    (2) Enmienda 2

    (3) Enmienda 3

    (4) Enmienda 4

    (5) Enmienda 5

14. Un hombre es acusado de malversación en su compañía pero es encontrado inocente del crimen. Dos meses más tarde, se encuentra nueva evidencia que prueba su culpabilidad. ¿Qué enmienda previene que el gobierno de inicio a un nuevo juicio?

    (1) Enmienda 1

    (2) Enmienda 2

    (3) Enmienda 3

    (4) Enmienda 4

    (5) Enmienda 5

15. El Aislacionismo se refiere a la política practicada por países para evitar las alianzas e implicación con otros países. ¿Cuál de los siguientes demuestra el aislacionismo por parte de los EEUU?

    (1) La negación de Estados Unidos de unirse a la Liga de Naciones

    (2) La ayuda prestada por los Estados Unidos después del Tsunami de 2004

    (3) La participación de los EEUU en la OTAN

    (4) La implicación de los EEUU en la guerra Hispano Americana

    (5) La afiliación de los EEUU en la Unión Europea

Las preguntas 16 y 17 se refieren al siguiente gráfico:

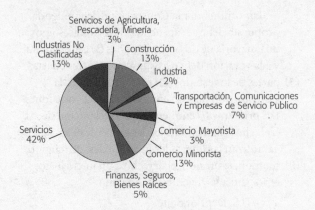

16. En 1997, ¿en qué industria hubiera sido más probable lidiar con una firma de dueños hispanos?

    (1) Construcción

    (2) Industria

    (3) Finanzas, seguro, y bienes raíces

    (4) Servicios

    (5) Transporte

17. ¿En qué industria hubiera sido menos probable encontrar una firma de dueños hispanos?

    (1) Servicios

    (2) Finanzas, seguros, y bienes raíces

    (3) Construcción

    (4) Comercio mayorista

    (5) Industria

18. Después de la Segunda Guerra Mundial, un estado de antagonismo existía entre los EEUU y la Unión Soviética. Esto no cambió sustancialmente hasta la ruptura de la Unión Soviética en 1991. Aunque estuvieron cerca de llegar a guerra, nunca estalló una batalla entre los dos países. ¿Por qué crees que a esto se le llamó la "Guerra Fría?"

    (1) Porque el clima en la Unión Soviética es muy frío

    (2) Porque a pesar de que ambos países estaban en un estado constante de tensión, nunca tomó lugar una batalla verdadera

    (3) Porque fue una Guerra invernal

    (4) Porque la batalla verdadera fue muy corta

    (5) Porque la batalla fue larga y causó muchas muertes

La pregunta 19 se refiere a la ilustración que aparece a continuación:

19. ¿Qué es lo que la caricatura indica sobre el efecto de los altos precios del petróleo en la economía mundial?

    (1) Que el mundo puede flotar mientras haya suficiente petróleo

    (2) Que los precios del petróleo están hundiendo la economía mundial

    (3) Que el petróleo contamina los océanos

    (4) Que necesitamos cada gota de petróleo

    (5) Que el mundo puede sobrevivir sin petróleo

20. El término *Destino Manifiesto* (Manifest Destiny) se refiere a la creencia en el periodo de 1800–1850 que el destino de los EEUU era ocupar el continente norteamericano desde el Atlántico hasta el Pacífico. ¿Cuál de las siguientes acciones tomadas por el gobierno de los EEUU es una expresión del Destino Manifiesto?

    (1) La Guerra Civil

    (2) La Guerra Revolucionaria

    (3) La Anexión de Texas

    (4) La Declaración de Derechos

    (5) La Primera Guerra Mundial

Las preguntas 21–24 se refieren al siguiente texto:

La Compra de Louisiana dotó también a Estados Unidos de una región geográfica muy grande y distintiva que se conoce como las Grandes Praderas. Hacia 1803, aquella era una región de tierra plana
(5) o suavemente ondulada, cubierta de hierba alta. Prácticamente no había árboles, arbustos, o rocas descubiertas. Los primeros viajeros describieron esa región como "un mar de hierba."

En general, la región de las Grandes Praderas es
(10) más seca que la del este del Mississippi. La precipitación pluvial oscila entre 103 cm. al año en el borde oriental y menos de 46 cm. al año en la porción occidental. Los veranos pueden ser muy cálidos en las Grandes Praderas (44 grados Celsius) y bastante
(15) secos. Cuando llueve en verano suele ser en forma de feroces tormentas. Las sequías e inundaciones son muy comunes en algunas partes de esa vasta región. La primavera y el otoño tienden a ser cortos; los inviernos, sobre todo en Montana, Dakota
(20) del Norte y del Sur, Wyoming, Nebraska, Iowa, y Minnesota, pueden ser muy fríos: las temperaturas descienden a menudo –40° Celsius. No es insólito que se produzcan terribles y huracanadas, tormentas de nieve, o ventiscas.

(25)   La población de las Grandes Praderas era relativamente escasa en la época de la Compra de Louisiana. Varias tribus indígenas (principalmente Sioux, Pawnee, Comanche y Cheyenne) cazaban en esa región. A diferencia de los indígenas del este,

(30) del sur y del lejano oeste, aquellas tribus no vivían en asentamientos permanentes ni practicaban la agricultura: vivían de la cacería, especialmente del búfalo. Así pues, avanzaban junto con las manadas de esos animales.

(35)   Por más de 40 años, después de la Compra de Louisiana no fueron muchos los norteamericanos blancos que se trasladaron a las Grandes Praderas. En la primera mitad del siglo XIX la mayoría de los colonizadores que iban al oeste veían la región de

(40) las Grandes Praderas como un simple lugar de paso en su camino a las tierras más atractivas de la costa del Pacífico.

    –usinfo.state.gov

21. Un buen titulo para este texto sería

   (1)   La población de las Grandes Praderas

   (2)   Una breve descripción de las Grandes Praderas

   (3)   La Compra de Louisiana

   (4)   Los primeros habitantes de las Grandes Praderas

   (5)   Las tierras más atractivas de los Estados Unidos

22. Según el texto, la clima de las Grandes Paradas

   (1)   Es bastante moderado

   (2)   Es más seca que la del oeste del Mississippi

   (3)   Es similar a la de California

   (4)   Es buena para cultivar verduras

   (5)   Varía entre extremos

23. Las tribus indígenas de las Grandes Praderas

   (1)   Tenían ciudades grandes

   (2)   Realizaran una forma avanzada de agricultura

   (3)   Vivían de la cacería del búfalo

   (4)   Se aprovecharan de los largos veranos

   (5)   Pelearan entre ellos

24. Según el pasaje, se puede deducir que

   (1)   La mayoría de los colonizadores que iban al oeste se quedaron en las Grandes Praderas

   (2)   Los indígenas Comanches y Sioux se trasladaron a la costa del Pacífico

   (3)   La mayoría de los colonizadores viajaron antes de la Compra de Louisiana

   (4)   Las Grandes Praderas fueron consideradas inhóspitas por los colonizadores

   (5)   Los terrenos de las Grandes Praderas eran más fértiles que los de Louisiana

Las preguntas 25–26 se refieren a la información que aparece a continuación.

Los Estados Unidos y Canadá tienen sistemas federales de gobierno. Esto significa que el poder es compartido entre los estados o provincias individuales y un gobierno central. En el caso de

(5) los Estados Unidos, la federación esta constituida de cincuenta estados, mientras que el Canadá es una federación de 10 provincias y dos territorios. Ambos países tienen constituciones que establecen qué poderes le pertenecen al gobierno central,

(10) y cuáles a los estados o provincias individuales. En ambos países solamente el gobierno central puede declarar guerra y firmar tratados con otros países. Los gobiernos al nivel estatal o provincial crean leyes para gobernar a sus propios ciudadanos.

(15) Los gobiernos estatales y provinciales no pueden establecer leyes que contradigan las leyes federales.

25. ¿Cuál de las siguientes declaraciones es pertinente al caso de ambos países?

(1) Ambos países tienen un sistema de gobierno el cual permite que el gobierno central haga todas las leyes que gobiernan a sus ciudadanos

(2) Los estados o las provincias individuales pueden declarar guerra contra otras naciones o estados

(3) Los gobiernos locales no pueden aprobar leyes que priven a los ciudadanos de los derechos garantizados por las constituciones federales

(4) Todos los gobiernos locales deben tener exactamente las mismas leyes

(5) En ambos países, los estados tienen más poder que los gobiernos centrales

26. ¿Cuál de los siguientes títulos sería el más apropiado para la lectura anterior?

(1) Una comparación entre las constituciones de los Estados Unidos y Canadá

(2) Los derechos y deberes de los ciudadanos canadienses

(3) Una breve historia de la constitución del Canadá

(4) Cómo aprobar una ley en los Estados Unidos

(5) Una breve comparación de los gobiernos del Canadá y los Estados Unidos

Las pregunta 27 se refiere al siguiente gráfico:

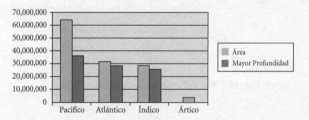

27. ¿Cuáles son los dos océanos más similares en área y profundidad?

(1) El Pacífico y el Atlántico

(2) El Índico y el Ártico

(3) El Pacífico y el Índico

(4) El Atlántico y el Índico

(5) El Atlántico y el Ártico

28. La Revolución Industrial en Gran Bretaña causó grandes cambios. Mientras la producción de artículos fabricados se hizo cada día más importante, la rentabilidad era más y más dependiente de la eficacia técnica. La producción ocurrió en una planta física, donde los obreros industriales usaron instrumentos específicos y equipo que pertenecía a la fábrica. ¿Cuál fue un resultado de este fenómeno?

    (1) Más gente que antes trabajaba en la agricultura

    (2) Las ciudades se hicieron más pequeñas

    (3) La mayor parte de los trabajadores aprendieron a usar todos los instrumentos y equipo en una planta

    (4) Los empleados más valiosos eran aquellos que cambiaban de empleos con frecuencia

    (5) Había una tendencia hacia la especialización

Las pregunta 29 se refiere al siguiente gráfico:

Precio de Equilibrio

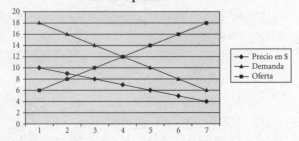

29. El precio de equilibrio de un artículo es el punto en el cual la oferta y demanda para un artículo es igual. ¿Cuál es el precio de equilibrio para este producto?

    (1) 9

    (2) 18

    (3) 12

    (4) 7

    (5) 6

Las preguntas 30–31 se refieren al siguiente texto:

Los conflictos con los indios de las llanuras comenzaron en 1862, con una masacre de blancos a manos de los Sioux, y se prolongaron hasta el final de la Guerra Civil. La última guerra importante
(5) con los Sioux estalló en 1876, cuando la fiebre del oro en Dakota llegó a los Black Hills. Se había acordado que el ejército se encargaría de no permitir la entrada de mineros a los terrenos de caza de los Sioux, pero en realidad esto hizo muy poco por
(10) proteger las tierras de los indios. Sin embargo cuando se le ordenó al ejército actuar contra las bandas de Sioux que cazaban en el pastizal, de acuerdo con los derechos que les habían sido otorgados en un tratado, el ejército actuó con gran
(15) vigor.

En 1876, al cabo de varios combates que no fueron decisivos, el general George Custer descubrió el campamento principal de los Sioux y sus aliados en el río Little Big Horn. Él y sus hombres—que se
(20) habían separado de su destacamento principal—fueron aniquilados por completo. Más tarde, en 1890, una danza ritual de espíritus que se celebraba en la reservación norte de los Sioux, en Wounded Knee, Dakota del Sur, desembocó en la insurrección
(25) y en una última batalla trágica que concluyó con la muerte de cientos de hombres, mujeres y niños Sioux.

A pesar de todo, la forma de vida de los indios de las llanuras había sido destruida desde mucho
(30) tiempo a raíz de la enorme matanza de búfalos, que casi fueron exterminados por la cacería indiscri-minada que se desató en la década de 1870. Entre tanto, las guerras contra los Apaches en el suroeste se prolongaron hasta 1885, cuando fue capturado
(35) Jerónimo, el último de sus jefes importantes.

–U.S. Dept. of State

30. ¿Cómo contribuyó la "fiebre de oro" en los Black Hills de Dakota a los problemas de los Sioux?

    (1) Los mineros trajeron un nuevo tipo de enfermedad a la región

    (2) Los Sioux querían tener el oro para ellos solos

    (3) Muchos guerreros Sioux se unieron al ejército norteamericano

    (4) Los mineros blancos invadieron las tierras de los Sioux

    (5) Los mineros masacraron a los Sioux

31. ¿Qué pudo haber causado la exterminación de los búfalos?

    (1) El establecimiento de reservas de búfalos

    (2) La cacería tradicional indígena

    (3) La cacería indiscriminada de la población no indígena

    (4) La fiebre traída por los mineros a la región

    (5) La popularidad de ropa hecha de la piel de búfalo

32. Un gobierno competente en todos los niveles más una economía fuerte ayudó al Imperio romano a mantenerse durante 500 años. Sin embargo, el costo de sostener un enorme Imperio finalmente se hizo demasiado para Roma. El resultado fue la inflación y el alto desempleo. ¿Qué acción pudiera haber ayudado, hasta cierto punto, a salvar el Imperio romano?

    (1) Si Roma hubiera reducido sus gastos dando la independencia a algunas áreas conquistadas

    (2) Si Roma hubiera aumentado el tamaño del ejército, y el desempleo hubiera sido eliminado

    (3) Si Roma hubiera podido contratar administradores de otros países

    (4) Si un dictador hubiera asumido el poder

    (5) Si Roma hubiera liberado a todos los esclavos

Las preguntas 33–34 se refieren al siguiente gráfico que indica los niveles de desempleo entre los años 1929 y 1938:

Porcentaje de Personas Desocupados

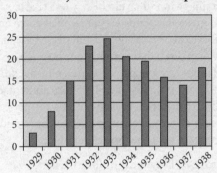

33. ¿En qué año alcanzó el desempleo su punto más alto?

    (1) 1929

    (2) 1931

    (3) 1933

    (4) 1935

    (5) 1936

34. Entre los años 1935 y 1937, el Congreso de Organizaciones Industriales organizó proyectos que emplearon cuatro millones de trabajadores. ¿Indica el gráfico que éstos tenían un efecto duradero sobre la tasa de desempleo en el país?

    (1) Sí. El desempleo disminuyó constantemente después de 1935.

    (2) No. El gráfico indica que el desempleo aumentó a partir de 1935.

    (3) No. El gráfico muestra que mientras hubo una disminución en 1936 y 1937, en 1938 el desempleo se elevó otra vez.

    (4) No. El gráfico muestra que hubo sólo un año en el cuál el desempleo disminuyó.

    (5) Sí. El desempleo se elevó al principio, pero luego siguió disminuyendo.

La pregunta 35 se refiere al siguiente texto:

Al terminar el auge de nacimientos ("baby boom") de 1946 a 1964, la tasa de crecimiento se redujo y la población envejeció. La composición de la familia se modificó también, y una cuarta parte
(5) de las viviendas ocupadas por familias entró en la clasificación de casas no—familiares, en las cuales convivían dos o más personas que no estaban unidas por lazos de parentesco. La reforma de la política de inmigración en 1965 hizo aumentar
(10) el número de recién llegados de Asia y América Latina, y el país se convirtió nuevamente en un asilo para la gente de todo el mundo.

—Oficina de Programas de Información
Internacional del Departamento de Estado
de Estados Unidos

35. ¿Deduzca lo que sucedió como consecuencia de las reformas de inmigración?

(1) Más personas en los EE.UU. vivieron en casas familiares.

(2) Menos personas inmigraron a los EE.UU. después de 1965.

(3) Se le hizo presión a las escuelas para iniciar más programas de inglés como segundo idioma.

(4) Hubo un nuevo auge de la natalidad.

(5) Muchos norteamericanos emigraron a Asia.

36. Muchos fabricantes han movido su producción de los EE.UU. porque los gastos de producción son más bajos en otros países. ¿Cuál puede ser un resultado de esta política?

(1) Muchos norteamericanos pierden sus empleos.

(2) Muchas personas en otros países pierden sus empleos.

(3) El precio de los productos se hace menos competitivo.

(4) Los sindicatos norteamericanos piden que más compañías se muden al extranjero.

(5) Hay un aumento de empleo en los EE.UU.

37. La Agencia de Protección de Medio Ambiente regula el uso de los pesticidas para garantizar que los productos agrícolas sean seguros. Muchos pesticidas han sido sacados del mercado a pesar de su eficacia porque representan un riesgo a la salud de los consumidores. ¿Cuál sería el resultado más probable al quitar las prohibiciones de pesticidas peligrosos?

(1) Se producirían pesticidas más seguros

(2) Los productos agrícolas serían más sanos

(3) Más productos agrícolas contendrían altos niveles de productos químicos dañinos para los consumidores

(4) Los precios de las verduras aumentarían

(5) La mayoría de las personas dejarían de comer productos agrícolas

La pregunta 38 se refiere a la fotografía:

–Dorotea Lang, Library of Congress

38. Esta imagen de una madre migrante de 32 años de edad fue tomada en el año 1936, durante la Gran Depresión. ¿Qué nos muestra esta foto sobre la vida de los obreros migratorios en este periodo de la historia de los Estados Unidos?

    (1) Los obreros migrantes vivían "el sueño americano" durante la Gran Depresión

    (2) El sistema de bienestar social siempre cuidó a los obreros migrantes

    (3) En este periodo, los obreros migrantes vivían bajo circunstancias intolerables

    (4) En estos años a la gente le gustaba acampar

    (5) Los obreros migrantes mantenían un estándar de vida alto durante este periodo

39. El impuesto de retención (withholding taxes) es el impuesto descontado por el empleador del salario de un empleado. ¿Cuál de los siguientes individuos probablemente no pagaría esta clase de impuesto?

    (1) La cajera de un supermercado

    (2) Una profesora de colegio

    (3) Un policía

    (4) La madre de una familia sin ingresos

    (5) Un contador en un almacén

Las preguntas 40–41 se refieren a la siguiente información:

Precios de Agua por Metro Cúbico	
Canadá	$0.31
EEUU	$0.40–$0.80
España	$0.47
Irlanda	$0.61
Suecia	$0.69
Italia	$0.70
Países Bajos	$1.30
Reino Unido	$1.28
Francia	$1.35
Bélgica	$1.55
Alemania	$2.16

40. ¿En qué país es más razonable el precio del agua?

    (1) Los Estados Unidos

    (2) Canadá

    (3) Bélgica

    (4) Países Bajos

    (5) Francia

41. ¿Qué país, debido a los gastos mensuales, debería esforzarse más en ahorrar agua?

    (1) Canadá

    (2) Los Estados Unidos

    (3) Los Países Bajos

    (4) Suecia

    (5) Alemania

Las preguntas 42–45 se refieren al siguiente texto:

El Colegio Electoral de Estados Unidos

    Cuando los votantes estadounidenses acuden a las urnas para elegir al presidente, muchos de ellos creen que están participando en la elección directa del mandatario. Esto no es así desde el punto de
(5) vista técnico, debido a la existencia del colegio electoral, una reliquia constitucional del siglo XVIII.

    Colegio electoral es el nombre con el que se designa a un grupo de "electores" que son nominados por activistas políticos y miembros
(10) de partidos en los estados. El día de las elecciones, esos electores, leales a uno u otro candidato, son elegidos por voto popular. En diciembre, después de la votación presidencial, los electores se reúnen en las capitales de sus respectivos estados y emit
(15) en sus votos para presidente y vicepresidente. Para ser elegido, el presidente debe reunir 270 votos electorales. Es posible que en una contienda reñida o de partidos múltiples, el colegio electoral no emita 270 votos a favor de ningún candidato; en
(20) ese caso, la Cámara de Representantes tiene que escoger al siguiente presidente.

    El sistema de colegio electoral fue establecido en el Artículo II, Sección I de la Constitución de los Estados Unidos. Aun cuando ha sido tema de
(25) ligeras controversias en los últimos años, se le ha considerado también como una fuerza estabiliza-dora en el sistema electoral.

    En los 50 estados y el Distrito de Columbia, los votantes registrados depositan sus sufragios
(30) para presidente y vicepresidente, el primer martes siguiente al primer lunes de noviembre, en el año de la elección presidencial.

    Los candidatos que ganan el voto popular en un estado suelen recibir todos los votos electorales
(35) de dicho estado. (En términos técnicos, todos los electores leales a esos candidatos son elegidos.)

    Si ningún candidato a la vicepresidencia obtiene la mayoría de los votos electorales, el Senado tiene que determinar al ganador entre los dos que hayan
(40) obtenido más votos en el colegio electoral.

    El número de electores de un estado es igual el número de senadores y representantes de dicho estado. El Distrito de Columbia, que no tiene representación electoral en el Congreso, cuenta
(45) con tres votos electorales.

VOTOS DE CADA ESTADO

Alabama — 9	Minnesota — 10
Alaska — 3	Mississippi — 6
Arizona — 10	Missouri — 11
Arkansas — 6	Montana — 3
California — 55	Nebraska — 5
Carolina del Norte — 31	Nevada — 4
Carolina del Sur — 8	Nueva Hampshire — 4
Colorado — 9	Nueva Jersey — 15
Connecticut — 7	Nuevo México — 5
Dakota del Norte — 3	Nueva York — 31
Dakota del Sur — 3	Ohio — 20
Delaware — 3	Oklahoma — 7
Distrito de Columbia — 3	Oregón — 7
Florida — 27	Pensilvania — 21
Georgia — 15	Rhode Island — 4
Hawaii — 4	Tenessee— 11
Idaho — 4	Texas — 34
Illinois — 21	Utah — 5
Indiana — 11	Vermont — 3
Iowa — 7	Virginia — 13
Kansas — 6	Virginia Occidental — 5
Kentucky — 8	Washington — 11
Luisiana — 9	Wisconsin — 10
Maine — 4	Wyoming — 3
Maryland — 10	
Massachusetts — 12	Total — 538
Michigan — 17	

–usinfo.state.gov/es panol/elec2004/colegio

42. ¿Cuál de las siguientes afirmaciones es un hecho verdadero sobre el Colegio Electoral?

    (1) El Colegio Electoral debería ser eliminado porque no es realmente democrático

    (2) El sistema del Colegio Electoral está establecido en la Constitución

    (3) El Colegio Electoral es el único sistema justo que existe actualmente

    (4) Los electores del Colegio Electoral deberían ser candidatos a la presidencia

    (5) El Colegio Electoral deberían votar antes de la elección general

43. ¿Qué pasa si no se obtienen los 270 votos a favor de un candidato?

    (1) Hay una nueva elección general

    (2) Se escogen nuevos electores

    (3) El Senado determina el ganador

    (4) Los miembros de la Casa de Representantes determinan el ganador

    (5) El vicepresidente es nombrado presidente

44. ¿Cómo se determina el número de electores por estado?

    (1) El número de electores es igual al número de partidos políticos en cada estado

    (2) El número de electores es igual al número de presidentes elegidos en cada estado

    (3) El número de electores se basa en el número de colegios en cada estado

    (4) El número de electores se basa en el número de personas registradas en cada estado

    (5) El número de electores es igual al número de senadores y representantes de cada estado

45. ¿Los votos de los miembros del Colegio Electoral de cuál de los siguientes estados pueden determinar el resultado de una elección?

    (1) California

    (2) Rhode Island

    (3) Pennsylvania

    (4) Utah

    (5) Todos los anteriores

46. El sentido literal de la palabra *teocracia* es "gobierno de Dios." Un país gobernado por el clero de una religión específica es una *teocracia*. ¿Cuál de los siguientes ejemplos representa una teocracia?

    (1) Un presidente elegido por el pueblo comparte el poder con un congreso

    (2) Un líder religioso supervisa la operación del gobierno

    (3) Un dictador asume el poder y controla todos los aspectos del gobierno

    (4) Un rey o una reina gobierna el país

    (5) El primer ministro y el parlamento supervisan el gobierno federal

47. Según la Oficina de Censo estadounidense, las mujeres, los de la tercera edad, y los casados votarán con mayor probabilidad. La tasa de votación es más alta en las personas de 65 a 74 años de edad y más baja en los ciudadanos de 18 a 24 años de edad. Una diferencia clave entre estos dos grupos es el número de personas que se registran para votar. En el 2000, se registraron el 79 por ciento de ciudadanos de la tercera edad mientras que el registro de los jóvenes alcanzó solamente el 51 por ciento. ¿Cuál de las siguientes personas votaría con más probabilidad?

    (1) Un hombre soltero de 55 años de edad

    (2) Una mujer casada de 25 años de edad

    (3) Un hombre casado de 67 años de edad

    (4) Una viuda de 70 años de edad

    (5) Una mujer casada de 68 años de edad

48. Los medios informativos son el gran motor que activa la sociedad consumista. Emplean a cientos de miles de técnicos, escritores, artistas, intérpretes e intelectuales. Moldean actitudes y creencias, y ponen las imágenes del mundo en la mente de todos.

¿En qué supuesto se basa este razonamiento?

(1) Los escritores son inteligentes.

(2) Un gran parte de la población tiene acceso a los medios de comunicación.

(3) La mayoría de las personas no hacen caso a lo que ven y oyen en la televisión.

(4) Sólo la gente joven lee el periódico.

(5) Los medios informativos tienen una influencia negativa sobre la gente.

50. Durante gran parte de su existencia, el antiguo Egipto fue el país más rico del mundo. Los egipcios exportaban lino, papiro y pescado seco; a cambio de artículos de lujo como incienso, plata y madera de cedro fina. ¿Qué se puede asumir sobre la producción de lino, papiro, y pescado seco?

(1) La producción de estos productos fue baja

(2) Los egipcios producían un exceso de estos productos

(3) Para los egipcios lo más importante fue adquirir lujos

(4) Egipto no fue destinado para sobrevivir

(5) Los egipcios no tuvieron que trabajar mucho para sobrevivir

La pregunta 49 se refiere a la siguiente gráfica:

**Religiones en los Estados Unidos
(más que 18)**

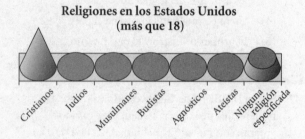

Cristianos   Judíos   Musulmanes   Budistas   Agnósticos   Ateístas   Ninguna religión especificada

49. ¿Según el gráfico, usted puede deducir que un candidato político estaría muy preocupado por ganar los votos de los miembros de cuál grupo religioso?

(1) Cristianos

(2) Judíos

(3) Musulmanes

(4) Budistas

(5) Agnósticos

Examen de Diagnóstico: **Ciencias**

<u>Instrucciones</u>: Escoja la mejor respuesta a cada pregunta. Tiene 85 minutos para contestar 50 preguntas.

Las preguntas 1–3 se refieren a la siguiente información:

Para la mayoría de personas las bacterias y los viruses son lo mismos, ya que los clasifican como gérmenes y como causantes de enfermedades. Es sin embargo un error pensarlo, ya que son
(5) completamente diferentes.

El virus no es considerado organismo vivo por los científicos ya que solo consiste de ADN y proteína. Éstos no se pueden reproducir solos, necesitan una célula huésped en la cual puedan
(10) vivir y reproducirse. Esta célula huésped muere cuando el virus la invade y es así que el virus produce enfermedades.

La bacteria, en cambio, es muy grande en comparación; es un organismo vivo y no tiene
(15) necesidad de huésped para sobrevivir. La célula de la bacteria al igual que la nuestra tiene núcleo, organelos, material genético, proteínas y más. Hay muchas bacterias que no hacen daño. Las bacterias que hacen daño son las que sueltan toxinas al vivir
(20) en otro organismo y estas toxinas dañan o matan a las células con las que tienen contacto.

1. Según la lectura ¿cuál de las siguientes opciones presenta una diferencia entre los viruses y las bacterias?

   (1) El virus tiene ADN, mientras que la bacteria no

   (2) La bacteria tiene proteínas mientras que el virus no

   (3) La bacteria contiene citoplasma mientras que el virus no

   (4) El virus produce enfermedad mientras que la bacteria no

   (5) La bacteria sólo se reproduce cuando tiene una célula huésped mientras que el virus lo puede hacer de manera independiente

2. ¿Cuál es la idea principal de la lectura?

   (1) Hay que tener cuidado con todo tipo de germen

   (2) Las bacterias solamente atacan a los que tienen contacto con la suciedad

   (3) Es fácil evitar las enfermedades si uno se mantiene limpio

   (4) Los virus y las bacterias se pueden matar con antibióticos

   (5) Los virus y las bacterias son completamente distintos, aunque ambos pueden producir enfermedad

3. Según la lectura ¿cómo se reproduce el virus?

   (1) El virus empieza a reproducirse cuando invade a una célula huésped

   (2) El virus se prolifera al haber abundancia de comida

   (3) La población de virus puede proliferar en la suciedad que se encuentra en cualquier casa.

   (4) Cuando comemos ciertos alimentos, el virus empieza a crecer dentro de nuestro organismo con gran facilidad

   (5) La comida descompuesta es un sitio ideal para el crecimiento de todo tipo de virus

Las preguntas 4 y 5 se refieren al siguiente texto:

Cuando uno le echa aceite al agua, éste flota sobre el agua; debido a las diferencias en densidad. En este caso, el aceite es menos denso que el agua y por eso flota sobre ella. La densidad de un objeto se puede medir al dividir la masa por el volumen. La densidad de una sustancia, a diferencia de la masa o del volumen, no depende de su cantidad. Si tienes 15 barriles o una gota de aceite la densidad será la misma.

4. Cuando uno pone un pedazo de corcho en el agua éste flota, mientras que una piedra cae al fondo. ¿Qué podemos concluir acerca de estos objetos?

   (1) La piedra es menos densa que el agua, mientras que el corcho es más denso que el agua

   (2) La piedra y el corcho tienen la misma densidad

   (3) El agua es más densa que ambos objetos

   (4) Ambos objetos son menos densos que el agua

   (5) El corcho tiene menos densidad que el agua, mientras que la piedra es más densa

5. Si encuentra una piedra gigante metida en un hueco, y siendo imposible removerla le piden que calcule la densidad de ésta. ¿Qué haría?

   (1) Llamaría a una grúa para que mueva la piedra a una balanza y así la pesaría

   (2) Tomaría una muestra pequeña de ésta y mediría su densidad

   (3) Sería imposible medir su densidad

   (4) Buscaría una piedra similar más pequeña y mediría su densidad

   (5) Rodaría la piedra hacia el agua para ver si flota

6. En los primeros miles de años de formación de la tierra, todos los continentes eran un solo pedazo de tierra grande, pero con el tiempo éstos se separaron y cambiaron de sitios. Las cosas no han cambiado, los continentes todavía se encuentran en constante movimiento. ¿Cuál es la causa del movimiento de los continentes?

   (1) Las corrientes marinas

   (2) La gravedad

   (3) El clima en general

   (4) El movimiento de la tierra alrededor del sol

   (5) Ninguna de las respuestas anteriores

7. Las plantas, a diferencia de los animales, producen su propio alimento a través del proceso de fotosíntesis por medio del cual la planta utiliza energía solar, agua, y dióxido de carbono para formar glucosa y oxígeno, usando la siguiente ecuación:

   $6CO_2 + 12H_2O$ + luz del sol ?
   $6O_2 + C_6H_{12}O_6 + 6H_2O$

   Por lo tanto ¿qué es lo esencial que toda planta necesita para poder desempeñar el proceso de fotosíntesis?

   (1) Luz solar, oxígeno, y azúcar

   (2) Fertilizante, agua, y cuidado

   (3) Vitamina A, luz, y solar nitrógeno

   (4) Luz del sol, dióxido de carbono, y agua

   (5) Calor, minerales, y carbono

Las preguntas 8 y 9 se refieren a la siguiente información:

La teoría de la evolución causó grandes cambios en el mundo de la ciencia y fue el producto de las ideas de algunos científicos. Lamarck fue uno de ellos, él comenzó por plantear que los organismos
(5) van cambiando de generación en generación. Sin embargo, su teoría tenía errores, la más grave fue que él dijo que las características que los padres van adquiriendo en su vida pueden ser heredadas por los hijos. Por ejemplo, Lamarck pensaba que si un
(10) padre tenía músculos grandes sus hijos también los tendrían, y esto no es verdad.

Hubo algunos científicos que ya tenían ideas evolucionarías, pero la persona que más se destacó por estas ideas fue Darwin. Este científico viajó a
(15) las islas Galápagos y, al observar las diferentes especies en la isla, desarrolló la idea de selección natural como la causa de la evolución en todas las especies. Esta selección que hace la naturaleza consiste en que las especies más adaptadas a su
(20) ambiente sobrevivan y las que no se adaptan, mueran. Esto provoca una competencia constante entre todas las especies.

8. ¿Cuál de los siguientes ejemplos muestra el error en la teoría de Lamarck?

   (1)   Los padres de dos hijos tienen ojos claros pero sus hijos no

   (2)   En la selva hay animales que nunca han evolucionado

   (3)   Hay animales que están cambiando cada segundo

   (4)   Si una madre se tiñe el pelo de color rojo los hijos también van a tener el pelo de ese color

   (5)   Si tu padre tiene los ojos obscuros, algunos de los hijos también van a tenerlos

9. ¿Cuál es la teoría que plantea Darwin acerca de la evolución?

   (1)   Las especies que evolucionaron más rápidamente también murieron rápidamente.

   (2)   Todas las especies se transforman como proceso natural, de manera espontánea e inexplicable

   (3)   Las especies que mejor se adaptan a su medio son las que sobreviven, y por esto las especies cambian (evolucionan) para poder sobrevivir en su ambiente

   (4)   En Galápagos las aves de músculos más fuertes fueron las que sobrevivieron y evolucionaron

   (5)   Sólo las especies que cambian de manera rápida son las que sobreviven

Las preguntas 10–12 se refieren a la siguiente información:

El calor de una sustancia es un tipo de energía desorganizada, que se encuentra en todos lados. Los objetos se expanden al absorber calor y al perderlo se contraen. Hay tres formas en que el
(5) calor se transfiere de un objeto a otro: convección, conducción, y radiación.

La convección es un proceso por el cual el calor viaja por el aire: el aire caliente se mueve hacia arriba, mientras que el aire frío baja. La conducción
(10) es un proceso por el cual el calor se transfiere a un objeto cuando se excitan los átomos. Los átomos de uno se rozan con los de otros, transfiriendo asi su calor. La radiación es un proceso por el cual hay transferencia de calor por el sol.

10. La transferencia de calor cuando se calienta un pedazo de metal en una fogata es un ejemplo de

    (1) Convección

    (2) Conducción

    (3) Radiación

    (4) Todas de las opciones anteriores

    (5) Ninguna de las opciones anteriores

11. La transferencia de calor cuando una lagartija toma el sol en una piedra es un ejemplo de

    (1) Convección

    (2) Conducción

    (3) Radiación

    (4) Todas de las opciones anteriores

    (5) Ninguna de las opciones anteriores

12. El cambio de temperatura cuando la cálida brisa del mar invade las playas, es un ejemplo de

    (1) Convección

    (2) Conducción

    (3) Radiación

    (4) Todas de las opciones anteriores

    (5) Ninguna de las opciones anteriores

Las preguntas 13–14 se refieren al siguiente texto:

El nitrógeno es un componente esencial para todos los animales y plantas. Este elemento es un componente de todos nuestros aminoácidos y ácido nucleico. Sin embargo los animales no
(5) pueden absorber el nitrógeno del aire (N_2), sino que lo tienen que obtener de las plantas. Las plantas tampoco pueden absorber nitrógeno puro (N_2). Afortunadamente hay bacterias en la tierra que convierten este nitrógeno en otros componentes
(10) como el amoníaco NH_4, y otras bacterias convierten el NH_4 a NO_2. Estos son componentes que las plantas pueden absorber y utilizar. El nitrógeno en forma de gas llega a la tierra cuando se disuelve en el agua de la lluvia. Los animales también expulsan
(15) estos componentes en la orina.

13. Si eliminamos todas las bacterias del jardín y todo organismo vivo de nuestro alrededor, ¿qué efectos podría tener ésto?

    (1) Las plantas se pondrían amarillas por no poder realizar la fotosíntesis

    (2) Nada ocurriría

    (3) Se empezarían a morir las plantas después de un tiempo

    (4) Habría una sequía enorme

    (5) Ninguna de las opciones anteriores

14. Además de la sequía, ¿qué otro efecto tendría la falta de lluvia en un jardín?

    (1) Falta de nitrógeno en la tierra para las bacterias y plantas

    (2) Las flores de muchas plantas cambiarían de color

    (3) Empezarían a crecer hongos y otros organismos destructores

    (4) Sólo las plantas resistentes a la sequía, como los cactus, empezarían a crecer

    (5) Ninguna de las opciones anteriores

15. La imagen A muestra el cuerpo de un organismo que con facilidad puede absorber mucho oxígeno, mientras que la imagen B, muestra un organismo que no puede absorber mucho oxígeno.

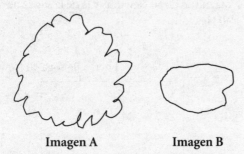

Imagen A   **Imagen B**

Basando en las imágenes, para un alpinista que necesita buena circulación y mucho oxígeno, ¿cuál de las siguientes opciones describe cómo debe ser el pulmón de este individuo?

(1) Deber ser pequeño y de superficie lisa

(2) Debe ser grande y largo

(3) Debe tener una superficie bastante arrugada y debe ser grande

(4) Debe ser pequeño y con una superficie muy arrugada

(5) Debe ser pequeño pero largo

16. Un paciente es nadador y pasa mucho tiempo en el sol. Un día el doctor le dice que tiene cáncer de la piel y le explica que esto se debe a una mutación en su ADN en la cual hubo un daño en uno o más de sus genes. Nadie en la familia tiene este problema.

¿Cuál puede ser una de las razones para el cáncer del paciente?

(1) El sol le produjo un daño a su ADN causando cáncer en la piel

(2) El paciente nació con el daño ya que es un problema genético que comparte la familia

(3) La piel del paciente es mala

(4) La exposición a rayos microondas desde pequeño le causó este daño

(5) Es a causa de una lesión en la piel

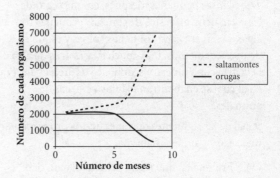

17. ¿Qué es lo más probable que ocurra entre estos imanes?

(1) se queden en sus sitios

(2) se atraigan

(3) se separen más

(4) ambos se muevan a la derecha

(5) ambos se muevan hacia la izquierda

Las preguntas 18–19 se refieren al siguiente gráfico.

El siguiente gráfico muestra la población de un tipo particular de saltamontes y una población de orugas. Ambas viven en el mismo lugar.

18. Se puede observar que mientras incrementa la población de saltamontes, decrece la población de orugas. ¿Cuál es una razón lógica para explicar este fenómeno?

(1) Los saltamontes se comen a las orugas

(2) Las orugas se alimentan de saltamontes

(3) Las orugas mueren más fácilmente que los saltamontes

(4) Los saltamontes mueren a causa de arañas que hay en el área

(5) Los saltamontes y las orugas e alimentan de la misma planta y los saltamontes tienen más habilidad para comerla

19. La tercera ley de movimiento de Newton dice que para cada acción en la que se aplica fuerza hay una reacción igual y una opuesta. Esto se ve claramente cuando un carro choca contra un árbol. El carro ejerce fuerza sobre el árbol rompiéndole y el árbol también ejerce una fuerza sobre el carro al detenerlo. ¿En cuál de los siguientes ejemplos no se ve aplicada esta ley?

(1) Cuando uno golpea una pelota con el pie

(2) Cuando se dispara una bala de una pistola

(3) Cuando uno empuja la puerta del carro

(4) Cuando se quema madera en una chimenea

(5) Cuando se hala el brazo de una persona

20. Unos arqueólogos encuentran un sitio de excavación en el que hay muchos fósiles de diferentes épocas. En la primera capa encuentran fósiles de bacterias y de plantas pequeñas; después, en una segunda capa encuentran restos de conchas pequeñas con algas; la tercera capa contiene espinas y esqueletos de peces pequeños, más conchas, y rastros de algas; la cuarta capa muestra sedimento de arena y tierra, en el cual se encuentran plantas y huellas de animales.

¿Cuál de las siguientes opciones podría proporcionar una razón para este hallazgo?

(1) Era una laguna en un principio, pero debido a la erosión esta laguna se secó y se volvió tierra firme

(2) Este lugar realmente nunca fue habitado por organismos vivos

(3) Se contaminaron las aguas de la laguna que antes existía allí y los peces se murieron o se fueron, dejando la laguna vacía

(4) Algún desastre natural causó la muerte de todos los peces que vivían en este sitio

(5) Ninguna de las opciones anteriores

21. En la imagen de abajo, se muestra una caja que una grúa está levantando con una soga. Las flechas muestran las fuerzas que están siendo aplicadas a esta caja, la fuerza de gravedad que tiene una magnitud de 60 Newtons y la de la soga que es de 40 Newtons.

¿Qué es lo más probable que suceda con esta caja?

(1) Ya en el aire cederá a la fuerza de gravedad y se caerá

(2) Va a ceder a la fuerza de la soga, la cual la elevará en el aire

(3) No se va a mover, ya que las fuerzas son iguales

(4) Al principio se va a elevar pero después se va a caer

(5) Nunca se va a elevar y se quedará en el suelo

Las preguntas 22–23 se refieren a la siguiente información:

Las plantas vasculares y que tienen semillas se dividen en dos grupos: angiospermas y gimnospermas. Las angiospermas se dividen en dos clases: dicotiledónea y monocotiledónea. Las diferencias que se pueden encontrar entre estos dos grupos están representadas en la siguiente tabla.

Tipo de angiospermo	Organización de venas en la hoja	Número de pétalos	Organización del tejido vascular	Forma de la raíz
Dicotiledónea	En forma de red	En múltiplos de 4 o 5	En forma de círculo	Una sola raíz larga con algunas pequeñas alrededor
Monocotiledónea	Están formadas de manera paralela	En múltiplos de 3	De manera esparcido	Solo raíces pequeñas todas en ramificaciones

22. Usando la información en la tabla, ¿cuál de las siguientes descripciones es la de una planta dicotiledón

   (1) La flor tiene 4 pétalos, la hoja tiene las venas como una red y la raíz es un montón de cúmulos

   (2) La flor tiene 10 pétalos, la hoja tiene las venas como una red y dentro del tallo el tejido vascular tiene forma de círculo

   (3) La flor tiene 3 pétalos, la hoja tiene las venas como una red y dentro del tallo el tejido vascular tiene forma de círculo

   (4) La flor tiene 9 pétalos, la hoja tiene las venas como una red y la raíz es compacta y fibrosa

   (5) La flor tiene 8 pétalos, la hoja tiene las venas como una red y la raíz es un montón de cúmulos

23. ¿Cuál de las siguientes opciones puede ser posiblemente una monocotiledónea?

   (1) Choclo

   (2) Rosa

   (3) Margarita

   (4) Arveja

   (5) Ninguna de las opciones anteriores

Las preguntas 24–264 se refieren a la siguiente información:

Una Molécula de Propano

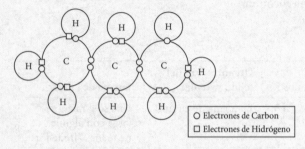

○ Electrones de Carbon
□ Electrones de Hidrógeno

24. ¿Cuál de las siguientes opciones es la fórmula de esta molécula?

(1) C_3H_{10}

(2) C_6H_7

(3) C_3H_{18}

(4) C_2H_4

(5) C_3H_8

25. ¿Cuántos electrones se comparten entre cada unión de dos átomos?

(1)   1

(2)   2

(3)   3

(4)   4

(5)   5

26. Una molécula de glucosa tiene 6 carbonos, 12 hidrógenos y cierto número de oxígeno. ¿Cuál de las siguientes opciones es la fórmula de esta molécula?

(1) $C_6H_{13}O_3$

(2) $C_4H_{14}O_{16}$

(3) $C_6H_2O_6$

(4) $C_3H_{12}O_6$

(5) $C_6H_{12}O_6$

Las preguntas 27–29 se refieren al siguiente texto:

El efecto Doppler fue desarrollado por un científico llamado asi. Este fenómeno plantea que cuando un objeto que emite ondas de sonido o de luz está en movimiento hacia uno, estas ondas se
(5) contraen y se incrementa la frecuencia de la onda. Cuando el objeto se está alejando las ondas, por el contrario, se expanden y su frecuencia se disminuye. Si son ondas de sonido, cuando el objeto se acerca el sonido se vuelve más agudo y cuando el objeto
(10) se aleja el sonido se vuelve grave. Si el objeto que se acerca está emitiendo luz, el color de la luz se torna más azul, (que tiene más energía) y cuando el objeto se aleja su luz se torna más roja (de menos energía).

Esto tuvo gran aplicación cuando los científicos
(15) querían descifrar el movimiento y velocidad de las estrellas. Las estrellas emiten luz, y los científicos descomponen esa luz para ver si tiene más tendencia a ser roja o azul y así pueden determinar si la estrella que están observando se está alejando o acercando
(20) a la tierra. Muchas de las estrellas que encuentran tienen una tendencia a emitir luz de color rojo lo cual indica que las estrellas se están alejando de la tierra.

27. ¿Cuál de las siguientes opciones no es una de las aplicaciones del efecto Doppler?

(1)   Las ondas de sonido que hace un pito de motocicleta en movimiento

(2)   Las ondas de luz que se desprenden de las estrellas en el espacio

(3)   Las ondas de sonido de un carro en movimiento

(4)   El efecto invernadero

(5)   Ninguna de las opciones anteriores

28. ¿Qué nos dicen acerca del universo las ondas de luz que mandan las estrellas?

(1)   Es estático

(2)   Es finito

(3)   Está en movimiento

(4)   Pronto llegará a su fin

(5)   Pronto va a haber otro "big bang"

29. ¿Cuál es una predicción lógica de lo que ocurriría con las ondas de sonido de un carro que se acerca hacia ti?

    (1) Se empiezan a extender las ondas y el sonido del auto se hace agudo

    (2) Se empiezan a contraer las ondas y el sonido del auto se hace agudo

    (3) Se empiezan a extender las ondas y el sonido del auto se hace grave

    (4) Se empiezan a contraer las ondas y el sonido del auto se hace grave

    (5) Se quedan igual las ondas y el sonido del auto es constante

30. El cerebro es un órgano extraordinario que proporciona inteligencia y capacidad a los organismos que lo tienen. Controla gran parte del cuerpo en muchos organismos. Lo hace a través de mensajes químicos que manda a todas partes del cuerpo a través de nervios.

    Si éste es el caso, ¿cuál de las siguientes funciones es más probable que desempeñe directamente el sistema nervioso?

    (1) Movimiento muscular

    (2) Secreción de glóbulos blancos

    (3) Filtración de sangre

    (4) Difusión de oxígeno en las células

    (5) Replicación del ADN en la célula

Las preguntas 31–33 se refieren a la siguiente información:

El petróleo es una sustancia muy apreciada por toda la industria, por esto muchos le llaman el oro negro. El petróleo crudo tiene una estructura muy complicada, que esta hecha de largas cadenas de
(5) hidrógeno y carbón, llamada hidrocarburos. Estas moléculas se pueden encontrar en un estado de gas o de líquido. Algunas sustancias, tales como la gasolina o el querosén, se encuentran en estado líquido mientras que sustancias como el asfalto
(10) se encuentran de forma sólida.

Se divide el petróleo en dos ramas: el crudo pesado y el crudo liviano. La gasolina y los gases son parte del último grupo, mientras que sustancias tales como el asfalto se encuentran en el grupo
(15) de crudos pesados.

31. ¿De qué consiste principalmente el petróleo?

    (1) Hidrocarburos

    (2) Gasolina

    (3) Oxígeno

    (4) Nitrógeno

    (5) Naftalina

32. ¿Cuál es la idea principal de la lectura?

    (1) El valor del petróleo

    (2) De lo qué consiste el petróleo

    (3) Los peligros del petróleo

    (4) La dependencia de las industrias al petróleo

    (5) Cómo se obtiene el petróleo

33. Un término relacionado con el petróleo es

    (1) Hidrocarburos

    (2) Gasolina

    (3) Querosén

    (4) Naftalina

    (5) Todas las opciones anteriores

La pregunta 34 se refiere al siguiente gráfico:

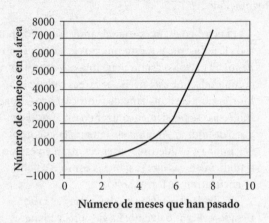

34. El gráfico muestra la población de conejos en área determinado. ¿Cuál de las siguientes opciones es una razón valida que explica este patrón en la población?

    (1) Hubo demasiada comida a fines del experimento, entonces los conejos se empezaron a morir

    (2) Siempre hubo suficiente comida y por eso la población de los conejos incrementó

    (3) Al principio hubo gran crecimiento pero después de un tiempo no había ni suficiente comida ni espacio para la creciente población y se empezaron a morir

    (4) La falta de conejos hizo imposible el crecimiento de la población desde un principio

    (5) Los conejos fueron mal alimentados desde el principio así que la población no pudo crecer y murió enseguida

Las preguntas 35–37 se refieren a la siguiente lectura:

En todas las culturas, durante toda la existencia de la raza humana, han surgido preguntas acerca de la creación de la tierra. Muchas religiones y culturas han tenido explicaciones diferentes, la
(5) mayoría involucrando a un Dios creador. La ciencia en estas últimas décadas ha brindado también sus propias teorías acerca de la creación del universo. Ahora, la más aceptada por el mundo de la ciencia es la teoría del Big Bang. Esta teoría
(10) acierta que en un principio hubo una gran explosión que no solo desprendió grandes cantidades de energía sino que también expusó grande cantidades de materia. Esta materia y energía vino a formar todas las galaxias, los sistemas solares, las estrellas,
(15) los planetas, etc. que ahora hay en el universo.

Hay científicos que no quieren aceptar esta teoría y decían que el universo siempre ha existido como es ahora, y que probablemente la formación de los planetas se debe a pequeñas explosiones de
(20) estrellas en vez de una gran explosión. Hubo un descubrimiento que fue evidencia muy fuerte para apoyar la teoría del Big Bang: el descubrimiento de la radiación de fondo, que lo rodea todo. Se piensa que esta energía es residuo del Big Bang.
(25) Las ondas de luz que mandan las estrellas indican que las galaxias se está alejando de nosotros a velocidades proporcionales a sus distancias. Si el universo está ampliando, debe haber empezado muy pequeño en algún tiempo distante en el
(30) pasado. Este observación corrobora la teoría del Big Bang.

35. ¿Cuál de las siguientes no es una evidencia del Big Bang?

    (1) La radiación de fondo

    (2) El universo que está en movimiento

    (3) Las ondas de luz que mandan las estrellas

    (4) Las leyes de Newton

    (5) La falta de movimiento de las estrellas

36. ¿Cuál fue el descubrimiento más contundente que confirmó la existencia del Big Bang?

    (1) El movimiento de la tierra alrededor del sol

    (2) La existencia del sistema solar

    (3) La radiación de fondo

    (4) Las leyes de Newton

    (5) Ninguna de las opciones anteriores

37. ¿Cuál es la idea principal de esta lectura?

    (1) Todavía hay mucho que descubrir acerca del Big Bang

    (2) La teoría del Big Bang es muy complicada y poco entendida

    (3) La teoría del Big Bang es la única certera y verdadera

    (4) La teoría del Big Bang no es definitiva, pero es la más aceptada por los científicos, por las evidencias que se han encontrado

    (5) Lo más probable es que suframos otro Big Bang en un tiempo no muy lejano

La pregunta 38 se refiere al siguiente tabla:

Diferencias entre ARN y ADN

ARN	ADN
Casi siempre se encuentra solo en forma de una sola tira	Siempre está en forma de hélice excepto cuando sé esta replicando
Las bases son A,G,C y U	Las bases son A,G,C y T
El azúcar ribosa no tiene un oxígeno	El azúcar ribosa tiene todos los oxígenos
Hay varios tipos de ARN	Solo hay un tipo de ADN

38. De las siguientes opciones, ¿cuál describe una característica del ADN?

    (1) Un segmento que dice AGUG

    (2) Tiene una sola tira

    (3) A su ribosa le falta un azúcar

    (4) Un segmento que lee ACAG

    (5) Un segmento que lee UCUG

Las preguntas 39 y 40 se refieren a la siguiente información:

La materia tiene dos propiedades: químicas y físicas. Las propiedades físicas de una sustancia son las que al cambiar no alteran a la sustancia. Estas propiedades son masa, volumen, dureza. Al cambiar las propiedades químicas de una sustancia se cambia la sustancia en sí, por ejemplo tenemos lo que pasa cuando se quema un papel.

40. ¿Cuál de las siguientes acciones no es un ejemplo de una propiedad física de una sustancia?

    (1) Dureza

    (2) Cantidad de electrones por átomo

    (3) Densidad

    (4) Longitud

    (5) Grosor

40. ¿Cuál de las siguientes acciones causaría un cambio químico?

    (1) Cortar un papel

    (2) Lijar a un pedazo de madera

    (3) Moldear masa para hornear

    (4) Dejar que se evapore el agua de una pecera

    (5) Dejar que se oxide un metal

41. ¿Cuál de las siguientes opciones causa un cambio que es irreversible?

    (1) Quemar un pedazo de madera (cambio químico)

    (2) Disolver sal en agua (cambio físico)

    (3) Congelar agua (cambio físico)

    (4) Todas las opciones anteriores

    (5) Ninguna de las opciones anteriores

42. Los animales de sangre fría comen poco, y se desplazan de un lugar a otro de acuerdo con la temperatura de sus cuerpos. Por ejemplo, un cocodrilo puede pasar la mañana encima de una piedra tomando el sol para poder mantenerse activo de noche. Esto es todo lo contrario para los animales de sangre caliente los cuales adquieren energia de la comida que ingieren y asi pueden mantener su temperatura corporal. Por eso, no tienen necesidad de tomar sol por ciertos periodos de tiempo.

    ¿Cuál de las siguientes es una afirmación correcta acerca de los animales de sangre fría y los animales de sangre caliente?

    (1) Los animales de sangre fría controlan su temperatura corporal por medio de varios procesos que consumen mucha energía

    (2) Los animales de sangre caliente, para controlar su temperatura corporal, deben buscar lugares calientes o fríos de acuerdo con sus necesidades

    (3) Los animales de sangre caliente consumen más energía que los de sangre fría para poder mantener su temperatura corporal

    (4) A los animales de sangre caliente a veces se les puede observar tomando el sol para absorber esa energía y de esa manera mantener el calor

    (5) El sistema sanguíneo de los animales de sangre fría es increíble ya que su sangre debe llegar a todos sitios del cuerpo con el fin de controlar su temperatura corporal

43. El siguiente gráfico se refiere a un experimento en el cual se pusieron 3 ratones en 3 cuartos distintos a diferentes temperaturas para medir la pérdida de agua corporal.

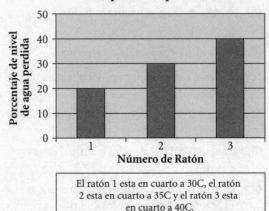

Nivel de Agua en los Ratones Después de Estar a Diferentes Temperaturas por 24 Horas

El ratón 1 esta en cuarto a 30C, el ratón 2 esta en cuarto a 35C y el ratón 3 esta en cuarto a 40C.

    ¿Qué crees que suceda si a tu ratón le aumentas la temperatura del cuarto en el que vive?

    (1) Deja de comer

    (2) Deja de tomar agua

    (3) Empieza a tomar más agua

    (4) Come en exceso

    (5) Se muere

Las preguntas 44–45 se refieren a la siguiente información:

Hay animales que tienen columna vertebral, a estos se les conoce como animales vertebrados. Los humanos somos ejemplos de animales vertebrados. Otros animales no tienen columna vertebral y se les
(5) conoce como invertebrados, muchos insectos pertenecen a este grupo.

44. ¿Qué animal se puede considerar como vertebrado?

    (1) Un tiburón

    (2) Una medusa

    (3) Un sapo

    (4) Una bacteria

    (5) Un cangrejo

45. ¿Qué animal se puede considerar como invertebrado?

    (1) Un perro

    (2) Una manta raya

    (3) Un gorila

    (4) Un pez espada

    (5) Una foca

46. El siguiente gráfico es una pirámide ecológica que muestra la relación entre organismos en una cadena alimenticia. Los organismos que se encuentran en los estratos inferiores de la pirámide tienen más energía que los en los superiores. Los del estrato inferior tienen más energía, el que le sigue tiene apenas 10% de la energía que tiene el anterior y los estratos superiores siguen el mismo patrón.

Usando la información de la pirámide ¿cuál sería la energía del halcón si la hierba tiene una energía total de 675 calorías?

    (1) 6.75 calorías

    (2) .675 calorías

    (3) 67.5 calorías

    (4) 675 calorías

    (5) 6,750 calorías

47. Por mucho tiempo se pensó que los hongos eran plantas, pero ahora se sabe que esto no es cierto. Aunque los hongos contengan una pared celular como las plantas, están hechos de otra sustancia. La diferencia más grande entre los hongos y las plantas es que las plantas, a través de la fotosíntesis, producen su propia energía; mientras que los hongos deben buscar comida como los animales, lo que en muchos casos, son residuous en descomposición.

¿Cuál de las siguientes opciones puede ser un hongo?

    (1) Unos cúmulos de colores que están creciendo en una rodaja de pan viejo

    (2) Unos cúmulos verdosos que están creciendo en el agua de una piscina que está bajo el sol

    (3) Unos cúmulos que están creciendo en un lugar cerrado sin contacto con el sol

    (4) Montículos blancos que crecen en la fruta vieja

    (5) Ninguna de las opciones anteriores

Las preguntas 48–50 se refieren a la siguiente información:

El trayecto que sigue la comida al ser digerida por el cuerpo, al igual que todas las enzimas que se encuentran a lo largo del trayecto y el tipo de comida que estas descomponen.

Trayecto	Enzimas	Comida que es digerida
Boca-glándulas salivárias	Amilasa	carbohidratos
Faringe	—	—
Esófago	—	—
Estómago	Pepsina	Proteínas
Intestino Delgado	Amilasa	Carbohidratos
	Tripsina	Proteínas
	Lipasa	Grasas
	Bilis	Grasas
Intestino Grueso	—	—

48. ¿Si te comieras una manzana ¿en qué partes del trayecto del sistema digestivo, fuera ésta digerida por enzimas?

    (1) Boca y estómago

    (2) Intestino delgado y grueso

    (3) Boca e intestino delgado

    (4) Estómago e intestino delgado

    (5) Boca e intestino grueso

49. ¿Qué dos enzimas son las que digieren las grasas?

    (1) Amilasa y tripsina

    (2) Pepsina y amilasa

    (3) Lipasa y amilasa

    (4) Lipasa y bilis

    (5) Pepsina y bilis

50. ¿En qué partes del trayecto del sistema digestivo no hay enzimas que digieran la comida?

    (1) Boca, esófago, y estómago

    (2) Faringe, intestino delgado, y grueso

    (3) Esófago, estómago e intestino delgado

    (4) Boca, faringe, y esófago

    (5) Faringe, esófago, e intestino grueso

Examen de Diagnóstico:
Español: Lenguaje y Lectura

<u>Instrucciones</u>: Escoja la mejor respuesta a cada pregunta. Tiene 70 minutos para contestar 40 preguntas.

<u>Ejemplo:</u>

¿A un día de verano compararte?

> Más hermosura y suavidad posees.
> Tiembla el brote de mayo bajo el viento
> y el estío no dura casi nada.
> A veces demasiado brilla el ojo
> solar y otras su tez de oro se apaga;
> toda belleza alguna vez declina,
> ajada por la suerte o por el tiempo.

El poeta dice que su amante es

(1)   Más veloz que el viento.

(2)   Hecho de oro.

(3)   Más hermosa que un día de verano.

(4)   Dulce pero no tan hermosa.

(5)   Envejeciéndose demasiado rápido.

① ② ● ④ ⑤

Las preguntas 1–6 se refieren al siguiente poema:

¿Porque Se Murio La Bella Annabel Lee?

Fue hace muchos, muchos años
En un reino junto al mar
Donde vivía una doncella a la que puedes conocer
Con el nombre de ANNABEL LEE;
(5) Y esta doncella vivía pensando solo
En amar y en ser amada por mi.

Yo era un pequeño y ella era pequeña
En este reino junto al mar;
Pero amábamos con una amor que era más
    que amor–
(10) Yo y mi Annabel Lee;
Con un amor que los serafines del cielo
Nos envidiaban a ella y a mi.

Y esta fue la razón porque hace mucho tiempo
En este reino junto al mar
(15) Solara de pronto un viento helando a
Mi hermosa Annabel Lee;
Así que vinieron sus parientes de noble cuna
Y se la llevaron lejos de mi
Para encerrarla en un sepulcro
(20) En este reino junto al mar.

Los ángeles ni a medias tan felices en el cielo
Nos envidiaban a ella y a mi-
¡Si! – esa era la razón (como todos los hombres
    saben
En este reino junto al mar)
(25) Que el viento salio de la nube en la noche
Congelando y matando a mi Annabel Lee

Pero nuestro amor era mucho mas fuerte que
    el amor
De aquellos mayores a nosotros–
De aquellos mucho mas sabios que nosotros–
(30) Y ni los ángeles arriba en el cielo
Ni los demonios bajo el mar
Podrán separar mi alma del alma
De la bella Annabel Lee.

Pues la luna nunca destella sin traerme sueños
(35) De la bella Annabel Lee;
Y las estrellas nunca salen sin que yo sienta los
    claros ojos
De la hermosa Annabel Lee;
Y así durante toda la marea nocturna me acuesto
    al costado
De mi adorado—mi adorada—mi vida y mi esposa
(40) En el sepulcro junto al mar
En su tumba junto al sonoro mar.

—Edgar Allan Poe, Traducido por Cynthia Borja

1. Al leer este poema, vemos que el tono es

   (1) Alegre
   (2) Lúgubre
   (3) Indiferente
   (4) Sarcástico
   (5) Optimista

2. Como murió la niña Annabel Lee?

   (1) Ahogada
   (2) De una fiebre
   (3) Congelada
   (4) En un terremoto
   (5) De amor

3. "…el viento salio de la nube en la noche / Congelando y matando a mi Annabel Lee" es un ejemplo de

   (1) Símil
   (2) Hipérbole
   (3) Personificación
   (4) Metáfora
   (5) Antitesis

4. Los ángeles envidiaron a los niños porque

    (1) No eran tan felices como los niños
    (2) Annabel Lee era tan bella
    (3) Estaban enamorados de ella
    (4) Estaban vivos
    (5) Eran serafinas

5. El narrador del poema es probablemente

    (1) En niño
    (2) Una joven mujer
    (3) Un hombre viejo
    (4) Una niña
    (5) Una mujer vieja

6. La palabra "doncella" tiene la connotación de

    (1) Pureza e inocencia
    (2) Maldad
    (3) Experiencia
    (4) Ignorancia
    (5) Desesperación

Las preguntas 7–12 se refieren al siguiente texto:

¿QUÉ DETERMINA SI UN JEFE ES UN BUEN LÍDER?

El jefe y el líder

(…) Lo que necesita una nación o cualquier grupo, grande o pequeño, es tener al frente, no a un oportunista arrogante, sino a un servidor sincero. En efecto:

(5) 1. Para el jefe, la autoridad es un privilegio de mando; para el líder, un privilegio de servicio. El jefe ordena: "aquí mando yo"; el líder dice: "aquí sirvo yo."

(10) 2. El jefe existe por la autoridad; el líder por la buena voluntad. El jefe cree que es suficiente una investidura de mando conferida desde fuera para conformar a su gusto al pequeño planeta sobre el que impera. El líder no necesita exhibir ante sus súbditos los credenciales de *(15)* su legítima autoridad. La autoridad del jefe impone; la autoridad del líder subyuga y enamora.

3. El jefe inspira miedo; se le sonríe de frente y se le critica de espaldas. El líder inspira confianza, *(20)* inyecta entusiasmo, da poder a su gente.

4. El jefe busca al culpable cuando hay un error. El que la hace, la paga; sanciona, y parece que pone las cosas en su lugar. El líder jamás apaga la llama que aún tiembla; jamás corta el tallo *(25)* que aún verdece; corrige, pero comprende; castiga, pero enseña; arregla las faltas y, de paso, rehabilita al caído.

5. El jefe asigna los deberes, ordena a cada súbdito lo que tiene que hacer. El líder da el ejemplo *(30)* y trabaja con los demás; es congruente en lo que piensa, dice y hace. Va al frente marcando el paso.

6. El jefe hace del trabajo una carga; el líder, un privilegio.

(35) 7. El jefe sabe cómo se hacen las cosas; el líder enseña cómo deben hacerse. Uno se guarda el secreto del éxito; el otro le da poder a que su gente para que pueda funcionar con autonomía y eficacia.

(40) 8. El jefe maneja a la gente; el líder la prepara. El jefe masifica a las personas; el líder conoce a cada uno de sus colaboradores, los trata como personas, no los usa como a cosas.

9. El jefe dice **vaya,** el líder dice **vayamos.**

(45) 10. El jefe llega a tiempo, el líder llega adelantado: "un pie adelante del grupo, una mirada más allá de los seguidores", da significado a la vida de sus colaboradores.

—Miguel Angel Cornejo, *Liderazgo de Excelencia*

KAPLAN

7. Según el autor de este texto, jefe y líder…

   (1) Tienen las mismas funciones
   (2) Tienen las mismas actitudes
   (3) Son diferentes
   (4) Inspiran confianza
   (5) Infunden miedo

8. El texto dice que el jefe…

   (1) Ordena, asigna deberes
   (2) Sirve a los demás
   (3) Tiene siempre buena voluntad
   (4) Trabaja con sus súbditos
   (5) Enseña a los demás

9. ¿Qué significa "un pie adelante del grupo, una mirada más allá de los seguidores"?

   (1) Ser más importante
   (2) Ser el único que conoce las soluciones
   (3) Ser vanidoso
   (4) Inspirar, avanzar, realizar los sueños
   (5) Ser puntual

10. "El líder jamás apaga la llama que aún tiembla" quiere decir

    (1) Que no se atreve a apagar la llama
    (2) Que debe utilizar más carácter para avivarla
    (3) Que puede rehabilitar lo que aparentemente se extingue
    (4) Que es un jefe excelente
    (5) Que es una autoridad excelente

11. Según el texto, un buen líder

    (1) Inspira miedo en sus subalternos
    (2) Maneja a la gente a su antojo
    (3) Toma su trabajo como un privilegio
    (4) Llega a tiempo a su trabajo
    (5) Demuestra su autoridad

Las preguntas 12–18 se refieren al siguiente fragmento de *La Casa de Bernarda Alba*:

¿QUIÉN TIENE LA CULPA?

(…)

MARTIRIO

   ¿Dónde vas?

ADELA

   ¡Quítate de la puerta!

(5) MARTIRIO

   ¡Pasa si puedes!

ADELA

   ¡Aparta! (Lucha)

MARTIRIO (A voces)

(10)   ¡Madre, madre!

   (Aparece BERNARDA. Sale en enaguas, con un mantón negro)

BERNARDA

   Quietas, quietas. ¡Qué pobreza la mía, no poder
(15) tener un rayo entre los dedos!

MARTIRIO (Señalando a ADELA)

   ¡Estaba con él! ¡Mira esas enaguas llenas de paja de trigo!

BERNARDA

(20)   ¡Esa es la cama de las mal nacidas! (Se dirige furiosa hacia ADELA.)

ADELA (Haciéndole frente)

   ¡Aquí se acabaron las voces de presidio!
   (ADELA arrebata un bastón a su madre y lo
(25) parte en dos.) Esto hago yo con la vara de la dominadora. No dé usted un paso más. En mí no manda nadie más que Pepe.

MAGADALENA (Saliendo)

   ¡Adela!

(30) (Sale LA PONCIA y ANGUSTIAS)

ADELA

   Yo soy una mujer (A ANGUSTIAS) Entérate tú y ve al corral a decírselo. Él dominará toda esta casa. Ahí fuera está, respirando como si fuera
(35) un león.

ANGUSTIAS

    ¡Dios mío!

BERNARDA

(40)   ¡La escopeta! ¿Dónde está la escopeta? (Sale corriendo)

    (Sale detrás MARTIRIO. Aparece AMELIA por el fondo, que mira aterrada con la cabeza sobre la pared)

ADELA

(45)   ¡Nadie podrá conmigo! (Va a salir)

ANGUSTIAS (Sujetándola)

    De aquí no sales con tu cuerpo en triunfo. ¡Ladrona! ¡Deshonra de nuestra casa!

MAGDALENA

(50)   ¡Déjala que se vaya donde no la veamos nunca más!

    (Suena un disparo)

BERNARDA (Entrando)

    Atrévete a buscarlo ahora.

(55) MARTIRIO (Entrando)

    Se acabó Pepe el Romano.

ADELA

    ¡Pepe! ¡Dios mío! ¡Pepe! (Sale corriendo)

LA PONCIA

(60)   ¿Pero lo habéis matado?

MARTIRIO

    No. Salió corriendo en su jaca.

BERNARDA

    No fue culpa mía. Una mujer no sabe apuntar.

(65) MAGDALENA

    ¿Por qué lo has dicho entonces?

MARTIRIO

    ¡Por ella! Hubiera volcado un río de sangre sobre su cabeza.

(70) LA PONCIA

    Maldita.

MAGDALENA

    ¡Endemoniada!

BERNARDA

(75)   Aunque es mejor así (Suena un golpe) ¡Adela, Adela!

LA PONCIA (En la puerta)

    ¡Abre!

BERNARDA

(80)   Abre. No creas que los muros defienden de la vergüenza.

CRIADA (Entrando)

    ¡Se han levantado los vecinos!

BERNARDA (En voz baja como un rugido)

(85)   ¡Abre, porque echaré abajo la puerta! (Pausa, todo queda en silencio) ¡Adela! (Se retira de la puerta) ¡Trae un martillo! (LA PONCIA da un empujón y entra. Al entrar da un grito y sale) ¿Qué?

(90) LA PONCIA (Se lleva las manos al cuello)

    ¡Nunca tengamos ese fin!

    (Las HERMANAS se echan hacia atrás. La CRIADA se santigua. BERNARDA da un grito y avanza)

(95) LA PONCIA

    ¡No entres!

BERNARDA

    No. ¡Yo no! Pepe: tú irás corriendo vivo por lo oscuro de las alamedas, pero otro día caerás.

(100)   ¡Descolgarla! ¡Mi hija ha muerto virgen! Llevadla a su cuarto y vestirla como una doncella. ¡Nadie diga nada! Ella ha muerto virgen. Avisad que al amanecer den dos clamores las campanas.

MARTIRIO

(105)   Dichosa ella mil veces que lo pudo tener.

BERNARDA

    Y no quiero llantos. La muerte hay que mirarla cara a cara ¡Silencio! (A otra HIJA) ¡A callar he dicho! (A otra HIJA) ¡Las lágrimas cuando estés
(110)   sola! Nos hundiremos todas en un mar de luto. Ella, la hija menor de Bernarda Alba, ha muerto virgen. ¿Me habéis oído? ¡Silencio, silencio he dicho! ¡Silencio!

               – García Lorca, *La Casa de Bernarda Alba*

KAPLAN

12. Este fragmento de la obra *La Casa de Bernarda Alba* constituye

    (1) El desenlace de la obra

    (2) La introducción de la obra

    (3) El nudo (o clímax) de la obra

    (4) La presentación de los personajes

    (5) La presentación del ambiente de la obra

13. Los personajes de este extracto de la obra son especiales porque todas

    (1) Son tímidas

    (2) Son agresivas

    (3) Son mujeres

    (4) Obedecen

    (5) Son egoístas

14. La obra termina en una tragedia porque

    (1) Adela está histérica

    (2) Pepe el Romano huyó

    (3) Adela está embarazada

    (4) Adela cree que Pepe el Romano está muerto

    (5) Martirio está celosa

15. La actitud de Bernarda Alba puede ser calificada como

    (1) Dulce

    (2) Maternal

    (3) Dominante

    (4) Celosa

    (5) Temerosa

16. ¿Qué quiso decir Bernarda Alba con las palabras: ¡Qué pobreza la mía, no tener un rayo entre los dedos¡?

    (1) Lanzar un rayo y matar a los presentes

    (2) Dominar las fuerzas de la naturaleza

    (3) Convertirse en un ser todopoderoso

    (4) Salvar su casa

    (5) Castigar a sus hijas

17. La "manzana de la discordia" (causante de problemas) es

    (1) Adela

    (2) Bernarda Alba

    (3) La Poncia

    (4) Pepe el Romano

    (5) Martirio

18. Para suicidarse, Adela se

    (1) Ahorcó

    (2) Ahogó

    (3) Envenenó

    (4) Dió un tiro

    (5) Inmoló

Las preguntas 19–21 se refieren a la siguiente narración:

¿QUÉ PASÓ CON EL HIJO?

Cuento folklórico latinoamericano

La maldición de una madre

Pues señor, era una vez una madre que estaba almidonando un día y tenía muchísimo trabajo. El hijo, en un momento de descuido de la madre, fue a la tina y metió en ella sus manos sucias

(5) dañando el almidón que su mamá necesitaba para la ropa que iba a planchar más tarde. Cuando la pobre mujer se dio cuenta de lo que había pasado se disgustó mucho, y encolerizada dijo:

– ¡Ojalá que el Diablo se le lleve!

(10) Poco después de haber dicho ella estas palabras se levantó un remolino, se oscureció el cielo como si fuera a llover, se asustó la madre y empezó a temblar de miedo. Todo esto fue cosa de unos minutos, pero el caso es que cuando la madre

(15) buscó a su hijo en aquellos alrededores se encontró con que la criatura había desaparecido.

Lloró amargamente; lo llamó repetidas veces, pero todo fue inútil. El Diablo se había llevado al niño.

(20) Un día paseando por el bosque, la madre encontró un montoncito de huesos. Volvió a su casa llevando los huesitos para darle sepultura. Y todas las noches, en la casa donde ella vivía se oye un aleteo de un pájaro enorme que grazna

(25) como pidiendo algo. Dicen que el hijo viene especialmente en las noches de mucho viento, a pedirle perdón a su madre.

– Puerto Rico

19. Esta narración es más bien un(a)

(1) Cuento literario

(2) Cuento folklórico

(3) Leyenda europeo

(4) Cuento infantil

(5) Fábula

20. La expresión "¡Ojalá que el Diablo se lo lleve!" expresa

(1) Los verdaderos deseos de la madre

(2) Una manera de demostrar su cólera

(3) La frustración de la madre

(4) Los deseos de quedarse sola

(5) El odio hacia su hijo

21. El Diablo se presenta en forma de

(1) Fuego y resplandor

(2) Lluvia violenta

(3) Viento y oscuridad

(4) Huracán

(5) Un chivo

22. Las palabras: *montoncito y huesitos* son diminutivos que se relacionan con

(1) El cariño de la madre

(2) El habla popular

(3) El pequeño niño

(4) La inmensa pena de la madre

(5) La soledad del ambiente

23. ¿Por qué el niño regresa en forma de viento? Porque

(1) es un espíritu maligno

(2) quiere castigar a su madre

(3) está triste

(4) aparece en la misma forma en que desapareció

(5) está contento

Las preguntas 24–26 se refieren al siguiente texto:

¿CUÁLES SON LAS CARACTERÍSTICAS DE LA LITERATURA MEDIEVAL?

La literatura medieval:

Organización social:

Limitándonos a España, y sólo a los siglos XII, XIII y XIV durante los cuales se desarrolla la literatura medieval, debemos recordar que dos grandes reinos se distribuyen el territorio, el cual
(5) van ampliando en su acción reconquistadora contra los árabes. Son los de Aragón y Castilla, cuyos intereses les llevan a veces a enfrentamientos armados.

El Sur peninsular estaba ocupado por reinos hispanoárabes, Los almohades los habían sojuzgado.
(10) Luego vino la rápida reconquista y a partir de 1248, sólo el reino de Granada permaneció en poder de los musulmanes.

En tres estados (o clases sociales) se ordena la sociedad medieval: los de los oradores (clérigos que
(15) oran), defensores (rey, nobles y caballeros que defienden los reinos) y labradores (que trabajan la tierra).

Arte y literatura:

Gran parte de la literatura medieval (sobre todo
(20) la épica) es anónima. Sus dos grandes orientaciones son la religiosa (o moral) y la heroica. Sin embargo se cultiva también un tipo de poesía amorosa, nacido en Provenza en el siglo XII. ¡Ay de mi Alhama! Es un poema de origen árabe y en él se
(25) describen aspectos históricos de gran trascendencia.

Uno de los monumentos artísticos más visitados de España en la Alhambra, palacio árabe en Granada, construido en la época nazarí (1238) y que sirvió de residencia a los monarcas granadinos
(30) durante doscientos años. Muhammad I inició su construcción y posteriormente sufrió reformas por parte de otros reyes árabes.

Son notables sus salones llenos de mosaicos, arabescos y techumbres de lazos y mocárabes, los
(35) patios y estanques: patio de los Arrayanes, de los Aljibes, de los leones; sala de la Justicia, de las Dos Hermanas, de los Abencerrajes y torre del Agua.

24. La Alhambra es un monumento árabe construido por

(1) Los reyes católicos

(2) Los reyes moros

(3) Los habitantes de Granada

(4) Los soldados españoles

(5) Los súbditos musulmanes

25. Las palabras *religioso* y *heroico* corresponden a

(1) Romántico y heroico

(2) Moderno y clásico

(3) Tradicional y mítico

(4) Místico y épico

(5) Ético y romántico

26. El poema ¡Ay de mi Alhama! es, como la mayoría de su tipo

(1) Anónimo e histórico

(2) Tradicional

(3) Folklórico

(4) Clásico

(5) Religioso

Las preguntas 27–30 se refieren al siguiente poema:

¡AY DE MÍ ALHAMA!
(Romance del rey moro que perdió Alhama)

Paseábase el rey moro
por la ciudad de Granada
desde la puerta de Elvira
hasta la de Vivarrambla.

(5)   –¡Ay de mi Alhama!

Cartas le fueron venidas
que Alhama era ganada;
las cartas echó en el fuego
y al mensajero matara.

(10)   –¡Ay de mi Alhama!

Descabalga de una mula
y en un caballo cabalga
por el Zacatín arriba
subido se había al Alhambra.

(15)   –¡Ay de mi Alhama!

Como en el Alhambra estuvo
al mismo punto mandaba
que se toquen sus trompetas
sus añafiles de plata.

(20)   –¡Ay de mi Alhama!

Y que las cajas de guerra
aprisa toquen al arma
porque lo oigan sus moros
los de la Vega y Granada.

(25)   –¡Ay de mi Alhama!

Los moros, que el son oyeron,
que al sangriento Marte llama,
uno a uno y dos a dos
juntando se ha gran batalla.

(30)   –¡Ay de mi Alhama!

Allí habló un moro viejo,
de esta manera hablara:
-¿Para qué nos llamas, rey,
para qué es esta llamada?

(35)   –¡Ay de mi Alhama!

Habéis de saber, amigos,
una nueva desdichada,
que cristianos de braveza
ya nos han ganado Alhama.

(40)   –¡Ay de mi Alhama!

Allí habló un alfaquí
de barba crecida y cana.
-Bien se te emplea, buen rey
buen rey, bien se te empleara.

(45)   –¡Ay de mi Alhama!

Mataste los Bencerrajes,
que eran la flor de Granada;
cogiste los tornadizos
de Córdoba la nombrada.

(50)   –¡Ay de mi Alhama!

Por eso mereces, rey,
una pena muy doblada:
que te pierdas tú y el reino
y aquí se pierda Granada.

(55)   –¡Ay de mi Alhama!

–Anónimo

27. La repetición del verso ¡Ay de mi Alhama!

    (1)   Demuestra emoción, alegría

    (2)   Acentúa la tristeza del rey moro

    (3)   Separa las estrofas

    (4)   Marca el ritmo del poema

    (5)   Demuestra la locura del rey

28. Este poema describe

    (1)   Las batallas medievales

    (2)   Las costumbres de los moros

    (3)   La belleza de Alhama

    (4)   La pérdida de Alhama

    (5)   La muerte de los Bencerrajes

29. En el poema se destaca la voz o las voces de

    (1) El rey moro

    (2) El rey y un moro viejo

    (3) Los cristianos

    (4) El rey, el alfaquí y un moro viejo

    (5) Los soldados

30. Finalmente,

    (1) El rey moro recibe el apoyo del pueblo

    (2) El rey va a la guerra

    (3) El rey es merecedor de castigo

    (4) El pueblo se levanta

    (5) El rey ataca a los cristianos

Las preguntas 31–34 se refieren al siguiente texto:

¿CÓMO PUEDE REDUCIR LOS RIESGOS DE INCENDIOS Y ENVENAMIENTO EN SU CASA?

COMISIÓN PARA LA SEGURIDAD DE LOS PRODUCTOS DE CONSUMO DE LOS ESTADOS UNIDOS

Oficina de Información y Asuntos Públicos
Washington, DC 20207

La CPSC Advierte de los Riesgos de los Calefactores y Fogatas en Chimeneas

(5)   Decesos Recientes por Incendios y Envenenamiento por Monóxido de Carbono impulsan una Alerta de Seguridad del Gobierno.

    (…) En un año reciente, sucedieron alrededor de 10,900 incendios en residencias y aproximadamente 190 muertes relacionadas con calefactores

(10) portátiles o fijos. Hubo 15,500 incendios y 40 muertes por incendios relacionados con fogatas y chimeneas. Además, 100 muertes por el monóxido de carbono de sistemas de calefacción, estufas u hornos y calentadores de agua.

    Los calefactores pueden causar incendios

(15) al colocarlos demasiado cerca de materiales inflamables como cortinas, muebles o ropa de cama. Las fogatas pueden causar incendios si la chimenea está agrietada, bloqueada o recubierta con creosota, o si las chispas y brasas pueden entrar en contacto con materiales inflamables.

(20) Los aparatos que queman combustible pueden causar envenenamiento por monóxido de carbono si no hay la ventilación adecuada o la combustión es incompleta.

Otros consejos para el uso de calefactores:

(25)   Elija un calefactor que haya sido probado con las normas de seguridad más recientes y que esté certificado por un laboratorio de pruebas de renombre nacional. Esos calefactores cuentan con los dispositivos de seguridad más recientes,

(30) mientras que los antiguos tal vez no cumplan con las últimas normas de seguridad. La CPSC trabajó para aumentar las normas de seguridad en la industria de los calefactores eléctricos, de keroseno y de gas con o sin ventilación. (…)

(35)   Coloque el calefactor sobre una superficie plana, firme y de un material que no sea inflamable, nunca sobre alfombras y tapetes ni cerca de la ropa de cama o cortinas. Mantenga el calefactor a una distancia mínima de 3 pies (1 metro) de la ropa de cama,

(40) cortinas, muebles y otros materiales inflamables.

    Mantenga abiertas las puertas hacia el resto de la casa si usa un calefactor de combustible sin ventilación. Esto ayuda a evitar que se acumulen contaminantes y promueve la combustión

(45) adecuada. Siga las instrucciones del fabricante respecto al aire de combustión necesario para evitar la producción de monóxido de carbono.

    Nunca deje un calefactor encendido mientras duerme. Nunca coloque un calefactor cerca de una

(50) persona dormida.

    Apague el calefactor si abandona el área. Mantenga a los niños y las mascotas alejados de los calefactores.

    No use una estufa u horno de cocina para

(55) calentar su hogar porque podrían sobrecalentarse o generar monóxido de carbono.

    Coloque una alarma de humo con pilas nuevas en cada nivel de la casa y dentro de cada dormitorio. Además, coloque una alarma detectora

(60) de monóxido de carbono afuera de los dormitorios en cada área de descanso separada.

    Haga revisar los calefactores de gas y los de queroseno cada año para asegurarse de que funcionen correctamente.

(65)   (…)

    – U.S. Government, Enero 2004

31. El objetivo de este texto es

    (1)   Organizar

    (2)   Prevenir

    (3)   Convencer

    (4)   Satisfacer

    (5)   Publicar

32. Según el texto, las muertes recientes fueron causadas por

    (1)   Estufas portátiles

    (2)   Chimeneas y residencias

    (3)   Incendios y fogatas

    (4)   Envenenamiento y encierro

    (5)   Incendios y envenenamiento

33. Para prevenir accidentes, el calefactor debe

    (1)   Estar encendido las 24 horas del día

    (2)   Colocarse en un lugar firme y alejado de objetos de fácil combustión

    (3)   Ubicarse cerca de las camas

    (4)   Estar cerca de las personas que duermen

    (5)   Ser portátil

34. La causa de muertes por envenenamiento es

    (1)   El queroseno

    (2)   El gas

    (3)   La fogata

    (4)   El monóxido de carbono

    (5)   La chimenea

Las preguntas 35-40 se refieren a la siguiente lectura:

¿POR QUÉ LES ENCANTA A LAS CHICAS IR A LA BOTÁNICA?

Para Mami, las botánicas estaban habitadas por malos espíritus. Pensaba que esas tiendas religiosas llenas de velas, cuentas, aceites, hierbas, calderos, reproducciones en yeso de santos católicos y
(5) toneladas de parafernalia votiva por todas partes no eran lugares santos, sino reductos de oscuridad. La gente acudía allí a consultar sobre asuntos sobrenaturales, algo que a su juicio debía dejarse en su lugar. Pero a nosotros lo único que nos
(10) importaba de las botánicas eran las fotonovelas.

La dueña de El Congo Real, un negra voluminosa, era siempre muy amable, y hasta dejaba que mis hermanas le cambiaran fotonovelas usadas por nuevas. Ella también era una asidua
(15) lectora de las mismas, y nos asesoraba sobre cuáles eran las mejores, es decir, la de los hombres más perversos, las más románticas, o aquellas en las cuales las mujeres ponían a sus hombres de rodillas.

(20) A mis hermanas les encantaban las historias de traición, engaños y venganzas, siempre y cuando tuvieran un final feliz, por lo que siempre le pedíamos recomendaciones a la dueña, quien, en ocasiones, nos contaba historias verídicas que
(25) había escuchado en la botánica. Como la de la viuda que tenía cuatro hijos gordos, feos y torpes, con los cuales ninguna muchacha se casaría jamás. La madre puso todas sus esperanzas en el más joven.

(30) Compró un auto que consumió todos los ahorros de su vida para atraer a alguna chica, al menos por la novedad, pero al poco tiempo le robaron el vehículo. La viuda decidió entonces ir a buscar consejo en El Congo Real, y pedirle a los
(35) orishas, los dioses negros de la santería, religión traída al Nuevo Mundo por los esclavos hace doscientos años, para que la ayudaran a recuperar el auto. "Nietos, necesito nietos," imploraba la mujer.

(40) —Ernesto Quiñónez, *El Niño Blanco*

35. ¿Qué opinión tiene la madre de las botánicas?

(1) Ella piensa que las botánicas son lugares excelentes para encontrar velas y hierbas

(2) Ella piensa que las botánicas son lugares sagrados

(3) A ella le parece que las botánicas son bastiones de fuerzas malignas

(4) Ella siempre compra santos de yeso de las botánicas

(5) Ella jamás ha visitado una botánica

36. ¿Qué tipo de literatura les gusta leer a las muchachas?

(1) Libros que contienen traición, engaños, y venganzas

(2) Historias de la literatura clásica

(3) Biografías de estrellas de cine

(4) Artículos de periódicos

(5) Cuentos de Hadas

37. ¿En que país tuvo la santería su origen?

(1) el Nuevo Mundo

(2) África

(3) Portugal

(4) España

(5) Haití

38. ¿Cuál es el tono de la lectura?

(1) Ansioso

(2) Nostálgico

(3) Triste

(4) Miedoso

(5) Exuberante

39. ¿Porque incluye el autor la historia sobre la viuda y sus hijos feos?

    (1) Como una advertencia sobre la interferencia con lo sobrenatural

    (2) Como un ejemplo de cómo la santería puede hacer hermosa a la gente fea

    (3) Su propósito es mostrar que las madres no deberían colocar todas sus esperanzas en sus hijos

    (4) Como un ejemplo de la clase de problemas traídos a la botánica por la gente del barrio

    (5) Para introducir a varias personas del barrio

40. En realidad, ¿qué es lo que quiere la viuda?

    (1) La felicidad de sus hijos

    (2) La devolución de su auto

    (3) Ella quiere que los orishas hagan que sus hijos sean hermosos

    (4) Ella quiere que sus hijos se casan con muchachas ricas

    (5) Elle quiere nietos

Examen de Diagnóstico: **Matemáticas**

En esta Prueba de Matemáticas, hay algunas preguntas que no son de selección múltiple.
Estas no son las preguntas más difíciles de la prueba.

Cuadrícula Estándar

Los números mixtos, como $3\frac{1}{2}$, no pueden ser anotados en la cuadrícula del formato alterno.
En lugar de ello, es necesario representarlos como números decimales (3.5) o fracciones $\left(\frac{7}{2}\right)$.
Ninguna respuesta en la cuadrícula será un número negativo, como –6.

Para apuntar su respuesta:

- Empieza en cualquier columna que le permita apuntar su respuesta

- Escriba su respuesta en los cuadros de la fila superior

- En la columna debajo de la barra de fracción o de un punto decimal (si lo hubiera) y cada
  número de su respuesta, llene el círculo que representa ese signo o número

- Deje en blanco las columnas que no utilice

Cuadrícula de Coordenadas

Es necesario rellenar sólo un círculo para representar su respuesta. Si usted rellena más de un círculo
en el gráfico, su respuesta se calificará como incorrecta.

Para apuntar su respuesta:

- Hay que tener un valor x y un valor y

- Ninguna respuesta tendrá un valor fraccionario o decimal

Parte I

<u>Instrucciones</u>: Para las selecciones múltiples, escoja la mejor respuesta a cada pregunta. Tiene 50 minutos para contestar 25 preguntas.

Para las preguntas de formato alternativo, marque su respuesta en los círculos de la cuadrícula o en el gráfico.

<u>En esta parte de la prueba se puede utilizar una calculadora.</u>

<u>Ejemplo:</u>

Rebeca tiene un salario anual de $12,100. ¿Cuál es su salario mensual?

(1) $1,000

(2) $1,100

(3) $1,200

(4) $950

(5) $800

1. Julio le debe $ 575 a Pedro. Julio le paga $75 inmediatamente y debe pagar el resto con un 30% de interés. ¿Cuánto tiene Julio por pagar?

　　(1) $150.00

　　(2) $672.50

　　(3) $650.00

　　(4) $845.00

　　(5) $695.00

2. En una universidad hay 960 hombres y 240 mujeres. ¿Cuál es la proporción de hombre a mujer?

　　(1)   720:1

　　(2)   2:4

　　(3)   4:1

　　(4)   7:2

　　(5)   12:1

3. Simplifique la siguiente expresión:
    $2x + 6xy + 3y + x - 4y - 2xy$

　　(1) $8xy + 3y - 7y$

　　(2) $6xy$

　　(3) $4xy - 3x - 7y$

　　(4) $2xy$

　　(5) $3x + 4xy - y$

4. Jorge trabaja en una embotelladora. Debe embotellar 150 cm^3 de gaseosa en una lata en forma de cilindro. ¿Si el radio de la base es de 3 cm, cuál debe ser la altura de la lata aproximadamente?

　　(1)   7.96 cm^3

　　(2)   16.67 cm^3

　　(3)   5.31 cm^3

　　(4)   25 cm^3

　　(5)   15.92 cm^3

5. Si la proporción de los círculos semejantes es de 6:1, ¿cuál es el área del círculo pequeño?

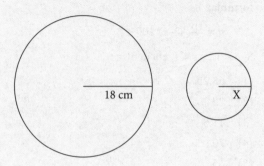

18 cm   X

(1) 3π cm^2

(2) 6π cm^2

(3) π cm^2

(4) 18π cm^2

(5) 9π cm^2

Las preguntas 6–8 se refieren al gráfico e información siguientes:

En una escuela secundaria la directiva condujo una encuesta para averiguar las edades de los alumnos. Los resultados de la encuesta se demuestran en el siguiente gráfico:

Edad de estudiantes

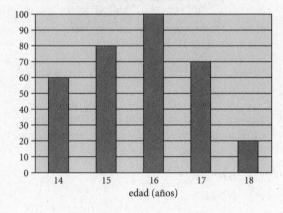

edad (años)

6. ¿Cuántos estudiantes en TOTAL asisten a la escuela secundaria?

(1) 330

(2) 100

(3) 420

(4) 300

(5) 500

7. Aproximadamente, ¿qué porcentaje de alumnos en la secundaria tienen 17 años de edad?

(1) 21.21%

(2) 30%

(3) 78.78%

(4) 70%

(5) 17%

8. ¿Cuál es la edad promedio de la escuela secundaria?

(1) 14 años

(2) 15 años

(3) 15.73 años

(4) 16.5 años

(5) 16 años

9. Jane olvidó pagar su cuenta telefónica. La deuda era de $170 pero la compañía cobra 6% adicional por retraso. Cuando Jane va a pagar le cobran $3.50 más. ¿Cuánto paga Jane en total?

(1) $137.00

(2) $105.50

(3) $180.20

(4) $179.50

(5) $183.70

10. Pedro quiere embodegar algunas de sus pertenencias. La bodega cobra $50 por el servicio y $7.50 por cada mes que Pedro ocupe la bodega. Escriba una ecuación que exprese el costo (c) para Pedro, si guarda sus cosas por x meses.

    (1) $c = (50 + 7.5)x$

    (2) $c = 50 - 7.5x$

    (3) $c = 50 + 7.5x$

    (4) $c = 7.5 - 50x$

    (5) $c = (50 - 7.5)x$

11. ¿Cuál es la mejor aproximación para la longitud de la hipotenusa del siguiente triángulo recto?

    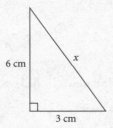

    (1) 3 cm

    (2) 6.71 cm

    (3) 45 cm

    (4) 6.24 cm

    (5) 3.87 cm

12. Tres competidores corren una carrera de velocidad. Los tiempos de los corredores son: 12.61 segundos, 11.53 segundos y 12.39 segundos. Aproximadamente, ¿cuál es el promedio de tiempo de los corredores?

    (1) 12.18 segundos

    (2) 36.53 segundos

    (3) 12 segundos

    (4) 18.01 segundos

    (5) 11.53 segundos

13. Para calcular la calificación final de un estudiante en un examen, el profesor utiliza la siguiente fórmula:

    $$n = \frac{(p + e)}{20} * 100 + 5$$

    Si $p = 12$ y $e = 1$, encuentra n.

    (1) 68.25

    (2) 22

    (3) 11.5

    (4) 70

    (5) 65

Las preguntas 14–17 se refieren al gráfico e información siguientes:

La gerencia financiera de un supermercado diseña el siguiente gráfico de la distribución de las ventas anuales. En el año 2004, las ventas anuales suman un total de **$6,780,000.**

Distribución ventas anuales: 2004

14. Existen 150 accionistas y todos reciben el mismo porcentaje de las ventas anuales. ¿Que porcentaje recibe cada uno?

    (1) 0.67%

    (2) 0.2%

    (3) 0.13%

    (4) 0.34%

    (5) 13.56%

15. Las ventas anuales del año 2004 fueron $6,780,000. ¿Cuánto dinero recibieron los distribuidores en TOTAL?

    (1) $356,842.11

    (2) $5,491,800

    (3) $2,034,000

    (4) $1,288,200

    (5) $678,000

16. ¿Cuál es la proporción del porcentaje de ventas anuales otorgado a los dueños y el porcentaje otorgado a TODOS los accionistas?

    (1) 51:3

    (2) 1:7

    (3) 7:10

    (4) 49:70

    (5) 17:10

17. Si 2 dueños reparten su porcentaje por igual, ¿cuánto recibe cada uno de las ventas del año 2004?

    (1) $3,322,200

    (2) $1,661,100

    (3) $3,457,800

    (4) $1,728,900

    (5) $3,390,000

18. Una campaña de reciclaje quiere un promedio de 7,500 toneladas de papel reciclado en 6 meses. Si en los primeros 5 meses se ha reciclado un total de 33,000 toneladas, ¿cuánto se tiene que reciclar en el último mes para alcanzar el promedio?

    (1) 4,500 toneladas

    (2) 12,000 toneladas

    (3) 70,500 toneladas

    (4) 34,250 toneladas

    (5) 7,500 toneladas

19. Si una pulgada es igual a 2.54 centímetros y Carlos debe comprar tela para cubrir una ventana de 26 pulgadas, ¿cuántos centímetros de tela debe pedir en la tienda?

    (1) 65 cm

    (2) 92.04 cm

    (3) 10.24 cm

    (4) 66.04 cm

    (5) 52 cm

Las preguntas 20–21 se refieren a la cuadrícula siguiente:

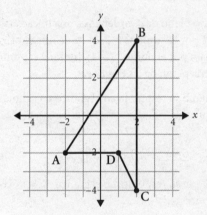

20. Cuál es la pendiente de la línea *AB*?

    (1) 2

    (2) $\frac{1}{2}$

    (3) 1

    (4) 3

    (5) 1.5

21. En la cuadrícula, ¿cuál es la distancia entre el punto A y el B?

    Indique su respuesta en el gráfico en la hoja de respuestas.

22. Si $8x - 11 = 45$, ¿cuál es el valor de x?

    Indique su respuesta en el gráfico en la hoja de respuestas.

23. Una línea tiene una pendiente de $\dfrac{3}{4}$ y un y-intercepte es $\dfrac{15}{4}$. Calculando de la izquierda a la derecha, indique la ubicación del siguiente par ordenado de números enteros: el x-intercepte y el y-coordinada del punto donde el x-coordinada es 3.

    Indique su respuesta en el gráfico en la hoja de respuestas.

24. En un plano de coordenadas, una línea vertical pasa por los puntos $(-3, 2)$ y una línea horizont al pasa por el punto $(1, -4)$. Indique el punto de intercepción de las dos líneas.

    Indique su respuesta en el gráfico en la hoja de respuestas.

25. Si $26 \cdot \dfrac{6-x}{x} = 26$, el valor de x es:

    Indique su respuesta en el gráfico en la hoja de respuestas.

Parte II

<u>Instrucciones</u>: Para las selecciones múltiples, escoja la mejor respuesta a cada pregunta.
Tiene 50 minutos para contestar 25 preguntas.

Para las preguntas de formato alternativo, marque su respuesta en los círculos de la cuadrícula.

<u>En esta parte de la prueba NO se puede utilizar una calculadora.</u>

26. ¿Cuál es el valor de la pendiente de la línea en la cuadrícula?

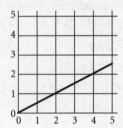

  (1) 2

  (2) $\dfrac{1}{6}$

  (3) 5

  (4) $\dfrac{1}{2}$

  (5) 1

Las preguntas 27–30 se refieren al gráfico e información siguientes:

Los organizadores de un concierto diseñaron un gráfico con predicciones acerca de los asistentes al evento según el precio de la entrada.

Asistencia al concierto

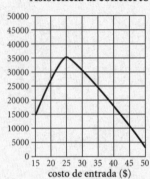

27. ¿Con qué precio de entrada se obtiene el mayor número de asistentes?

    (1) $35
    (2) $50
    (3) $25
    (4) $ 0
    (5) $15

28. Aproximadamente, ¿cuántas personas asistirán si el precio de la entrada se fija en $40?

    (1) 20,000
    (2) 15,000
    (3) 40,000
    (4) 18,000
    (5) 25,000

29. Aproximadamente, ¿cuál es el número de personas que asistirán al concierto si la entrada se fija al precio más alto?

    (1) 50,000
    (2) 4,000
    (3) 15,000
    (4) 35,000
    (5) 0

30. ¿Cuál sería la ganancia, sin considerar el costo, si el precio de la entrada se fija en $35?

    (1) $875,000
    (2) $ 35,000
    (3) $700,000
    (4) $ 25,000
    (5) $ 87,500

31. ¿Cuál es el perímetro de este rectángulo?

    (1) 14 cm
    (2) 9 cm
    (3) 18 cm
    (4) 14 cm^2
    (5) 7 cm

32. Factorice la siguiente ecuación completamente:
    $36x^3 + 8x^2 - 12xy$

    (1) $x^3(36 + 8x - 12x^2)$
    (2) $4x(9x^2 + 2x + 3y)$
    (3) $36(x^3 + 28x^2 - 24xy)$
    (4) $4x(9x^2 + 2x - 3y)$
    (5) $2x(36x^3 + 8x^2 - 12xy)$

33. Laura quiere comprar una blusa que cuesta $48 y que tiene 30% de descuento. ¿Cuánto dinero necesita Laura?

    (1) $18.00

    (2) $14.40

    (3) $78.00

    (4) $33.60

    (5) $ 1.44

34. Multiplique el siguiente polinomio: $(3x + 2)(x - 7)$

    (1) $-42x^2$

    (2) $3x^2 - 19x - 14$

    (3) $2x^2 + 3x - 7$

    (4) $3x^2 - 15x$

    (5) $3x^2 - 14$

35. ¿Cuál es el área, en unidades cuadradas, del siguiente rectángulo?

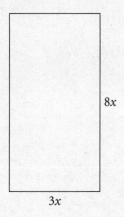

8x

3x

    (1) $11x^2$

    (2) $5x^2$

    (3) $24x^2$

    (4) $22x^2$

    (5) $23x^2$

36. Francisco compra x pantalones de $12.75 y y camisetas de $5.50. Escriba una ecuación que dé el total de la compra (c) de Francisco.

    (1) $c = 12.75x + 5.5y$

    (2) $c = (x + y)(12.75 + 5.5)$

    (3) $c = 12.75x - 5.5y$

    (4) $c = (x \times y)(12.75 + 5.5)$

    (5) $c = 18.25(x + y)$

37. En este triángulo recto, ¿cuál es la longitud de la hipotenusa?

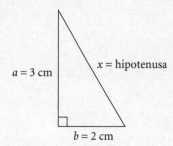

$a = 3$ cm $x =$ hipotenusa

$b = 2$ cm

    (1) $\sqrt{13}$

    (2) 11

    (3) $\sqrt{5}$

    (4) 13

    (5) $\sqrt{7}$

38. Por su cumpleaños Carla recibió $10 de su mamá, $15 de su abuela y $7 de su tía. ¿Cuánto dinero tiene Carla en total?

    (1) $32

    (2) $10

    (3) $ 7

    (4) $27

    (5) $15

39. Simplifique la expresión: $6xy - 4y + 11x + 2xy + y$

    (1) $11x + 8xy - 3y$

    (2) $64xy$

    (3) $11x + 12xy - 4y$

    (4) $11x + 8xy + 5y$

    (5) $16xy$

40. ¿Cuál es la medida del ángulo x si a y b son líneas paralelas y c es una secante?

    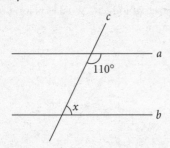

    (1) $70°$

    (2) $110°$

    (3) $90°$

    (4) $180°$

    (5) $65°$

41. Un mecánico cobra $4 por arreglar un automóvil. Si en un día el mecánico arregla 17 carros, ¿cuánto dinero hace en total?

    (1) $68

    (2) $21

    (3) $17

    (4) $13

    (5) $70

42. ¿Cuáles son las coordenadas en las que la función intercepta el eje de la y?

    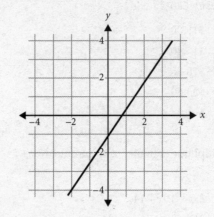

    (1) $\left(1, \dfrac{1}{2}\right)$

    (2) $(0, -1)$

    (3) $\left(\dfrac{1}{2}, 1\right)$

    (4) $(-2, 0)$

    (5) $(3.5, 4)$

Las preguntas 43–46 se refieren al gráfico e información siguientes:

El gráfico demuestra la población de dos tipos de bacteria cultivadas en un laboratorio.

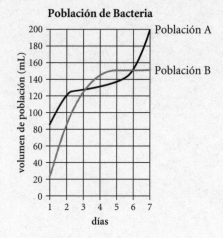

Población de Bacteria

43. ¿Después de cuántos días siguen las poblaciones de bacteria siendo las mismas?

   (1) 4 días

   (2) 3 días

   (3) 2 días

   (4) 1 día

   (5) 7 días

44. ¿Durante qué intervalo sobrepasa la población de bacteria B a la de bacteria A?

   (1) 0–7 días

   (2) 3–7 días

   (3) 3–6 días

   (4) 0–3 días

   (5) 6–7 días

45. ¿A partir de qué día se detiene el crecimiento de la población de bacteria B?

   (1) 7

   (2) 0

   (3) 3

   (4) 4

   (5) 5

46. Si $y = 2x^2 - x$, cuál es el valor de y cuando $x = -3$?

Indique su respuesta en el gráfico en la hoja de respuestas.

47. Si BC > AC, ¿Cuál es el perímetro, en cm, de este triángulo isósceles?

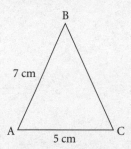

Indique su respuesta en el gráfico en la hoja de respuestas.

48. La ecuación de linea ℓ_1 es $y = x + 1$. La ecuación de linea ℓ_2 es $y = -2x + 4$. ¿Cuál es el punto de intersección de los lineas?

Indique su respuesta en el gráfico en la hoja de respuestas.

49. Completa el rectángulo ubicando el cuarto punto. Los coordinados de las tres vértices son: (−3, −2), (−3, 3), (4, −2).

    Indique su respuesta en el gráfico en la hoja de respuestas.

50. Lucía es 5 años menor que su hermano David quien es 7 años mayor que su hermano Ronaldo. ¿Si Lucía tiene 8 años, cuántos años tiene Ronaldo?

    Indique su respuesta en el gráfico en la hoja de respuestas.

Examen de Diagnóstico: **Respuestas**

REDACCIÓN

Parte I

1. (3)

En español, a diferencia de inglés, se colocan los signos de exclamación al iniciar y terminar la oración exclamativa. Además, debe escribirse con mayúscula y el verbo *parecer*, con *c*.

2. (1)

La (1) es correcta porque el resto de las opciones contienen faltas de ortografía (2, 3, 4) y de concordancia (5).

3. (3)

La coma después de *sueño* separa la oración y *el de* (el sueño de…) introduce una explicación, al igual que los dos puntos.

4. (5)

El verbo *dejaron* (plural) exige la enumeración de las causas que causaron la impresión: en este caso, las dos obras de Velázquez y la referencia a las dos majas (la desnuda y la vestida) de Goya.

5. (4)

La palabra fin es monosílaba y por lo tanto, no lleva acento ortográfico. Las (2) y (3) contienen falta de ortografía en el demostrativo *este* y en la (5) existe una falta de ortografía en la palabra *semana*.

6. (5)

Un viaje a Toledo demuestra el gran interés del viajero en algo específico como es el cuadro mencionado. La (5) es más fuerte que la (1).

7. (2)

La (2) mantiene la lógica y la información de la oración original: El Greco hizo la mayor parte de su obra en España y por eso se le considera español aunque nació en Creta, Grecia.

8. (3)

La palabra *zarzuela* se escribe con dos *z*. En la (2) existe una falta de ortografía en *temporada*. La regla dice que se debe escribir *m* antes de *p*.

9. (1)

Los verbos al presente indican una realidad actual del hablante. Las otras opciones utilizan verbos al imperfecto (tenía, hacía) que dan la idea de pasado y no de futuro como lo presenta el texto: … *y mañana pienso ir…* Además, presentan problemas de concordancia en el interior de las oraciones: *hace ya mucho tiempo que no tendré…*

10. (3)

La primera oración es completa y se le puede separar con un punto seguido. La oración siguiente vuelve a usar la idea de la Alhambra: sus corredores. En este caso el punto seguido une a las dos oraciones: la simple y la compuesta.

11. (5)

La palabra *necesito* se escribe con *c…s* y *cumplir*, con *m* antes de *p*.

12. (1)

Y es una conjunción que puede unir dos proposiciones. Las otras posibilidades alteran la lógica de las oraciones originales.

13. (2)

La (2) es una subordinada que marca simultaneidad en el tiempo de la oración principal; rompe la oración principal y está colocada entre dos comas. Si la eliminamos no cambia la información básica.

14. (4)

Para sustituir la coma de la oración original, los dos puntos anuncian una explicación de lo anterior y en este caso, explican la primera noticia.

15. (3)

La (3) es una aposición que solamente explica la condición anterior de los siete países, está entre comas y al eliminarla, no se altera el sentido completo de la oración: *Y segunda, siete países del este europeo presentaron las cifras asombrosas de su crecimiento económico.*

16. (1)

La (1) utiliza la preposición EN que acompaña al verbo permanecer en… (lugar) pero a la fuerza. Se puede interpretar *permanecer* como si fuera *pertenecer a*…
Las otras opciones alteran el sentido de estos dos verbos.

17. (2)

El adverbio *holgadamente* significa "con facilidad, de sobra, con holgura". Las otras opciones no tienen el mismo significado;

18. (4)

Los dos puntos me obligan a enumerar lo que la frase introductoria expresa: siete tigres…

19. (3)

La regla ortográfica indica que una palabra que termina en *z* en singular, cambia a *ces* en el plural. Ejemplos: luz, luces; paz, paces; cruz, cruces; veraz, veraces. Las otras opciones no existen en español.

20. (5)

El texto desarrolla solamente la idea del crecimiento económico de esos siete países del este europeo.

21. (1)

La oración principal se completa con este verbo estar y el sujeto es plural. Los índices de crecimiento de los países vecinos de la Vieja Europa están repercutiendo…

22. (4)

Ambos términos tienen el mismo significado: indicador, porcentaje de referencia. Se puede decir el índice de desempleo, de crecimiento, de analfabetismo, etc. En otras circunstancias, tasar significa dar el valor de algo: tasar una joya.

23. (2)

La expresión *caer en picada* (verticalmente) significa caer de manera acelerada, violenta, rápida, etc.

24. (3)

La oración niega que triunfar es lo más importante e introduce dos puntos para indicar que *triunfar es lo único* que busca un líder.

25. (5)

Todos sus verbos están conjugados al modo subjuntivo que exige la introducción QUE: Se busca un líder que…
Las otras opciones contienen errores de concordancia y sus verbos están mal conjugados.

26. (1)

Ser congruente significa relacionar una actitud o manera de ser con sus efectos. Así, si una persona dice ser violenta actuará violentamente. Si alguien dice ser pacífica, será la que irradie paz en su ambiente, etc. Cuando algo tiene sentido y lógica se le califica de congruente. El líder, en el caso del texto, debe ser lo que dice que es.

27. (2)

Los adjetivos terminados en …*ivo*: sensitivo, abusivo, positivo, negativo, etc., llevan *v*. Además, la palabra naturaleza debe escribirse con z.

28. (5)

Los verbos están conjugados al modo subjuntivo que corresponde a las condiciones de un líder y a la palabra introductoria QUE: Se busca un líder que….. Los anuncios de la prensa usan la misma sintaxis: Busco una empleada que sepa utilizar correctamente los programas contables, que sea cumplida y ordenada, que …

29. (1)

Esta es una palabra que puede confundirse con el inglés por la proximidad de su ortografía.

30. (4)

La oración quiere decir que el fracaso es un trampolín o salto para llegar al éxito.

31. (4)

La palabra después lleva acento ortográfico porque es aguda terminada en *s*, ligero se escribe con *g* (puede fácilmente confundirse con el sonido de la *j*) y *desayuno* presenta dificultades porque la *y griega* suena casi igual a la *ll* cuando está junto a una vocal.

32. (2)

El texto habla de un almuerzo más consistente calificado como "principal" y luego se aclara que la cena era más liviana que el almuerzo.

33. (1)

La (1) corresponde a causa y efecto. La tendencia de los franceses a comer menos (por diversas circunstancias) provocó los cambios en la alimentación cotidiana como se explica a la continuación del texto.

34. (3)

La (3) corresponde a causa y efecto: los niños estudian, la gente trabaja; por lo tanto, la cena pasó a ser la más importante. La oración completa sería ésta: La cena pasó a ser la comida más importante porque al medio día, la comida (que normalmente la toman fuera los niños y la gente que trabaja) es rápida y más ligera.

35. (5)

Cocina se escribe con *c*. Las otras palabras de la oración original están correctas. Todas pueden presentar confusiones ortográficas.

36. (4)

La palabra *canon* significa: regla, precepto, prototipo, tipo perfecto, decisión.

37. (3)

La oración original *sólo* tenía una falta: comelona por comilona. La palabra comelona no existe como sustantivo, sin embargo, se lo usa frecuentemente de manera errónea.

38. (1)

Normalmente se observan errores en las palabras alcohol, vasito y hueco, por las dificultades típicas de *h*, *s*, y *v*.

39. (5)

En la oración original no se separa el artículo *El* de su respectivo sustantivo. Además, históricamente, se escribe con mayúscula porque de acuerdo con las historias de los indígenas sudamericanos, este lugar existió y formaba parte de los dominios de uno de sus reyes. Esa es la única corrección que necesita el título de este texto.

40. (2)

Se trata de causa y efecto. Debido a las enormes cantidades o por la noticia de la existencia de enormes… se encendía (o ardía) la imaginación de… Las otras opciones no mantienen esta relación causa-efecto.

41. (1)

La opción original concuerda en tiempo y en número con el sujeto de la oración. Además, el imperfecto se utiliza para relatar hechos ocurridos en el pasado.

42. (4)

Vuelve a utilizar las palabras originales sin alterar la oración. Se transformó la aposición *corregida y alimentada por la fantasía* que estaba entre comas, en una subordinada introducida por *que*.

43. (3)

Los tres términos están reemplazados correctamente. Bárbaro significa extranjero, cruel, fiero. Ibéricos son los procedentes de la península Ibérica, es decir, España y Portugal. Asolar significa: destruir, secar los campos, arruinar, poner por el suelo.

44. (1)

La consecuencia es contraria (adversa) a la primera. En esta situación también se utilizarían: mas, desgraciadamente, desafortunadamente, etc.

45. (4)

Es la única palabra que podría ser sinónimo de morir. Las otras opciones tienen diferentes significados.

46. (5)

El adjetivo *enloquecido* que en la oración es una <u>aposición</u> (explica una situación del sustantivo Aguirre) debe estar junto al motivo de su introducción en la oración y colocarse entre comas.

47. (4)

La regla ortográfica dice que los números de 0 a 30 se escriben en una sola palabra. En este caso se aplica la regla del acento ortográfico porque es palabra aguda terminada en *s*. El acento va en la primera vocal del diptongo *ei*.

48. (2)

Encender y cinco se escriben con *c*. Las opciones de introducción de comas no son correctas porque cortarían la frase.

49. (4)

Tanto la ortografía como la conjugación de los verbos son correctas. Lo único que necesita corrección está en las preguntas. En español se deben poner los signos de interrogación y de exclamación al principio y al final de las oraciones respectivas.

50. (5)

Se trata de una hipótesis que no se cumplirá (irreal) por eso el primer verbo que está introducido por el condicional *si* debe estar en subjuntivo y el siguiente en condicional: tuviera o tuviese/buscaría.

Parte II

TEMA

En Francia, el gobierno de Jacques Chirac prohíbe cualquier símbolo religioso en el vestuario de los estudiantes. Esta decisión ha provocado enorme polémica.

¿Cuál es su opinión al respecto?

Escriba una composición sobre el tema asignado. Muestre que puede redactar una composición desarrollando un tema con coherencia y usando el idioma correctamente.

La Educación es el punto de partida del progreso de los pueblos. Los gobiernos de todos los países se ocupan de sembrar el futuro a través de decisiones adecuadas y necesarias que vayan en beneficio de la educación práctica e integral. Francia, país de encuentro de varias culturas, propuso la "igualdad de los estudiantes" en sus aulas. Después de encendidos debates, logró sacar adelante la llamada Ley de Laicismo. Esta decisión ha provocado una enorme polémica. Yo estoy de acuerdo con la igualdad de los estudiantes, por lo menos en el vestuario. Vamos a las aulas para construir nuestro futuro; estamos ahí para compartir, no para dividir y, sobre todo, creo que no es necesario implicar la religión porque ésta es íntima y muy personal.

Cuando nuestros padres escogen una institución educativa, están pensando en nuestro futuro, ese es el objetivo; en esta condición, no se distinguen razas ni posiciones políticas, menos aún, religiosas. Lo único que se escoge, creo yo, es un lugar en el que los alumnos podamos crecer con los demás y aprender uno del otro. Lo único importante en esta comunidad escolar es llegar a la meta, es decir, cumplir un paso más en la extensa carrera hacia la vida profesional. Es verdad que la escuela debe enseñarnos a respetar y a tolerar las diferencias individuales, pero, nos ayudaría mucho la eliminación de símbolos externos que nos obligarían a actuar de manera artificial.

Por otro lado, en la vida escolar cotidiana, es necesario compartir y no dividir. Los símbolos religiosos podrían obligar a la formación de grupos que se identificarían por su religión y no por sus objetivos. Yo desearía formar parte de diferentes grupos sin distinción de ninguna clase para salir adelante en las tareas escolares. Además, me gustaría compartir momentos sociales y de entretenimiento que nos servirían para oxigenar nuestras vidas.

Finalmente, creo que la religión es respetable pero íntima. Nadie puede inmiscuirse en la fe de cada persona, esto forma parte del respeto que tenemos por el prójimo. La vida personal y familiar es un terreno sagrado que no puede ser hollado por los demás y por eso, creo yo, que se debe dejar fuera de ese campo y no manifestarla en la sala de clase. Las personas deben ser respetadas por que son personas y no porque pertenecen a tal o cual religión.

En resumen, creo que el gobierno francés acertó con su ley de laicismo aplicada ya en las escuelas y colegios del país. La ley respeta a todos los estudiantes y conoce muy bien los objetivos de cada uno de ellos: prepararse para el futuro y compartir con sus compañeros. La religión está en el lugar que debe estar, en el alma o el espíritu de los practicantes.

ESTUDIOS SOCIALES

1. (2)

El presidente debe recibir el consejo y consentimiento de dos tercios del Senado para poder hacer un tratado. No tiene que discutir con o pedir el permiso de los gobernadores de cada estado o funcionarios administrativos. La corte suprema decreta en asuntos judiciales.

2. (1)

Cuando los EE.UU. va a la guerra, el presidente es el comandante en jefe de todas las ramas de las fuerzas militares. Los gobernadores estatales no comandan estas fuerzas, el "oficial designado" en este caso es un término sin valor, y ni los miembros de la cámara de representantes ni del Senado asumen el papel de comandantes durante tiempos de guerra.

3. (3)

Hasta que pasó la decimonovena enmienda, las mujeres no tenían derecho al voto. La (5) interpreta la palabra *sufragio* erróneamente.

4. (2)

Nevada es el único de los cinco estados que muestra un cambio de porcentaje entre 50.0 y 191.0.

5. (3)

El mapa no indica aumentos ni disminuciones de la población, entonces las respuestas (1) (y 2) son incorrectas. Con (4) y (5) no hay ninguna información sobre las razones de los cambios demográficos ni sobre los niveles de empleo.

6. (3)

Según la ley de oferta y demanda, cuando hay disminuciones en el suministro y la demanda se mantiene estable o aumenta, el precio sube. Una baja en la producción petrolífera aumenta los precios del petróleo considerablemente. Ninguna de las otras respuestas responde a la cuestión de oferta y demanda.

7. (3)

La mayoría de los soldados confederados eran demasiado pobres para poseer esclavos. (1) es incorrecta porque la alta producción agrícola fue una razón para necesitar esclavos. Con la (2), el número de esclavos en el sur fue mayor que el número en el norte. Con la (4), los soldados que estaban en contra de la esclavitud no podrían haber querido luchar para la Confederación. (5) no hubiera sido una razón para pelear *contra* la Unión.

8. (1)

Está claro que el Sur no tenía la base industrial necesaria para ganar la guerra. Con la (2), la moral era excelente en el Sur. (3) se equivoca porque el texto declara que los enfrentamientos ocurrieron principalmente en el Sur. Con la (4), el Sur tenía muy buenos soldados. (5) se equivoca porque el texto declara que el Sur tenía excelentes generales.

9. (2)

La marina de la Unión impuso un bloqueo a puertos del sur que causó escasez en el Sur. (1) y (3) no están en ninguna parte en el texto. (4) no es lógica porque tener una marina más pequeña y más débil no sería una razón para causar escasez. (5) es ilógica porque la marina del norte patrulló las aguas del sur, no aquellas a lo largo de la costa noreste.

10. (1)

Las 10 primeras enmiendas son la Declaración de Derechos. Ninguna de las otras respuestas es mencionada.

11. (2)

La Enmienda 2 garantiza a los ciudadanos el derecho de poseer y llevar armas.

12. (3)

La Enmienda 3 prohíbe que el gobierno le ordene a los ciudadanos a alojar a soldados en sus casas privadas

13. (1)

Enmienda 1: El gobierno no hará ley alguna que corte la libertad de palabra o de imprenta.

14. (5)

Enmienda 5 prohíbe que el gobierno juzgue a una persona dos veces por el mismo delito.

15. (1)

Los EEUU no se unió a la Sociedad de naciones porque quiso evitar la participación con otros países. (2), (3), y (4) implican el opuesto del aislacionismo. En (5), los Estados Unidos no es un miembro de la Unión Europea.

16. (4)

En la gráfica se muestra que 42% de las empresas con dueños hispanos son empresas que ofrecen servicios.

17. (2)

Solamente 2% de las empresas con dueños hispanos son de industria.

18. (2)

El estado de tensión entre los EEUU y la Unión Soviética que existió hasta 1991 se llama *guerra fría* porque jamás se convirtió en una guerra *caliente* o de pelea.

19. (2)

La (3) no es correcta porque el dibujo se refiere al efecto de los precios altos en la economía global.

20. (3)

La (3) es la única respuesta que se refiere a la expansión de los Estados Unidos hacia el oeste.

21. (2)

Una breve descripción de las Grandes Praderas sería un buen titulo, porque provee de información sobre la clima, la geografía y la población de la región.

22. (5)

Esta región tiene veranos calidos y secos, sequías e inundaciones y inviernos fríos, entonces, la clima varía entre extremos.

23. (3)

Según el texto, la población indígena de las Grandes Praderas vivía de la cacería del búfalo. No establecieron asentamientos permanentes ni practicaban la agricultura.

24. (4)

Puesto que el texto indica que la mayoría de los colonizadores que iban al oeste veían la región de las Grandes Praderas como" un simple lugar de paso en su camino a las tierras más atractivas de la costa del Pacífico," y considerando que el clima de la región era tan extrema, se puede deducir que los colonizadores consideraron los terrenos inhóspitos.

25. (3)

En (1), el gobierno federal no hace todas las leyes ni en Canadá ni en los EEUU. En (2), ni los estados ni las provincias pueden declarar guerra.

26. (5)

Aunque el texto menciona algunos de los otros temas, el propósito de la lectura es comparar y contrastar aspectos de los dos gobiernos.

27. (4)

Solo hay dos océanos con áreas y profundidades similares, el Atlántico y el Índico.

28. (5)

La producción incrementó cuando los obreros se especializaron. (1), (2), (3) y (4) dicen lo opuesto de lo que sucedió. La gente dejó el campo y se fue a vivir en las ciudades.

29. (3)

El punto en el cual la oferta y demanda están iguales es el 12.

30. (4)

Como consecuencia de la "fiebre de oro," mineros blancos invadieron los terrenos Sioux.

31. (3)

Podemos asumir que mientras sólo los Indios Americanos cazaban búfalos, un equilibrio con la naturaleza fue mantenido, entonces (2) es incorrecta. Si hubieran tenido reservas de búfalos (1), los búfalos no habrían estado cerca de ser exterminados. Las (4) y (5) no tienen sentido.

32. (1)

Si Roma hubiera liberado una gran parte de los territorios conquistados, habría reducido sus gastos. Las respuestas (2) y (3) habrían aumentado gastos. (4) y (5) no habrían ayudado de ningún modo.

33. (1)

En la gráfica, 1933 es la columna más alta.

34. (3)

Inflación bajo en 1936 y 1937, pero se elevó de nuevo en 1938.

35. (3)

Se puede deducir que los hijos de inmigrantes de América Latina y Asia no hablarían inglés, y necesitarían clases de inglés como segunda lengua. (1), (2) y (4) son incorrectos porque el texto indica lo opuesto.

36. (1)

Cuando los fabricantes trasladan sus fábricas fuera de los EEUU, las fábricas en este país se cierran y la gente norteamericana pierde sus empleos. (2), (3) y (5) son lo opuesto de lo que ocurre. En (4), es obvio que los sindicatos norteamericanos se opondrían al envío del trabajo al extranjero.

37. (3)

La Agencia de Protección del Medio Ambiente tenía que sacar productos del mercado, indicando que las compañías produjeron tales productos antes de que el APM existiera. (1) y (2) no son lógicas. En (4), no hay evidencia de que esto ocurriría.

38. (2)

La familia vive en pobreza total. Ninguna de las otras respuestas capta esta idea.

39. (4)

La madre de familia que trabaja en casa es la única profesión representada que no recibe salario y no tiene empleador.

40. (2)

Canadá es el país que tiene los precios más bajos por metro cúbico de agua.

41. (5)

Puesto que Alemania tiene el precio más alto por metro cúbico de agua, es lógico asumir que los ciudadanos de aquel país serían los más interesados en ahorrar el consumo de agua.

42. (2)

La (2) es el único hecho ofrecido. Las otras respuestas son opiniones, no hechos.

43. (3)

El Senado determina el ganador en caso de que ningún candidato reciba 270 votos.

44. (5)

Está en el texto que el número de votos de electores de un estado es la suma de sus senadores y representantes.

45. (5)

Los votos de cualquier estado puede hacer que un candidato pierda la elección si el voto es muy reñido.

46. (2)

Por definición, una *teocracia* es gobernada por líderes religiosos.

47. (5)

Una mujer casada con más de 65 años de edad tiene la mayor probabilidad de votar.

48. (2)

Los medios informativos sólo pueden tener efecto sobre la gente a quién se los expone. (1) contradice la información en el texto. Ni (3) ni (4) es indicado en el texto. (5) es una opinión que no es directamente declarada en el texto.

49. (1)

Puesto que los cristianos representan al grupo más grande, puede ser deducido que los candidatos los verían como un bloque de votación muy importante.

50. (2)

Se puede asumir que los egipcios produjeran un exceso de estos productos y tenían la capacidad de exportarlos. Con una producción baja (1), es probable que no tuvieran exportación de estos productos. No hay nada en el texto que corresponde a las respuestas (3), (4), y (5).

CIENCIAS

1. (3)

La (3) es la única respuesta válida, ya que las respuestas (1), (2), (4), y (5) quedan descartadas en la lectura. Las (1) y (2) son erróneas ya que la lectura dice que el virus sí tiene ADN y proteínas. Las (4) y (5) son incorrectas ya que los virus es sí producen enfermedad y son dependientes de una célula huésped para su reproducción.

2. (5)

La lectura en general destaca las diferencias entre los virus y las bacterias. En ninguna parte de la lectura se exponen los peligros de los gérmenes ni de la suciedad, así que las opciones (1), (2) y (3) no son válidas. En ninguna parte de la lectura dice que los antibióticos matan a los virus y a las bacterias, esto hace que la opción (4) sea incorrecta.

3. (1)

La lectura dice que los virus se hospedan en una célula huésped y de esta forma se reproducen.

4. (5)

Como explica el párrafo, los objetos más densos que el agua no van a flotar sobre ella, al contrario se hunden, y por esto es lógico concluir que la piedra es más densa que el agua, mientras que el corcho es menos denso.

5. (2)

La densidad de un objeto no cambia sólo por el tamaño de la muestra de ésta. No importa si se mide la densidad de la piedra grande o de una pequeña muestra de ésta, la densidad no cambia.

6. (5)

Ninguna de las opciones es una explicación del movimiento de los continentes. La corteza de la tierra se encuentra encima de placas tectónicas, éstas se mueven constantemente ya que están encima de piedra derretida que se encuentra bajo la corteza de la tierra. Al moverse, estas placas tectónicas, se producen terremotos, volcanes y también cambia la posición de la tierra. Por esto, los continentes cambiaron de ser una sola masa de tierra a ser pedazos separados de tierra.

7. (4)

En la pequeña lectura se destaca claramente que las plantas necesitan luz solar, agua, e dióxido de carbono.

8. (4)

El error de Lamark, como dice la lectura, fue decir que los hijos heredan a las características que los padres adquirieron durante su vida. La (4) es la correcta, ya que el pelo teñido es una característica que se adquiere durante la vida de un individuo.

9. (3)

Las otras opciones no se mencionan en la lectura. Darwin nunca dijo que los más rápidos son los que sobreviven y evolucionan, tampoco consta en su teoría que las aves de músculos más grandes sobreviven. La evolución es inexplicable y espontánea, es un proceso lento.

10. (2)

La conducción es lo que causa que se transfiera el calor de la fogata al pedazo de madera por medio de la excitación de electrones en los átomos que vibran y pasan el calor a través del objeto. La convección, en cambio, es la transferencia de calor en líquidos y en el aire. La radiación es la transferencia de calor por elementos como el sol.

11. (3)

La radiación es la transferencia de calor a través del sol a otros objetos por medio de ondas. Esto se explica en la lectura en la línea.

12. (1)

La convección hace que la temperatura de aire varíe.

13. (3)

Lo más probable es que sin bacterias las plantas empiecen a morir porque no se puede realizar la fotosíntesis ya que no tienen manera de obtener nitrógeno en la forma que lo necesitan.

14. (1)

La lluvia disuelve el nitrógeno que se encuentra en el aire en forma de gas a un estado en el que puede ser fácilmente absorbido por las plantas y los bacterias que están cerca.

15. (3)

Es claro, por las imágenes, que el pulmón que va absorber más oxígeno es uno que sea grande y tenga bastantes arrugas. La imagen B muestra un objeto más liso y pequeño, que no es tan eficiente en la absorción de oxígeno.

16. (2)

La lectura muestra que la enfermedad del paciente es portada por la mayoría de su familia. Esto es claramente un problema genético.

17. (2)

Lo más probable que ocurra con los magnetos es que se se atraigan el uno al otro. Esto pasa porque los polos opuestos siempre se atraen, mientras que los polos similares se repelan.

18. (5)

La (1), aunque explique lo que sucede en el gráfico, no es lógica ya que los saltamontes se alimentan de plantas. La (2) no explica lo que sucede en el gráfico, ya que si las orugas se comieran a los saltamontes, su población no fuera la que está disminuyendo. Esta opción es ilógica por la misma razón que la (1), porque las orugas no comen saltamontes. La (3), aunque explica lo que sucede en el gráfico, no lo hace de manera completa, ya que no explica por que aumenta la población de saltamontes. La opción (4) no explica lo que sucede en el gráfico, más bien contradice esta información. La (5) muestra que hay una competencia en comida entre ambos organismos están en competencia por obtener comida. Los saltamontes, al poder coger más comida, se aseguran de que aumente su población al precio de matar a la población de orugas.

19. (4)

En las (1), (2), (3) y (5), se ve aplicada la tercera ley de Newton. Al patear una pelota, el pie ejerce fuerza sobre la pelota y la pelota también lo hace sobre el pie. Al disparar una arma la explosión de pólvora causa que salga la bala, pero también empuja el arma contra el hombro de la cual acción la mano ejerce fuerza sobre la puerta y la puerta también lo hace sobre la mano.

20. (1)

La (2) no es lógica porque los fósiles encontrados muestran que en este sitio vivieron peces y otros animales. Los fósiles de animales terrestres muestran que la laguna no se quedó allí sino que se convirtió en tierra firme, esto descarta la opción (3). La (4) no explica por qué la laguna se volvió en tierra firme y cómo empezaron a habitarla los animales terrestres. La (1) explica claramente el cambio de fósiles de animales marinos a terrestres.

21. (5)

Se puede observar que le fuerza de gravedad y masa es de 60 Newtons mientras que la fuerza de la soga solo es de 40 Newtons, esta es insuficiente para mover la caja del suelo. Entonces ésta se va a quedar en el suelo y no se va mover.

22. (2)

Ésta es la única opción que coincide con las características que proporciona la tabla acerca de los dicotiledones. Todas las otras opciones tienen alguna descripción que no concuerda con las características de los dicotiledones. La (2) dice que tiene 10 pétalos, esto concuerda con lo que dice la tabla acerca de que el número de pétalos es un múltiplo de 4 o 5, y 10 es un múltiplo de 5. Además de eso, dice que tiene el tejido vascular en forma de círculo y las raíces en forma de red.

23. (1)

De las opciones, sólo el choclo podría ser un monocotiledón. Si uno observa la forma de las venas en las hojas del choclo verá que están en forma paralela; además sus raíces, tejido vascular, etc. coinciden con las de un monocotiledón. Las otras opciones tienen características que no son de un monocotiledón.

24. (5)

Ésta es la formula por que se puede ver claramente que el número de carbonos es 3 y el de hidrógenos es 8.

25. (2)

El número de electrones que se comparte entre cada unión de átomos se puede ver claramente en la imagen. Cada hidrógeno comparte su único electrón con el carbono y el carbono comparte uno de los suyos. En las uniones entre los carbonos también se puede observar lo mismo.

26. (5)

La (5) es la única que muestra una formula que tiene 6 carbonos y 12 hidrógenos.

27. (4)

El efecto Doppler se le aplica a las ondas de sonido y de luz, es por eso que las opciones del (1) al (3) son aplicaciones que se le puede dar a este efecto. El efecto invernadero no está relacionado al efecto Doppler.

28. (3)

Las ondas que mandan las estrellas indican que se están moviendo y la mayoría nos indican que se están alejando. Esto contradice la idea de un universo estático y no indica de ninguna forma que es finito, o que va a llegar su fin, o que existirá otra explosión como la del Big Bang.

29. (2)

Cuando un objeto que emite ondas de sonido se acerca hacia ti, causa que éstas se contraigan y esto hace que el sonido se vuelva más agudo.

30. (1)

De acuerdo con la lectura, se pueden descartar el resto de las opciones, ya que la lectura dice que el sistema nervioso es el que controla el cuerpo.

31. (1)

La primera línea de la lectura indica que el petróleo crudo está hecho principalmente de hidrocarburos.

32. (2)

La idea principal es una explicación sobre los componentes en que consiste el petróleo.

33. (5)

Las (1) al (4) son productos que están relacionados al petróleo, algunos son ejemplos de diferentes estados en los que se encuentra el petróleo. Algunos de los ejemplos están mencionados en la lectura.

34. (3)

El gráfico muestra que la población de conejos incrementó y después se estancó. Aunque el gráfico no muestra un decrecimiento en la población, éste se puede deducir.

35. (5)

La falta de movimiento en las estrellas no es evidencia del Big Bang ya que más bien fuera sustento pensar que nunca existió una gran explosión. El movimiento de las estrellas es una de las evidencias más fuertes para la teoría del Big Bang. No se mencionan las otras opciones como evidencia del Big Bang.

36. (3)

El descubrimiento de la radiación de fondo fue de gran ayuda para los que creían en el Big Bang como el comienzo del universo.

37. (4)

La lectura resalta que la teoría del Big Bang no es ni definitiva ni certera, esto descarta a la (3). Las (1), (2), y (5) no son mencionadas.

38. (3)

De las opciones, que podría ser ADN? Las (1), (4), y (5) nos dan muestras de material genético que tiene un nucleótido de U y esto sólo se encuentra en el ARN, mientras que la (2) dice que tiene una sola tira, y el AND casi siempre se encuentra en forma de 2 tiras. La (3) es una característica correcta del ADN, ya que al azúcar que se encuentra en el ADN, le falta un oxígeno.

39. (2)

Todas las opciones menos el número (2) son propiedades físicas de un objeto, como la dureza, la longitud, etc. Estos son elementos que no cambian la sustancia en sí. Por ejemplo si uno tuviese un trozo de madera y cambiara su longitud, la madera en sí no cambia.

40. (5)

Todas las opciones menos la (5) causan cambios que no alteran la sustancia en sí. El agua al ser evaporada sigue siendo agua, y puede regresar a ser agua. Al igual, la madera lijada sigue siendo madera y lo mismo con las otras opciones. Al dejar que se oxide un pedazo de metal sí cambia la sustancia porque deja de ser solo metal, ya que reacciona con el oxígeno. Este cambio en el metal es irreversible y por eso es un cambio químico.

41. (1)

Casi todos los cambios químicos son irreversibles, y en el caso de quemar la madera, la madera cambia y se hace ceniza, lo cual es irreversible. Las opciones (1) y (2) son cambios que son reversibles.

42. (3)

Esto se muestra en la lectura, la cual destaca la necesidad de muchos animales de sangre caliente de consumir grandes cantidades de energía para mantener su temperatura corporal.

43. (3)

Es claro por la información del gráfico, que al aumentar la temperatura los ratones pierden más agua; entonces es lógico que estos ratones van a querer tomar más agua para recuperar la perdida.

44. (3)

De las opciones, un sapo es el único que tiene columna vertebral, al ser un anfibio.

45. (2)

Una manta raya tiene un esqueleto de cartílago y por lo tanto no tiene columna vertebral.

46. (2)

Si uno calcula 10% de 675 calorías para cada uno de los escalones, al llegar al tope hay .675 calorías. El saltamontes tiene 10% de 675 calorías eso es 67.5 calorías. El conejo tiene 10% de 67.5 calorías eso es 6.75 calorías, y finalmente el halcón se queda con 10% de 67.5 calorías lo cual es .675 calorías.

47. (1)

La lectura especifica que los hongos son organismos que se descomponen, por lo tanto lo más probable es que crezcan en el pan viejo. Las otras opciones describen ambientes en los cuales es imposible el crecimiento de un hongo.

48. (3)

La boca y el intestino delgado son los únicos lugares donde se encuentra la enzima llamada amilasa, la cual rompe carbohidratos. La manzana, siendo parte de los carbohidratos, sería digerida en estos sitios (la boca e el intestino delgado).

49. (4)

En la tabla, las enzimas que rompen a las grasas son bilis y lipasas, las otras enzimas (como la tripsina y la pepsina) rompen proteínas. La amilasa rompe carbohidratos.

50. (5)

En el sistema digestivo ni la faringe, ni el esófago ni el intestino grueso tiene enzimas. El resto de opciones contienen alguna parte del sistema digestivo que produce enzimas, esta es la única opción que no tiene ninguna enzima.

ESPAÑOL: LENGUAJE Y LECTURA

1. (1)

El tono de este poema es fúnebre. El poeta lamenta la perdida de su gran amor.

2. (3)

El poeta dice claramente que "el viento salio de la nube en la noche *Congelando* y matando" a Anabelle Lee.

3. (3)

El viento toma características humanas al salir de las nubes con la intención de matarla.

4. (4)

Los ángeles envidiaron a los niños porque eran tan felices.

5. (3)

Es un hombre viejo porque habla de eventos ocurrieron hace muchos años.

6. (1)

La palabra *doncella* implica que Anabelle Lee fue una muchacha casta. Las (2) y (3) implican el opuesto, y las (4) y (5) no tienen sentido.

7. (3)

Todo el texto marca evidentes diferencias entre jefe y líder. Aunque no utiliza términos de oposición, la puntuación y los calificativos así lo manifiestan.

8. (1)

El numeral 5 del texto dice que el jefe asigna los deberes y ordena a cada súbdito...

9. (4)

Aunque el numeral 10 del texto no explica la frase utilizada en la pregunta, es evidente que ésta implica las ideas de avanzar e ir más allá que sus colaboradores.

10. (3)

La frase quiere expresar la idea de resurgimiento, renacimiento. La pequeña llama, si la sabemos avivar, es el inicio de una fogata.

11. (3)

Los numerales 1 y 6 del texto manifiestan que para el líder el trabajo y el servicio son privilegios y no cargas.

12. (1)

Es claramente el desenlace de la pieza porque el lector asiste a la tragedia final. (Adela se suicida porque cree que su madre mató a su amante.)

13. (3)

Todos los personajes de esta obra son mujeres: madre, hijas y criadas. Se menciona a un hombre: Pepe el Romano, pero éste no participa directamente aunque es el motivo central del desenlace.

14. (4)

Como se explica en la pregunta anterior, Adela creyó que su madre había matado a su amante Pepe el Romano. Además, está el tema del honor y que ella ya no era virgen.

15. (3)

Bernarda Alba es madre pero no manifiesta ternura hacia sus hijas. Es la mujer que domina a todas las mujeres de la casa. Viven encerradas y casi siempre de luto.

16. (5)

Con un rayo en sus dedos, Bernarda Alba quería castigar a sus hijas que disputaban por el hombre que amaban.

17. (4)

Pepe el Romano es la causa de los conflictos en esta casa de mujeres encerradas. Comprometido con una hermana, visita a la otra por las noches en el granero. Al momento de ser descubierto huye cuando Bernarda sale con una escopeta.

18. (1)

En la última parte de este fragmento, Bernarda Alba ordena que la descuelguen del lugar en el que se había suicidado.

19. (2)

Se puede hacer una diferencia entre las cinco posibilidades anotadas gracias a las primeras palabras de esta narración: Pues señor... Esta manera de iniciar una narración nos permite afirmar que se trata del folklore de ese país que ha pasado de boca a boca entre los poblanos y que en un momento dado se escribió para incorporarlo a la cultura puertorriqueña.

20. (2)

Manifesta cólera por la travesura de su hijo. Normalmente una madre protege a su hijo y no le desea lo que sucede en esta narración. Además, luego se evidencia el sufrimiento de esta madre.

21. (3)

El texto dice que se levantó un remolino (viento fuerte) y que el cielo se oscureció.

22. (3)

Los diminutivos se utilizan en los pueblos latinos para manifestar cariño pero, en el caso de esta narración, se refieren al niño que desapareció.

23. (4)

El niño desapareció cuando se levantó un remolino y apareció igualmente, con el viento.

24. (2)

Sabemos a través de la lectura del texto que la Alhambra es un palacio árabe construido cuando los moros ocupaban los territorios españoles, sobre todo los del sur.

25. (4)

Las palabras *religioso* y *heroico* pueden ser remplazados con *místico* y *épico*. (los poemas épicos narraban las hazañas heroicas de nobles y reyes.)

26. (1)

El texto nos informa que este poema narra hechos históricos y también dice que la mayor parte de estos poemas son anónimos.

27. (2)

La interjección ¡AY! se utiliza para manifestar un dolor físico o emocional. En este caso, el rey moro se lamenta porque ha perdido una parte de los territorios ocupados por los moros.

28. (4)

Los versos "que Alhama era ganada" y "ya nos han ganado Alhama" evidencian que este poema describe la pérdida de Alhama.

29. (4)

Este poema es polifónico por que aparecen las voces de tres personajes: el rey moro, el moro viejo y el alfaquí.

30. (3)

Según los interlocutores: el moro viejo y el alfaquí, el rey moro tiene merecido este castigo porque mandó a matar a los Bencerrajes (Los Abencerrajes) calificados como la flor de Granada.

31. (2)

El objetivo de este texto es prevenir incendios y envenena-miento por monóxido de carbono, como esta declarado en el texto al principio del artículo.

32. (5)

Según el texto, las muertes fueron causadas por incendios en residencias y envenenamiento por monóxido de carbono. Las otras respuestas son incorrectas o incompletas.

33. (2)

El consejo dado en el texto es de mantener el calefactor sobre una superficie plana y firme y a una distancia mínima de 1 metro de objetos de fácil combustión.

34. (4)

Aunque las fogatas y chimeneas pueden causar incendios, el monóxido de carbono es el causante de muertes por envenenamiento.

35. (3)

Según el texto, la madre considera a las botánicas "reductos de oscuridad" que son "habitados por malos espíritus." Se puede asumir que ella no compra allí.

36. (1)

A las muchachas les gusta leer fotonovelas de traición, engaños, y venganzas. No tienen nada que ver con la literatura seria mencionada en las otras respuestas.

37. (3)

Tomando en cuenta que según el texto la santería fue traída al Nuevo Mundo por los esclavos, debe haberse originado en África.

38. (2)

El tono del texto no es ansioso, triste, miedoso, o exuberante. El autor habla sobre su niñez con nostalgia.

39. (4)

El autor incluye este anécdota como un ejemplo de la clase de problemas que la gente les lleva a las orishas. Las otras respuestas no tienen sentido con el contexto de la lectura.

40. (5)

La viuda dice que necesita nietos. No indica que a ella le importe la felicidad de sus hijos o que ellos sean hermosos. Tampoco pide la devolución de su auto.

MATEMÁTICAS

Parte I

1. (3)

Si escogiste (1) como respuesta correcta, estás equivocado, ya que ésta sólo representa el 30% de lo que le falta pagar. La respuesta es la (3) y se obtiene restando $75 (que es lo que Julio ya pagó) de los $575, y después sumando a esta respuesta el 30% de la misma, que son los intereses que él debe pagar sobre la cantidad que aún no ha pagado.

$575 − $75 = $500	Cantidad que realmente debe
$30/100 \times $500 = $150	30% de interés a pagar sobre lo que debe
$500 + $150 = $650	Total a pagar

Las otras opciones son incorrectas por errores en el cálculo de porcentaje.

2. (3)

Debes formular una relación, proporción, o fracción compuesta por el número de hombres y mujeres, y después simplificarla (si es posible).

$$\frac{\text{Hombres}}{\text{Mujeres}} \quad \frac{960}{240} \qquad \text{Relación hombre/mujer}$$

$$\frac{\text{Hombres}}{\text{Mujeres}} \quad \frac{4}{1} = 4:1 \qquad \text{Relación hombre/mujer ya simplificada}$$

3. (5)

Para simplificar una expresión se deben sumar o restar, respectivamente, los valores semejantes (todas las x entre sí, todas las y entre sí y todas las xy entre sí). Se simplifica de la siguiente forma:

$2x + 6xy + 3y + x − 4y − 2xy$
$2x + x + 6xy − 2xy + 3y − 4y$

(Se vuelve a escribir la ecuación agrupando los valores semejantes, uno al lado del otro, y de esta forma se puede sumar y restar con mayor facilidad)

$3x + 4xy − y$

4. (3)

El volumen de un cilindro es:

Volumen $= \pi \times radio^2 \times altura$

Si conocemos el volumen de la lata—150cm³—y el radio de la base—3cm, lo que se debe hacer es reemplazar estos datos conocidos en la fórmula y despejar la fórmula para obtener la altura que se necesita.

$v = \pi r^2 \times h$ — Donde $v =$ volumen, $r =$ radio, $h =$ altura, $\pi = 3.1416$

$150cm^3 = 3.1416 \times 3^2\ cm^2 \times h$ — Reemplazamos los datos conocidos en la fórmula

$150cm^3 = 28.27cm^2 \times h$ — Realizamos las operaciones respectivas

$\dfrac{150cm^3}{28.26cm^2} = h$ — Despejamos la variable h (altura), debes recordar que

Todo lo que está multiplicando a la variable que se quiere despejar, pasa al otro lado del signo $=$ dividiendo. Hay que recordar simplificar las unidades de medida

$5.305cm = h$

5. (5)

Si la proporción entre los círculos es de 6:1, el radio del círculo grande es 6 veces mayor al círculo pequeño. Entonces el radio x del círculo pequeño es igual a 18cm/6 = 3cm. Ésta no es la respuesta—es solamente el radio; te piden calcular el área del círculo pequeño. Si escogiste (1) como respuesta correcta, estás equivocado. El área se resuelve fácilmente de la siguiente manera:

$a = \pi \times r^2$ — fórmula del área de un círculo, donde $a =$ área, $r =$ radio, $\neq =$ valor constante

$a = \pi \times 3^2\ cm^2$ — $\neq$ reemplazamos los datos conocidos en la fórmula

$a = 9\pi\ cm^2$ — realizamos las operaciones respectivas para obtener la respuesta

6. (1)

Se pide encontrar el total de estudiantes que asisten a la escuela secundaria. El gráfico muestra en el eje x las edades de los estudiantes y en el eje y el número de estudiantes. Cada barra significa el número de estudiantes por edad.

14 años = 60 estudiantes
15 años = 80 estudiantes
16 años = 100 estudiantes
17 años = 70 estudiantes
18 años = 20 estudiantes
     Total = 330

7. (1)

Una vez que se obtiene el total de estudiantes en la escuela, se puede calcular el porcentaje de estudiantes de 17 años solamente. Para ésto hacemos una regla de tres simple de la siguiente manera:

Si 330 estudiantes representan el 100%, ¿qué porcentaje (x) representan 70 estudiantes (número de estudiantes de 17 años de edad)?

Que % de 330 es 70?

$\dfrac{70}{330} \times 100\% = \dfrac{7}{33} \times 100\% = \dfrac{700}{33}\% \approx 21.21\%$

8. (3)

El *promedio* es la suma de los valores de una lista divididos por el número de valores en la lista. Para calcular la edad promedio de toda la escuela, se debe multiplicar cada edad por el número de estudiantes de esa edad, después sumar todos estos subtotales y dividir este resultado por el total de estudiantes en la escuela secundaria de la siguiente forma:

Edad promedio =

$\dfrac{(14 \times 60) + (15 \times 80) + (16 \times 100) + (17 \times 70) + (18 \times 20)}{30}$

Edad promedio =

$\dfrac{840 + 1200 + 1600 + 1190 + 360}{330} = \dfrac{5,190}{330}$

Edad promedio $= \dfrac{5,190}{330} \approx 15.73$ años

9. (5)

El total a pagar es de $170. Por retraso Jane debe pagar el 6% adicional de este valor y además tiene un recargo extra de $3.50:

$$\$170 + \left(\frac{6}{100} \times \$170\right) + \$3.50 = \$183.70$$

10. (3)

El problema pide armar una ecuación con la cuál trabajar. A Pedro le cobran $50 de alquiler y $7.50 *por* cada mes (*x*) que ocupe la bodega. Las palabras *y*, *por*, y *para* son palabras claves: *y* significa suma +, *por* es una multiplicación ×, *para* quiere decir división ÷. Considerando ésto, la ecuación queda formulada de la siguiente manera:

$$c = \$50 + \$7.5x$$

11. (2)

El problema requiere el uso de la relación Pitagórica. Para escoger la mejor aproximación, se debe redondear el número decimal a la siguiente centésima.

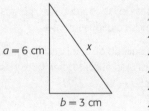

$$x^2 = a^2 + b^2$$
$$x^2 = 6^2 + 3^2$$
$$x^2 = 36 + 9$$
$$x^2 = 45$$
$$x = \sqrt{45}$$
$$x = 6.71$$

12. (1)

El problema requiere calcular un promedio; debemos sumar los 3 tiempos de los corredores y dividir este resultado por el número de tiempos (3).

$$\text{Tiempo Promedio} = \frac{12.61 + 11.53 + 12.39}{3}$$

$$\text{Tiempo Promedio} = \frac{36.53}{3}$$

$$\text{Tiempo Promedio} = 12.18 \text{ segundos}$$

13. (4)

Se debe respetar el orden de operaciones: 1ro. se realizan las operaciones dentro de paréntesis o corchetes, 2do. los exponentes, 3ro. multiplicación y división, 4to. sumas y restas.

Respetando este orden, 1ro reemplazaremos los valores de las variables, para proceder a sumar lo que está en el paréntesis, después multiplicaremos este resultado por 100, dividiremos este resultado por 20 y finalmente, le sumamos 5.

$$n = \left(\frac{p + e}{20}\right) * 100 + 5$$

$$n = \left(\frac{12 + 1}{20}\right) * 100 + 5$$

$$n = \left(\frac{13}{20}\right) * 100 + 5$$

$$n = \frac{1300}{20} + 5$$

$$n = 65 + 5$$

$$n = 70$$

14. (2)

Ya que conocemos el porcentaje total concedido a todos los accionistas y el número total de accionistas, sólo necesitaremos dividir el porcentaje total concedido a los accionistas entre el número total de accionistas.

$$\text{Porcentaje por accionista} = \frac{30\%}{150} = 0.2\%$$

15. (4)

Este problema pide calcular el total de dinero que recibieron los distribuidores, conocemos que el porcentaje que recibieron los distribuidores es el 19% y que el total de todas las ventas es $6, 780,000; entonces solo debemos calcular el 19% de $6, 780,000.

Esto se puede hacer multiplicando .19 por 6, 780,000 o haciendo una regla de tres simple: si $6, 780,000 es el 100%, cuánto es el 19%.

Total recibido por los distribuidores:

$$0.19 \times \$6,780,000 = \$1,288,200$$

KAPLAN

16. (5)

Aquí te piden una proporción; debes construir una fracción entre el porcentaje de los dueños y el porcentaje de los accionistas y simplificarla, si es posible.

$\dfrac{\text{Porcentaje dueños}}{\text{Porcentaje accionistas}} \dfrac{51}{30}$ Sí es posible simplificar

$\dfrac{\text{Porcentaje dueños}}{\text{Porcentaje accionistas}} \dfrac{17}{10} = 17{:}10$

17. (4)

Primero se debe sacar el 51% de las ventas del año 2004 ($6,780,000) para saber el total que recibieron los dueños. Segundo, divida esta cantidad por 2 (el número de dueños).

$0.51 \times \$6{,}780{,}000 = \$3{,}457{,}800$ Total recibido por los dueños

$\dfrac{\$3{,}457{,}800}{2} = \$1{,}728{,}900$ Total recibido por cada dueño

18. (2)

Nos pide encontrar cuántas toneladas se deben reciclar en el 6to mes para alcanzar un promedio de 7,500 toneladas; si sabemos que el total de meses es 6 y el total de toneladas recicladas en 5 meses es 33,000, debemos aplicar la fórmula de promedio para resolver este problema. Si 33,000 es la suma total reciclado en 5 meses, hace falta un número (la cantidad reciclada el último mes) para poder dividir este total por 6 (número de meses) y obtener un promedio de 7,500:

$\dfrac{(33{,}000 + x)}{6} = 7{,}500$ aplicamos la fórmula de promedio con los datos proporcionados

$33{,}000 + x = 7{,}500 * 6$ despejamos la variable x aplicando las reglas para despejar

$33{,}000 + x = 45{,}000$ variables.

$x = 45{,}000 - 33{,}000$

$x = 12{,}000$ toneladas

19. (4)

Lo puede hacer de dos formas:

1: usando una regla de tres; si 1 pulgada equivale a 2.54 cm, ¿cuántos centímetros hay en 26 pulgadas?

2: multiplicando 26 pulgadas por 2.54 cm, ya que cada pulgada equivale a 2.54 cm.

$\dfrac{1}{2.54} = \dfrac{26}{x}$

$26 \times 2.54 \text{ cm} = 66{,}04 \text{ cm}$

20. (5)

Podemos utilizar las coordenadas de los puntos A y B, y utilizar la fórmula de la pendiente de una línea.

Punto A(−2; −2) y Punto B(2; 4)

$\text{pendiente} = \dfrac{y_2 - y_1}{x_2 - x_1}$ fórmula de la pendiente de una línea

$\text{pendiente} = \dfrac{4 - (-2)}{2 - (-2)} = \dfrac{6}{4} = 1.5$

Reemplazamos los valores de las coordenadas/puntos, debes considerar los signos cuidadosamente.

Las otras opciones son resultado de la utilización equivocada de esta fórmula, o de descuido al considerar los signos de la fórmula y los números (+/−).

21. 7.21

Punto $A(-2; -2)$ y Punto $B(2; 4)$

$$\sqrt{(x_2 - x_1)^2 + (y_2 - y_1)^2}$$

$$\sqrt{[2 - (-2)]^2 + [4 - (-2)]^2}$$

$$\sqrt{4^2 + 6^2}$$

$$\sqrt{52} \oplus 7.21$$

22. 7

Debemos despejar la variable x, respetando las reglas para despejar variables:

$8x - 11 = 45$

$8x = 45 + 11$

$8x = 56$

$x = \dfrac{56}{8} = 7$

23. $(-5, 6)$

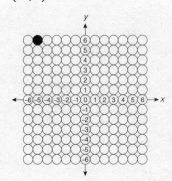

24. $(-3, -4)$

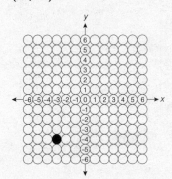

25. (3)

$$26 \times \frac{6-x}{x} = 26$$

$$\frac{6-x}{x} = 1$$

$$6 - x = x$$

$$6 = 2x$$

$$\frac{6}{2} = x$$

$$x = 3$$

Parte II

26. (4)

El problema se puede resolver de tres maneras.

Manera 1: El gráfico demuestra un incremento de .5 unidades en el eje de la y por cada unidad en el eje de la x, por lo tanto la pendiente es .5 o $\frac{1}{2}$.

Manera 2: Puedes contar hasta cierto punto las unidades en el eje x y el eje y, y dividir el número de unidades en el eje y entre el número de unidades en el eje x; por ejemplo puedes contar las unidades en el eje x hasta el 4 y después contar, hasta ese mismo punto, las unidades en el eje y. En este caso serían 2, divide 2/4. La respuesta es 0.5 o $\frac{1}{2}$.

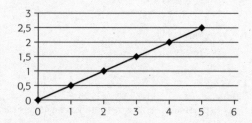

Manera 3: Puedes utilizar la fórmula para la pendiente de una línea con 2 coordenadas que escojas del gráfico:

$$\text{pendiente} = \frac{y2 - y1}{x2 - x1}$$

Si escogemos las coordenadas (1; 0.5) y (4; 2) las reemplazamos en la fórmula:

$$\text{pendiente} = \frac{2 - 0{,}5}{4 - 1} = \frac{1{,}5}{3} = 0{,}5$$

se obtiene la misma respuesta de .5 o $\frac{1}{2}$.

27. (3)

El número de asistentes se lee en el eje *y*, y el valor de la entrada en el eje *x*, por lo tanto, el valor más "alto" de la curva en el gráfico registra el mayor número de asistentes. En este caso el valor de la entrada para el mayor número de asistentes es ($25).

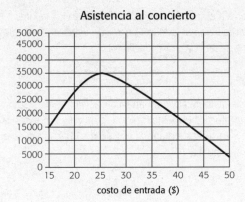

Asistencia al concierto

28. (4)

El gráfico indica que cuando la entrada se fija en $40, entonces el eje de la *y* marca 18,000 asistentes.

29. (2)

El mayor precio de entrada está localizado al extremo derecho del eje de la *x*. En este lugar del gráfico, el eje de la *y* marca 4,000 asistentes por ese precio.

30. (1)

La ganancia se obtiene al multiplicar el precio de entrada por el número de asistentes. Si se multiplica $35 por 25,000 (valor marcado en el eje de la Y) se obtendrá la respuesta: $35 \times 25,000 = \$875,000$.

31. (3)

Perímetro = la suma de todos los lados de un figura geométrica. En este caso, perímetro = 7 + 7 + 2 + 2 = 18cm.

32. (4)

Para factorizar se tiene que convertir a la ecuación en una multiplicación de uno o más factores de esta manera:

$(36x^3 + 8x^2 - 12xy)$

$4\left(\dfrac{36x^3}{4} + \dfrac{8x^2}{4} - \dfrac{12xy}{4}\right)$

(Se encuentra un factor común entre todos los valores [números] de la ecuación. Se saca ese valor multiplicando TODA la ecuación por este valor y dividiendo cada factor dentro del paréntesis por el mismo valor.)

$4(9x^3 + 2x^2 - 3xy)$ primer resultado

$4x\left(\dfrac{9x^3}{x} + \dfrac{2x^2}{x} - \dfrac{3xy}{x}\right)$

(Se encuentra otro factor común entre todos ellos [letra/s] y se procede de la misma manera)

$4x(9x^2 + 2x - 3y)$ ecuación final o respuesta

33. (4)

Primero sacamos el 30% de $48: $30 \times \dfrac{\$48}{100} = \$14.4$.

Después restamos este resultado del valor inicial (de los 48) y obtenemos la cantidad que Laura necesita para comprar la blusa: $48 − $14.4 = 33.6

34. (2)

Para multiplicar polinomios se debe seguir un orden específico: Se multiplica el primer valor del primer grupo (1er paréntesis) por cada uno de los valores del segundo grupo (2do paréntesis). Después se multiplica el segundo valor del primer grupo por cada uno de los valores del segundo grupo. Se debe tomar en cuenta los signos de los valores al multiplicar.

$(3x + 2)(x - 7)$
$(3x) \times (x) + (3x) \times (-7) + (2) \times (x) + (2) \times (-7)$
$(3x^2) + (-21x) + (2x) + (-14)$
$3x^2 - 21x + 2x - 14$

De aquí debemos sumar o restar todos los que sean comunes entre sí, o sea todas las x^2, todas las x, y todos los números sin letra, para obtener la expresión final: $3x^2 - 19x - 14$.

KAPLAN

35. (3)

El Área es la superficie total que ocupa una figura en un espacio. Para encontrar el área de un cuadrado o rectángulo se deben multiplicar los 2 lados de ellos. También se debe tener en cuenta que al multiplicar dos variables iguales la respuesta es la variable al cuadrado.

Área = lado × lado

Área = $8x \times 3x$

Área = $24x^2$

36. (1)

Para sacar el total de una compra se multiplica el precio de cada objeto por el número de objetos comprados. Si hay más de dos objetos, se suman los subtotales de cada objeto, de esta manera:

$c = 5.50y + 12.75x$

Donde x representa el número de pantalones y y el número de camisetas.

37. (1)

Se debe utilizar la relación Pitagórica.

$x^2 = a^2 + b^2$
$x^2 = 3^2 + 2^2$
$x^2 = 9 + 4$
$x^2 = 13$
$x = \sqrt{13}$

38. (1)

El problema se resuelve sumando todas las cantidades de dinero que Carla recibió. $10 + $15 + $7 = $32.

39. (1)

Se debe sumar y restar entre sí, todos los valores semejantes (todas las x entre sí, todas las y entre sí y todas las xy entre sí).

$6xy - 4y + 11x + 2xy + y$
$11x + 6xy + 2xy + y - 4y$
$11x + 8xy - 3y$

Se vuelve a escribir la ecuación agrupando los valores semejantes, uno al lado del otro, y de esta forma se puede sumar y restar con mayor facilidad.

40. (1)

Si dos líneas paralelas son atravesadas por una secante, los ángulos internos opuestos miden lo mismo. Entonces, el ángulo x es suplementario al ángulo de 110°, indicado en la figura, e igual a 70°.

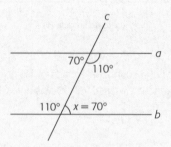

41. (1)

Si el mecánico cobra $4 por arreglar un automóvil y si arregla 17 automóviles en un día, el total ganado se obtiene multiplicando el costo de arreglo por el número de automóviles: $4 × 17 = $68.

42. (2)

Si el eje de la *y* es el eje vertical del plano Cartesiano, entonces el punto en donde la línea intercepta a este eje debe estar sobre el mismo y se dibuja en gráfico con un punto en el lugar correspondiente.

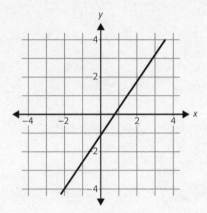

En este caso el eje *y* esta interceptado en el punto

(0, −1)
(*x*, *y*)

43. (2)

Cuando las líneas se cruzan es porque los valores son iguales. Esto ocurre al 3er y al 6to día en el eje de la *x* que corresponde al número de días, sin embargo, no existe una opción para el día 6, por lo tanto la respuesta correcta es 3 días.

44. (3)

Un intervalo es un período registrado en el eje de la *x*. El gráfico de la población B está sobre el gráfico de la población A—desde el 3er día hasta el 6to día—en el eje de la *x*, entonces este es el período en el cual la población de la bacteria B sobrepasa a la población de la bacteria A.

45. (5)

Si no hay crecimiento la pendiente de una línea es 0, en otras palabras, la línea es horizontal. El gráfico de la población B se convierte en una línea horizontal (la población no crece) a partir del 5to día, en el eje *x*.

46. 21

$$y = 2(-3)^2 - (-3) = 2(a) + 3 = 18 + 3 = 21$$

47. 19

AB ≠ AC
BC > AC
BC ≠ AC

Entonces, AB = BC.

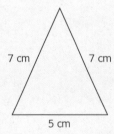

Perímetro = 7cm + 7cm + 5cm
Perímetro = 19 cm

48. (1, 2)

Tenemos $y = x + 1y$

$y = -2x + 4$
$x + 1 = -2x + 4$
$3x = 3$
$x = 1$
$y = x + 1 = 1 + 1 = 2$

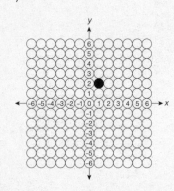

49. (4, 3)

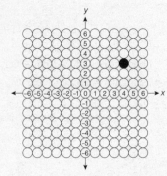

50. 6

$L = D - 5$
$D = R + 7$
$L = 8$

$8 = D - 5$
$13 = D$
$D = 13$

$13 = R + 7$
$6 = R$
$R = 6$

Capítulos

Capítulo 1: **Redacción**

La Prueba de Redacción tiene dos partes: En Parte I (50 preguntas de selección múltiple) examina su conocimientos de vocabulario, estructura de las oraciones y de los párrafos, expresiones de uso cotidiano, y ortografía. Las preguntas abordan los temas de **organización** (15%), **estructura de oraciones** (30%), **uso** (30%), y **mecánica** (25%).

En Parte II, tendrá que escribir un ensayo sobre una cuestión o tema. Los puntajes obtenidos en las dos partes se combinan para dar una sola nota.

Usted Sabe Más de Lo Que Piensa

Es probable que escriba por lo menos algo todos los días. Estamos usando esta destreza cada vez que:

- Escribimos una carta a un amigo o pariente
- Completamos un formulario o documento
- Mandamos una carta electrónico
- Ayudamos a nuestros hijos con sus deberes escritos

La manera en que escribimos puede determinar si conseguimos un trabajo o si estamos considerados como personas cultas. Quizás esté preocupado por su habilidad de escribir como una persona educada. Poder escribir gramaticalmente y claramente puede ser la cosa más importante que aprende durante sus estudios para el GED.

¡Confíe en usted, en sus capacidades y confíe también en estas páginas de preparación!

TEMAS PRINCIPALES

En las Pruebas del GED, es necesario demostrar que usted conoce su idioma y que puede utilizarlo correctamente aunque no haya memorizado conceptos ni conjugaciones verbales. Esto no significa que la gramática sea desechada en su totalidad. Su presencia estará implícita en cada uno de los ejercicios y en caso de necesitarla, se resaltarán algunos puntos ineludibles de esta materia.

¿Qué significa usar el idioma correctamente? Pues, hay 4 campos básicos:

- Expresión oral (hablar)
- Expresión escrita (escribir)
- Comprensión oral (escuchar)
- Comprensión escrita (leer)

En la vida diaria utilizamos estos campos lingüísticos sin estar conscientes de su importancia. El uso del idioma está en constante prueba y en constante práctica y mientras más lo usamos más lo aprendemos. Sin embargo, los errores repetidos con tanta frecuencia pueden convertirse en malos hábitos siendo muy difícil eliminarlos más tarde.

Por esta razón, las diferentes gramáticas normativas tratan de establecer reglas de utilización del idioma y han transformado a esta materia en un punto de conflicto para el estudiante.

En este capítulo se utiliza la gramática en forma implícita. Todos los ejercicios tienen un fondo gramatical básico. Por lo tanto, manejaremos términos gramaticales ya conocidos: adjetivos, preposiciones, verbos y sus conjugaciones, tiempos, modos, etc. La manera de llegar al conocimiento es lo que diferencia a esta sección: el método deductivo.

Para deducir es necesario observar, analizar, comprender, y hacer. Si no se atraviesa por esas etapas, jamás se llega a deducir ni conceptos ni reglas.

LAS REGLAS GRAMATICALES

Los Adjetivos

Considere las siguientes oraciones:

> Ella es **joven** todavía.
>
> Mi esposo es **corpulento.**
>
> Mi profesor es **apuesto.**

Las palabras negritas toman el nombre de **adjetivos calificativos**—dan una cualidad al sustantivo.

También las palabras come **ese** niño, **aquel** niño, y el **sexto** niño son adjetivos. La gramática tradicional los identifica como **adjetivos demostrativos, numerales: ordinales y cardinales.**

El adjetivo **acompaña y modifica al sustantivo.** La posición del adjetivo en la oración puede alterar el significado de las palabras:

> Un hombre **público** (significa un personaje público)
>
> Una mujer **pública** (vendría a ser una mujer de dudosa reputación)

Igualmente:

> Pablo es un **viejo** amigo.
> Pablo es un amigo **viejo**.

Cuando digamos **mil** hombres, **el tercer** alumno, o **la quinta** dimensión, estamos utilizando **adjetivos numerales: cardinales y ordinales**. Los números cardinales son muy fáciles pero los ordinales merecen más observación.

Cardinales del 1 al 30 se escriben en una sola palabra:

uno	diecinueve	veinticinco
dos…once	veinte	veintiséis
doce…quince	veintiuno	veintisiete
dieciséis	veintidós	veintiocho
diecisiete	veintitrés	veintinueve
dieciocho	veinticuatro	treinta

Ordinales establecen un orden, una sucesión:

primero	séptimo	decimocuarto
segundo	octavo	decimoquinto
tercero	noveno	decimosexto
cuarto	décimo	decimoséptimo
quinto	undécimo	decimoctavo
sexto	duodécimo	decimonoveno
sexto	decimotercero	vigésimo

Después del vigésimo, los ordinales son muy poco usados y se les reemplaza con sus respectivos cardinales. *La compañía cumple **38 años** de funcionamiento* se debe decir, *La compañía celebra su **trigesimoctavo** aniversario de funcionamiento.*

Otros ordinales importantes son:

30 trigésimo	70 septuagésimo	200 ducentésimo
40 cuadragésimo	80 octogésimo	300 tricentésimo
50 quincuagésimo	90 nonagésimo	
60 sexagésimo	100 centésimo	

Entonces:

> Celebramos el centésimo vigésimo quinto aniversario de fundación.

Las Preposiciones

Las preposiciones sirven para **unir dos palabras** y expresan **su relación**:

Salgo **del** patio.

Salgo **al** patio.

Salgo **por** el patio.

Salgo **hacia** el patio.

Salgo **hasta** el patio.

En estos ejemplos, se enlaza el verbo *salir* con el sustantivo *patio*, pero no siempre serán solamente estos dos elementos los que estén enlazados.

Libro **de** historia (sustantivo con sustantivo)

Gato **con** bota (sustantivo con sustantivo)

Útil **para** la vida (adjetivo con sustantivo)

Las preposiciones españolas son:

a	desde	mediante
ante	durante	para
bajo	en	según
con	entre	sin
contra	hacia	sobre
de	hasta	tras

Otras preposiciones se unen con otros elementos gramaticales y forman las **frases preposicionales**:

encima de	detrás de	respecto de
debajo de	por encima de	para con
junto a	desde	
delante de	dentro de	

Comparaciónes

Cuando comparamos, utilizamos los adjetivos en diferentes grados:

Esta computadora es **rápida**.

Ahora comparamos la rapidez de esa computadora con la de otra:

Esta computadora es **más** rápida **que** aquella. (+)

Aquella computadora es **menos** rápida **que** ésta. (−)

Esta computadora es **tan** rápida **como** aquella. (=)

Además de los tres grados anteriores (**de superioridad, de igualdad** y **de inferioridad),** en las comparaciones aparecen adjetivos que señalan un punto máximo (**comparativos de superioridad**):

Juan es el **mejor** estudiante de la clase mientras que Pepe es el peor.

Se llevó la **mayor** cantidad de premios del bingo.

No tiene la **menor** posibilidad de vencer en las elecciones.

Adjetivos superlativos terminan en **ísimo** o **érrimo:**

Este bebé es **lindísimo.**

Estos productos baratos son **malísimos.**

(Pero no se puede decir *tan grandísimo* o *muy lindísimo.*)

Ejercicios de Práctica

Utilice las frases preposicionales para completar estas oraciones:

1. Encontré una víbora _____ mi carro.

2. Viajé tres horas _____ un niño muy educado.

3. _____ todo esto existe algún misterio.

4. Dicen que por _____ a colina aparecieron unos extraños objetos voladores.

5. No estoy contenta _____ las condiciones señaladas en este contrato.

6. En casa de mi padre se está muy _____ gusto.

7. Sube rápido al bus que está a punto _____ partir.

8. Ya es muy tarde _____ llamar a casa de mis padres.

Los Pronombres

En Español usamos palabras que por sí solas no tienen significado pero son muy importantes cuando forman oraciones.

Pronombres personales son palabras utilzados en lugar del sujeto el cual realiza la accion.

Yo voy con **él** al cine.

No quiere estudiar con **ella** porque no son buenas amigas.

Para **mí** todo es más fácil. Para Jaime, lo contrario.

También hay **posesivos, demostrativos**, y **relativos pronombres**:

> Su mundo no es el **nuestro** (*nuestro* significa *nuestro mundo*)
>
> Las mujeres a las **cuales** te refieres (*cuales* significa *a las mujeres*)

Para hacer preguntas, necesitamos de los **pronombres interrogativos**:

> **¿Quién** eres tú?
>
> **¿Qué** sucede?
>
> **¿Cuál** de ellos es tu novio?
>
> **¿Cuánto** costó?

Los pronombres interrogativos siempre llevan **acento** ortográfico. Las **preguntas comienzan y terminan** con el signo respectivo (**¿…?**)

Cuando se dice **alguien ha venido**, el pronombre alguien se refiere a una persona aunque no lo precise. La lista de **indefinidos** es extensa. Incluye:

alguien	quienquiera
nadie	uno
algo	alguno
nada	ninguno

Distinga estas palabras:

Los ingleses adoran el **té.**	(bebida)
Te pido un poco de paciencia.	(pronombre)
Estos libros los compré para **mí.**	(pronombre)
Mi clase de francés es interesante.	(adjetivo posesivo)
Él es un compañero de trabajo.	(pronombre personal)
El horario de actividades es exigente.	(artículo definido)

Los Artículos

En Español, a diferencia del Inglés, tenemos artículos que diferencian el género (masculino o femenino) y el número (singular o plural) de los objetos:

el niño	un niño
los niños	unos niños
la niña	una niña
las niñas	unas niñas

Artículos Definidos	el	la	los	las
Artículos Indefinidos	un	una	unos	unas

Algunas palabras son sustantivos femeninos, pero se coloca un artículo masculino junto:

el agua	el hacha
el alma	el águila
el alba	el ancla

En Español, no se puede decir, *Vengo de el cine ni voy a el cine*. Debo unir la preposición y el artículo así:

de + el = del
a + el = al

Del y al son **artículos contractos**.

Vengo *del* museo. (museo es un sustantivo común)
(Pero sí puedo decir: Vengo *de* El Prado) (significa que vengo del museo El Prado, sustantivo propio.)

Los productores de **la** fruta afinan las negociaciones con **la** Unión Europea.

La representante de Canadá fue electa Reina Mundial **del** Banano.

El vestíbulo es **la** carta de presentación **del** hogar.

La delegación **del** Perú lidera **la** tabla de **la** Copa **del** Pacífico.

Los Verbos

El verbo es la palabra más importante de la oración; expresa los cambios, los movimientos, los estados, las alteraciones, las actividades. Es la palabra que **señala lo que les ocurre a las cosas y a las personas.**

Las niñas **cantan**.

Las flores se **marchitan**.

El viento **vuelca** las macetas.

Los días *son* largos en invierno.

La nieve **inspira** a los poetas.

Un verbo puede incluir, en sí mismo, la idea de sujeto y predicado: *Duermo* contiene **yo** (sujeto) y **duermo** (predicado). La terminación **(o)** señala la **persona.** (Es la primera persona.)

También incluye **el tiempo** en el que se realiza la acción:

Dormí. Yo dormí. (Acción desarrollada antes de este momento)

El verbo señala **el número** y el **modo** en que se expresan las cosas:

Dormiríamos = dormir + nosotros + posiblemente

Las palabras *tiempo*, *número*, *persona*, y *modo* son esenciales en el estudio del verbo. Es muy fácil distinguir sus significados:

El tiempo se refiere al momento al que se refiere el verbo:

Una sola palabra indica que el tiempo es simple:

como	comía
comí	comería
comeré	

Dos palabras (dos verbos) (haber + el verbo principal) indica que el tiempo es compuesto:

he comido	había comido
hube comido	habría
habré comido	comido

El número señala: el singular (una persona) y el plural (dos o más personas)

yo canto	nosotros cantamos
tú cantas	ellos cantan
él canta	ustedes cantan
ella canta	(varias personas realizan la acción)
(una persona realiza la acción)	

La persona señala el sujeto al que se refiere el verbo:

yo	nosotros
tú	ustedes
él	ellos (pronombres personales)
ella	

Lea atentamente este texto. Observe las palabras en negritas y reconózcalas por su nombre gramatical:

Florida **se prepara** para **recibir** el azote de "Jeanne" durante este fin de semana, por algún punto de su costa oriental. La tormenta **pondrá** a prueba la resistencia de las agencias gubernamentales, que ya **han tenido** que **enfrentar** 3 huracanes en un mes.

Jeanne **puede llegar** a las costas de Florida entre la noche de hoy y el domingo por
(5) la madrugada, **representando** un peligro mayor que los anteriores huracanes que ya **devastaron** el estado, pues **impactarán** cuando aún no **han concluido** los trabajos de inundación y **hay** zonas susceptibles a inundaciones.

Ahoras, mira a algunos de estos verbos al infinitivo:

pondrá → poner

han tenido → tener (haber)

puede llegar → poder llegar

han concluido → concluir (haber)

hay → haber

pueden → poder

Si las palabras transformadas terminan en **ar, er,** o **ir,** toman el nombre de **verbos al infinitivo** como *vivir*, *saltar*, *beber*. Algunos verbos infinitivos pueden transformarse en sustantivos o viceversa. Mira a como estos verbos transformen:

hacer → el hecho

bailar → el baile

reír → la risa

elegir → la elección

robar → el robo

En una oración se utilizan los verbos acompañados de estos pronombres o de sustantivos (nombres de personas, animales, o cosas).

María salta en el jardín.

Ella lee con mucha atención.

Los pajaritos se bañan en la pileta.

Unos cuantos niños corren a protegerse de la lluvia.

Mis abuelos miran la televisión.

Sois muy desconsiderados.

Todos podemos aprender las conjugaciones.

Los estudiantes son capaces de aprobar los exámenes del GED.

Estos son excelentes ejercicios.

El modo es la forma en que expresamos algo. Compare estos ejemplos:

Carmen **vendrá** mañana muy temprano.

Ojalá que Carmen **venga** mañana muy temprano.

Ven temprano, Carmen.

El verbo **venir** está utilizado de tres modos. Las tres oraciones representan los tres modos: **indicativo, subjuntivo**, e **imperativo**.

Oración 1 es un enunciado objetivo: **vendrá**.

Oración 2 corresponde a un deseo del hablante (ojalá que, espero que, deseo que, es necesario que y que tal vez no llegue a realizarse: **venga**.

Oración 3 es un mandato que puede llegar a ser ejecutado **o** no. Depende del que recibe la orden. También puede presentarse en forma de ruego: **ven**.

Ejercicios de Práctica

Lea los siguientes titulares de la prensa latinoamericana y subraye los verbos. Ponga entre paréntesis el verbo al infinitivo:

Los métodos forenses aún **son** rudimentarios.   (ser)

1. Brasil dominó en el inicio del sudamericano.   (_____)

2. Tras su paso por Haití, Jeanne pone en vilo a Florida.   (_____)

3. Los médicos testifican en audiencias.   (_____)

4. Un accidente segó tres vidas.   (_____)

5. 87 niños reciben clases en aulas reducidas y antipedagógicas.   (_____)

6. El 17 de octubre tú eliges cómo y por quién votar.   (_____)

7. El informe de la ONU no pasa de dar consejos.   (_____)

8. Las calles del norte de Quito se inundaron ayer.   (_____)

Ahora cambie los titulares anteriores y utilice los verbos subrayados en un tiempo diferente. Si están en el presente, póngalos en el pasado o viceversa:

Los métodos forenses **eran/fueron** rudimentarios.

9. _____   13. _____

10. _____   14. _____

11. _____   15. _____

12. _____   16. _____

¡Usted ya conoce algunas conjugaciones en diferentes tiempos y personas! ¡También ha utilizado el singular y plural! Fue fácil, ¿verdad?

El Modo Imperativo

¡Ten paciencia con el niño!

Asistan a la reunión.

¡Siéntate!

¡Ayúdale!

¡Vete en este instante!

¡Salgan de mi oficina!

¡Pórtense correctamente!

El Modo Subjuntivo

Las oraciones originales (antes de la transformación) aparecen como consejos, como órdenes, como deseos, como necesidades. Se utilizan estas expresiones: les pido, les ordeno, te digo, es mejor, necesito, y van acompañadas del relativo **que**. Este tipo de expresiones obligan a conjugar los verbos al **modo subjuntivo**:

Expresiones	Verbos al Modo Subjuntivo
Es mejor que…	hagas, digas, vayas, etc.
Te pido que…	vengas, leas, estudies, escribas, etc.
Les ordeno que…	salgan, entren, hagan, preparen, etc.
Te digo que…	mires, observes, pongas, borres, etc.
Necesito que…	repitas, corrijas, medites, recibas, etc.
Es mejor que…	mires, piensas, razones, decidas, etc.

Es mejor que **vengas** temprano.

Necesito que me **ayudes** con estos ejercicios.

Espero que **comprendas** mis palabras.

Puede que **sea** una buena persona.

No soporto que **estén** desocupados todo el día.

Verbos Regulares y Irregulares

Existen dos tipos de verbos: los regulares y los irregulares. Cuando conjugamos **verbos regulares**, nos damos cuenta que solamente cambian las terminaciones o desinencias de cada persona.

<u>cantar</u>

Yo canto	Nosotros cantamos
Tu cantas	Ustedes cantan
El canta	Ellos cantan

Para verbos regulares que terminan en –er, -ir, siguen la misma regla.

<u>beber</u>

Yo bebo
Tu bebes
El bebe
Nosotros bebemos
Ustedes beben
Ellos beben

<u>vivir</u>

Yo vivo
Tu vives
El vive
Nosotros vivimos
Ustedes viven
Ellos viven

La primera parte del verbo (beb–viv) no ha cambiado en ninguna persona; solo han cambiado las terminaciones.

En los **verbos irregulares**, cambian las terminaciones y también la primera parte del verbo. Con el verbo *sentir*:

yo siento	nosotros sentimos
tú sientes	ustedes sienten
él/ella siente	ellos/ellas sientes

Se constata que este verbo no sigue las conjugaciones anteriores. Cambia el radical y la terminación.

Los verbos se utilizan en varias circunstancias de la vida. Una de ellas es la **expresión de hipótesis**. Decimos, por ejemplo:

Si **tuviera** dinero **haría** un recorrido por Europa.

Si no **llueve iré** a la piscina. (condicional)

Si **estuviera** en tu lugar lo **pensaría** mejor antes de la decisión final.

En el primer ejemplo, se utiliza el primer **verbo al subjuntivo** y el segundo **al condicional. Nunca** se debe utilizar **el condicional después de Sí.**

Si fuera joven, iría con mi novio a la discoteca.

Si estuviera enamorada, sería feliz.

Si estuviera en la universidad, tendría muchos amigos.

Si no existieran las guerras, el mundo sería más hermoso.

También se pueden utilizar verbos al presente:

Si **tengo** tiempo **leo** o **veo** una película.

Usted ya conoce los verbos al **infinitivo**. Estos verbos terminan en –ar, -er, o -ir.

salir

comer

cantar

pasear

También conoce usted que existen verbos regulares e irregulares. Sabe diferenciar uno de otro. Ya puede realizar hipótesis correctas y conoce los modos del verbo.

Ejercicios de Práctica

Ponga los siguientes verbos en la siguente forma: *Oir*, *Pedir*, *Ser*, *Conducir*, y *Saber*.

$$
\begin{array}{ccc}
\text{Presente} & & \text{digo} \\
\uparrow & & \uparrow \\
\text{Pretérito} \leftarrow \textbf{INFINITIVO} \rightarrow \text{Futuro} & \quad & \text{dije} \leftarrow \textbf{DECIR} \rightarrow \text{diré} \\
\downarrow & & \downarrow \\
\text{Condicional} & & \text{diría}
\end{array}
$$

Ponga atención a la ortografía en la conjugación de los verbos **conducir** y **conocer**:

Yo conduzco, tú conduces,…

Yo conozco, tú conoces…

En líneas anteriores dijimos que las conjugaciones pueden ser simples o compuestas.

Hasta aquí hemos trabajado solamente con los tiempos simples.

En las siguientes oraciones observen los verbos subrayados:

No **habíamos terminado** de cenar cuando el escándalo comenzó.

He estudiado todos estos días hasta la medianoche.

Te habría acompañado si no tuviera tanto trabajo.

El espectáculo **había terminado** cuando llegamos al teatro.

Las conjugaciones subrayadas están compuestas de dos verbos:

haber + participio pasado

Como usted ya sabe conjugar los verbos regulares e irregulares en diferentes tiempos como el presente, el pretérito, el futuro, el condicional y en diferentes modos como el subjuntivo, el imperativo y el indicativo, le será fácil utilizar el auxiliar *haber* en las conjugaciones compuestas.

Es necesario conocer algunos participios pasados especiales. Algunos pueden funcionar como adjetivos. Normalmente los participios pasados terminan en *–ado, -ido* pero existen participios irregulares que terminan en *–to, -so*, y *-cho* como **abierto y hecho**.

Los más utilizados son:

confesar	confesado	confeso
convertir	convertido	converso
despertar	despertado	despierto
elegir	elegido	electo
freír	freído	frito
incluir	incluido	incluso
maldecir	maldecido	maldito
prender	prendido	preso
proveer	proveído	provisto

La palabras en la tercera columna funcionan casi siempre como adjetivos.

Algunos ejemplos:

El pueblo **había elegido** a sus autoridades.
Las autoridades **electas** celebraron su triunfo.

Los niños **han despertado** con mucha energía.
Los niños **despiertos** serán los representantes del grupo.

El delincuente **ha confesado** sus crímenes.
Es un delincuente **confeso**. Irá a cumplir su condena en una prisión alejada de la ciudad.

La exposición **ha abierto** sus puertas.
El museo permanecerá **abierto** durante dos meses.

Para describir las situaciones en las que se desarrolla la historia, se utiliza **el tiempo imperfecto.**
Las terminaciones de este tiempo normalmente son: *-aba*, *-ía*, y *-iba*. Fíjese en los verbos utilizados
en la primera columna: **estaba, hacía, leía, parecían, etc.**

Sobre la situación y las acciones	Sobre los eventos y de los personajes	Sobre la identificación
↓	↓	↓
decir dónde y cuándo	un encuentro	identidad
hablar del tiempo	un accidente	profesión
describir algo	un imprevisto	situación familiar
describir a alguien		
hablar de las actividades de los personajes		

En la segunda columna aparecen los eventos que se desarrollan en el marco de las situaciones
descritas en la primera columna. Estos hechos se narran utilizando el **tiempo pretérito simple.**
Así: **llegó, vio, vino, presentó, tomamos, hablamos, llegó, se acercó.**

En la tercera columna se identifican a tres personas: Brigitte, Cristina y Pablo; nombres, nacionalidades,
lugar de trabajo, estudios, profesiones. Se ha utilizado el **tiempo presente** porque esos datos son
propios y permanentes.

Situación	Acción	Identificación
1. Ayer, yo *estaba* en una cafetería del centro de la ciudad. *Hacía* mucho calor. Yo *leía* tranquilamente mi periódico.		
	2. Pablo *llegó* con una bella rubia	
3. *Estaban* tomados de la mano. *Parecían* muy enamorados.		
		4. ¿*Conoces* a Pablo? Trabaja en el Municipio.
	5. Cuando Pablo *me vio*, *vino* a sentarse en mi mesa y *me presentó* a su compañía	
		6. Ella *se llama* Brigitte. *Es* francesa y *estudia* Leyes.
	7. *Tomamos* un café y *hablamos* de todo un poco.	
8. *Estábamos* conversando…	9. …cuando Cristina *llegó*.	
		10. ¿Cristina? *Es* la novia de Pablo. *Es* arquitecta.
11. *Parecía* muy enojada.	12. *Se acercó* a nuestra mesa y… (continuar)	

Ahora, ponga atención a estas conjugaciones a la tercera persona: singular (*él/ella*) y plural (*ellos/ellas*)

Infinitivo	Presente	Pretérito simple	mperfecto
estar	está–están	estuvo–estuvieron	estaba–estaban
hacer	hace–hacen	hizo–hicieron	hacía–hacían
leer	lee–leen	leyó–leyeron	leía–leían
parecer	parece–parecen	pareció–parecieron	parecía–parecían
llegar	llega–llegan	llegó–llegaron	llegaba–llegaban
ver	ve–ven	vio–vieron	veía–veían
sentarse	se sienta–se sientan	se sentó–se sentaron	se sentaba–se sentaban
tomar	toma–toman	tomó–tomaron	tomaba–tomaban
acercarse	se acerca–se acercan	se acercó–se acercaron	se acercaba–se acercaban
conocer	conoce–conocen	conoció–conocieron	conocía–conocían
trabajar	trabaja–trabajan	trabajó–trabajaron	trabajaba–trabajaban
llamarse	se llama–se llaman	se llamó–se llamaron	se llamaba–se llamaban
ser	es–son	fue–fueron	era–eran
estudiar	estudia–estudian	estudió–estudiaron	estudiaba–estudiaban
ir	va–van	fue–fueron	iba–iban

Los Adverbios

Existen palabras que califican y determinan a los verbos. Estas palabras se llaman **adverbios**.

> Pedro trabaja **bien**.
>
> Pedro vive **lejos.**

> El adverbio **bien** describe cómo trabaja Pedro.
>
> El adverbio **lejos** determina dónde vive Pedro.

Por esa razón, toman el nombre de **adverbios calificativos y determinativos.**

Los adverbios pueden calificar también a otro adjetivo o a otro adverbio.

> Pedro vive **bien** lejos.
>
> Pedro es **bien** educado.

En la primera oración, el adverbio **bien** está determinando al adverbio **lejos.**

En la segunda oración está modificando, dándole intensidad al adjetivo **educado.**

La mayor parte de los adverbios que califican a los verbos y expresan como se realizan las acciones, terminan en **–mente.**

Yo camino lentamente.

Los conejos escapan rápidamente de sus enemigos.

Los niños juegan alegremente.

En los tres adverbios utilizados en los ejemplos anteriores, veremos que proceden de adjetivos: lento, rápido, y alegre. Por esta razón, para transformarlos en adverbios **es necesario el femenino de estos adjetivos antes** de agregar la terminación *–mente*:

lento	lenta	lentamente
rápido	rápida	rápidamente
sencillo	sencilla	sencillamente
limpio	limpia	limpiamente

Si el adjetivo termina en la vocal **e,** solo se agrega la terminación correspondiente:

triste	tristemente
horrible	horriblemente

Pueden terminar los adjetivos en una consonante, en ese caso, solo se agrega la terminación *–mente*:

feliz	felizmente
feroz	ferozmente
cruel	cruelmente

Si debe hacer una oración con dos o mas adverbios, solo se añade la terminación *-mente* en le ultimo de los adverbios utilizados.

Se lanzó feroz y cruelmente contra sus enemigos.

Este ejemplo precisa la función de los adverbios. Describe cómo se lanzó: *con ferocidad* y *con crueldad*.

Los adverbios principales son los siguientes:

Calificativos	bien, mal, mejor, peor, conforme, y los terminados en *-mente*
De lugar **¿Dónde?**	en alguna parte, aquí, allí, ahí, allá, encima, debajo, delante, detrás, dondequiera
De tiempo	alguna vez, siempre, jamás, nunca, ahora, hoy, ayer, mañana, temprano
De modo	¿Cómo?, así, tal cual
De cantidad	algo, nada, tanto, así, mucho, poco, bastante, demasiado, apenas, casi, más, menos

Algunos adverbios se acortan o cambian parte de su ortografía cuando van junto a determinadas palabras:

Mucho puede cambiar a **muy:**

> muy cortésmente
> muy exagerado

Tanto y cuanto pueden cambiar a **tan y cuan:**

> tan gentil
> cuan dulce

Estos cambios o reducciones de ciertos adverbios toman el nombre de **apócope.**

Los Sustantivos

Uno de los capítulos más fáciles de la gramática tradicional es el que corresponde a los **sustantivos** o **nombre de las cosas, animales, y personas.**

> mesa, perro, montaña, río, objeto, cocina, tigre, mujer, joven
>   (**sustantivos comunes**)

> Laura, Chimborazo, Europa, Sultán, Jacques, Nilo, Fuji, New York, Perú
>   (**sustantivos propios** de persona, montañas, perros, ríos, ciudades)

> la bondad, el ocio, la honradez, la blancura, el odio
>   (palabras que no señalan objetos que se pueden tocar o coger son **sustantivos abstractos**)

> Flota, enjambre, clero, bosque, ejército, recua, bandada
>   (**sustantivos colectivos** porque significan pluralidad)

Los sustantivos pueden ser **masculinos** o **femeninos.** De manera general, los masculinos terminan en **o** y los femeninos en **a.**

> lobo   loba
> hijo   hija

Algunos sustantivos masculinos que terminan en **e / y** en las consonantes **r, l, n** forman el femenino añadiendo la letra **a.**

> presidente   presidenta
> pintor   pintora

En algunos casos, el sustantivo femenino es completamente diferente al masculino:

> padre   madre
> toro   vaca
> macho   hembra

En otros casos, los sustantivos masculinos funcionan también como femeninos:

> el artista   la artista
> el periodista   la periodista
> el telefonista   la telefonista

Para utilizar los sustantivos tanto en número singular como en plural, se deben seguir estas reglas:

Añada la letra -s al singular:

> madre   madres
> hijo   hijos
> montaña   montañas

Añada **-es** al singular:

> virtud   virtudes
> doctor   doctores

Si el singular termina en **-s**, el plural no cambia:

> la crisis   llas crisis
> la dosis   las dosis

Los sustantivos de origen extranjeros:

> album   albums
> ticket   tickets
> gol   goles

LA ESTRUCTURA DE LAS ORACIONES

Tanto en la expresión oral como en la escrita, utilizamos enunciados (afirmativos o negativos), preguntas, órdenes, deseos que tienen sentido completo. Esta cualidad permite la comprensión de aquello que se escucha o que se lee.

> Quella población está muy alejada de la capital.
>
> El señor Weisser viaja frecuentemente por asuntos de negocios.
>
> Todos los estudiantes necesitan materiales escolares.

Algunas oraciones pueden ser muy cortas (una o dos palabras) y otras, muy largas.

> Llueve.
>
> ¡Como si el segadorcito de movimientos convulsivos y bruscos que lo remata, paseando la hoz de derecha a izquierda y luego de izquierda a derecha ante la fachada de su palacio morisco, no hubiese segado medio acre de césped imaginario antes que el grillo hubiese hecho notar su presencia! (Charles Dickens, El Grillo del Hogar)

Las siguientes oraciones están formadas con las **mismas palabras** pero expresan **diferentes actitudes** de la persona que las formula.

Mañana se solucionará el problema	(afirmación)
No se solucionará mañana el problema.	(negación)
¿Se solucionará el problema mañana?	(interrogación)
Ojala se solucione el problema mañana	(deseo)
¡Mañana se solucionará el problema!	(alegría)
Tal vez mañana se solucione el problema.	(duda)

Como se puede apreciar, depende de la actitud de la persona que habla para clasificar las oraciones en diferentes grupos: enunciativas afirmativas o negativas, exclamativas, de posibilidad, dubitativas (duda), interrogativas, desiderativas (deseos), exhortativas (mandato, prohibición).

Las oraciones anteriores son **oraciones simples**; expresan un solo enunciado y utilizan un verbo en su construcción. **Las oraciones compuestas**, en cambio, contienen más de un enunciado y por lo tanto, utilizan dos o más verbos en su estructura. Cada oracion encierra dos enunciados y por esa razón utiliza dos verbos:

Saldría a dar un paseo pero hace mucho calor.

Termina tu trabajo en este momento o me voy.

Unos se quejan y otros se regocijan.

Encontró dificultades, no obstante, su constancia las venció.

Lo creo, puesto que eres tú quien lo dice.

Las clasificaciones completas de las oraciones simples y compuestas constan en todas las gramáticas normativas tradicionales. Para las pruebas del GED usted no necesita dominar esas clasificaciones ni sabérselas de memoria. Lo que debe hacer es probar que sabe manejar el idioma español, que conoce su ortografía, que es capaz de comprender un texto, que posee un vocabulario suficiente para expresarse en diferentes situaciones, que puede hacer una oración de acuerdo con lo que necesita expresar, que es capaz de cambiar de lugar o reemplazar una o varias partes de la oración manteniendo su significado, etc.

Por estas razones, las próximas páginas estarán dedicadas a la práctica del español en ejercicios de uso diario y en la corrección de errores frecuentes.

VOCABULARIO

El español viene del latín, al igual que el francés, el italiano, el rumano, y el portugués. Por esta razón, el vocabulario y la formación de las oraciones en estos 5 idiomas son muy similares.

En italiano, se dice bella donna.

En francés, se dice belle dame.

En español, se dice bella dama.

Cuando se deben conjugar los verbos, estas lenguas hermanas siguen patrones similares.

Lo mismo sucede en la formación de sustantivos femeninos, masculinos, singulares y plurales.

Además, en todos los idiomas existen **palabras primitivas** que permiten formar otras, llamadas **derivadas**: zapato, zapatero, zapatería/ caballo, caballero, caballería/ pan, panadero, panadería, etc.

Los sufijos y prefijos griegos y latinos están presentes en el idioma español como en las otras lenguas hermanas. Gracias a ellos es posible la formación y comprensión de las palabras.

Los **prefijos principales** (antes de la palabra) son:

ped- (niño): pederasta, pedagogía, pediatra

extra- (fuera de): extraordinario, extravagante

hipo- (caballo): hipopótamo (caballo de agua), hipódromo

de/des- (negación): deshacer, deshonrar, desaparecer

re- (repetición): redactar, releer, revisar, rehacer, retornar

inter- (intermedio): interceder, intervenir, interponer

vermi- (gusano): vermicida

aqua- (agua): aquarium

bi- (dos): binomio, bicicleta, bicentenario

tri- (tres): tridimensional, triciclo, trípode

tetra-, penta- (cuatro, cinco): tetracampeón, pentágono

sub-/so- (debajo): submarino, subsuelo, soterrado, socavar

pre- (anterioridad): previsto prefijo

Los **sufijos** (en la parte final de la palabra) son indispensables en la formación de diferentes categorías de palabras. Los principales son:

-ancia: fragrancia	**-cion**: combinación	**-huelo**: chicuelo
-encia: demencia	**-miento**: conocimiento	**-cito**: mujercota
-dad: seriedad	**-on**: hombron	**-cillo**: rinconcillo
-ez: candidez	**-azo**: perrazo	**-ecito**: florecita
-eza: crudeza	**-ote**: librote	**-ecillo**: panecillo
-ia: cortesia	**-ito**: arbolito	**-aco**: libraco
-or: verdor	**-illo**: chiquillo	**-aja**: migaja
-ura: frescura	**-astro**: padrastro	
-dor: cobrador	**-in**: lekuquin	

honrado	honradez	(sufijo *–ez*)
claro	claridad	(sufijo *–ad*)

Algunas palabras que se han incorporado al idioma español tienen su origen en lenguas extranjeras:

bouquet (ramo de flores**)**

boutique (almacén de ropa)

week-end (fin de semana)

ORTOGRAFÍA

Una buena ortografía es el resultado del buen hábito de lectura. Los lectores regulares y frecuentes aprenden más vocabulario, aumentan su cultura general y mejoran su ortografía. Al estar en contacto diario con las palabras, somos capaces de identificar alguna variación o error en la escritura de las mismas.

No se pueden eludir las reglas ortográficas, son útiles en nuestro aprendizaje, pero sólo se debe acudir a ellas en casos excepcionales. Lo mejor es partir de la práctica constante y del uso del diccionario para llegar a dominar este aspecto que finalmente se transforma en una carta de presentación personal.

El nivel de educación de una persona se refleja también en su escritura y ésta debe ser, sobre todo, clara, correcta y precisa.

En español se toman en cuenta las tres últimas sílabas de una palabra para decidir la presencia o la ausencia de la **tilde** (el acento ortográfico).

albergar (al–ber–gar) 3 sílabas (trisílaba)

Acento de voz en la última sílaba (gar), entonces es una palabra aguda pero no lleva tilde porque termina con la consonante r.

> **científica** (cien–tí–fi–ca) 4 sílabas (tetrasílaba)

Acento de voz en la antepenúltima sílaba (tí), entonces es una esdrújula y por eso lleva tilde.

Palabras agudas son las que tienen la fuerza de voz en la última sílaba. *Sólo* llevan tilde si terminan en **-n**, en **-s** o en **vocal**: colchón, papás, café.

Palabras graves o llanas son las que tienen la fuerza de voz en la penúltima sílaba. Sólo llevan tilde si **no** terminan en **-n**, en **-s**, o en **vocal**: cárcel, cóndor, ángel.

Palabras esdrújulas son las que llevan la fuerza de voz en la antepenúltima sílaba. **Todas las esdrújulas** llevan tilde: ridículo, sábado, inteligentísimo.

También hemos visto que las palabras tienen un nombre de acuerdo con el número de sílabas que la compongan: monosílabas (1), bisílabas (2), trisílabas (3), etc.

> pan, sol, con,rey (monosílabas)
> niño, casa, risa (bisílabas)
> ribera, tabaco, soporte (trisílabas)

Prefijos

Existen palabras que inician con un prefijo. Los prefijos dan un significado a la palabra y vienen del griego y del latín. En el caso de los nombres de las palabras de acuerdo con el número de sílabas se trata de prefijos latinos:

> mono
> bi
> tri
> hepta

Estas palabras pueden formar otras palabras y darles significado a las mismas: un monóculo, un triciclo. No podemos separar la ortografía de la semántica.

Las palabras monosílabas tienen su **propia regla** en relación con la **tilde**. En general, *no* deben tildarse pero, a veces necesitamos distinguir dos palabras que se escriben exactamente iguales pero varían su significado:

> Adoro el té.
> No te vi en el programa.

> Este paquete es de mi hermano.
> Dé todo su tiempo a estos niños.

Otras palabras monosílabas pueden llevar tilde de acuerdo con su función en la oración.

La ortografía de las consonantes *b* / *v* / *g* / *j* / *h* no es problemática si usted lee con atención las siguientes indicaciones:

Se escriben con letra *b*:

Los verbos terminados en *-bir*: **escribir**

Los verbos terminados en *-aber* (no precaver): **haber**

Los verbos terminados en *-aba* (conjugación): **cantaba**

La conjugación del verbo *ir*: **-iba**

Las palabras que comienzan con el prefijo *bi*, *bis*: **binóculos**

Las palabras que empiezan con *bibl*, *bur*, *bus*, *bu*: **busto, biblioteca**

Se escriben con *v*:

Los pretéritos en -uve y sus derivados: **estuve, estuvieron**

Los adjetivos terminados en –avo, -ava, -evo, -ivo, -iva, -eve: *octavo, nuevo, nocivo*

Se escriben con g / j:

Tienen el mismo sonido junto a las vocales e/i.

Junto a las vocales a/o/u, siempre se escribe con J: *naranja, jugo, jarro, julio, jamón*

Se escriben con j:

El pretérito de los verbos: decir, traer: *dije, conduje, traje*

Los verbos que en infinitivo terminan en –jear: *canjear, hojear, forcejear*

Se escriben con g:

Las palabras que empiezan con geo-, legi-, gest-*geografía, legislar, gesticular, gestación*

Se escriben con h:

Todas las formas de los verbos: *haber y hacer*

Todas las palabras que empiezan con ia, ie, ue, ui: *hiato, hielo, huevo, hueco, huele*

Todas las palabras que empiezan por: idr, iper, ipo: *hidrogeno, hipótesis, hipertensión*

Se escriben con *h* intermedia:

adhesión, bohemio, prohibir, vehiculo

Se escriben con *sc*:

adolescencia, ascensión, fascinar

Se escriben con *xc*:

excéntrico, excepción

COMPRENSIÓN DE TEXTOS

Lea los diálogos:

Andrés:	Mi bote está listo. Me voy a navegar por 5 días. ¿Quieren venir conmigo?
Claudia:	¡Genial! Yo estoy de acuerdo. ¿Cuándo zarpamos?
Ana:	Yo también voy.
Andrés:	¿Y tú, Clara?
(5) **Clara:**	Si todos van, yo también voy.
Andrés:	¿Y ustedes?
Roberto:	No, no sé nadar. Me parece un poco peligroso.
Santiago:	Yo tampoco. Además estoy muy cansado. Pero les acompañaré hasta el puerto.
Ana:	Haz un esfuerzo Santiago, yo también estoy cansada y de todas maneras voy.
(10) **Carlos:**	Yo también voy pero sólo por 2 o 3 días.
Jorge:	Todavía no sé. Tengo mucho trabajo.

¿Qué propone Andrés?

¿Todos sus amigos están de acuerdo?

¿Cuáles son las razones de los que están en contra?

Encuentre en el diálogo las expresiones que indican: la aprobación, la desaprobación, y la duda.

Las respuestas son:

Andrés propone unos días de navegación en su bote. No todos los amigos están de acuerdo. Las razones son que no sé nadar, parece peligroso, y está cansado. La aprobación: *¡Genial!, Yo estoy de acuerdo, Yo también.* La desaprobación: *No, no sé nadar, me parece peligroso, estoy cansado.* La duda: *Todavía no sé, tengo mucho trabajo, pero sólo 2 días.*

Para aprobar una propuesta, se puede utilizar: ¡Genial!, ¡fantástico!, ¡me parece muy buena idea! **Para desaprobar** una propuesta, se puede utilizar: ¡Pésima idea! ¡No me parece bien! No creo que sea conveniente hacerlo. **Para expresar duda**, se puede utilizar: No creo que pueda ir, tal vez no debamos hacerlo, me parece peligroso.

Identifique las intenciones y los puntos de vista expresados en la siguiente conversación. La escena se desarrolla en un salón de clase.

(1) Tomen su libro de matemática, ábranlo a la página 75 y hagan el ejercicio número 5 que se encuentra al pie de la página.

(2) Profesor, no encuentro mi libro.

(3) ¡Cómo, Denis! ¿Olvidaste tu libro otra vez? ¡Siempre haces lo mismo!

(4) Profesor, ¿la coma, se pone antes o después de la cifra de las unidades?

(5) Alexis, ¡te prohíbo utilizar las tablas de multiplicar para hacer tus operaciones!

(6) Profesor, no entiendo la última pregunta.

(7) Esteban, quisiera que mires un momento a la pizarra para ver como se hacen los cálculos.

(8) Cuidado, Alejandro Te lo advierto, si no has terminado para las 10 de la mañana no saldrás al recreo.

(9) Muy bien, Sebastián, tu trabajo es muy bueno y todos los resultados están muy bien.

(10) Sofía, deberías dejar un poco más de espacio entre cada operación.

(11) ¿Profesor podría salir al patio ahora?

(12) No Guillermo, no puedes salir antes de que suene la campana pues sabes bien que eso está prohibido por el director.

(13) Eric, si hubieses estudiado un poco más, no estarías así, con todos tus cálculos incorrectos.

(14) Cristián, están muy bien. Si sigues esforzándote como ahora serías seguramente uno de los mejores alumnos de matemáticas.

(15) Fabián, cuando te crees Superman, no tienes derecho de equivocarte.

Escriba el número de la frase que corresponda al sentimiento o la actitud expresados a continuación:

_____ duda	_____ amenaza	_____ pesar
_____ deseo	_____ prohibición	_____ burla
_____ sorpresa	_____ orden	_____ consejo
_____ felicitación	_____ estímulo	_____ incomprensión
_____ interrogación	_____ cólera	_____ justificación

Responda a las siguientes preguntas escribiendo el nombre correspondiente.

1. _____ quiere ayudarse con su libro para hacer las operaciones.

2. _____ es muy mal estudiante de matemáticas.

3. _____ es muy buen estudiante.

4. _____ trabaja muy lentamente.

5. _____ es pretencioso.

6. _____ no presenta bien su trabajo.

7. _____ está impaciente por salir.

Ahora, las respuestas:

_1_	duda	_8_	amenaza	_13_	arrepentimiento, pesar
_7_	deseo	_5_	prohibición	_15_	burla
_2_	sorpresa	_1_	orden	_10_	consejo
_9_	felicitacion	_14_	estímulo	_6_	incomprensión
_4/11_	interrogación	_3_	cólera	_12_	justificación

1. Eric quiere ayudarse con usar su libro para hacer las operaciones.

2. Eric/Alexis son malos estudiantes de matemáticas.

3. Sebastián es muy buen estudiante.

4. Alejandro trabaja muy lentamente.

5. Fabián es pretencioso.

6. Sofía no presenta bien su trabajo.

7. Guillermo está impaciente por salir.

LA FORMULACIÓN DE LA HIPÓTESIS

Si + Presente = Futuro

> Si Juan viene iremos al cine.
> Si el agua está caliente, no se bañará.

Si + Subjuntivo = Condicional

> Si tuviera tiempo, te acompañaría.
> Si fueras más responsable, no te habrían echado del trabajo.

Si + Pretérito Pluscuamperfecto = Condicional Perfecto

> Si hubiera estado en ese lugar, habría formado parte de la huelga.
> ¡Qué calor! Si lo hubiese sabido, me habría puesto una camisa ligera.

Ejercicios de Práctica

1. ¡No hay ambiente aquí! Si lo hubiese sabido _____

2. Hay muchas palabras que no constan en este diccionario.
   Si lo hubiese sabido _____

3. ¡Estos zapatos me molestan! Si hubiese sabido _____

4. ¡Ya estoy atrasado y este maldito bus que no llega!
   Si hubiese sabido _____

5. ¡Tengo las manos heladas! Si hubiese sabido _____

6. Creo que este vestido azul no me queda bien.
   Si lo hubiese constatado a tiempo _____

7. Este curso no es nada interesante, me parece que pierdo mi tiempo.
   Si hubiese sabido _____

8. Tendré que viajar de pie. Si hubiese sabido _____

DEL DISCURSO DIRECTO AL DISCURSO INDIRECTO

El discurso directo es aquel que se realiza entre dos personas.

María: ¿Cuándo regresas a tu país?
Felipe: La próxima semana.

El discurso indirecto consiste en contar o reportar el discurso directo a otra persona.

Pedro: ¿Qué dijo Felipe?
María: Dijo que regresaría a su país la próxima semana.

Si compara las oraciones, se dará cuenta que han cambiado los tiempos del verbo, pero el mensaje es exactamente igual. Veamos:

El verbo **regresas** está en presente. (directo)
El verbo **regresaría** esta en condicional. (indirecto)

Esta es la forma correcta de reportar o de transmitir un mensaje al pasado.

Lea este texto:

Discurso directo
(dos hermanas que se comunican a través de una carta muy familiar)

Querida Chichi:

Perdona que no te haya escrito durante tanto tiempo, estarás despotricando de tu hermanita que tanto te quiere y preguntándote por que la tonta de Pocha no te cuenta como le ha ido allá, como es la Amazonia. Pero la verdad, Chichita, aunque desde que llegué he pensado mucho en tí y te he extrañado horrores, no he tenido tiempo para escribirte y tampoco ganas (no te enojes ¿eh?), ahora te cuento por qué…

Discurso indirecto
(alguien va a contar o reportar lo que Pocha le escribió a su hermana Chichi)

Pocha le pidió a su hermana que le perdonara que no le hubiera escrito durante tanto tiempo. Le dijo que suponía que estaría despotricando de su hermanita que la quería tanto y preguntándose por qué la tonta de Pocha no le contaba cómo le había ido allá, cómo era/es la Amazonia. Se excusó diciendo que, aunque desde que había llegado, había pensado mucho en Chichi y la había extrañado horrores, no había tenido tiempo para escribirle y tampoco ganas y le pidió que no se enojara diciéndole que le iba a contar por qué…

En la primera oración, podremos observar los cambios: **Perdona** que no **te haya escrito** durante tanto tiempo. Pocha le pidió a su hermana **que le perdonara** que no **le hubiera escrito** durante tanto tiempo.

A continuación, usted podrá deducir las reglas de transformación:

Estilo Directo	Estilo Indirecto
he ido	había ido
he pensado	había pensado
he extrañado	había extrañado
he tenido	había tenido
te quiere	le quería
no me cuenta	no le contaba
es	era/es
ya te cuento	iba a contarle
se llama	se llamaba
escribirte	escribirle
mandarte	mandarle

Una vez que haya comprendido las diferentes situaciones, trate de pasar de un discurso a otro cualquier tipo de diálogo, escrito u oral.

Ejercicios de Práctica

Ponga este texto de Charles Dickens al tiempo pasado:

He (decir) _____ que Caleb y su hija ciega (vivir) _____

allí; más exacto (ser) _____ firmar que el morador (ser) _____

Caleb, pero que su pobre hija (tener) _____ otra residencia, un palacio

de hadas adornado y amueblado por Caleb, en cuyo recinto la necesidad y la estrechez

eran completamente (desconocer) _____ , en cuyo recinto jamás (poder)

_____ las angustias de la vida.

El Ensayo

La segunda parte de las preubas del GED enfocará su atención en la organización de los párrafos y los textos partiendo de los diferentes tipos de oraciones. El objetivo es llegar a presentar un ensayo inteligente que cumpla con su función: defender su posición acerca de una tesis con argumentos válidos y correctamente sustentados.

En las pruebas, esta segunda parte está destinada específicamente a la redacción de un ensayo coherente y organizado.

¿QUÉ ES UN PÁRRAFO?

Un párrafo es una secuencia de oraciones que desarrollan una idea principal. De acuerdo con este concepto, el párrafo es un mini—ensayo. La extensión del párrafo depende del autor, pero se podría afirmar que está compuesto normalmente de cuatro a doce líneas.

A veces, los autores escriben párrafos extensos con una intención determinada. Gabriel García Márquez utiliza un párrafo de dos páginas en una discusión. Y Saramago, en su obra "Ensayo sobre la ceguera," incluye párrafos muy extensos para marcar tensión en diferentes partes. Irrespeta la puntuación y elimina los signos de interrogación. Este es el privilegio de los escritores profesionales. Además, para omitir ciertos detalles en la escritura, primero hay que conocerlos y dominarlos.

Este no es el caso de un interesado en aprobar las pruebas del GED. Por esa razón, es necesario revisar esta sección y ganar confianza en su capacidad de ejecución.

En un párrafo existe un asunto que se presenta como idea principal. Junto a este asunto estarán las otras ideas de apoyo. Estos son los argumentos. A veces, las ideas de apoyo son puntos de vista de la autora del párrafo o son el resultado de investigaciones o de conocimientos sobre el asunto. Veamos un ejemplo:

> "Se atribuye a la sabiduría oriental una sentencia casi inapelable: una imagen expresa más que mil palabras. Al parecer siempre se ha concordado con esta idea, porque desde que nos acompaña la memoria histórica, ha sido frecuente complementar los textos escritos con imágenes explicativas, que en épocas de analfabetismo abrumador, resultaban indispensables. El libro de los muertos, antigualla egipcia de hace más de 3,000 años, la primera obra literaria de la humanidad, en su edición príncipe, manuscrita en papiro, cuenta con ilustraciones. Las formas primitivas de escritura—jeroglíficos e ideogramas— están ligadas, por derivación o acompañamiento, y a veces de ambas maneras, a las imágenes."
>
> (Lenin Oña)

El autor ha colocado la idea principal o asunto en la primera oración: una imagen expresa más que mil palabras. Enseguida pasa a justificar y apoyar esta sentencia de la sabiduría oriental citando el hecho de complementar los textos escritos con ilustraciones como lo habían hecho los egipcios hace 3,000 años. Pasa a explicar que los jeroglíficos y los ideogramas están ligados a ilustraciones. Comprobamos entonces, que es un texto coherente, que cumple con los requisitos indispensables de expresión.

Tipos de Párrafos

Existen diferentes tipos de párrafos: narrativo, descriptivo, y expositivo.

El párrafo narrativo es el que cuenta o narra algo. Puede hacerlo en forma cronológica, es decir, en orden de la sucesión de los hechos. Los autores expertos juegan con el tiempo y utilizan otras formas de narración.

> Ayer, mientras se dedicaba a las labores cotidianas, Maria sintió un fuerte dolor en su vientre. Hace tiempo que sentía algo especial en su cuerpo. No quería aceptar la terrible idea de un embarazo no deseado. Pero ahí estaba, arrodillada junto a la cama, mordiéndose las manos para ahogar sus gritos. Un charco de sangre se asomaba lentamente por sus rodillas. Se le escapaba la vida.

El párrafo descriptivo es el que detalla un lugar, un objeto, o una situación. Se utiliza detalles sensoriales: la vista, el tacto, el olfato, el oído, y el gusto, con sus respectivos verbos. En el párrafo se describe una casa y se utiliza la vista como recurso de la descripción.

> Ya hemos dicho que la casa que habitaba se componía de dos pisos: bajo y principal. Las dos mujeres ocupaban el principal; el obispo habitaba el bajo. La primera pieza que daba a la calle, le servía de comedor; la segunda de dormitorio, y de oratorio la tercera. No se podía salir del oratorio sin pasar por la alcoba, ni salir de ésta sin pasar por el comedor. En el fondo del oratorio había una alcoba cerrada, con una cama para cuando iba algún huésped.

El párrafo expositivo apoya una idea con explicaciones, hechos, y ejemplos. Para apoyar una idea es necesario tener un cierto nivel de conocimientos sobre el asunto que se expone.

Los ensayos de las pruebas del GED son, generalmente, de tipo expositivo. Se pide a los candidatos que trabajen con una tesis sobre hechos o novedades de conocimiento general. Estos temas son actuales y toda persona, con mediana cultura, tiene acceso a ellos. Ya veremos más adelante algunas tesis o asuntos que podrían aparecer en sus exámenes.

El Ensayo Básico

El ensayo desarrolla una tesis—una oración principal. El ensayo básico consta de 5 párrafos; quiere decir que la idea principal tendrá 3 ideas de apoyo que servirán como idea principal de cada uno de los párrafos.

De manera general un ensayo sigue el siguiente diagrama:

Párrafo 1: Introducción

> Idea principal: oración corta que llame la atención del lector sobre el asunto que va a tratar.
>
> ¿Qué opinión va a sostener en el ensayo?
>
> Anuncie tres argumentos con los que pueda defender su opinión.

Desarrollo

> Párrafo 2: Desarrolle el primer argumento
>
> Párrafo 3: Desarrolle el segundo argumento
>
> Párrafo 4: Desarrolle el tercer argumento

Párrafo 5: Conclusión

> Redacte una conclusión reiterando, con otras palabras, la opinión expresada en la introducción.
>
> Escriba un breve comentario personal final sobre el asunto tratado

Los ensayos de loas preubas del ED son los ensayos académicos de 5 o 6 párrafos. Por lo tanto, solamente debemos seguir el esquema anterior y ponerlo en práctica para estar seguros de conocer su mecánica y organización.

Distingamos el Tema de la Tesis

El tema es un asunto mientras que la tesis es una posición de la persona que escribe el ensayo sobre ese asunto

> Tema: El amor de Romeo y Julieta
>
> Tesis: El amor de Romeo y Julieta fue eterno y trágico a la vez.

Si en el momento de su examen le solicitan desarrollar la siguiente tesis o asunto:

La violencia extiende sus tentáculos hacia los locales escolares

Comience su ensayo escribiendo un esquema similar al que se detalló en líneas anteriores.

Introducción

Párrafo 1:

- Un estudiante argentino disparó contra sus compañeros matando a tres de ellos (oración para llamar la atención de los lectores)
- La violencia va extendiendo sus tentáculos en los locales escolares (tesis u opinión del escritor del ensayo)
- El mundo vive en un ambiente de violencia: guerras, delincuencia, terrorismo (primera idea de apoyo)
- La violencia en los locales escolares: en Rusia, en EEUU, Europa, y ahora, Argentina (segunda idea)
- Argentina se conmociona ante la violencia en los locales escolares (tercera idea)

Desarrollo

Párrafo 2: Desarrolle esta idea:

El mundo vive en un ambiente de violencia. Señale algunos ejemplos: las guerras, el aumento de la delincuencia, los ataques terroristas en diferentes lugares del planeta. Incluya la violencia transmitida por la televisión.

Párrafo 3: Desarrolle la segunda idea:

La violencia en los locales escolares. Presente ejemplos de los últimos acontecimientos en una escuela de Rusia, en las escuelas de EEUU y Europa, y enfoque el problema de Argentina.

Párrafo 4: Desarrolle la tercera idea:

La conmoción de Argentina ante la muerte de tres estudiantes a manos de uno de sus compañeros. Señale fechas y comentarios de los habitantes de ese país, si los conoce.

Conclusión

Párrafo 5:

- Retome la tesis y transmítala utilizando otra palabra.
- Ponga su opinión personal acerca de este asunto
- Cierre el ensayo con una oración inteligente.

Ahora, puede redactar su ensayo. Siga los párrafos planificados y tendrá un ensayo organizado, coherente y argumentado. Este ensayo es muy importante en sus exámenes de Redacción. Antes de hacerlo, revisemos algunos elementos útiles en esta actividad. Para conectar los párrafos y dar de esta manera cohesión y coherencia al mismo, se utilizan pequeñas palabras llamadas conectores:

Adición

y, también, además, más, aún, por otra parte, sobre todo, otro aspecto

Oposición

pero, sin embargo, por el contrario, aunque, no obstante

Causa/efecto

porque, por consiguiente, por esta razón, puesto que, por lo tanto, de modo que, por eso, en consecuencia, esto indica

Tiempo

después, más tarde, antes, seguidamente, entre tanto, posteriormente, ahora, luego

Ampliación

por ejemplo, en otras palabras, es decir, así, dicho de otra manera

Comparación

tanto como, del mismo modo, igualmente, de la misma manera, así mismo, de igual modo, contrariamente a, mientras que

Énfasis

Sobre todo, ciertamente, lo que es peor, en efecto

Resumen o Finalización

Finalmente, en suma, en conclusión, para terminar, para concluir, en conclusión

Orden

Seguidamente, en primer lugar, por ultimo, continuando con

Otras palabras que ayudan en la redacción de los ensayos son los pronombres, los sinónimos, los demostrativos, y sobre todo, los tiempos verbales

NO OLVIDAR

- **a través** se escribe en dos palabras, con tilde y con *s* final.

- **tal vez** son dos palabras

- **de** + **el** = **del** que es un articulo contracto.

- Escriba había, hubo, aunque haya una palabra en plural a continuación: hubo problemas en esa fiesta.

- Coloque todos los datos que los examinadores le soliciten.

- Exprese sus opiniones directamente, siguiendo un esquema preciso.

- Mantenga la secuencia de los tiempos verbales: el presente, el pasado, o el futuro.

- Revise la formulación de la hipótesis.

- Revise los discursos directos e indirectos.

- No ponga tilde en **fue**, **fui**, **dio**, **vio**, **examen**, **fe**, **resumen**.

- Revise la ortografía: tildes, h, g, j, s, c, z, b, v.

Respuestas

Preposiciones

1. Encontré una víbora **debajo de** mi carro.

2. Viajé tres horas **junto a** un niño muy educado.

3. **Detrás de** todo esto existe algún misterio.

4. Dicen que **por detrás de** la colina aparecieron unos extraños objetos voladores.

5. No estoy contenta **con** las condiciones señaladas **en** este contrato.

6. En casa de mi padre se está muy **a** gusto.

7. Sube rápido al bus que está **a** punto **de** partir.

8. Ya es muy tarde **para** llamar a casa de mis padres.

Los Verbos

1. Brasil **dominó** en el inicio del sudamericano. (dominar)

2. Tras su paso por Haití, Jeanne **pone** en vilo a Florida. (poner)

3. Los médicos **testifican** en audiencias. (testificar)

4. Un accidente **segó** tres vidas. (segar)

5. 87 niños **reciben** clases en aulas reducidas y antipedagógicas. (recibir)

6. El 17 de octubre tú **eliges** cómo y por quién votar. (elegir)

7. El informe de la ONU no **pasa** de dar consejos. (pasar)

8. Las calles del norte de Quito **se inundaron** ayer. (inundar)

1. Brasil **domina** en el inicio del sudamericano.

2. Tras su paso por Haití, Jeanne **puso** en vilo a Florida.

3. Los médicos **testificaron** en audiencias.

4. Un accidente **siega** tres vidas.

5. 87 niños **recibieron** clases en aulas reducidas y antipedagógicas.

6. el 17 de octubre tú **elegiste** cómo y por quién votar.

7. El informe de la ONU **no pasó** de dar consejos.

8. Las calles del norte de Quito **se inundan** cada vez que llueve. (hay que cambiar *ayer*.)

$$
\begin{array}{c}
\text{oigo} \\
\uparrow \\
\text{oí} \leftarrow \text{OÍR} \rightarrow \text{oiré} \\
\downarrow \\
\text{oiría}
\end{array}
$$

$$
\begin{array}{c}
\text{pido} \\
\uparrow \\
\text{pedí} \leftarrow \text{PEDIR} \rightarrow \text{pediré} \\
\downarrow \\
\text{pediría}
\end{array}
$$

$$
\begin{array}{c}
\text{soy} \\
\uparrow \\
\text{fui} \leftarrow \text{SER} \rightarrow \text{seré} \\
\downarrow \\
\text{sería}
\end{array}
$$

$$
\begin{array}{c}
\text{conduzco} \\
\uparrow \\
\text{conduje} \leftarrow \text{CONDUCIR} \rightarrow \text{conduciré} \\
\downarrow \\
\text{conduciría}
\end{array}
$$

$$
\begin{array}{c}
\text{sé} \\
\uparrow \\
\text{supe} \leftarrow \text{SABER} \rightarrow \text{sabré} \\
\downarrow \\
\text{sabría}
\end{array}
$$

Ponga atención a las tildes de los tiempos pretérito, futuro, y condicional. También fíjese en la *z* (presente) y la *j* (pretérito) del verbo *conducir*.

La Formulación de La Hipótesis

1. ¡No hay ambiente aquí! Si lo hubiese sabido, me habría quedado en casa.

2. Hay muchas palabras que no constan en este diccionario. Si lo hubiese sabido, habría comprado otro.

3. ¡Estos zapatos me molestan! Si hubiese sabido, me habría puesto otros.

4. ¡Tengo las manos heladas! Si hubiese sabido, me habría puesto los guantes de lana.

5. Creo que este vestido azul no me queda bien. Si lo hubiese sabido, me habría comprado el rojo.

6. Este curso no es nada interesante, me parece que pierdo el tiempo. Si hubiese sabido, me habría inscrito en otro.

7. Tendré que viajar de pie. Si hubiese sabido, habría esperado el siguiente.

Discurso Directo al Discurso Indirecto

He **dicho** que Caleb y su hija ciega vivían allí; más exacto **sería** afirmar que el morador **era** Caleb, pero que su pobre hija **tenía** otra residencia, un palacio de hadas adornado y amueblado por Caleb, en cuyo recinto la necesidad y la estrechez eran completamente **desconocidas,** en cuyo recinto jamás **pudieron** penetrar las angustias de la vida.

Capítulo 2: **Estudios Sociales**

La prueba de Estudios Sociales incluye preguntas sobre temas de historia mundial, ciencias políticas, economía, geografía, historia de los Estados Unidos y Canadá, la Constitución de los Estados Unidos, o cualquier otro tema histórico importante de Norte América.

Las preguntas son de selección múltiple, y no se requiere memorizar miles de acontecimientos o fechas. Lo que sí tiene que hacer es comprender los conceptos; poder analizar gráficos y mapas; saber evaluar la información; y poder inferir o deducir el significado de ilustraciones, fotos, y caricaturas.

La prueba se compone de 50 preguntas de selección múltiple con la siguiente distribución:

- Historia de los Estados Unidos o Canadá (25%)
- Historia Mundial (15%)
- Geografía (15%)
- Educación Cívica y Gobierno (25%)
- Economía (20%)

Usted Sabe Más de Lo Que Piensa

Aunque no haya estudiado de manera formal las materias probadas, tiene varios conocimientos en todas las áreas examinadas. Si no lee el periódico o no ve las noticias, es una buena idea que empiece a hacerlo ahora. La historia mundial y nacional está siempre desarrollándose y si está pendiente de lo que pasa en el presente, aprenderá hechos del pasado. Usted está desarrollando las destrezas necesarias para aprobar la prueba cada vez que:

- Tiene que decidir en que tren, bus, o tren subterráneo puede llegar a su destino usando un mapa o un diagrama.
- Evalúa gráficos y cartas que se encuentran en propagandas en donde se comparan los valores o beneficios de los productos.
- Paga impuestos

Entonces, sí tiene práctica en el manejo de los temas que son tratados en el examen.

PREGUNTAS DE COMPRENSIÓN

Algunas preguntas en la prueba son de comprensión de un texto. Ellas exigen que se reconozca la idea principal del texto o que se analice la información detallada del texto. Para estas preguntas, siga los siguientes pasos:

Paso 1:   Lea rápidamente todo el texto.

Paso 2:   Piense en la idea principal del pasaje. Ponga atención especial a la primera y la última frase de cada párrafo.

Paso 3:   Lea la pregunta cuidadosamente.

Paso 4:   Localice el material que necesita en el pasaje.

Paso 5:   Tenga una idea de la respuesta correcta.

Paso 6:   Considere las opciones de repuesta.

Paso 7:   Escoja su respuesta.

Lea la siguiente cita extraída de la Constitución de los Estados Unidos:

> NOSOTROS, el Pueblo de los Estados Unidos, a fin de lograr una Unión más perfecta, establecer la Justicia, afirmar la tranquilidad interior, proveer la Defensa común, promover el bienestar general y asegurar para nosotros mismos y para nuestros descendientes los beneficios de la Libertad, estatuimos y sancionamos esta CONSTITUCIÓN para los Estados Unidos de América.

1. ¿Cuál es la idea principal de esta cita? Antes de ver las opciones, trate de formular su propia respuesta.

   (1)   Los autores quieren explicar quienes somos *nosotros*

   (2)   Los autores quieren explicar porque estatuyen la constitución

   (3)   El propósito de la cita es definir los términos de ciudadanía en los Estados Unidos

   (4)   Los autores quieren establecer una monarquía

   (5)   Los autores quieren establecer un sistema de defensa común

La respuesta correcta es (2). Los autores, *nosotros*, explican las razones para estatuir y sancionar la constitución.

Como ve, contestar esta pregunta no depende de conocimiento previo. La información que necesita está en la cita. Contestarla requiere un poco de reflexión y análisis, nada más.

También tendrá que identificar detalles que apoyen la idea principal del escritor.

Considere esta declaración:

1. El Senado de los EE.UU. se compondrá de dos Senadores por cada Estado, elegidos por seis años por la legislatura de dicho Estado, y cada Senador dispondrá de un voto.

2. Tan pronto como se hayan reunido en virtud de la elección inicial, se dividirán en tres grupos tan iguales como sea posible. Los puestos de los senadores del primer grupo quedarán vacantes al terminar el segundo año; los del segundo grupo, al expirar el cuarto año y los del tercer grupo, al concluir el sexto año, de tal manera que sea factible elegir a la tercera parte cada dos años, y si existiesen vacantes, por renuncia u otra causa, durante el receso de la legislatura de algún Estado, el Ejecutivo de éste podrá hacer designaciones provisionales hasta el siguiente período de sesiones de la legislatura, las cuales procederán a cubrir dichas vacantes.

3. No será senador ninguna persona que no haya cumplido 30 años de edad, que no sea ciudadano Estadounidense durante nueve años, y que al tiempo de la elección, no sea habitante del Estado del cual fue designado.

¿Cuál es la idea principal de esta declaración, es decir ¿de que se trata el pasaje? Considere los detalles, lea la pregunta, repase el pasaje hasta encontrar la idea principal. Piense en una respuesta apropiada, considere las opciones, y escoja la más similar a su propia respuesta.

2. ¿Cómo asegura la constitución que jamás habrá una elección para más de la tercera parte de los senadores?

    (1) Hay una elección cada seis años.
    (2) Los senadores elegidos en el cuarto año servirán por tres años.
    (3) No será senador ninguna persona que no haya cumplido 30 años de edad, que no sea ciudadano de los Estados Unidos durante nueve años.
    (4) Las elecciones están escalonadas.
    (5) El ejecutivo designa los senadores.

Se encuentra la respuesta correcta en las siguientes frases: Los puestos de los senadores del primer grupo quedarán vacantes al terminar el segundo año; los del segundo grupo, al expirar el cuarto año y los del tercer grupo, al concluir el sexto año, de tal manera que sea factible elegir una tercera parte cada dos años…

La respuesta correcta es (4).

PREGUNTAS DE ANÁLISIS

Algunas preguntas le exigirán hacer un análisis o reconocer una relación entre ideas. Es posible que tenga que distinguir entre hechos y opiniones, examinar causas y efectos, comparar y contrastar hechos, hacer inferencias, o sacar una conclusión.

Distinga Entre Hechos y Opiniones

Recuerde que se puede probar un *hecho* mientras que una *opinión* es una creencia personal.

¿Cuál de las siguientes declaraciones es una opinión?

    (1)   Los primeros esclavos africanos llegaron a Virginia en 1619

    (2)   Para 1733, los ingleses habían ocupado 13 colonias a lo largo de la costa del Atlántico

    (3)   La Ley de Alojamiento obligó a las colonias a alojar y alimentar a los soldados británicos

    (4)   En 1765, representantes de nueve colonias se reunieron como "Congreso para tratar sobre la Ley de Estampillas"

    (5)   Solo los hombres cobardes no pelearan en la guerra revolucionaria

¿Cuál de las opciones no está basada en hechos que pueden ser confirmados? Debería haber escogido la opción (5) que es la única respuesta basada en una opinión, no en hechos.

Examine Causas y Efectos

Las preguntas de causa y efecto le piden interpretar la relación entre eventos. Esté pendiente de palabras y frases como *porque, entonces, dio como resultado, causó.*

Malas prácticas de agricultura combinadas con una sequía severa causaron la erosión.

   3. ¿Cuál fue la causa de la erosión?

    (1)   Una serie de tormentas que causaran inundaciones

    (2)   Una serie de terremotos

    (3)   Una falta de lluvias y las costumbres de cultivo

    (4)   El tipo de productos cultivados

    (5)   La pereza de los campesinos

Como puede ver, la respuesta, (3) expresa, de otra manera, la información dada en el texto.

Compare y Contraste Hechos

Es posible que tenga preguntas que le pidan comparar y contrastar datos. Esta clase de preguntas puede ser presentada en la forma de textos, gráficos, o tablas. Por ejemplo:

	Mujeres trabajando en casa	Mujeres trabajando fuera de casa	Hombres trabajando en casa	Hombres trabajando fuera de casa
1950	95%	5%	2%	98%
1960	85%	15%	3%	97%
1970	80%	20%	3%	97%

4. En contraste con las mujeres,

   (1)   Cada año más hombres cambian sus trabajos fuera de casa por trabajos en casa

   (2)   Los hombres prefieren trabajar en casa

   (3)   Los hombres no quieren salir a buscar trabajo

   (4)   Los hombres quieren cuidar a los hijos en casa

   (5)   Los hombres no cambian mucho sus estilos de vida

De la tabla, verá que hubo un crecimiento continuo de mujeres que trabajan fuera de la casa, mientras que los hombres prácticamente no dejaron sus trabajos de afuera para trabajar en casa.

Tablas y Gráficos

Hay varios tipos de gráficos y tablas que se presentan en la prueba.

Mapas

Hay dos tipos básicos de mapas, mapas topográficos y mapas específicos. El mapa topográfico muestra elementos naturales como masas de agua o cordilleras, y elementos culturales como fronteras políticas, redes de transporte, o rutas específicas. Algunos muestran las formas del terreno y masas de agua, utilizando líneas, sombreados y colores para indicar elevaciones y distinguir entre las montañas y las tierras bajas. Los mapas específicos incluyen mapas náuticos, mapas de navegación aérea, mapas históricos y mapas que indican precipitación. Generalmente, estos mapas tienen unos signos convencionales o una clave que explica como leerlos. La escala indica las distancias representadas en el mapa. Por ejemplo, una pulgada puede representar 300 millas.

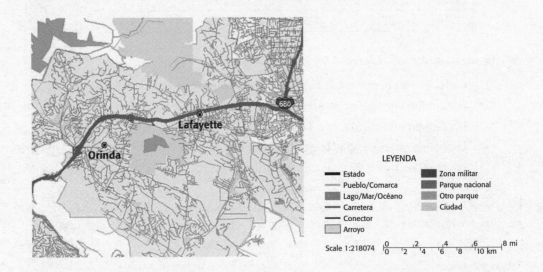

5. Qué se puede determinar leyendo este mapa que

   (1) Las rutas navigables

   (2) La elevación de Moraga Town

   (3) La distancia entre Orinda y Lafayette

   (4) La población de Orinda

   (5) En qué estado están situados estos pueblos

La (3) es la respuesta. Se puede usar la escala mostrada en la esquina derecha del mapa, para estimar la distancia entre los dos pueblos.

HISTORIA

Como hemos dicho, no es necesario memorizar la historia de los Estados Unidos o del mundo. Lo que sí puede ayudarle el día del examen es tener los conocimientos necesarios para interpretar, analizar, o comparar la información presentada en las preguntas. Repasando las siguientes secciones, desarrollará una comprensión de las épocas y los eventos que determinaron el curso de la historia.

Historia de los Estados Unidos

El Período de Exploración y Establecimiento de Colonias

Antes de la llegada de los europeos, los pueblos indígenas o nativo-americanos ya habían establecidos culturas avanzadas en América del Norte. Son ellos los que "descubrieron" el nuevo mundo.

Aunque los primeros exploradores europeos que llegaron a América del Norte fueron los vikingos, bajo el mando de Leif Ericson, no fundaron colonias permanentes.

Después del viaje de Colón en 1492, exploradores de varios países europeos viajaron en búsqueda de riquezas y "nuevos mundos." Varias comunidades fueron fundadas por Francia, Holanda y España, pero las más importantes fueron establecidas por los ingleses. En el décimo séptimo siglo, los ingleses fundaron colonias en Jamestown (1607), Plymouth (establecida por los **peregrinos** que llegaron en el barco **Mayflower** en 1620) y en la Bahía de Massachussets (1630).

La población inicial de las colonias fue una conglomeración de buscadores de tesoros, religiosos que huían de la persecución, y aventureros. Algunos colonos ingleses llegaron contratados como sirvientes. Ellos tenían que trabajar para un patrón por un tiempo determinado, generalmente a cambio del precio de su transportación al nuevo mundo. En 1674, los primeros esclavos negros fueron traídos a Norteamérica. Muchos de ellos trabajaron en las plantaciones del sur.

Las colonias inglesas prosperaron y crecieron. Ellas desarrollaron un comercio basado en la madera, el tabaco, y otros productos agrícolas. En la época colonial, hubo una mezcla de tradiciones y culturas de los inmigrantes de origen alemán, holandés y otras paises europeas.

Para 1770 ya habían surgido varios centros urbanos pequeños, pero en proceso de expansión. Filadelfia con 28.000 habitantes, era la ciudad más grande, seguida por New York, Boston, y Charleston. Inglaterra controló el comercio de las colonias con una política de **mercantilismo**. Esto era esencialmente un esfuerzo para lograr la unidad económica y el control político de las colonias y así forzarlas a depender de Inglaterra para la fabricación de todos sus productos.

Para 1733, los ingleses ocuparon 13 colonias a lo largo de la costa del Atlántico, desde New Hampshire en el norte hasta Georgia en el sur. Los franceses controlaron un territorio enorme con pocos habitantes en Louisiana, que alcanzaba toda la vertiente del Mississippi. Esta presencia francesa inhibió la expansión de las colonias hacia el oeste. Cuando Gran Bretaña ganó la **Guerra franco-indígena** (1756–1763), también conquistó casi todos los territorios franceses en Norteamérica.

Ejercicios de Práctica

1. Los viajes de los vikingos no produjeron un efecto duradero en Norteamérica porque

   (1) Se casaron con mujeres indígenas

   (2) Adaptaron las costumbres nativo-americanas

   (3) Llegaron cuando los territorios ya habían sido colonizados

   (4) Trataron de construir ciudades europeas

   (5) No establecieron colonias

2. Inglaterra impuso el sistema de mercantilismo en las colonias porque

   (1) No quiso pelear contra Francia

   (2) Quiso forzar a los colonizadores a comprar los productos fabricados en Inglaterra

   (3) La producción fue demasiado cara

   (4) Ellos quisieron comercializar los productos agrícolas a cambio de bienes fabricados

   (5) La distancia entre Inglaterra y las colonias era demasiado grande

3. Se le dio a la guerra entre los franceses y los ingleses el nombre de "La Guerra Franco Indígena" porque

   (1) La guerra sucedió en territorio indígena

   (2) Grupos de indígenas participaron en la guerra

   (3) Ningún indio participó en la guerra

   (4) Algunos indios lucharon entre ellos

   (5) La guerra sucedió en la India

Las preguntas 4 y 5 se refieren al siguiente mapa:

4. Según el mapa, ¿en cuál región norteamericana se establecieron los primeros asentamientos británicos?

    (1) El Río Ohio

    (2) El Golfo de México

    (3) La costa del Atlántico

    (4) El Río Mississippi

    (5) El suroeste

5. ¿Cuál de las siguientes colonias hubiera sido la menos probable en tener una población grande de esclavos?

    (1) Georgia

    (2) South Carolina

    (3) Virginia

    (4) North Carolina

    (5) Massachusetts

La Independencia y El Nuevo Gobierno

Para recuperar una parte de los costos de la guerra y establecer un control más completo sobre las colonias, el gobierno británico impuso una serie de impuestos al café, al azúcar y otros bienes importados. Los colonos protestaron, puesto que ellos no tenían representación en el Parlamento inglés y el parlamento no tenía derecho de imponerles estos impuestos. En respuesta a las protestas de los colonos, el gobierno británico impuso una serie de impuestos y leyes aún más severos. Los colonos se opusieron a las leyes y empezaron a organizarse contra los británicos.

En septiembre 1774 tuvo lugar el **Primer Congreso Continental**. El congreso fue una reunión de líderes coloniales que se oponían a la percibida opresión británica en las colonias. Los colonos empezaron a organizar milicias y a recopilar armas y municiones.

Las primeras batallas sucedieron en los pueblos de Lexington y Concordia, en el estado de Massachusetts, en abril de 1775. Después de una serie de batallas, el Segundo Congreso Continental nombró a George Washington como comandante del nuevo ejército. En julio 1976 el Congreso adoptó la **Declaración de la Independencia**.

La guerra entre los ingleses y colonos americanos duró cinco años. Mientras los ingleses tuvieron la superioridad militar, los americanos tuvieron la ventaja de luchar en sus propias tierras; también tuvieron ayuda de un contingente enviado por Francia. La guerra finalmente terminó en 1781, con la rendición de los ingleses en Yorktown, Virginia.

No fue fácil formar el nuevo gobierno para la nueva república, hubo diferencias de opinión sobre la división de poderes entre el gobierno federal y los estados. Inicialmente un gobierno nacional fue establecido bajo los **Artículos de la Confederación,** con un gobierno central débil y la mayoría del poder repartido entre los estados individuales. Cuando algunos líderes se dieron cuenta de que un gobierno central más fuerte era necesario, una convención constitucional fue convocada.

En 1788 se ratificó el producto de esta convención en la **Constitución de Los Estados Unidos**. En 1791 se agregaron a la constitución las primeras 10 enmiendas, conocidas como la **Declaración de Derechos**. La Declaración de Derechos garantiza la libertad de religión, de prensa, y de expresión, el derecho de los ciudadanos a portar armas, la protección contra cateos ilegales, el derecho a un juicio justo por parte de un jurado, y la protección contra "castigos crueles e inusuales" a todos los ciudadanos de los Estados Unidos.

Ejercicios de Práctica

1. El gobierno británico impuso leyes estrictas en las colonias con el propósito de

    (1) Impulsar la economía de las colonias

    (2) Controlar la migración hacia Europa

    (3) Establecer nuevas colonias

    (4) Proteger la libertad de los colonos

    (5) Solventar los gastos de la Guerra Franco Indígena

2. La consigna "No habrá fijación de impuestos sin representación" se refiere a los impuestos fijados por

    (1) El Congreso de los Estados Unidos

    (2) Los representantes de Massachussets

    (3) El Parlamento británico

    (4) El Primer Congreso Continental

    (5) El Congreso Constitucional

3. Según el texto, ¿cuál era una razón para redactar una nueva constitución más fuerte?

    (1) Reforzar los poderes de los estados

    (2) Reforzar los poderes del parlamento inglés

    (3) Reforzar el poder del gobierno central

    (4) Reducir el poder de los representantes

    (5) Incorporar a más ciudadanos en el gobierno

4. ¿Cuáles fueron las ventajas de los colonos en la guerra de independencia?

    (1) Peleaban en su propio territorio, defendiendo su propiedad

    (2) Estaban mejor armados

    (3) Tenían oficiales con más experiencia y preparación

    (4) Cada tribu indígena se unió a su causa

    (5) Tenían el apoyo del rey y del Parlamento británico

5. ¿Cuál de los siguientes castigos podría ser clasificado como "cruel e inusual"?

    (1) Privar a un criminal de comida

    (2) Sentenciar a un criminal a pasar diez años en la cárcel

    (3) Sentenciar a un delincuente a realizar servicio comunitario

    (4) Condenar a un criminal a cadena perpetua

    (5) Sentenciar a un ladrón a arresto domiciliario

Expansión Hacia El Oeste y La Guerra Civil

Durante la primera mitad del siglo diecinueve, la creencia de que los americanos tenían un **destino manifiesto** de ocupar todo el territorio, desde el Océano Atlántico hasta el Océano Pacífico, desempeñó un papel importante en el desarrollo de la política del país. Entre 1791 y 1802 Vermont, Kentucky, Tennesse, y Ohio fueron admitidos en la Unión. En 1803, la compra a Francia del territorio de Louisiana a Francia, agregó a la Unión más de dos millones de millas cuadradas de territorio, extendiéndose desde el Río Mississippi hasta las Montañas Rocosas.

El nuevo país obtuvo Florida de los españoles, y después de una rebelión de los ciudadanos americanos en la **batalla del Álamo,** los Estados Unidos anexaron a Texas. Una guerra con México siguió, y dio como resultado la victoria norteamericana. Los Estados Unidos tomaron el control de aún más tierra en el oeste, inclusivo las áreas que ahora son Arizona, California, la parte occidental de Colorado, Nevada, Nuevo México, Texas y Utah. De este modo, los Estados Unidos se convirtieron en una potencia verdaderamente continental que se extendía desde el Atlántico hasta el Pacífico.

La expansión territorial y el desarrollo de las diferentes economías regionales, crearon problemas políticos denominados **regionalismo**. La economía meridional dependía de la esclavitud y la exportación de algodón, mientras que la economía del poderoso noreste se basaba en la industria, las finanzas, y el transporte. En el oeste, la economía se basaba en productos agrícolas producidos en granjas pequeñas. En lugar de identificarse como norteamericanos, las personas comenzaron a considerarse como sureños, norteños, o habitantes del oeste. Esto también se reflejó en la política. Los políticos defendieron los intereses económicos de sus propias regiones, causando un conflicto de intereses. Cuando los nuevos estados se anexaron a la Unión, la tendencia fue la de anexar un estado libre a cada estado que permitía la esclavitud, manteniendo así un tipo de equilibrio.

Los nuevos territorios del oeste causaron gran tensión, porque el Congreso votó para permitir que los territorios occidentales decidiesen, por sí mismos, si mantener o no la esclavitud. Los estados meridionales estaban totalmente a favor de una política que permitiera a los estados tomar sus propias decisiones, sin ninguna interferencia del gobierno federal. Los nuevos estados del oeste pudieron inclinar la balanza a favor de la abolición de la esclavitud, pero ellos no quisieron arriesgar la posibilidad de que el Congreso prohibiera la esclavitud, ya que sus economías dependían de ella. Esta fue una de las principales causas de la **Guerra Civil**.

En 1860, **Abraham Lincoln** fue elegido presidente de los Estados Unidos. No era **abolicionista,** pero se oponía a la extensión de la esclavitud. Los estados sureños creían que no era más que una cuestión de tiempo hasta que el Congreso resolviera abolir la esclavitud. Los líderes sureños favorecían la separación de la Unión, y formaron un nuevo país llamado los **Estados Confederados de América.**

Lincoln no pudo permitir la separación de los estados sureños. En de 1861, los Estados Unidos se encontraban en guerra contra los Estados Confederados. En 1863, Lincoln publicó la **Proclamación de la Emancipación**, aboliendo la esclavitud en los estados rebeldes. La abolición definitiva de la esclavitud fue ratificada en diciembre de 1865, cuando fue aprobada la **13ª Enmienda** de la Constitución. Finalmente, la Guerra Civil estadounidense obtuvo la libertad para casi cuatro millones de negros. Aunque los sureños pelearon en su propio territorio y tenían excelentes generales, la Unión era demasiado poderosa, tenía una población más grande, más recursos naturales, y un sistema de transporte moderno. La **Guerra Civil** duró cuatro años, y terminó en 1865 con la rendición del general confederado **Robert E. Lee,** ante el general norteamericano **Ulises S. Grant.**

Ejercicios de Práctica

1. La principal meta de la Unión, al comienzo de la guerra, era la de mantener la Unión. ¿Cuál llegó a ser su segunda meta?

    (1) Aumentar el número de estados que permitieran la esclavitud

    (2) Agrandar el territorio de los Estados Unidos hacia el oeste

    (3) Crear un país nuevo

    (4) Abolir la esclavitud

    (5) Elegir un nuevo presidente

La pregunta 2 se refiere al siguiente mapa:

Comparación de los estados del norte con los estados del sur

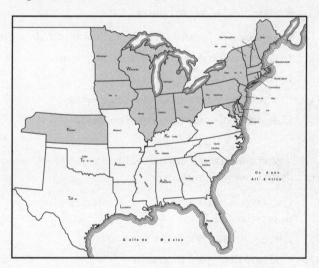

2. El área blanca del mapa, muestra el territorio ocupado por los Estados Confederados. ¿Qué conclusión se puede sacar leyendo este mapa?

    (1) Que la Unión no fue afectada de manera grave por la pérdida de los estados meridionales

    (2) Que la Unión perdió el acceso al Golfo de México y a una gran parte de la Costa del Atlántico

    (3) Que el Sur tuvo el derecho de separarse de la Unión

    (4) Que la costa meridional era insignificante

    (5) Que era inevitable que el Sur perdiera la guerra

3. ¿Qué efecto tuvo la Proclamación de la Emancipación para un esclavo o una esclava que vivía en un estado que no se había unido a la confederación?

    (1) Él/ella llegó a ser un/a hombre/mujer libre.

    (2) El/ella se quedaría como esclavo/a.

    (3) El/ella sería obligado/a a unirse al ejército de la Unión.

    (4) El/ella probablemente trataría de escapar al Norte.

    (5) Sólo los ciudadanos masculinos de la Unión fueron liberados.

La pregunta 4 se refiere al siguiente texto:

Extraído del Discurso de Gettysburg, pronunciado por Abraham Lincoln en el campo de batalla de Gettysburg

El mundo advertirá poco y no recordará mucho de lo que aquí digamos, pero nunca podrá olvidar lo que aquí se hizo. A los que aún vivimos más bien nos toca dedicarnos ahora a la obra inacabada de quienes aquí lucharon y nos dejaron noblemente adelantados; nos toca dedicarnos a la gran tarea que nos queda por delante: que, por deber con estos gloriosos muertos, nos consagremos con mayor devoción a la causa por la cual dieron hasta la última y definitiva prueba de amor; que tomemos aquí la solemne resolución de que su sacrificio no ha sido en vano; que esta nación, por la gracia de Dios, tenga una nueva aurora de libertad, y que el gobierno del pueblo, por el pueblo y para el pueblo no desaparezca de la faz de la tierra.

–usinfo.state.gov

4. ¿A qué "gran tarea" se refiere Lincoln?

    (1)   La abolición de la esclavitud y el mantenimiento de la Unión

    (2)   La continuación de la expansión hacia el oeste

    (3)   La conservación de la esclavitud

    (4)   La unión de los Estados Unidos con Canadá

    (5)   El desarrollo de métodos nuevos de agricultura

5. ¿Cuál puede asumirse que era uno de los mayores problemas que el sur enfrentó después de la guerra?

    (1)   Que necesitaron desarrollar un sistema agrícola que no dependiera de la esclavitud

    (2)   Que necesitaron comprar nuevos esclavos

    (3)   Que faltó tierra para las granjas

    (4)   Que la población entera necesitó estudiar

    (5)   Que se eliminó la necesidad de tener trabajadores

Tecnología, Industrialización, Inmigración, y Progresismo

En los años después de la Guerra Civil, empezó una gran migración hacia el oeste. Granjeros, mineros, y vaqueros desalojaron a los indios de sus tierras, causando guerras entre los colonizadores, el ejército y la gente indígena. Finalmente las guerras indígenas terminaron en 1890, con la masacre de centenares de hombres, mujeres y niños Sioux—en la batalla de Rodilla Herida, en Dakota del Sur.

En el este, una sociedad industrializada y urbana estaba desarrollándose rápidamente. La invención de nuevas máquinas alentó la rápida industrialización, con un gran crecimiento de fábricas que produjeron bienes fabricados. La población se trasladó de las áreas rurales a las grandes ciudades y los centros industriales, fue así como crecieron Filadelfia, Nueva York, y Chicago.

Una de las fuentes principales de mano de obra para las nuevas fábricas, era la entrada de inmigrantes. Entre 1881 y 1920, un total de casi 23.5 millones de personas emigraron a los Estados Unidos, en su mayoría procedentes del este de Europa y del sur de Italia, a diferencia de las migraciones anteriores. Muchos asiáticos también vinieron a trabajar en los ferrocarriles y granjas del oeste. Así se desarrolló un gran "crisol de diversas culturas."

La vida para los trabajadores de las fábricas y los nuevos inmigrantes no era fácil. Las horas de trabajo eran largas y, en muchos casos, el trabajo era peligroso. Los granjeros, los mineros, y la mayoría de otros trabajadores, disfrutaron muy poco de la nueva riqueza. Los banqueros y los **monopolios** fueron los que se hicieron millonarios. Las disputas entre trabajadores y administradores llegaron a ser muy comunes. Los trabajadores comenzaron a organizarse, llegando a formar **sindicatos** para proteger sus derechos. Como resultado de sus luchas para mejorar las condiciones de trabajo, se aprobaron leyes que instituyeron la semana laboral de 5 días, el día laborable de ocho horas y otros beneficios para el trabajador.

Los granjeros se organizaron en **Alianzas de Granjeros**. En 1890 el movimiento de las alianzas tenía cerca de 1,5 millones de miembros, desde Nueva York hasta California. Una organización paralela afro-estadounidense, denominada Alianza Nacional de Granjeros de Color, contaba con más de un millón de miembros.

La necesidad de reformas en muchas áreas finalmente fue reconocida. De 1890 a 1917, se realizó legislación important para mejorar la salud, la educación, y la seguridad de los granjeros y los trabajadores, que fue aprobada durante este período de **progreso**. Con esta legislación las leyes sobre el trabajo infantil se hicieron más estrictas y surgieron otras nuevas leyes para incrementar la edad límite del trabajador, reducir los horarios de trabajo, prohibir los turnos nocturnos y exigir que los trabajadores jóvenes asistieran a la escuela.

También se crearon leyes para regular el trabajo de las mujeres y los niños, las pensiones, la inspección sanitaria, y las escuelas para obreros.

Los movimientos feministas comenzaron a tener mas acogida. Las mujeres gradualmente obtuvieron reformas legales favorables en varios estados. Antes de 1914, se introdujo el sufragio femenino en once estados. En 1920, después de 52 años de esfuerzos, 56 plebiscitos estatales, y 480 campañas legislativas del Congreso, el voto femenino le extendió a todo el país, en forma de la 19a enmienda constitucional.

Ejercicios de Práctica

1. ¿Cuál es el efecto de una huelga en una planta de piezas de autos que envía sus productos a una fábrica de ensamblar autos?

   (1) En la huelga, solamente se afecta la producción de la planta

   (2) Una vez que se acaban las piezas almacenadas, la segunda fábrica tiene que parar la producción

   (3) Las fábricas siempre van a la bancarrota

   (4) Todos los trabadores pierden sus puestos

   (5) Nadie quiere comprar los productos de una fábrica que ha tenido una huelga

2. Las grandes ciudades donde había disponible muchos trabajos de industria atrajeron a los inmigrantes. ¿Qué clase de vida encontraron allí la mayoría de ellos?

   (1) Una vida de riqueza y ocio

   (2) Trabajaron en fábricas que les proporcionaron buenos salarios y beneficios

   (3) Recibieron una buena compensación por su trabajo

   (4) Sus condiciones de vida eran atroces y las condiciones de trabajo a menudo eran peores

   (5) La mayoría de los inmigrantes no deseaban trabajar en las fábricas

3. Según la idea de Darwinismo Social, el desarrollo de la sociedad se basa en la ley del más fuerte. La naturaleza determina que algunas personas deben fallar. Un indicador de que una persona pertenece al grupo de los fuertes seria

   (1) Educación

   (2) Buena Salud

   (3) Pobreza

   (4) Riqueza

   (5) Parientes

4. ¿Cuál fue el papel de los indios americanos en el gran desarrollo del país?

   (1) Ellos recibieron una paga por sus tierras y llegaron a ser ricos

   (2) Fueron forzados en asilamientos y perdieron sus tierras tradicionales

   (3) Llegaron a ser banqueros y dueños de monopolios

   (4) Ellos inmigraron al Canadá

   (5) Ellos se acostumbraron a la vida de la población en general

–Library of Congress, PAN US GEOG—New York no. 197

5. Basado en esta foto ¿cuál se puede deducir era uno de los efectos negativos de la urbanización?

    (1)   Oportunidades para todos

    (2)   Calles y edificios abarrotados y sucios

    (3)   Un sistema sofisticado del transporte

    (4)   Un estilo de vida cómodo para todos

    (5)   La vida en general no cambió

Aislamiento, Depresión, Imperialismo, y Guerras

Durante la mayor parte del siglo XIX, los estadounidenses consideraron el **aislamiento**—América para los americanos—como un principio inalterable. La situación geográfica favorecía el aislamiento, los países vecinos no eran una amenaza militar y habia un equilibrio de poder entre las naciones principales de Europa. Pero la creciente demanda por más fuentes de recursos naturales, para satisfacer los requerimientos de las industrias y el deseo de abrir mercados en el exterior, llevaron a EEUU al desarrollo y a ser un país **imperialista**. El **imperialismo,** o el control de otros países por parte de una nación dominante, fue la fuerza que dirigió a EEUU a ayudar a Cuba en su lucha contra España y a tomar el control de colonias españolas en Puerto Rico, en las Islas Filipinas y en Guam.

En la **Primera Guerra Mundial**, Wilson quiso mantener la neutralidad. Los estadounidenses se indignaron cuando en mayo de 1915, un submarino alemán hundió al barco británico Lusitania, provocando la muerte de 128 pasajeros estadounidenses. Estados Unidos solo logró quedarse fuera de la guerra hasta 1917, cuando se puso al lado de los Aliados. En noviembre de1918 **los Aliados**, (Gran Bretaña, EEUU, Francia, Rusia, y Japón) derrotaron a los **Poderes Centrales** (Alemania, Austria–Hungría, y Turquía). La muerte y la destrucción en Europa eran de tal magnitud que la esperanza de esa generación fue que la guerra pondría fin a todas las guerras.

Después del horror de la guerra, Estados Unido volvió a una política de aislamiento, no firmó **el Tratado de Versalles**, ni tampoco se unió a la Liga de Naciones establecida en el tratado.

La prosperidad económica de los "locos años veinte" terminó abruptamente en 1929, con la quiebra de la bolsa de valores, lo cual dio paso a la **Gran Depresión**. El nuevo presidente, Franklin D. Roosevelt, combatió la Depresión con los programas del **Nuevo Trato**. Ellos no pusieron fin a la Depresión pero se crearon programas sociales que perduran hasta el presente. La recuperación definitiva llegó cuando Estados Unidos reforzó sus sistemas de defensa antes de entrar a la **Segunda Guerra Mundial**.

La agresión y el **fascismo** fueron dos respuestas a la crisis económica. En Rusia, Stalin trató de crear un gran poder industrial comunista. Dictadores fascistas tomaron el poder en Italia y Alemania. Japón invadió a China, e Italia invadió a Etiopía. Cuando Alemania invadió a Rumania, Austria, y Checoslovaquia, Roosevelt anunció que Estados Unidos se mantendría neutral. En 1941, el ataque japonés a Pearl Harbor forzó a EEUU a entrar en la guerra. Los Estados Unidos inmediatamente declararon la guerra al Japón. Cuatro días después, Alemania e Italia se aliaron a Japón, declarando la guerra a los Estados Unidos.

La guerra duró 6 años con batallas no solamente en Europa, sino también en África y en el Pacifico. Finalmente la guerra terminó con la derrota de los alemanes en Mayo de 1945 y de los japoneses en Agosto, después del bombardeo atómico de Hiroshima y Nagasaki.

Ejercicios de Práctica

1. En la Gran Depresión, millones de personas perdieron sus trabajos. Ellos no podían comprar los bienes y servicios, lo que contribuyó a más paros involuntarios. ¿Cuál de los siguientes programas federales empezó como una respuesta a este suceso?

   (1) Programas del Seguro para el Desempleo

   (2) Programas de reforestación

   (3) Programas de parques

   (4) Programas de educación

   (5) Programas religiosos

2. El siguiente gráfico indica las bajas en los números de soldados de algunos países en la Primera Guerra Mundial. Se puede deducir que

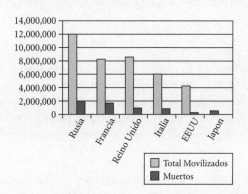

   (1) Los soldados rusos eran más valientes que los soldados estadounidenses.

   (2) Los soldados franceses no querían pelear.

   (3) Los soldados estadounidenses tenían armas más modernas y eficaces.

   (4) Los italianos entraron tarde en la guerra.

   (5) No murieron muchos rusos en la guerra

3. Los Estados Unidos no quisieron entrar en la Segunda Guerra Mundial porque su política era de

   (1) Agresión

   (2) Imperialismo

   (3) Comunismo

   (4) Aislamiento

   (5) Pacifismo

4. El propósito del Nuevo Trato era

   (1) Crear miles de puestos de trabajo

   (2) Aislar el país

   (3) Hacer tratados con otros países

   (4) Organizar a los bancos

   (5) Declarar la guerra.

5. El impulso principal para el imperialismo de los Estados Unidos era

   (1) El deseo de liberar a las colonias de España

   (2) El deseo de esparcir la democracia

   (3) La necesidad de encontrar nuevas fuentes de recursos naturales y nuevos mercados para sus productos

   (4) El deseo de consolidar el hemisferio

   (5) La necesidad de reducir los gastos

La Guerra Fría

La política de los años que siguen a la Segunda Guerra Mundial fue denominada como la Guerra Fría, una lucha entre los Estados Unidos y Rusia por el poder y la dominación. Atemorizados de que el Comunismo pudiera extenderse al mundo entero, los Estados Unidos establecieron una política de **contención**, queriendo contener el comunismo en los países donde ya existía. Durante estos años, la amenaza de la guerra nuclear estaba siempre presente. En el oeste, los Estados Unidos, Canadá y varios países Europeos formaron la Organización del Tratado del Atlántico, o la **OTAN.** Como respuesta la Unión Soviética formó su propia alianza, el **Tratado de Varsovia,** una alianza militar de los países del bloque soviético en Europa.

En los años siguientes, los Estados Unidos entraron en dos guerras "calientes": en Corea y en **Vietnam.** Sin embargo, los Estados Unidos y Rusia evitaron un enfrentamiento directo.

Fidel Castro proclamó oficialmente el carácter socialista de su gobierno en 1961. La URSS no solo le garantizó a Castro la ayuda económica, sino también asesores militares y armas de todo tipo, incluyendo los misiles balísticos nucleares de alcance medio e intermedio El presidente de los Estados Unidos, John F. Kennedy, anunció un bloqueo naval para evitar la llegada de nuevos cohetes atómicos a la isla. Al mismo tiempo demandó la inmediata retirada de las armas atómicas de Cuba por parte de la URSS. Al final, Krushchev aceptó las demandas de Kennedy y anunció que los cohetes serían desplazados de Cuba. Fue la confrontación más cercana entre EEUU y Rusia que pudo haber resultado en guerra nuclear.

El Pasado Reciente

Los años 60 y 70 fueron marcados por grandes cambios sociales. Los principios del Movimiento de los Derechos Civiles, fueron evidentes en 1955, cuando una mujer negra, **Rosa Parks** se negó a sentarse en el área reservada para los negros en un autobús público y fue detenida en Montgomery, Alabama. Bajo el liderazgo de **Martin Luther King,** entre otros, las demostraciones pacíficas de miles de ciudadanos afro-americanos, demandaron la eliminación de la segregación de las escuelas y el fin a la discriminación en general.

En esta época habían otros movimientos significativos. La **Guerra de Vietnam** era un foco de conflicto a finales de los años 60 y principios de los 70. El activismo contra la guerra era tan fuerte que causó dificultades en los Estados Unidos y contribuyó al término de la guerra. La Organización Nacional de Mujeres luchaba por los derechos de las mujeres, las organizaciones dedicadas a la protección del medio ambiente por sus derechos. La Agencia de Protección Ambiental se estableció en 1970 y se hicieron muchos esfuerzos para reducir la polución y limpiar el medioambiente.

La desintegración de la Unión Soviética y el fin de la Guerra Fría fueron la causa de un cambio en la política exterior de los Estados Unidos. Los americanos comenzaron a enfocar su atención en la economía doméstica. Los asuntos tales como la reducción de programas sociales financiados por el gobierno, la falta de seguro médico, y la epidemia del SIDA, llegaron a ser el centro de debate. En los primeros años del siglo XXI, un esfuerzo para difundir la democracia a través del mundo llegó a ser el foco de la política externa estadounidense.

Ejercicios de Práctica

1. ¿Cuál fue el elemento de disuasión más significativo en la prevención de una confrontación armada entre los Estados Unidos y Rusia?

   (1) Había mucha distancia entre los dos países

   (2) Rusia nunca se recuperó de la segunda Guerra mundial

   (3) Los Estados Unidos era un país aislacionista

   (4) Ambos países poseían armas nucleares

   (5) Las fuerzas cubanas

2. En 1957, se inició la integración en la secundaria Central High. Cuando nueve alumnos negros trataron de matricularse. ¿Cómo justificaron los blancos la segregación en las escuelas públicas?

   (1) Las escuelas estaban "separadas pero eran iguales"

   (2) Las escuelas para los "negros" eran superiores a las escuelas para los blancos

   (3) No había segregación

   (4) No habían estudiantes negros

   (5) Los blancos no estudiaban bien

3. ¿Qué quiso lograr Krushchev cuado envió armas nucleares a Cuba?

   (1) Un ataque contra los Estados Unidos

   (2) Una modificación del equilibrio de las armas atómicas desplazadas por el mundo

   (3) La ocupación de Cuba

   (4) Hacer que Kennedy pasara vergüenza delante del mundo

   (5) Causar una guerra nuclear

4. El Movimiento de los Derechos Civiles utilizó la resistencia pasiva para ganar sus metas, basándose en los métodos de Ghandi. ¿Cómo fue que Rosa Parks demostró esto?

   (1) Ella golpeó al conductor del autobús

   (2) Ella se negó a moverse, pero no llegó a ser agresiva

   (3) Ella se movió para evitar una confrontación

   (4) Ella estudió en la India

   (5) Ella pidio permiso para moverse

ECONOMÍA

No tiene que ser economista para contestar las preguntas de economía en la prueba. Debe entender los conceptos básicos de economía y poder analizar y manejar la información proporcionada en los textos.

Conceptos Básicos

En cada sociedad, las personas tienen **necesidades** y **deseos**. Las necesidades son los requisitos de sobrevivencia, tales como alimentos, agua y refugio. Los deseos son más extensos e incluyen las cosas que percibimos como necesidades o simplemente queremos tener.

Cada país debe determinar cómo utilizará sus recursos limitados para satisfacer las demandas ilimitadas de su población.

Los **recursos** de un país son:

- **Recursos naturales:** Tierra, agua, minerales
- **Capital:** Todo lo que produce ingresos, incluyendo fondos para invertir, maquinaria, edificios
- **Trabajo:** El número de personas disponibles para trabajar, su nivel de educación, la calidad de su trabajo

Puesto que los recursos son inferiores a las necesidades, un país debe determinar: ¿Qué producir? ¿Cómo producirlo? ¿Para quién hacerlo?

De acuerdo con el tratamiento de estas preguntas, el sistema económico se puede clasificar en tres tipos:

Capitalismo: Virtualmente, todas las fábricas, almacenes, y granjas pertenecen a compañías individuales o privadas. El sistema de EEUU es capitalista y es un sistema de **economía de mercado**. Las decisiones económicas del país están determinadas a base de las decisiones de los vendedores y compradores o **consumidores** en el **mercado libre**.

Socialismo: El gobierno posee y opera muchas de las industrias más grandes de la nación, tales como los ferrocarriles, las líneas aéreas, los bancos y las empresas eléctricas y telefónicas. También se preocupa por la salud de los ciudadanos; sin embargo, se permite la propiedad privada y la mayoría de los almacenes, granjas, y fábricas son propiedad privada. Muchos países europeos tienen economias socialistas.

Comunismo: El gobierno posee y opera prácticamente todos los medios de producción. Los planificadores del gobierno deciden las respuestas a las preguntas económicas básicas. Ellos deciden que productos se producirán y decide cómo se utilizarán las destrezas de los trabajadores. El gobierno también es responsable del bienestar de los ciudadanos. China tiene este tipo de sistema económico.

La Oferta y La Demanda

En una economía de mercado como la de EEUU, los precios de los productos son fijados por la oferta y la demanda. La **demanda** es el deseo y la capacidad del consumidor para comprar un artículo o servicio. La **oferta** es la cantidad de bienes y servicios disponibles en el mercado.

Los productores y vendedores quieren conseguir el precio más alto posible, ya que deben obtener una ganancia para mantener sus negocios. Al mismo tiempo, el consumidor quiere pagar el precio más bajo posible. Según la **Ley de la Oferta y la Demanda**, cuando hay escasez de un producto, la demanda es superior a la oferta. En este caso, el precio sube porque hay menos oferta. Si hay una sobreproducción de un producto, el precio baja, porque hay muchos vendedores compitiendo en el mercado para vender el mismo producto. Cuando el precio de un producto baja, no hay incentivo para producirlo. Cuando el precio de un producto sube, también sube la oferta.

El **equilibrio** es el precio fijado cuando la oferta es igual a la demanda. En el siguiente grafico, $3.00 es el precio de equilibrio.

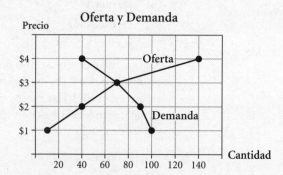

Ejercicios de Práctica

1. ¿Cuál de los siguientes no es un recurso natural?

   (1) Madera
   (2) Tierra fértil
   (3) Oro
   (4) Tecnología
   (5) Cobre

2. ¿Por qué es importante el inversionista?

   (1) Él proporciona la mano de obra para el proyecto
   (2) Es siempre el innovador del proyecto
   (3) Proporciona el dinero para el proyecto
   (4) Es el contador del proyecto
   (5) Es el comprador del producto producido

3. El siguiente gráfico muestra

   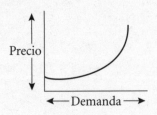

   (1) La ley de la oferta
   (2) La ley de la demanda
   (3) La ley de la producción
   (4) La ley de las ofrendas
   (5) El ciclo de venta de un producto

4. Donde vive Juanita, el gobierno determina el trabajo de cada ciudadano. Ella trabaja en la empresa eléctrica que pertenece al gobierno. Vive en un departamento que también pertenece al estado. Compra sus bienes en almacenes gubernamentales en donde los precios son todos fijados por el gobierno. La forma de economía en el país donde vive Juanita es

   (1) Comunista
   (2) Socialista
   (3) De mercado libre
   (4) Capitalista
   (4) De oferta
   (5) De demanda

5. El gobierno cierra una de las dos fábricas que producen una vacuna que protege contra una enfermedad viral. Hay mucha demanda de la vacuna, pero la oferta es muy escasa. El precio de este producto

   (1) Aumentará
   (2) Bajará
   (3) Se mantendrá estable después de bajar
   (4) Variará
   (5) Se mantendrá estable

La Economía Nacional

En una sociedad de mercado libre, como la de los Estados Unidos y Canadá, los individuos abren negocios privados sin la intervención del gobierno. El estímulo que motiva la inversión es la **ganancia**. Los negocios obtienen ganancias cuando sus productos son competitivos en precio y calidad. Para lograr una ganancia, los negocios deben manejar sus **factores de producción** de manera eficiente. Estos factores incluyen la **propiedad**, el **trabajo**, el **capital**, y el **capital intelectual** que se necesitan para producir los bienes. Cuando el costo de la producción baja y hace que la productividad crezca, los negocios pueden ser más competitivos.

Para asegurar que la competencia exista, el gobierno prohíbe la formación de monopolios (el control de toda una industria por parte de una sola compañía), y los oligopolios (el control del mercado por unos pocos vendedores).

El crecimiento de la economía nacional se mide en términos de **PIB** o **producto interno bruto** (GNP en inglés). Esta medida es el valor total de todos los bienes y servicios que un país produce en un año, e incluye la producción realizada fuera de EEUU a cargo de compañías con sedes en este país. Si Microsoft fabrica sus productos en la India, estas ventas se cuentan como parte del PIB de EEUU. El **producto doméstico bruto** o **PID** (GDP en inglés), es la suma de servicios y productos producidos dentro de un país.

Los mercados libres pasan por **ciclos económicos** que son fluctuaciones de la actividad económica global.

Ciclos Económicos

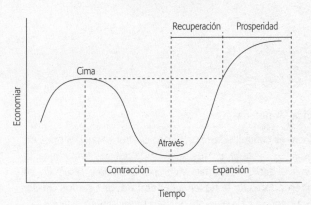

En la primera parte del ciclo hay un período de prosperidad. La mayoría de las personas tienen trabajos y llegan a ser consumidores de productos y servicios, lo que hace que la economía esté fuerte. Un efecto de la confianza del consumidor puede ser la **inflación**.

Durante un período de inflación, hay demasiado dinero y crédito disponible en la economía, y los productores pueden aumentar sus precios. Cuando los precios aumentan, también los salarios tienen que aumentar, y puede ocurrir un espiral de inflación. Para controlar la inflación, el crédito debe ser restringido, lo que puede causar una recesión.

Un ciclo económico normal fluctúa entre la recesión y la recuperación, pero periódicamente una depresión puede ocurrir. Cuando esto sucede, hay una recesión extrema, con altos porcentajes de desempleo; o una depresión. La depresión es el resultado de una producción reducida a causa del gasto reducido de bienes de capital (los bienes y los servicios comprados por compañías para utilizar en la producción).

La producción reducida causa el desempleo. Cuando las personas están sin trabajo tienen menos dinero para gastar, así que compran menos productos. Los precios tienden a bajar para estimular la compra. El gobierno trata de controlar el ciclo económico para prevenir una depresión.

Ejercicios de Práctica

1. La Sra. García quiere comprar una casa nueva. Por los últimos 5 años, la tasa de interés se ha mantenido alta, por lo cual ella ha esperada para hacerlo. Ahora hay la noticia de que las tasas de interés están bajando. La economía del país donde la Sra. García vive entre en un(a)

   (1) Período de recesión

   (2) Período de inflación

   (3) Período de la estabilidad

   (4) Depresión

   (5) Boom económico

2. ¿Cuál de los siguientes no es un factor de la producción?

   (1) El capital

   (2) El trabajo

   (3) La tierra

   (4) El seguro de desempleo

   (5) El capital intelectual

El Sistema Federal de Reserva y la Política Monetaria

En los Estados Unidos, el suministro de dinero es controlado por un banco central, el cual es operado por el gobierno federal. La necesidad de establecer este banco fue reconocida por sus fundadores; la Unión no podía funcionar si cada estado tenía el derecho de emitir su propia moneda y desarrollar su propia política económica. **La Junta de gobernadores de la Reserva Federal de los Estados Unidos** (Federal Reserve Bank), controla la política monetaria del país. Ésta decide cuánto dinero estará disponible, y para ello, fija las tasas de interés y señala cuánto dinero en efectivo se debe mantener en depósito. En orden de reducir la inflación, se debe incrementar las reservas de dinero en efectivo de los bancos, lo que causa una subida de las tasas financieras. Para estimular una economía débil, el Banco de la Reserva Federal, debe permitir a los bancos retener menos dinero en efectivo, entonces hay más dinero disponible para préstamos y el interés financiero baja. Los gastos del consumidor se incrementan y la economía empieza a crecer nuevamente.

El Gobierno y La Economía

De la misma manera que la administración de una compañía o una familia debe decidir cómo gastar sus ingresos, el Congreso de los Estados Unidos establece e intenta equilibrar un presupuesto. Para financiar sus operaciones, el gobierno grava impuestos. El gobierno federal depende del impuesto a la renta, mientras que los estados y las administraciones municipales cobran impuestos sobre los ingresos, la propiedad y las ventas. El impuesto a la renta es un impuesto **progresivo**: el que gana más paga más. Los impuestos regresivos son iguales para todos, así que ellos producen un efecto más grave al consumidor de bajos ingresos que al consumidor de altos ingresos. Si ambos individuos gastan la misma cantidad, un porcentaje más alto del salario del consumidor de bajos ingresos va hacia estos impuestos, lo que no le sucede a un individuo de altos ingresos.

El gobierno establece las leyes que hacen funcionar el sistema de mercado libre. **La Comisión de Comercio Federal** (FTC) supervisa los negocios para garantizar que los monopolios no controlen el mercado. El gobierno federal también determina el salario mínimo para el país y establece leyes de trabajo para proporcionar la seguridad de los obreros de la nación. Éstas leyes son proporcionadas por el Congreso y por agencias federales. El sistema nacional de defensa, el sistema de salud, el sistema interestatal de transporte, y la protección del medioambiente, son responsabilidades del gobierno federal.

Trabajadores y Consumidores

Los trabajadores son pagados por sus jefes por los servicios que ellos le proporcionan. El salario de un trabajador puede ser pagado mensualmente o por hora base, o se le puede pagar a base de un trabajo hecho bajo un contrato. La compensación total que un trabajador recibe, es la suma de su salario y de los beneficios adicionales; tales como el seguro, el pago por vacaciones y fondos de jubilación.

En la mayoría de los casos, los individuos y sus jefes llegan a un acuerdo y firman un contrato donde se detalla lo que se le pagará al trabajador, las condiciones de su empleo, y los beneficios que el/ella recibirá. El contrato también incluye una descripción del puesto y los términos de lo que el jefe espera del trabajador.

A veces, los individuos se unen a los sindicatos o uniones. Las uniones negocian los contratos que determinan los sueldos y las condiciones de trabajo para todos sus miembros, esto se llama la negociación colectiva. Cuando las uniones y los empleados no pueden llegar a un acuerdo, la unión puede llamar una huelga, en estos casos, los trabajadores—como grupo—dejan de trabajar. El Directorio Nacional de Relaciones Laborales es una agencia federal que ayuda a mediar cuando las negociaciones entre las uniones y los empleadores se rompen.

Ejercicios de Práctica

1. La compañía X ha producido monopatines durante 15 años. En los últimos 5 años, la mayoría de compañías pequeñas de monopatines del país, han comprado su producto. Si es que la Compañía X llegua a tener un monopolio, el consumidor puede esperar que

   (1) Los precios bajen
   (2) Los precios se mantengan estables
   (3) La calidad del producto mejore
   (4) Los précios suban
   (5) El público pierda su interés en el deporte

2. Las bolsas de valores permiten que los inversionistas compren acciones que representan parte de la propiedad de una compañía. Estos fondos permiten que la compañía invierta en bienes de capital y, que por consiguiente, crezca. El problema principal con esta clase de inversión es que

   (1) Es el tipo de inversión más segura
   (2) Crea capitalistas
   (3) Es una inversión de alto riesgo
   (4) Es un ejemplo de libre empresa
   (5) Ellas pagan tasas predeterminadas de interés

3. La Corporación Federal de Seguro del Depósito asegura el dinero que los individuos depositan en cuentas bancarias en caso de fraude o bancarrota. ¿Como consecuencia de qué acontecimiento económico se creó esta corporación?

   (1) La Guerra Civil
   (2) La primera Guerra Mundial
   (3) La Gran Depresión
   (4) La Guerra Fría
   (5) El establecimiento del Banco de la Reserva Federal

4. La **deuda pública** es la cantidad total de préstamos acumulados por el gobierno, que todavía no han sido pagados. Es la cantidad total que el gobierno le debe a ciertos individuos e a instituciones. ¿Cuál de las siguientes situaciones podría causar un aumento en la deuda pública?

   (1) Las exportaciones excepcionalmente altas
   (2) Un aumento en la productividad nacional
   (3) Un aumento inesperado en los gastos del gobierno, causado por un desastre nacional
   (4) Una reducción en las importaciones
   (5) Un invierno moderado

5. **El Acto Federal del Impuesto del Desempleo** proporciona pagos de subsidio a trabajadores que han perdido sus empleos. La mayoría de los jefes pagan un impuesto federal y un impuesto de desempleo al estado. ¿Cómo se beneficia un empleado cuando pierde su trabajo?

   (1) El patrón le sigue pagando su salario
   (2) El gobierno federal le emplea
   (3) Se le paga un subsidio de desempleo por un tiempo especifico
   (4) Puede obtener un trabajo en otro estado
   (5) No tiene que buscar un nuevo trabajo

GEOGRAFÍA

La geografía no es sólo el estudio de la estructura física de la tierra, sino también es el estudio de las relaciones entre las personas que viven en las diferentes regiones y como se adaptan a ellas. Los geógrafos utilizan globos terráqueos y mapas para estudiar las regiones de la tierra. Un globo terráqueo es un modelo redondo de la tierra.

Piense en el mundo como un globo dividido por líneas verticales y horizontales. Las líneas que corren de norte a sur son líneas de **longitud**, o **meridianos**. Estas líneas longitudinales se unen en los Polos del Norte y del Sur. El Meridiano de cero grados, pasa por Greenwich, Inglaterra y por lo tanto, en este lugar, las medidas se hacen de 180 grados al oeste y de 180 grados al este. Las líneas de **latitud**, este–oeste, rodean a la tierra paralelamente al ecuador, el cual tiene 0 grados de latitud. Los polos están a 90 grados de latitud norte y 90 grados de latitud sur. La longitud se mide en horas (h), minutos (') y segundos ('').

1h = 60'
1' = 60''

La latitud se mide en grados, los cuales se dividen en grados (°), minutos de arco (') y segundos de arco ('').

1° = 60'
1' = 60''

Cualquier punto en la tierra puede ser identificado utilizando este sistema de **coordenadas** de longitud y latitud.

La tierra esta compuesta de siete continentes: Asia, África, Norteamérica, Sudamérica, Antártica, Europa y Australia. Puesto que dentro de cada continente hay grandes variaciones en las regiones geográficas y artificiales, los geógrafos identifican regiones. La región Meridional en los EEUU, es un ejemplo. La geografía, la cultura y los factores económicos en el sur son distintos a los de otras regiones de los EEUU. Las regiones definidas por el tipo de personas que viven allí son llamadas regiones culturales.

Poblaciones y Migraciones

La **demografía** abarca el estudio del tamaño, la estructura y la distribución de las poblaciones, y cómo éstas cambian con el tiempo debido a los nacimientos, muertes, migración y el envejecimiento. El análisis demográfico puede relacionar a sociedades enteras, o a grupos definidos, por criterios tales como la **educación**, **nacionalidad**, **religión** y **etnia**. Lo que le interesa a un geógrafo, sobre los grupos de población, es si ellos dejan una impresión perdurable en el lugar donde viven. En el curso de la historia, las poblaciones han emigrado a nuevas tierras por una variedad de razones, inclusive por persecución religiosa y política, condiciones económicas en sus patrias y oportunidades de trabajo en el exterior. A veces hay migraciones porque las técnicas tradicionales de la agricultura son tan devastadoras para los recursos naturales, que las poblaciones tienen que mudarse para sobrevivir.

Cuando las fronteras políticas cambian como resultado de guerras o luchas étnicas, también ocurren cambios significativos en la población. Por ejemplo, los colonizadores leales a Gran Bretaña se trasladaron al Canadá o regresaron a la Gran Bretaña a fines de la Revolución Americana. Lo mismo pasó cuando Castro tomó el poder en Cuba. La llamada "limpieza étnica" causa la destrucción de los pueblos y el saqueo sistemático y bien organizado, y provoca el desplazamiento forzado de las poblaciones.

La **distribución de la población** dentro de un área, puede depender de la disponibilidad de recursos naturales. Las áreas inhóspitas, a causa de la falta de agua o tierra cultivable, serán menos pobladas que las que ofrecen condiciones favorables.

Cuando la industrialización crece en una región, a menudo ocurre un cambio de la población rural a la urbana, y las ciudades se desarrollan. Este fenómeno fue evidente después de la Guerra Civil, durante la Revolución Industrial y en el período de expansión de los Estados Unidos.

Ejercicios de Práctica

1. ¿A qué continente pertenecen el Japón y la China?

   (1) Asia
   (2) América del Sur
   (3) Norteamérica
   (4) Australia
   (5) África

2. ¿Cuál de las siguientes no es una característica natural de la geografía?

   (1) Las llanuras
   (2) Las montañas
   (3) Las colinas
   (4) Los continentes
   (5) Los rascacielos

3. Si está parado/a en el punto más al norte de la línea de longitud 0, ¿dónde se encuentra?

   (1) En el primer meridiano
   (2) En la línea ecuatorial
   (3) En el polo sur
   (4) En el polo norte
   (5) En Greenwich, Inglaterra

Las pregunta 4 y 5 se refieren al siguiente cuadro:

Población

Sexo, Raza y Origen Hispánico o Latin	Cálculo aproximado de la población			
	Julio 1, 2003	Julio 1, 2002	Julio 1, 2001	Julio 1, 2000
AMBOS SEXOS	**5,580,811**	**5,441,125**	**5,297,684**	**5,165,765**
Una sola raza	5,498,989	5,362,806	5,222,792	5,094,473
Blancos	4,892,899	4,776,358	4,655,519	4,548,663
Negros	185,366	180,107	174,894	169,848
Asiáticos	116,669	110,600	104,628	99,071
Dos o más razas	78,319	78,319	74,892	71,292

census.gov/popest

4. Según el cuadro, ¿qué población no cambió entre 2002 y 2003?

    (1)   Los blancos

    (2)   Los negros

    (3)   Los asiáticos

    (4)   Dos o más razas

    (5)   Una sola raza

5. ¿Qué tendencia se puede identificar según el cuadro?

    (1)   Que la población de una sola raza se mantiene estable

    (2)   Que hay una baja en la población blanca cada año

    (3)   Que cada año hay un incremento de por lo menos 100 mil personas de una sola raza

    (4)   Que hay menos personas de una sola raza que de dos o más razas

    (5)   Que la población negra es más grande que la población de una sola raza

EL GOBIERNO Y LA EDUCACIÓN CÍVICA

A través de la historia, las poblaciones se han organizados bajo varios sistemas de gobierno. Hay cuatro tipos principales de gobierno: la monarquía, la democracia, la oligarquía y la dictadura. Lo que los cuatro tipos tienen en común, es que tienen el poder de gobernar a sus ciudadanos.

En una **monarquía**, el poder está basado en una familia real y un miembro de la familia que puede ser rey o reina, sultán o emir, es quien encabeza el gobierno. El poder se pasa de una generación a otra. Las monarquías se pueden dividir en dos tipos, **absoluta** y **constitucional**. Gran Bretaña, los Países Bajos, y España son ejemplos de monarquías constitucionales. A pesar de tener una familia real, ellos tienen gobiernos democráticos con constituciones y parlamentos, que son quienes hacen el verdadero trabajo de gobernar. En el pasado, la mayoría de los monarcas tuvieron el poder absoluto o total. Arabia Saudita es un ejemplo de un país todavía gobernado por un monarca absoluto.

En una **democracia**, el poder para gobernar viene de los **ciudadanos**. Los Estados Unidos, Canadá, e Israel son democracias representativas. En una **democracia directa**, todos los ciudadanos influyen directamente en las decisiones que se toman; ya que esto no es práctico para los países, los representantes son elegidos para llevar a cabo los deseos de los ciudadanos, de acuerdo con sus constituciones.

Una **oligarquía** es un gobierno controlado por unas **pocas personas**. Esta forma de gobierno es semejante a una dictadura en la que los ciudadanos no tienen una voz en el gobierno. Las oligarquías pueden ser compuestas de familias económicamente dominantes, de juntas militares, o de cualquier otro grupo que tiene el control total. Esta forma de gobierno fue una vez común en América Latina.

Una **teocracia** puede ser una oligarquía. Es una forma del gobierno en el que los gobernantes se identifican con los líderes de la religión predominante, y las políticas gubernamentales son idénticas o totalmente influidas por los principios de la religión de la mayoría. Irán es un ejemplo de una teocracia.

Una **dictadura** está gobernada por un dictador absoluto, quien controla todo aspecto de la vida política, económica y social de un país. Adolfo Hitler y Stalin fueron **dictadores totalitarios**. Corea del Norte es un ejemplo de una dictadura comunista; Sadam Hussein era el dictador de Irak.

Ejercicios de Práctica

1. ¿Cuál es la principal diferencia entre una dictadura y una oligarquía?

    (1)   Un dictador siempre es elegido por las personas, mientras que en una oligarquía el líder se apodera del cargo

    (2)   En una oligarquía, el líder es elegido por cada estado, pero un dictador es elegido por todo el país

    (3)   Una dictadura es el gobierno con el poder controlado por un individuo, mientras que en una oligarquía el gobierno está controlado por un grupo pequeño de personas

    (4)   Una oligarquía es una institución democrática, mientras que una dictadura no lo es

    (5)   Un dictador tiene más poder que los miembros de una oligarquía

2. En algunas poblaciones pequeñas, ninguna decisión se toma sin que todos los miembros de la comunidad tengan la oportunidad de discutir el asunto y votar. Esto es un ejemplo de una

    (1)   Democracia directa

    (2)   Oligarquía

    (3)   Monarquía

    (4)   Democracia representativa

    (5)   Dictadura

3. Pol Pot, el líder del Khmer Rouge en Camboya, dirigió un régimen que desde 1975 a 1979 fue responsable de la muerte, hambre y la represión de unos 2 millones de personas en una población que era de 8 millones. El gobierno de Pol Pot fueun ejemplo de una

    (1)   Democracia representativa

    (2)   Dictadura

    (3)   Monarquía

    (4)   Oligarquía

    (5)   Democracia directa

El Gobierno Norteamericano

Los Estados Unidos son una **república federal democrática**. Los poderes están divididos en tres ramas: Ejecutivo, Legislativo y Judicial. La división del poder entre el gobierno central y los estados es el corazón del sistema federal. Esta división del poder se diseñó para prevenir que cualquier estado llegara a ser demasiado poderoso. Las ramas se supervisan, una a la otra, a través de un sistema de **cheques y balances**. El poder ejecutivo está dirigido por el **presidente** o **jefe de estado**, el gobierno y el **vicepresidente**. El **gabinete** (consejeros presidenciales), es nombrado por el presidente con la aprobación del senado. El presidente es el **comandante y jefe de las fuerzas armadas**, él nombra los jueces del Tribunal Supremo y los embajadores (con la aprobación del Senado), y puede vetar proyectos enviados por el Congreso. El presidente imposne las leyes y proporciona el liderazgo y la dirección para el país.

El presidente y vicepresidente cumplen períodos de **4 años**, con la opción de ser elegidos una vez más. El poder **legislativo** está compuesto por un Congreso bicameral. El Senado está compuesto de 100 senadores, dos miembros por cada estado. Ellos son elegidos por un período de **seis años**. La **Cámara de Representantes** tiene 435 miembros, que son elegidos por voto popular por un período de **2 años.** La rama legislativa tiene la responsabilidad de enviar proyectos de ley al presidente, gravar y recaudar impuestos, acuñar monedas, y declarar la guerra, entre otras.

La **Corte Suprema** representa el poder **judicial**. Hay nueve jueces designados **por vida** por el presidente, con la aprobación de los miembros del Senado. Uno de los trabajos más importantes de la Corte Suprema es determinar si las administraciones federales, estatales y municipales actúan según la Constitución. Una vez que una decisión ha sido tomada por la Corte Suprema, todos los otros tribunales de la nación están requeridos a cumplir con esa decisión en casos semejantes. La Corte Suprema decide las disputas que implican a los Estados Unidos y a dos o más estados. Los casos más importantes son aquellos en los que se requiere la interpretación de la Constitución o las leyes decretadas por el Congreso.

Los estados individuales tienen el derecho de crear leyes que afecten a sus ciudadanos, pero no tienen el derecho de pasar una legislación que contradiga a la Constitución Federal, jamás pueden privar a un ciudadano de los derechos garantizados en la Constitución. Además no pueden declarar la guerra, acuñar su propia moneda, o hacer tratados internacionales.

El Colegio Electoral

La Constitución de los Estados Unidos establece la forma de elegir al presidente y al vicepresidente. Cada estado escoge, a través de elección popular, a un número de electores igual al número total de sus miembros en el Congreso. Los electores de los 50 estados y el Distrito de Columbia (un total de 538 personas) constituyen el **Colegio Electoral**. Poco después de la elección popular, los electores se reúnen en las capitales de los estados, para votar y elegir al presidente y al vicepresidente. Generalmente, cada elector vota por el candidato que ha recibido el mayor número de votos en su estado.

Un candidato a la presidencia debe obtener la **mayoría absoluta** de los votos electorales (270) para ser elegido. Si ninguno de los candidatos obtiene la mayoría requerida, la Constitución establece que la Cámara de Representantes (por ser la parte del Congreso más cercana al pueblo), debe elegir al presidente entre los tres candidatos con más alta votación, y con el voto unánime de los miembros de cada estado. En ese caso, a cada estado y al Distrito de Columbia se les concede un sólo voto. Un candidato debe obtener una mayoría para ser elegido.

Los Estados Unidos tienen un sistema de dos partidos. Esto lo hace muy difícil, para cualquiera que no es **Demócrata** o **Republicano,** a ser elegido. Casi todos los diputados en el Congreso son Demócratas o Republicanos.

Ejercicios de Práctica

1. ¿Cuál de las siguientes decisiones podría ser determinada por cada estado?

   (1) Un acuerdo para permitir que los productos europeos entren al estado libre de impuestos

   (2) Declarar la guerra contra México

   (3) A que edad los niños deben entrar a la escuela

   (4) Quien puede votar en las elecciones federales y estatales

   (5) Cuantos representantes enviar a la Cámara Nacional de Representantes

La pregunta 2 y 3 se refieren al siguiente cuadro:

CANDIDATO	VOTOS ELECTORALES	ESTADOS GANADOS	VOTOS POPULARES
George W. Bush	246	29	48.999.459
Al Gore	255	19	49.222.339
Ralph Nader	0	0	2.694.855

Estados indecisos:

   Florida (25 votos electorales)
   Nuevo México (5 votos electorales)
   y Oregon (7 votos electorales)

2. ¿Cuál de los estados indecisos podría determinar el resultado de la elección?

   (1) Nuevo México

   (2) Florida

   (3) Oregon

   (4) Oregon y Nuevo México

   (5) Ninguno de ellos

3. ¿Qué pasa si muere uno de los nueve jueces de la Corte Suprema?

   (1) El presidente solo nombra un nuevo juez

   (2) El Congreso nombra una nueva juez

   (3) El presidente nombra un nuevo juez y el Senado lo aprueba

   (4) La Corte sigue funcionando con ocho jueces

   (5) El Senado nombra un nuevo juez y el presidente lo aprueba

HISTORIA MUNDIAL

Las Civilizaciones Tempranas

Las civilizaciones más tempranas fueron creadas por personas que aprendieron a controlar las aguas de los grandes ríos para tener mejores cosechas y abastecer la creciente población.

Mesopotamia

Mesopotamia se asentó en la **Medialuna Fértil,** entre los ríos **Tigris y Eufrates** (ahora Irak). Ellos desarrollaron las técnicas de irrigación con diques y canales. Su ciudad principal fue Babilonia, que llegó a ser un centro académico y cultural. El rey más famoso de Babilonia fue **Hammurabi**, famoso por el código de las leyes, que lo escribió hace casi 4000 años. Los sumerios desarrollaron el **cuneiforme**, un sistema de escritura que les permitió llevar registros. También desarrollaron muchos tipos de matemáticas, inclusivo la astronomía. Tenían un calendario lunar de 12 meses con treinta días por cada mes.

Egipto

Los **egipcios** desarrollaron su cultura en los bancos del **Río del Nilo**. Aunque Egipto estaba situado en un desierto, cuando el Nilo lo inundaba cada año, dejaba un cieno fértil. La historia antigua egipcia ocupa un período de 3000 años. Las **pirámides** se construyeron como tumbas para los gobernantes, o para los **faraones**. Son la evidencia, no sólo de la habilidad técnica de los arquitectos egipcios, sino también de la vasta riqueza y la inmensa cantidad de recursos humanos que los faraones controlaron.

Grecia

Los **griegos** se asentaron en las tierras que rodean al **Mar Egeo**. Ellos establecieron una cultura con un conjunto de ideas, valores e instituciones, que llegaron a ser difundidas por el mundo entero. La antigua Grecia fue una de las civilizaciones que más contribuyó a la civilización actual. La democracia, la filosofía, la astronomía, la biología, las matemáticas, la física, y el teatro son sólo algunas de sus contribuciones para nosotros. Las palabras y los pensamientos de los grandes filósofos, tales como Platón, Sócrates, Pitágoras y Aristóteles, todavía son enseñadas en las universidades de hoy en día. Sus ciudades, que han resistido a los poderes de la naturaleza durante miles de años, todavía nos causan admiración cuando las vemos. Los antiguos griegos (principalmente los Atenienses) tuvieron una cultura extraordinaria. Ellos siempre creyeron en la libertad individual, mientras que los individuos actuaran dentro de las leyes de Grecia. También creyeron en el equilibrio de la mente y el cuerpo. Aunque muchos de ellos se esforzaban por llegar a ser soldados y atletas, los otros se distinguían en la filosofía, el drama, la alfarería y las artes.

Atenas era el centro intelectual de Grecia, y una de las primeras ciudades-estados de su tiempo. En 508 AC, Atenas llegó a ser una de las primeras sociedades de los tiempos antiguos que estableció la democracia directa. Los griegos se reunían mensualmente en un lugar llamado la **Asamblea,** para discutir los asuntos del estado. El gobierno no tomaba ninguna decisión sin consultar con la Asamblea.

Las continuas luchas entre las ciudades-estados griegas, les debilitó y les hizo vulnerables al ataque. En 338, Grecia fue conquistada por Felipe de Macedonia, el padre de Alejandro Magno.

El Imperio Romano

Los historiadores modernos creen que Roma fue fundada en el año 625 AC. La antigua Roma fue gobernada por reyes, pero después de que siete de ellos habían gobernado, los romanos tomaron el poder sobre su propia ciudad y se gobernaron a sí mismos. Ellos tuvieron un concilio conocido como el **'el senado'** que gobernó sobre la "**República romana.**"

El Senado, bajo los reyes, aconsejaba al rey. Entonces el Senado designó a un **cónsul**, que gobernara Roma igual que lo hiciera un rey, pero sólo por un año. La República Romana duró de 510 AC hasta 23 AC—casi 500 años. Aunque los ciudadanos elegían a sus representantes al senado, no era una verdadera democracia, porque sólo se les permitía votar a los ciudadanos ricos y poderosos. Roma llegó a ser cada vez más poderosa y empezó a conquistar a sus vecinos. Roma conquistó a Grecia y Cartago y tenía provincias en Francia, Inglaterra y en partes del medio oriente.

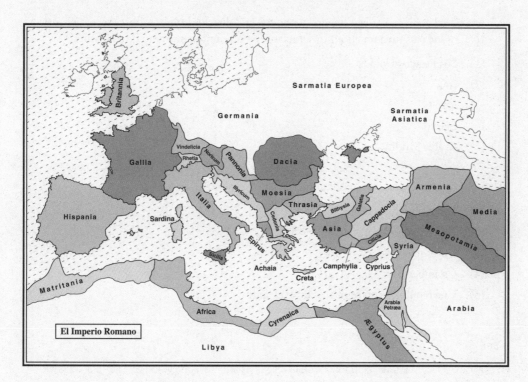

Los romanos fueron administradores sobresalientes, capaces en gobernar el enorme imperio. Ellos tuvieron un código unificado de leyes, un cuerpo de funcionarios públicos entrenado, un ejército disciplinado y una infraestructura desarrollada. Cuando el cristianismo comenzó a ganar seguidores en el Imperio romano, los romanos trataron, sin éxito, de prohibir la nueva religión. En el año 395 DC llegó a ser la religión oficial del imperio. El Imperio Romano duró hasta 476 DC.

Ejercicios de Práctica

1. Después de que Julio César se hizo el único gobernante de Roma, fue asesinado por un grupo de rivales. Más tarde una serie de emperadores gobernó a Roma. ¿Cuál era una distinción importante entre un emperador y un cónsul?

   (1) Un emperador estaba mejor educado

   (2) El emperador era elegido directamente por los ciudadanos

   (3) Un emperador no era escogido por el senado para gobernar sólo por un año

   (4) Los emperadores eran menos poderosos que los cónsules

   (5) El emperador era siempre un descendiente directo de Julio César

2. Aunque el gobierno griego fue una democracia, sólo a los hombres libres se les permitía votar. ¿Qué país tuvo una política semejante en un punto temprano de su historia?

   (1) Los Estados Unidos

   (2) Irak

   (3) Rusia

   (4) Egipto

   (5) Arabia Saudita

3. ¿Qué cosa tenian en común los gobiernos de Mesopotamia y Roma?

   (1) Una democracia directa

   (2) Una reina poderosa

   (3) Un código de leyes

   (4) Un imperio en Asia

   (5) Una república con representantes elegidos

Islam

En el año 610 DC, Mahoma, el fundador de la religión Islam, tuvo una visión en la que un ángel le dijo que había sólo un Dios y su nombre era Alá. Mahoma anotó los mensajes que recibió del ángel en el Corán. Después de diez años de lucha, las fuerzas de Mahoma dominaron la Península árabe. Islam se extendió a través del medio oriente, en África—del norte al este—hasta el valle del Río del Indo, al norte de España y Turquía. Algunos sistemas matemáticas de gran importancia, tales como el álgebra, los números árabes y el concepto del cero (esencial para el adelantamiento de las matemáticas), fueron transmitidos a Europa medieval por el mundo musulmán. Los instrumentos sofisticados que más tarde hicieron posible los viajes europeos del descubrimiento, tales como el astrolabio, el cuadrante y los buenos mapas de navegación, fueron también desarrollados por los musulmanes.

Los Incas, Los Mayas, y Los Aztecas

Algunas civilizaciones muy avanzadas se desarrollaron en Centro América y América del Sur. El dominio de los **Incas** abarcó unos 4.000 Km., incluyendo todas las tierras altas y la costa de Perú, la mayoría de las tierras altas de Ecuador, el norte de Chile, la parte occidental de Bolivia y el noroeste de Argentina. Tenían un sistema sofisticado de gobierno y administración. Los incas son conocidos por sus obras de ingeniería y arquitectura. Construyeron un sistema extenso de caminos bien hechos, que cubrían al menos 23.000 km.

El Imperio Inca

Para cruzar los barrancos escarpados que se encontraban en los Andes, construyeron impresionantes puentes de suspensión. En las faldas de las montañas construyeron terrazas, que fueron elaboradas para aumentar la producción de alimentos. La arquitectura incaica es muy conocida por sus piedras finamente trabajadas, donde el uso del mortero no fue necesario. El Imperio Incaico fue bastante efímero y duró cerca de 100 años, desde 1438 DC hasta la venida al imperio de los españoles en 1532.

La civilización **maya** es probablemente la más conocida de las civilizaciones clásicas de Meso América. Se originó en Yucatán, alrededor del año 2600 AC. Los mayas alcanzaron la prominencia alrededor del año 250 DC, en lo que hoy es México meridional, Guatemala, el norte de Belice y la parte occidental de Honduras. Basándose en las invenciones e ideas heredadas de civilizaciones más tempranas, tales como la Olmec, los mayas desarrollaron la astronomía, el sistema de calendarios y la escritura con jeroglíficos. La civilización maya también se destacó en la arquitectura elaborada y decorada, la cual se reflejó en la construcción de templos-piramidales, palacios y observatorios. Todo fue construido sin instrumentos de metal.

El término **azteca** es usado para describir a la cultura que dominó al Valle de México en los siglos XV y XVI. Los aztecas formaron una sociedad sumamente especializada y estratificada en la administración imperial, una red de comercio y un sistema de tributo. Desarrollaron y mantuvieron una economía agrícola sofisticada. Su ciudad más importante fue Tenochtitlan, (donde actualmente es México DF), que se construyó en una isla y fue un verdadero centro urbano. Tuvieron una población permanente, un mercado grande y desarrollaron los principios de la clase económica. Los aztecas también crearon un sistema de escritura que se utilizó para muchos propósitos, tales como el cálculo, los calendarios, las crónicas, los diarios, e incluso para documentar su historia. Ellos tuvieron dos calendarios: el del año ritual y el del año solar. El del año ritual tenía 260 días, y el del año solar 365 días, y los sincronizaban cada 52 años, por lo que vivían en ciclos de 52 años.

Ejercicios de Práctica

1. ¿Por qué es que una ciudad urbana inmensa construida en un lago debía depender del continente para su existencia?

    (1)   Por falta de habitantes

    (2)   Porque necesitaba soldados extras para su protección

    (3)   Porque no podía producir suficiente comida para alimentar a su población

    (4)   Porque carecía de agua

    (5)   Porque enviaban a sus niños a educarse allí

2. ¿Qué puede deducir del texto arriba mencionado acerca de la importancia de los calendarios para las civilizaciones tempranas?

    (1)   No tenían importancia en las civilizaciones

    (2)   Eran sólo importantes para los incas

    (3)   Eran de gran importancia ya que muchas culturas los desarrollaron

    (4)   Las personas que no podían leer y escribir no tuvieron necesidad de ellos

    (5)   Los primeros calendarios eran muy inexactos

3. ¿Qué tuvieron en común las civilizaciones incaicas y aztecas?

    (1)   Ambas se desarrollaron en México

    (2)   Ambas tuvieron formas sofisticadas de escritura

    (3)   Ambas tuvieron ciudades construidas en lagos

    (4)   Ambas eran repúblicas democráticas

    (5)   Ambas administraron exitosamente sus grandes imperios

La Edad Media

La Edad Media duró aproximadamente desde el siglo V hasta el siglo XV. Empezó con la caída del Imperio Romano que fue reemplazado por un sistema social llamado **feudalismo**.

El Feudalismo

En la mayor parte de la Europa medieval, la sociedad dependía de un sistema **feudal**, que se basaba en la asignación de tierras a cambio de servicios. El rey repartía la tierra a los hidalgos importantes (barones y obispos), y cada noble tenía que prometer seguirle lealmente y suministrarle soldados en tiempo de guerra. Los nobles entonces dividían sus tierras entre los señores de un nivel más bajo, o entre los caballeros, quienes a su vez, tenían que llegar a ser sus vasallos (sirvientes). En el lugar más bajo de la sociedad estaban los campesinos que trabajaban la tierra. Ellos tenían pocos derechos, se les asignaba pedazos diminutos de propiedad y no tenían ningún vasallo.

En el siglo XI, con el retorno del comercio a Italia, llegó el crecimiento económico y cultural de los **estados-ciudades** independientes, tales como Venecia y Florencia. Al mismo tiempo, los **estados-naciones** comenzaron a formarse en Francia, Inglaterra y Portugal, pero su proceso de formación, era generalmente marcado por la rivalidad entre la monarquía, los señores feudales y la iglesia.

Las Cruzadas

En 1087 Jerusalén fue conquistada por **Saladino** y pronto comenzaron las **cruzadas**. En 1095, el Papa Urbano II hizo un llamado a los cristianos de Europa para prestar ayuda a los cristianos de Bizancio en el Este. Así comenzó la Era de las Cruzadas. Las cruzadas fueron expediciones iniciadas para liberar a los Lugares Santos de la dominación mahometana. La primera cruzada (1096–1099), terminó con la conquista de Jerusalén y la fundación del reino de Jerusalén. Los resultados importantes de las cruzadas fueron:

- Una mejora importante en la técnica de las armas
- Ideas nuevas fueron traídas de los países griegos e islámicos
- Un nuevo florecimiento del comercio mediterráneo
- Empezó una transición del intercambio medieval a la economía monetaria

La Peste

Una de las catástrofes más grandes que golpeó a Europa, fue la **peste bubónica**, también conocida como la **peste negra**. Hubo numerosos brotes, pero el más severo ocurrió a mediados del año 1300, y se estima que **murió la tercera parte** de la **población de Europa**. La gran pérdida de población trajo cambios económicos y la estructura de la sociedad europea comenzó a cambiar.

El Renacimiento

El período histórico que sucedió a la Edad Media en Europa es conocido como el Renacimiento (entre 1300 y 1600). Durante esta era, Europa surgió del estancamiento económico de la Edad Media y pasó por un tiempo de crecimiento financiero. También el Renacimiento fue una edad de pensamiento artístico, social, y científico así como también del surgimiento de nuevos pensamientos políticos. En los años 1500 los reformistas comenzaron a criticar a la iglesia Católica por su abuso de poder. La **religión protestante** se conformó por personas que creían que ellos eran capaces de interpretar la Biblia por sí mismos en lugar de seguir al Papa.

Durante el Renacimiento, el interés en el comercio exterior despertó, y la **era de la exploración** empezó. Aunque **Colón** no fue el primero en descubrir el Nuevo Mundo, su llegada al América en 1492 es importante, ya que introdujo una era de exploración y colonización europea en las Américas. Durante la Edad de la Exploración, viajeros europeos buscaron rutas de comercio riquezas extranjeras y aventura. Las innovaciones tecnológicas también estimuló una estampido de exploración.

Ejercicios de Práctica

1. El escritor italiano, Boccaccio, escribió que una víctima de la peste, "comió el almuerzo con su amigo y la cena con sus antepasados en el paraíso." ¿Cuál era el significado de esta declaración?

   (1) Que los amigos eran portadores de la peste

   (2) Que el almuerzo era una comida peligrosa

   (3) Que la peste mató a las víctimas rápidamente

   (4) Que los antepasados también habían muerto de peste

   (5) Que el paraíso era preferible a Europa en la edad media

2. En el año 1616, el científico italiano **Galileo** escribió: "Yo creo que el Sol se localiza en el centro de las revoluciones de las orbes celestiales y no cambia de lugar, y que la Tierra gira sobre sí misma y se mueve alrededor del sol." ¿Por qué esta idea era revolucionaria?

   (1) Se creyó hasta entonces que la Tierra era el centro del universo

   (2) No habían personas interesadas en la astronomía

   (3) Se supuso que la Tierra era plana

   (4) Para los astrónomos del renacimiento, el sol era menos importante que la luna

   (5) Se pensó que la tierra se movía alrededor de las estrellas

3. Cuando el comercio ganó importancia en Europa, las personas dejaron las haciendas y se movilizaron a la ciudad. ¿Por qué estaría un campesino ansioso de hacer ésto?

   (1) Los campesinos no querían trabajar como granjeros

   (2) Los campesinos estaban mal pagados y esperaban tener más oportunidades en las ciudades

   (3) Las ciudades eran más entretenidas

   (4) Habían demasiados campesinos en las haciendas

   (5) Ellos querían escapar de la persecución religiosa

La Época de Las Revoluciones

La **Revolución Americana** fue un producto del descontento del los colonos americanos sometido al mando inglés. La Revolución Americana y las nuevas ideas sobre los derechos naturales del hombre contribuyeron a la **Revolución Francesa**. El 14 de julio de 1789 ciudadanos franceses asaltaron la Bastilla, una prisión francesa, y se desató la revolución. Francia era una monarquía absoluta y el ciudadano común francés pagaba impuestos altos y tenía pocos derechos. Los miembros de la clase noble y los clérigos tenían cuantiosos privilegios y no pagaban impuestos. Una Asamblea Nacional fue organizada y eventualmente promulgó los Derechos del Hombre. Éstos abolieron el privilegio, la inmunidad y el feudalismo de la clase noble en Francia.

En agosto 1791, un levantamiento masivo de esclavos se arrojó en la colonia francesa ahora conocida como **Haití**. La revolución duro 13 años y culminó con la independencia de Haití en 1804. Entre 1808 y 1826 toda **Ibero América,** excepto las colonias españolas de Cuba y Puerto Rico, obtuvieron su libertad.

La Revolución Industrial

La **revolución industrial** consistió de un conjunto de innovaciones técnologicas combinadas con una serie de cambios económicos, sociales y culturales. Los bienes que se habían hecho tradicionalmente en el hogar, o en talleres pequeños empezaron a ser hechos en las fábricas. La productividad y la eficiencia técnica crecieron dramáticamente.

El desarrollo del poder del vapor significó el primer recurso virtualmente ilimitado que estaba disponible a todos. Se le utilizó primero en fábricas y después en el transporte. La Revolución Industrial contribuyó al crecimiento de las ciudades, puesto que las personas se mudaron de las áreas rurales a las comunidades urbanas en busca de trabajo. La Revolución Industrial trajo consigo un aumento de población y de urbanización, así como nuevas clases sociales. La explotación de los trabajadores en las fábricas, especialmente de los niños, fue uno de los efectos negativos de la revolución.

Ejercicios de Práctica

La pregunta 1 se refiere al siguiente texto:

Extraído de la Declaración de los Derechos del Hombre y del Ciudadano en 1789

Los representantes del pueblo francés, que han formado una Asamblea Nacional, considerando que la ignorancia, la negligencia o el desprecio de los derechos humanos son las únicas causas de calamidades públicas y de la corrupción de los gobiernos, han resuelto exponer en una declaración solemne estos derechos naturales, imprescriptibles e inalienables;
(5) para que, estando esta declaración continuamente presente en la mente de los miembros de la corporación social, puedan mostrarse siempre atentos a sus derechos y a sus deberes; y así los actos de los poderes legislativo y ejecutivo del gobierno, pudiendo ser confrontados en todo momento para los fines de las instituciones políticas, puedan ser más respetados, y también para que las aspiraciones futuras de los ciudadanos, al ser dirigidas por principios
(10) sencillos y con libertad de expresión, puedan tender siempre a mantener la Constitución y la felicidad general.

1. ¿Cuál de los siguientes documentos inspiró la Declaración de los Derechos de hombre?

   (1) La Constitución de Inglaterra

   (2) La Declaración de la Independencia

   (3) El manifiesto de Cartagena

   (4) La Biblia

   (5) El Discurso en la Sociedad Patriótica

2. ¿Qué tienen en común todas las revoluciones políticas?

   (1) Son el resultado del descontento de los ciudadanos de un país

   (2) Siempre expulsan un monarca

   (3) Siempre tienen como resultado el derramamiento de sangre

   (4) Tienen como resultado cambios temporales

   (5) Siempre tienen como resultado un gobierno democrático

3. ¿Por qué es la palabra "revolución" apropiada para describir los cambios de la industria en el siglo XVIII?

   (1) Porque la definición de una revolución es "un cambio relativamente repentino y absolutamente drástico" y así fue la revolución industrial

   (2) Porque habían batallas y derramamiento de sangre

   (3) Porque vivir en una ciudad era una idea nueva y revolucionaria

   (4) Porque los sindicatos que se formaron en las fábricas la llamaron así

   (5) Porque la tela de algodón producida en las fabricas fue revolucionaria

EL SIGLO VEINTE

La Primera Guerra Mundial

En el año 1800, una nueva ideología se dispersó a través del continente y produjo la Gran Guerra. Esta ideología era el **nacionalismo**—la creencia de que la lealtad a una nación y a sus metas políticas y económicas, están antes de cualquier otra lealtad pública. Las personas que compartían un lenguaje común, una historia, o una cultura, comenzaron a verses como miembros de un grupo o una nación. El nacionalismo causó la creación de dos poderes nuevos—Italia y Alemania, y alentó el apoyo público para aumentar el número de militares y aceptar el uso de la fuerza para lograr las metas de un país.

El 28 de junio de 1914, un nacionalista serbio asesinó al heredero del trono austriaco. Austria acusó inmediatamente a Serbia de instigar el asesinato y publicó un ultimátum, después de lo cual Rusia declaró su apoyo a Serbia. Una vez que los rusos ordenaron la movilización general, los austriacos, franceses y alemanes también ordenaron la movilización, cada uno provocado por el otro. Se suponía que la guerra iba a ser limitada, una guerra breve entre acusador y acusado, Austria-Hungría y Serbia, pero rápidamente se agravó. En un lado estaban los poderes Centrales—Austria--Hungría, Alemania, Bulgaria, y Turquía. En el otro lado estaban los Aliados—Inglaterra, Francia, Rusia, Serbia, y eventualmente los Estados Unidos. La guerra duró cuatro años. Cuando los Poderes Centrales perdieron la guerra, ocho millones de soldados de ambos lados habían perdido sus vidas. En el **Tratado de Versalles,** con el cual terminó la guerra, Alemania fue forzada a aceptar su responsabilidad por haber provocado la guerra. Los términos eran muy duros y Alemania tuvo que pagar a los Aliados gastos por reparaciones. En un esfuerzo por prevenir conflictos adicionales para el mundo, los Aliados crearon la **Liga de las Naciones**. Cuando los Estados Unidos no se unieron, perdieron la oportunidad para conseguir su misión.

La Revolución Rusa

Mientras Rusia luchaba al lado de los Aliados, la monarquía rusa fue derrocada. El zar Nicolás II fue forzado a abdicar en 1917 y el líder bolchevique Vladimir Lenin formó un nuevo gobierno comunista. Una guerra civil resultó entre los comunistas y los rusos que se opusieron al comunismo. En 1922, Rusia se convirtió en la **Unión de Repúblicas Socialistas Soviéticas**.

El Fascismo y la Segunda Guerra Mundial

La Depresión, que empezó en Estados Unidos, también afecto a Europa, especialmente a Alemania. Los líderes alemanes eran incapaces de controlar la economía y las deudas que debían por la guerra impuestas por el Tratado de Versalles. **Adolfo Hitler** ofreció a los alemanes una solución basada en el nacionalismo. Su **partido nazi** atrajo a los alemanes, muchos de quienes estaban sin empleo y desencantados con la democracia. Hitler tomó control del país y empezó su campaña de reconstrucción. Parte del nacionalismo de Hitler era la creencia que se debía eliminar a todos los alemanes que no eran de raza aria. El **totalitarismo** y el racismo nazi produjeron uno de los fenómenos más atroces de la historia, **el Holocausto judío**, en el que millones de personas fueron desplazadas, confinadas en **campos de concentración** y finalmente exterminadas.

Otro dictador asumió el control del gobierno de Italia. **Benito Mussolini** dirigió el **partido fascista** y compartía muchas de las convicciones de Hitler. La meta de Hitler era la de crear un Tercer Imperio; primero unir a Alemania con Austria y tomar el control de las áreas alemanas en Checoslovaquia. Entonces atacó a Polonia en 1939. Francia y el Reino Unido le declararon guerra a Alemania el 3 de septiembre de 1939, en reacción a la invasión alemana sobre Polonia y se inició la Segunda Guerra mundial. Alemania atacó a Francia, la cual cayó en 1940, y entonces empezó el bombardeo de Inglaterra. Los Estados Unidos no entraron en la guerra hasta que el Japón, un aliado de Alemania, bombardeó Pearl Harbor. Los **Aliados** de la guerra eran Australia, Bélgica, Canadá, China, Francia, los Países Bajos, Polonia y el Reino Unido. Luego entró a su lado la URSS, los Estados Unidos y México. Alemania, Austria, Hungría, Finlandia, Italia, Japón y Rumania formaron **el Eje**. España, Irlanda, Portugal, Suecia, Suiza y Turquía se mantuvieron **neutrales**. Eventualmente, los poderes del Eje fueron derrotados por los Aliados. La guerra contra el Japón terminó cuando los Estados Unidos dejaron caer la primera **bomba atómica** en **Hiroshima**.

La Segunda Guerra Mundial contribuyó a que emergieran dos **superpotencias**: los EEUU y la URSS. La **Guerra Fría,** que duró hasta la desintegración de la Unión Soviética en 1991, dio lugar a una **carrera armamentista** en la que ambos países acumularon inmensas reservas de **armas nucleares**.

EL MUNDO GLOBAL

Como resultado de los avances tecnológicos del transporte y las comunicaciones, el mundo comenzó a desarrollar una "cultura mundial." Las naciones europeas formaron la Unión Europea y adoptaron una sola moneda, el Euro. Los Estados Unidos, Canadá y México firmaron el **Tratado de Libre Comercio de América del Norte, (NAFTA),** para eliminar las barreras arancelarias.

Entre los problemas que el mundo tendrá que enfrentar en el siglo XXI están: la superpoblación, el medioambiente y la disensión étnica y religiosa.

Ejercicios de Práctica

1. Las colonias fueron establecidas por naciones europeas con una variedad de propósitos. ¿Cuál de las siguientes no hubiera sido, lógicamente, una de éstas?

   (1) Las colonias podrían ser requeridas a importar los productos producidos en el país colonizador.

   (2) Se podría requerir que exportaran sus productos únicamente al país europeo colonizador.

   (3) Las colonias podrían ser forzadas a exportar sus recursos naturales a la nación colonizadora.

   (4) La mano de obra de la colonia se podría explotar.

   (5) Personas de las colonias podrían emigrar en gran cantidad a la nación colonizadora.

La pregunta 2 se refiere al siguiente mapa:

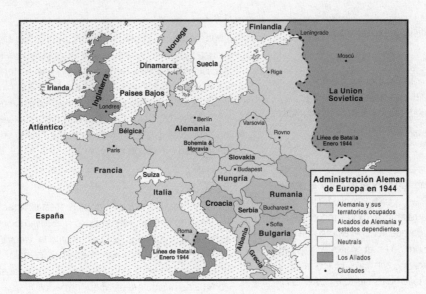

2. ¿Cuál de las siguientes declaraciones no es una conclusión basada en el mapa anterior o en un detalle secundario del mapa?

(1) En 1944 España era neutral.

(2) En 1944 Rumania pertenecía a los estados aliados o dependientes de Alemania.

(3) Francia está ubicada en la costa del Atlántico.

(4) Paris es una ciudad.

(5) Suiza se encontró en una situación precaria.

La pregunta 3 se refiere al siguiente texto:

En abril de 1944, las autoridades húngaras ordenaron a los judíos húngaros vivir en los suburbios de Budapest (aproximadamente 500.000 personas), debían trasladarse a ciertas ciudades específicas. Los gendarmes húngaros fueron enviados a las regiones rurales para acorralar a los judíos y enviarlos a las ciudades. Las áreas urbanas en las que los judíos fueron forzados a asentarse estaban cerradas y se llamaban **ghettos**. A veces los ghettos abarcaban el área de un vecindario judío anterior. En otros casos el ghetto era meramente un solo edificio, tal como una fábrica.

3. ¿Qué puede deducir usted de este texto acerca del antisemitismo en Hungría?

(1) No existió

(2) Puesto que los húngaros cooperaron con las políticas antisemitas nazis, el antisemitismo existió

(3) Había tan pocos judíos en Hungría que no existió antisemitismo

(4) La mayoría de los húngaros trataron de proteger su población judía

(5) La mayoría de los húngaros eran judíos

Respuestas

El Período de exploración y expansión

1. (5)

Los Vikingos no fundaron colonias, por lo que no pudieron dejar ninguna huella de su visita. Como no tuvieron interacción con la gente indígena, ni construyeron edificaciones, las otras respuestas son incorrectas.

2. (2)

El sistema de mercantilismo fue impuesto por Inglaterra para forzar a los colonizadores a comprar productos fabricados en Inglaterra. La respuesta (1) es incorrecta, porque Francia no tuvo nada que ver con este sistema en las colonias. (3) no tiene sentido en el contexto, y (4) es incorrecta porque no se hicieron cambios. La (5) implica que no hubo comercio, lo que no es cierto en este caso.

3. (2)

Se denominó "La Guerra Franco e Indígena" porque varias tribus indígenas participaron en ella.

4. (3)

Si se considera el mapa, es obvio que la mayoría de las colonias fueron establecidas en la costa del Atlántico. En este tiempo no había colonias en el Golfo de México, ni en el Río Mississippi, o en el suroeste. Solo la colonia de Virginia limitaba con el Rió Ohio.

5. (5)

Massachussets, una colonia del norte, tuvo una población reducida de esclavos, puesto que no tuvo un sistema de agricultura que dependía de esclavos. Las otras respuestas se refieren a las colonias del sur donde existieron grandes poblaciones de esclavos.

La independencia y el nuevo gobierno

1. (5)

El propósito del gobierno británico era solventar la Guerra Franco Indígena. Pensaban que las colonias debían compartir el costo de la guerra. La respuesta (1) no es correcta, porque las leyes no impulsaron la economía de las colonias, ya que los impuestos tenían un efecto negativo en la economía. Las respuestas (2) y (3) no tienen nada que ver con las nuevas leyes. (4) es incorrecta porque las leyes los privaron de libertad en vez de protegerlos.

2. (3)

La razón por la cual los colonos protestaron fue porque el Parlamento británico les impuso nuevos impuestos. Por esta razón, la respuesta (1) es incorrecta, ya que el Congreso de los Estados Unidos fue creado por los colonos. Tampoco pueden ser las respuestas (4) o (5), porque estos congresos ni siquiera estaban formados.

3. (3)

La unión necesitaba una constitución más fuerte porque los líderes se dieron cuenta de que el gobierno no podía funcionar sin un gobierno centralizado. La respuesta (1) dice lo contrario, (2) no tiene sentido ya que recientemente se habían separado del gobierno inglés. (4) y (5) también son incorrectas.

4. (1)

Ellos pelearon en su propio territorio, ya que los británicos se encontraban lejos de su país. (2) y (3) son incorrectas porque el ejército británico estaba mejor armado y entrenado. (4) y (5) también son incorrectas ya que la única ayuda europea que tuvieron fue la de Francia.

5. (1)

Matar de hambre a un criminal no es usual, además es muy cruel. Las otras respuestas son sentencias normales y aceptables.

Expansión hacia el oeste y la Guerra Civil

1. (4)

Aunque al principio de la guerra la única meta fue mantener la integridad de la Unión, abolir la esclavitud llegó a ser una segunda meta importante. (1) es incorrecta porque estaban dispuestos a permitir la esclavitud que ya existía pero no aumentarla. (2) no es correcta porque el crecimiento del territorio no estaba en medio de un conflicto. (3) es incorrecta porque querían mantener una sola unión y un sólo país. (5) es incorrecta ya que habían elegido un nuevo presidente recientemente—Abraham Lincoln.

2. (2)

La única respuesta evidente que está apoyada por el mapa es la 2.

3. (2)

Ya que la proclamación de emancipación sólo liberaba a los esclavos que vivían en los estados rebeldes, los esclavos que vivían en los estados leales a la unión, no fueron liberados. Aunque algunos hombres negros se unieron al ejército de la unión no era una obligación, como lo indica la respuesta (3), (4) es incorrecta ya que es ilógica al igual que la respuesta (5).

4. (1)

La gran tarea de Lincoln fue abolir la esclavitud y mantener la Unión. Queriendo una unión y al mismo tiempo luchar por el pueblo, no podía haber querido conservar la esclavitud. La gran expansión ocurrió después de la Guerra civil.

5. (1)

El mayor problema que enfrentó el sur fue cambiar la agricultura tradicional manejada por los esclavos después de emancipación. (2) es incorrecta porque la esclavitud fue prohibida. (3) y (4) son incorrectas ya que la tierra todavía existía y para trabajarla se necesitaba mano de obra.

Tecnología, industrialización, inmigración y progresismo

1. (2)

Si la planta no produce las piezas, la fábrica de ensamblaje no tiene con qué trabajar, entonces las dos van a dejar de producir. Por las razones ya mencionadas (1) es incorrecta, y (3) y (4) son posibilidades pero no un hecho.

2. (5)

Ya que hasta 1890 había o poca o ninguna legislación para proteger la salud y la seguridad de los trabajadores. (1), (2), (3) y (4) son incorrectas.

3. (4)

Para los Darwinistas sociales, la fortaleza estaba en la riqueza, lo que da a entender que los fuertes tendrían éxito, y el éxito se medía en dinero. Por lo tanto las demás opciones son incorrectas.

4. (2)

Sus tierras fueron tomadas y ellos no recibieron una compensación justa; la mayoría de la gente no logró integrarse en la vida económica o política de la nación.

5. (2)

Al mirar la foto se puede ver que las calles están abarrotadas de gente y los edificios están sucios. (4) y (5) son incorrectas ya que la vida en general no se ve cómoda y era diferente a la vida de antes.

Aislamiento, Depresión, Imperialismo, y Guerras

1. (1)

La Gran Depresión mostró el trágico resultado del desempleo. Después que un trabajador perdía su trabajo, el Seguro de Desempleo lo protegía por un período determinado.

2. (3)

Como el porcentaje de las bajas americanas con relación al número de soldados movilizados es muy bajo, debe ser que eran mejores soldados, o que tenían armas modernas. (1) y (2) sólo pueden ser opiniones que no están basadas en el gráfico. (4) y (5) tampoco están basadas en el gráfico.

3. (4)

Estados Unidos no quiso involucrarse en los asuntos europeos, así que tuvo una política de aislamiento.

4. (1)

El Nuevo Tratado fue creado para fomentar el empleo en los Estados Unidos.

5. (3)

Los Estados Unidos quiso encontrar nuevos mercados y fuentes de recursos naturales, para mantener la enorme producción de sus industrias. (1) y (2) son incorrectas porque EE.UU no quisieron liberar, sino dominar, a los territorios. (4) y (5) también son incorrectas.

La Guerra Fría

1. (4)

Ambos países se dieron cuenta de que un ataque nuclear resultaría en un contraataque. (1) no es correcta porque la distancia entre los países no fue un factor. Aunque Rusia tuvo mucha dificultad en recuperarse de la guerra, no fue un elemento de disuasión en la prevención de una nueva guerra. (3) y (5) también son incorrectas.

2. (1)

El lema "separados pero iguales", fue utilizado para justificar la segregación de las escuelas en los estados del sur. Las otras respuestas son todas incorrectas.

3. (2)

Como los Estados Unidos tenía aliados en Europa—cerca de Rusia, Kruschev quiso modificar el equilibrio de las armas atómicas. Obviamente, no quiso causar una guerra nuclear (5), ni atacar a los Estados Unidos (1). Aunque Rusia quiso tener una influencia en Cuba, no la quiso ocupar (3). Tampoco quiso tomar un riesgo tan grande con el propósito de avergonzar a Kennedy (4).

4. (2)

Rosa Parks utilizó el método de resistencia pasiva, no se movió pero tampoco fue agresiva. Las otras respuestas son incorrectas.

Economía

1. (4)

En esta lista, sólo la tecnología no es un recurso natural.

2. (3)

El inversionista puede tomar parte en un proyecto, pero lo seguro es que proporcione fondos.

3. (1)

El gráfico representa la ley de la oferta. Cuando el precio baja, la oferta también baja. La oferta sube cuando el precio sube.

4. (1)

Ella vive en un país comunista. No puede ser un país socialista, capitalista, o de mercado libre, porque cada aspecto de su vida está controlado por el gobierno.

5. (1)

Cuando hay escasez de un producto indispensable, el precio aumenta.

La Economía Nacional

1. (1)

En un período de recesión, la tasa de interés baja. La (2) es incorrecta porque en un período de inflación el gobierno restringe el crédito y la tasa de interés sube.

2. (4)

Es el único artículo en la lista que no es un factor de la producción.

El sistema federal de reserva y la política monetaria

1. (4)

Un monopolio significa que no existe competencia, entonces normalmente el precio del producto sube.

2. (3)

Una inversión en la bolsa de valores puede ser muy arriesgada. La (5) es incorrecta puesto que no se pagan tasas de interés predeterminadas; las otras respuestas también son incorrectas.

3. (3)

Cuando los bancos se declararon en bancarrota durante la Gran Depresión, los depositantes perdieron sus depósitos. Para reestablecer la confianza en los bancos y proteger a los depositantes, el gobierno formó La Corporación Federal del Seguro del Depósito.

4. (3)

Un gasto grande inesperado puede causar un aumento en la deuda pública. Las (1), (2) y (4) son circunstancias que podrían reducir la deuda. (5) no tiene sentido en el contexto.

5. (3)

Si el empleador ha pagado los impuestos del desempleo, el trabajador recibe un subsidio por un tiempo determinado. El patrón no sigue pagando su salario (1), tampoco le emplea el gobierno federal (2). Se espera que busque un trabajo, pero no es correcta en este caso (5). La (4) no tiene que ver con los beneficios.

Geografía

1. (1)

La China y el Japón pertenecen al continente Asiático.

2. (5)

Los edificios son hechos por personas, así que no son características naturales.

3. (4)

Está parada en el polo norte.

4. (4)

Dos o más razas.

5. (2)

Es la única respuesta basada en la información del cuadro.

El gobierno y la educación cívica

1. (3)

Un dictador (una sola persona), controla el gobierno, mientras que en una oligarquía, un grupo de personas controlan el gobierno. (1) y (2) son incorrectas porque los dictadores y los oligarcas no son elegidos. (4) es incorrecta porque una oligarquía no es una institución democrática. La (5) no es verdadera.

2. (1)

En una democracia directa toda la población participa en el gobierno.

3. (2)

Pol Pot era un dictador absoluto.

El gobierno norteamericano

1. (3)

Es la única decisión en la lista que puede ser determinada por un estado.

2. (2)

Si Bush necesita 24 votos, y Gore necesita 15, los dos necesitan los votos de la Florida para obtener los 270 votos requeridos para ganar la elección.

3. (3)

Cuando muere un juez de la Corte Suprema, el presidente nombra un nuevo juez y el Senado lo aprueba.

Las civilizaciones tempranas

1. (3)

Los cónsules eran elegidos por el senado para gobernar por un año, lo que no era el caso de los emperadores. Entonces, la respuesta (2) es incorrecta. (4) es incorrecta porque un emperador tenía más poder que un cónsul.

2. (1)

Los Estados Unidos tuvo una política similar. Hasta el siglo XX, las mujeres no tenían derecho al sufragio.

3. (3)

Ambos países tuvieron códigos de leyes sofisticados que les permitieron gobernar sus grandes imperios. Ninguno de los dos tenía una democracia directa (1), o un reinado (2). Mesopotamia no era una república con representantes elegidos (5).

Los incas, mayas y aztecas

1. (3)

No hubieron suficientes terrenos en la isla para cultivar suficientes alimentos y así poder alimentar a la gran población de Tenochtitlan. Las otras respuestas no tienen sentido.

2. (3)

El hecho de que tantas civilizaciones tempranas tenían calendarios, sugiere que eran muy importantes para esas culturas, esto hace a la respuesta (1) incorrecta. (2) es incorrecta porque no solo los mayas y los aztecas tuvieron calendarios. (5) no es correcta porque los calendarios de estas culturas eran bastantes exactos. (4) también es incorrecta.

3. (5)

Los incas y los mayas administraron exitosamente sus grandes imperios. (1) es incorrecta porque los incas tuvieron su imperio en América del Sur. (2) y (3) son incorrectas porque los incas no desarrollaron un sistema de escritura, ni tuvieron ciudades construidas en lagos. (4) es incorrecta porque ni los incas, ni los aztecas, tuvieron repúblicas democráticas.

La edad media

1. (3)

Lo que escribió Boccaccio significaba que la muerte por peste era tan rápida que una persona podía sentirse saludable al medio día y estar muerta en la noche. Las otras respuestas no tienen sentido.

2. (1)

El pensamiento de la época fue que la tierra era el centro del universo, por lo que no fue ético, en esa época, sugerir que esto no era verdad. Como resultado de sus pronunciamientos, Galileo sufrió.

3. (2)

Los campesinos se encontraron en el puesto más bajo de la sociedad feudal. No tenían derechos y eran pobres. Es lógico que salieran de las haciendas en busca de mejores oportunidades en las ciudades. Las otras respuestas no tienen sentido.

La Época de Las Revoluciones

1. (2)

La Declaración de la Independencia de los Estados Unidos fue la inspiración para la Declaración de los Derechos de hombre.

2. (1)

Las revoluciones política siempre son el resultado del descontento de los ciudadanos de un país. La (2) no es correcta porque revoluciones pueden ocurrir en países que no tienen monarcas. (3) no es correcta porque es posible tener una revolución sin violencia. (4) no es correcta porque algunas revoluciones crean cambios duraderos. (5) es incorrecta porque las revoluciones no siempre tienen como resultado gobiernos democráticos, como fue el caso con la revolución en Cuba.

3. (1)

"Revolución" es apropiada para describir los cambios de la industria en el siglo XVIII porque los cambios eran relativamente repentinos y absolutamente drásticos.

El Siglo Veinte

1. (5)

Todas las respuestas, menos la (5), eran razones para el establecimiento de colonias de explotación.

2. (2)

La (2) es la única respuesta que es una deducción. Las otras respuestas son hechos presentados en el mapa.

3. (2)

En realidad, en Europa central había una larga tradición de antisemitismo. Los húngaros ayudaron a los nazis con los asuntos judíos, la respuesta (1) es entonces falsa. La (4) no es verdadera, ni tampoco la (5).

El gráfico muestra que la población de conejos incrementó y después se estancó. Aunque el gráfico no muestra un decrecimiento en la población, éste se puede deducir.

Capítulo 3: **Ciencias**

La Prueba de Ciencias pone a prueba sus conocimientos básicos de la ciencia. Tendrá que analizar gráficos, imágenes, y tablas, así como también entender lecturas sobre las ciencias. El examen cubre las ciencias biológicas, físicas, y químicas, y también las ciencias de la tierra y del espacio, en tres secciones: **biológica** (45%), **físicas (quimica y física)** (35%), y **la tierra y el espacio** (20%). Las preguntas estarán en desorden y las secciones estarán mezcladas entre si.

Usted Sabe Más de Lo Que Piensa

Aunque no esté consciente de ello, sí usa las ciencias en la vida diaria. Por ejemplo:

- Cuando cocina usa la química y la física
- Si planifica su familia, usa la biología
- Para decidir dónde sembrar una planta y cuánta agua debe darle usa la ciencia de la tierra

Repase la hoja "Usted sabe más de lo que piensa" y encontrará aún más usos de las ciencias en su vida. ¡Así que no le tenga miedo a las ciencias!

BIOLOGÍA

Casi el 50% del examen examinará su conocimiento de la biología. Esta sección del examen requiere que tenga conocimiento básico acerca de las células, la genética, los sistemas de órganos, la ecología y la evolución. Preste atención particular a todas las palabras que se encuentran en negritas y asegúrese de conocer el significado de las mismas.

Las Células

La célula es la unidad básica de funcionamiento en todo ser vivo. Algunos organismos tienen únicamente una célula y otros están compuestos por millones de ellas. Todas las células poseen una **membrana celular** que contiene una sustancia gelatinosa llamada **citoplasma,** en la cual se encuentran los demás organelos de la célula.

Los organelos son estructuras que desempeñan diferentes funciones en la célula. Los organelos más importantes para el funcionamiento celular son:

- La **mitocondria** es uno de los organelos más importantes ya que produce energía para que la célula desempeñe todas sus funciones.

- La **retícula endoplasmática** de la célula transporta y empaca sustancias dentro de ésta y se conecta con la membrana celular del núcleo.

- El **Aparato de Golgi,** de manera parecida al retículo endoplasmático, tiene como función transportar y empacar moléculas en la célula.

- Los **ribosomas** son estructuras que se encuentran sobre la retícula endoplasmática y tienen la función de formar **proteínas** y **aminoácidos** (ver la página siguiente para explicación de estos términos).

- Hay estructuras más pequeñas llamadas **vacuolas** que desempeñan diferentes funciones: el almacenamiento de agua, la digestión y el procesamiento de los desechos de las células.

- El **núcleo** de la célula es la estructura más importante, ya que controla el funcionamiento de la misma. Dentro del núcleo se encuentra el material genético.

- Las células de las plantas tienen estructuras llamadas **cloroplastos** que recogen la luz solar y la convierten en alimento para la planta.

- La **pared celular** es una estructura muy firme que encierra la membrana celular y que sólo se encuentra en las células de plantas.

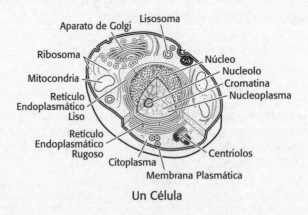

Un Célula

Las células de las plantas de los y animales no son iguales a las células de organismos como las bacterias.

Las **bacterias** son organismos que consisten en una célula poco compleja, ya que no contiene ni organelos ni núcleo. Las células utilizan diferentes técnicas para el transporte del agua y de otras sustancias dentro de la célula.

La **difusión** es una de estas técnicas, y consiste en el transporte del agua y de otras sustancias sin utilizar energía. Cuando una sustancia se concentra en exceso fuera de la célula o si hay poco de ella, dicha sustancia se moviliza desde el lugar de mayor concentración a la zona de menor concentración por medio del movimiento browniano. Este movimiento consiste en que, por mezclarse, las sustancias alcancen una distribución uniforme. En este proceso la célula no gasta energía.

La **ósmosis** se produce a través de una membrana semipermeable en que la sustancia se transporta de la zona de mayor concentración de agua a una de menor concentración. Ambos procesos son de transporte pasivo, lo que significa que no se emplea energía en estos procesos.

Otra forma de transporte de sustancias en la célula es el **transporte activo**. En este proceso, la célula utiliza energía ya que transporta sustancias de una zona de menor concentración hacia una de mayor.

La Fotosíntesis

Las células requieren energía para llevar a cabo la mayoría de los procesos biológicos. Las plantas verdes contienen **clorofila**, el pigmento verde implicado en la fotosíntesis. Las plantas verdes, las algas, y algunas bacterias tienen la capacidad de captar energía proveniente de la luz solar y transformarla, con ayuda del H_2O (agua) y el CO_2 (dióxido de carbono), en glucosa y oxígeno. El proceso de la fotosíntesis sucede en los **cloroplastos,** dentro de las células de las hojas de las plantas, utilizando específicamente la **clorofila**. La reacción química implicada en la fotosíntesis es:

$$6\ CO_2 + 6\ H_2O\ (+\ \text{energía de la luz solar}) \longrightarrow C_6H_{12}O_6 + 6O_2$$

En otras palabras, **el dióxido de carbono más el agua, en la presencia de energía de la luz, genera la glucosa y el oxígeno.** La fotosíntesis es la fuente del O_2 (oxígeno) que respiramos. Sin las plantas, los animales y los seres humanos no serían capaces de sobrevivir.

La fotosíntesis se realiza en dos etapas: En la primera etapa, llamada **reacción lumínica,** el cloroplasto convierte la luz solar en energía química. Esta reacción química debe, por lo tanto, suceder en la luz. En la segunda, la **reacción en la oscuridad,** sucede dentro del cloroplasto y convierte el CO_2 en glucosa. Esta reacción no necesita luz solar para realizarse. Como efecto de la fotosíntesis, la energía se almacena en azúcares y otros **carbohidratos** dentro de la planta.

La Respiración Celular

Los animales no pueden generar carbohidratos, lípidos o proteínas por sí mismos a partir de las moléculas de dióxido de carbono, agua y energía solar. Se alimentan de plantas o de otros animales para conseguir la energía necesaria para subsistir. Cuando una célula necesita energía, los carbohidratos son descompuestos con el fin de liberar energía. En este proceso, el oxígeno del aire reacciona con la glucosa del alimento para producir el dióxido de carbono, el agua, y la energía necesaria.

$$C_6H_{12}O_6 + 6O_2 \longrightarrow 6\ CO_2 + 6\ H_2O + \text{energía}$$

En palabras: Glucosa más oxígeno producen dióxido de carbón, agua, y energía.

La respiración de la célula es el proceso opuesto a la fotosíntesis. Estos dos procesos son parte de un ciclo. En este ciclo, las plantas liberan el oxígeno que los animales utilizan en la respiración celular. Por lo tanto, las plantas inhalan el dióxido de carbono, desecho de la respiración celular. Entonces las plantas emplean el dióxido de carbono en el proceso fotosintético.

Organismos Vivos y Su Clasificación

Por medio de la taxononomía (la rama de la ciencia que clasifica a los organismos en diferentes grupos), se ha dividido a los animales en 5 reinos. Estos son el **reino mónera**, el **reino protista**, el **reino fungi**, el **reino plantae** y el **reino animalia**. Los virus no son considerados organismos vivos, ya que su única función es la reproducción y duplicación. Consisten simplemente de material genético sostenido alrededor por una proteína.

El Reino Mónera

Ese reino contiene a todos los organismos más simples. Sólo tienen una célula y como se menciona anteriormente, no tienen organelos. Estos organismos incluyen las bacterias. Hay muchos tipos de bacterias. Algunas causan enfermedades y otras no.

Hay bacterias que descomponen otras sustancias y de esta manera consiguen energía. Estas bacterias se encuentran por lo general en la tierra y son las que le proveen nutrientes a los organismos que se encuentran en ella. Hay otras que producen energía por medio de la fotosíntesis, al igual que las plantas.

El Reino Protista

Los protistas son organismos de una sola célula, pero a diferencia de las bacterias, son complejos y tienen todos los organelos. Hay tres tipos de protistas:

1. Aquellos que tiene características animales
2. Aquellos que tienen cualidades parecidas a las de los hongos y por último
3. Los protistas, que se asemejan a las plantas. Algunos protistas producen enfermedades tales como la malaria.

El Reino Fungi

Casi todos los organismos, así como los hongos, que se encuentran en este reino tienen más de una célula. Por lo tanto, las células se especializan para desempeñar diferentes funciones, formando tejidos que a su vez conforman órganos. Por muchos años se creyó que los hongos eran plantas, pero ahora se sabe que no es así. Una de las diferencias principales entre los hongos y las plantas es que los hongos no producen su propio alimento como lo hacen las plantas; sino que ellos dependen de fuentes externas para recibir alimento.

El Reino Plantae

La variedad de este reino es enorme y se clasifica en diferentes clases dependiendo de la complejidad en la forma de reproducción, en la manera en que obtienen nutrientes y agua, y otras adaptaciones que las caracterizan.

Las **algas**, el **musgo** y los **helechos** son las plantas más simples. Las algas y el musgo no tienen un grupo especializado para absorber y distribuir agua y nutrientes. Ellos absorben agua y nutrientes por medio de difusión. Por eso, esas plantas no tienen ni tallo ni raíz. Este grupo de plantas no produce ni flor ni semilla para reproducirse, sino lo hace por medio de esporas. Las esporas son poros que absorben los nutrientes del exterior para el correcto funcionamiento de la planta.

Las plantas más complejas son las que tienen tejido vascular. Este tejido es un grupo especializado de células que se dedica a transportar nutrientes y agua a toda la planta. Estas plantas tienen hojas, tallo y raíces. El tallo de la planta contiene el tejido vascular. Esto permite que las plantas crezcan y desempeñen sus funciones apropiadamente. Las raíces de las plantas grandes son más complejas y tienen, alrededor de la raíz principal, más pelos absorbentes que le permiten absorber el agua requerida.

En este grupo de plantas, hay una clase que se reproducen por medio de esporas y hay otra que es más compleja en que las plantas se reproducen a través de semillas. El grupo de plantas que produce semillas se divide en dos ramas: a) las plantas que producen flor y b) aquellas que no lo hacen. Por ejemplo, los pinos y cedros son plantas que producen semilla pero no flor.

Las plantas que producen flor son las que han desarrollado una forma de reproducción de mayor complejidad y son llamadas **angiospermas**.

El Reino Animalia

Todos los organismos que pertenecen a este reino comparten las siguientes características:

- Son multicelulares
- Obtienen sus alimentos de fuentes externas
- En su formación de embrión su tejido se divide en 3 capas diferentes y especializadas
- Algunas tienen sistema locomotor; es decir, que se mueven

Las ramas en las que se divide a los animales dependen de su complejidad en tejido, su simetría de cuerpo, y la complejidad de sus órganos, entre otras cosas.

La falta de columna vertebral clasifica a ciertos animales en un grupo, llamado los **invertebrados**, y los animales que si la tienen son llamados **vertebrados.**

Los Invertebrados

En el grupo de los invertebrados se incluyen estos grupos: las **esponjas**, los **corales**, las **medusas**, los **gusanos**, los **moluscos,** y los **artrópodos.**

Las **esponjas** son los animales más simples. No tienen ni cabezas ni extremidades y tampoco se mueven. Obtienen comida cuando la corriente del mar traspasa los poros que tienen en sus cuerpos. Sus células se alimentan de algas microscópicas que trae la marea. Para reproducirse expulsan al exterior su esperma y su óvulo, que las corrientes marinas se encargan de unir.

Los **corales** y las **medusas** son más complejos. Pertenecen al grupo de los **cnidarios.** Todos los animales pertenecientes a esta clase tienen simetría radial. Esto significa que sus cuerpos parten de un centro, en este caso la boca. Si se les cortara partiendo de este punto central, cada parte sería exactamente igual a la otra. Tienen tentáculos que les permiten atrapar comida; muchas veces tienen un veneno que paraliza a la presa para facilitar el proceso. La presa después es digerida en una cavidad gastrovascular.

Hay varias clasificaciones dentro de la clase de los **gusanos** que se han adaptado a diferentes ambientes y que tienen diferentes niveles de complejidad. Los gusanos más complejos son los *segmentados* o también denominados *anélidos*. Estos tienen dos cavidades y un sistema digestivo. Además, tienen órganos sexuales de macho y hembra. Por ejemplo, la lombriz pertenece al grupo de los segmentados. Otros gusanos que no son tan complejos viven en el agua.

Existe otra clase de gusanos llamados *platelmintos*, se subdividen en turbelarios, trematodos y cestodos. De estos únicamente los turbelarios no son parásitos. Los parásitos viven en el cuerpo de los animales y de los seres vivos. Absorben su alimento del cuerpo del hospedador.

Los **moluscos** incluyen las conchas, las almejas, los pulpos, los caracoles, y los calamares. Estos organismos en su mayoría tienen una concha que les protege, un sistema digestivo, un sistema reproductivo y, en el caso de los pulpos y calamares, un sistema nervioso y un cerebro complejo. Los moluscos pueden ser hermafroditas. Esto quiere decir que poseen ambos sexos. Son mayormente ovíparos, lo que significa que ponen huevos.

Los **artrópodos** incluyen los insectos, las arañas y los crustáceos. Sus cuerpos son duros y segmentados. Cada uno de estos segmentos tiene una especialidad específica. Las tres segmentaciones más importantes son: la cabeza, el tórax y el abdomen. Poseen un sistema nervioso constituido por una cadena de ganglios. Tienen ojos compuestos. Estos ojos no permiten ver los detalles de las imágenes percibidas pero sí captar y responder con mayor rapidez a los estímulos exteriores.

Los Vertebrados

Los animales vertebrados son muy complejos ya que tienen un esqueleto interno, un sistema nervioso, un sistema circulatorio, y uno digestivo. Estos se dividen en dos grupos: los de sangre fría y los de sangre caliente.

Con algunas excepciones, los mamíferos y aves son de sangre caliente, y todos los reptiles, anfibios y peces son de sangre fría. La temperatura de la sangre de un animal está relacionada con la temperatura de su cuerpo.

Los animales de sangre fría dependen del ambiente que les rodea para regular la temperatura corporal. Por esta razón, no consumen mucha energía. Los animales que son de este grupo son los anfibios, los peces y los reptiles.

Los **anfibios** son los sapos y las salamandras. Estos animales viven en el agua y en la tierra. Para reproducirse ponen huevos en el agua, y al nacer atraviesan por un proceso de metamorfosis que les permite adaptarse a los ambientes terrestres.

Hay diferente tipos de **peces**: unos que tienen huesos, otros que tienen cuerpos cartilaginosos. A esta última clase pertenecen los tiburones y algunos peces que carecen de mandíbula. Los peces ponen huevos para reproducirse. Para la respiración tienen branquias. Estas estructuras filtran el oxígeno que se encuentra en el agua del mar para utilizarlo en la respiración.

Los reptiles, al contrario de los anfibios, no pasan por un proceso de metamorfosis sino que nacen ya con las características de los adultos aunque su tamaño es mucho menor. Ponen huevos en la tierra. El sexo del individuo no se determina antes del nacimiento, sino que es determinado por el ambiente en el que se desarrolla.

Los animales de sangre caliente son organismos que no tienen necesidad del medio ambiente para mantener constante su temperatura corporal. Sus cuerpos regulan su temperatura por medio del consumo de calorías y energía en los procesos corporales que llevan a cabo.

Estos animales tienen sus crías de diferentes formas. Las **aves** ponen huevos, los **marsupiales** tienen a sus crías en una bolsa, y los **mamíferos** nacen del vientre de la madre y se alimentan de su leche en los primeros meses de vida.

ESTRUCTURA Y FUNCIONAMIENTO ANIMAL

Todas las células de nuestro cuerpo necesitan alimento para poder producir energía y, de esta forma, desempeñar diferentes funciones. Las células únicamente pueden digerir pequeñas moléculas de comida y el alimento que ingieren muchos animales es muy grande. Cuando una persona come una manzana, las células de su cuerpo no pueden digerir la manzana entera. Necesitan que ésta sea convertida en moléculas para que la células puedan ingerirlas y procesarlas.

El **sistema digestivo** es el trayecto por el que debe pasar la comida para ser procesada y finalmente almacenada por las células en forma de energía. Este sistema varía de animal en animal, dependiendo de sus hábitos alimenticios. Las vacas, por ejemplo, tienen varios estómagos, mientras que los humanos solo tienen uno. El sistema digestivo del humano se ve de la siguiente forma:

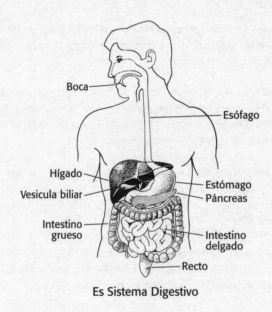

Es Sistema Digestivo

Al ingerir un alimento, la digestión comienza en la boca. Aquí se rompe la comida de manera mecánica por medio de los dientes y la lengua, después procede a romper la comida con ácidos y encimas. El esófago hace que la comida se transforme en una masa llamada *bolo* y baje hasta el estómago. En el estómago, la comida se mezcla con los jugos gástricos que secretan las paredes del estómago.

Los ácidos del estómago trabajan así mismo para descomponer la comida en proteínas más simples. Luego, éstas viajan al intestino delgado donde hay enzimas que continúan con el proceso de descomposición de los alimentos. Las paredes del intestino están llenas de protuberancias que parecen dedos. Dichas protuberancias absorben la comida y la transportan al torrente sanguíneo. Éste se encarga finalmente de llevar el alimento a todas las células del cuerpo. El intestino grueso simplemente absorbe agua y sal. Y los desechos son expulsados por el ano.

Sistema Circulatorio

El líquido vital del cuerpo de los animales es la sangre. Está conformada por un líquido transparente llamado **plasma;** el cual transporta minerales, vitaminas, y azúcares entre otras cosas, a todas las células del cuerpo. También está compuesta de células rojas denominadas **glóbulos rojos,** que transportan oxígeno a todas las partes del cuerpo. Los **glóbulos blancos** son las células que combaten a las bacterias y cualquier material extraño. La sangre es la que lleva los desperdicios que son expulsados de las células hacia los riñones para que sean desechados por el cuerpo.

La función que desempeña el corazón es de transportar la sangre a todas partes del cuerpo; funciona como una bomba. Sin este sistema, la sangre quedaría acumulada en los pies del animal por efecto de la gravedad. Las venas transportan la sangre ya utilizada por las células y la conducen hacia el corazón, a las dos cavidades superiores del corazón llamadas **aurículas,** y las arterias transportan la sangre que sale de los **ventrículos** (cavidades inferiores del corazón) y la llevan a los pulmones.

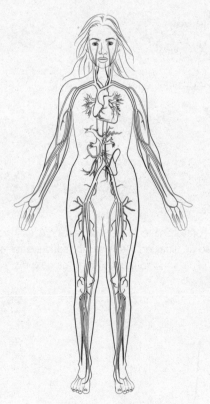

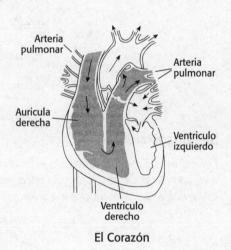

El Corazón

El Sistema Circulatorio

La sangre que llega al corazón por medio de las venas es de color azulado o morado por que está sucia y llena de dióxido de carbono. Esta sangre llega a los pulmones para absorber oxígeno y eliminar el dióxido de carbono desechado por las células del cuerpo. Por eso, cuando respiramos, exhalamos dióxido de carbono e inhalamos oxígeno.

Sistema Respiratorio

Todas las células de nuestro cuerpo necesitan oxígeno y son nuestros pulmones los que se encargan de inhalar este gas, y exhalar el dióxido de carbono que es un desecho de nuestras células. Inhalamos oxígeno a través de nuestra nariz y boca. Éste atraviesa la faringe y baja por la traquea a los pulmones, pasando por los bronquios. Los pulmones se inflan al inhalar el oxígeno. El diafragma regula estos movimientos. Las paredes de los pulmones están llenas de protuberancias que parecen pequeños arbustos. Éstos, llamados **bronquios,** absorben el oxígeno que hay en el pulmón y lo llevan al torrente sanguíneo de los capilares.

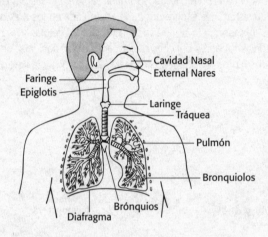

El Sistema Respiratorio

Sistema Excretorio

La sangre carga muchos residuos que las células expulsan. Para deshacerse de ellos, la sangre los lleva a los riñones donde son filtrados. Cuando termina el proceso de filtración, los desechos son llevados a través de pequeños conductos a la vejiga y cuando esta se llena, son expulsados en forma de orina.

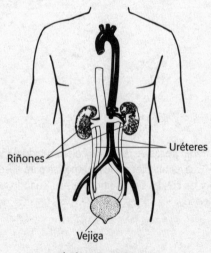

El Sistema Excretor

Sistema Endocrino

En nuestro cuerpo hay muchas glándulas que segregan una serie de hormonas que controlan el desarrollo de nuestro cuerpo, y alteran nuestras emociones, crecimiento, etc. Estas hormonas son las encargadas de regular la menstruación en las mujeres, también se encargan de la producción de leche, de controlar los niveles de azúcar en la sangre, etc. La siguiente tabla muestra las glándulas más importantes, las hormonas que segregan y el efecto de estas en el cuerpo.

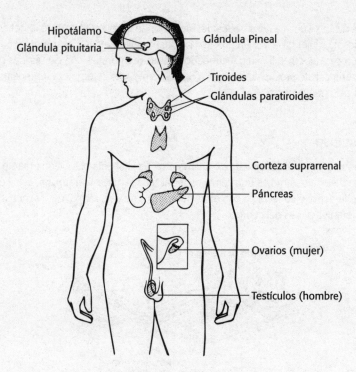

El Sistema Endocrino

Sistema Reproductivo

Los hombres producen millones de **espermatozoides diariamente**. Las mujeres, en contraste, nacen con un **número determinado de óvulos**, los cuales van madurando durante la pubertad. Las mujeres atraviesan lo que se llama el ciclo de la menstruación que dura 28 días. Éste comienza con el desarrollo del óvulo dentro de un folículo, después de 14 días el óvulo está listo y sale del folículo, viaja a través de las trompas de Falopio y llega al útero donde espera ser fertilizado por el espermatozoide.

Si se **fertiliza**, el óvulo se pega a las paredes del útero donde empieza el desarrollo del embrión. Si no es fertilizado, la mujer pasa por un proceso de desprendimiento de las membranas uterinas que se han preparado para albergar al óvulo fecundado. Dichas membranas son expulsadas por la vagina en la forma de sangre. Este proceso dura de 3 a 5 días y entonces se empieza a preparar otro óvulo, comenzando el ciclo nuevamente.

Sistema Nervioso

El sistema nervioso controla todos nuestros movimientos. Es vital para el funcionamiento del cuerpo. La unidad básica de este sistema es una célula especializada llamada la **neurona**. Esta célula tiene extensiones que le permite conectarse con otras neuronas y de esta forma, enviar mensajes químicos y eléctricos a diferentes partes del cuerpo.

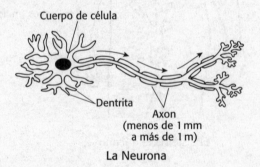

Cuerpo de célula

Dentrita

Axon
(menos de 1 mm
a más de 1 m)

La Neurona

El cerebro se comunica de esta manera con los diferentes músculos y órganos del cuerpo enviando impulsos o instrucciones. Este sistema es llamado sistema nervioso periférico—se encarga de las funciones que son automáticas, como el movimiento del corazón o la digestión de comida. Hay veces en que el cuerpo reacciona a estímulos ambientales antes de que la persona tenga tiempo de pensar. Estas reacciones son llamadas **reflejos** y son también controladas por el sistema nervioso.

Genética

Los embriones se forman con la unión de un espermatozoide y un óvulo. Cada uno contiene **material genético** o **ADN**. En el ADN hay algo llamado genes, que contienen la información genética y las características propias de cada uno de los padres que aportan con estas células. Los genes son instrucciones que permiten que el embrión se desarrolle y que determina características tales como el color de los ojos o del cabello.

El ADN tiene forma de **doble hélice** y está compuesto de nucleótidos, que son cuatro: A, C, T, y G. Estas 4 letras tienen parejas; la hélice **A** se une con la **T**, y la **G** con la **C**. La secuencia de estas 4 letras es lo que sirve como instrucciones para que el cuerpo forme diferentes proteínas. El ADN de una persona está organizado de tal manera que lo hace único.

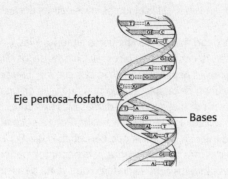

Estructura del ADN

Al copiarse, el ADN puede cometer errores y esto puede causar lo que se llama mutaciones. A veces las mutaciones en el ADN son producidas por algún factor externo como el consumo de alcohol, drogas y algunas medicinas. Estos errores pueden producir daños severos en el embrión. El cáncer, por ejemplo, es causado por una mutación de los genes al igual que el síndrome de down.

El ADN está empacado en estructuras llamados cromosomas. Todos los humanos tienen **46 cromosomas**, 23 de los cuales heredan de su madre y 23 de su padre.

Por esto, todas las personas tienen mucho parentesco con sus familiares. Todas las personas tienen 2 genes para cada rasgo, uno de su madre y otro de su padre. Por lo general, solo uno de ellos se expresa físicamente. Esto se debe a que hay genes que son más fuertes, llamados **dominantes** y hay otros que son más dóciles (**recesivos**).

Cuando una persona hereda un gen recesivo de uno de sus padres y un gen dominante del otro solo se muestra físicamente el rasgo dominante. Si hereda de ambos de sus padres un gen recesivo ahí se muestra dicho rasgo. Un claro ejemplo es el color de ojos, el rasgo dominante es el café mientras que el recesivo es el azul. Si una persona hereda de su padre el rasgo de ojos azules y de su madre el gen de ojos cafés, va a tener ojos cafés. En cambio, si ambos aportan el gen de ojos azules, la persona va a tener ojos azules.

Genes de la Madre

		r	R
Genes de la Padre	R	Rr cafés	Rr Cafés
	R	Rr cafés	Rr Cafés

Esta tabla muestra que todos los hijos van a tener ojos cafés.

La Evolución

La teoría de la evolución causó mucha controversia cuando fue planteada por primera vez. Charles Darwin propuso esta teoría y es el más conocido por ella aunque hubieron otras personas que publicaron ideas similares. En un viaje a las islas Galápagos, Darwin observó a muchos de los animales que se encontraban allí; en especial los piqueros, aves nativas del área.

Al explorar las diferentes islas, encontró que existían piqueros en todas ellas, y aunque todos eran similares los piqueros tenían ciertas diferencias. Los picos y las pinzas de los piqueros que encontraba en cada una de las islas eran diferentes dependiendo de lo que comían. Entonces Darwin propuso lo siguiente: Todos estos piqueros vienen de un ancestro común que vivió en una de las islas. Al pasar los años esta población de piqueros fue migrando a las demás islas existentes, y se fué adaptando a las condiciones y a la comida que cada isla les proporcionaba. Poco a poco fueron modificándose físicamente para poder adaptarse mejor a la comida que encontraban allí. Por ejemplo, los picos de algunos de los piqueros se volvieron más duros y agudos para poder romper nueces que había en la región. Después de un tiempo los piqueros cambiaron tanto que ya no se asemejaban a la población original.

Darwin propuso que éste no era el único caso, sino que todos los animales, incluyendo los humanos en la tierra han pasado por este proceso. Él planteó que todos los animales tienen un ancestro del cual evolucionaron para ser lo que son ahora.

La pregunta que sigue es ¿Por qué se modifican las especies? La respuesta nos la da Darwin—**que los animales se van transformando para poder adaptarse al ambiente en el que viven, ya que solo los mejor adaptados son los que sobreviven, mientras que el resto muere.** Los que sobreviven son los que tienen hijos y perpetúan la especie.

Supongamos que en la tierra hace muchos años había animales de baja estatura que comían de pequeños arbustos que se encontraban cerca del suelo, hasta que un día vino una sequía que acabó con todas estas plantas. Estos animales empezaron a morir poco a poco por la falta de alimento, pero uno de estos animales, que por alguna razón tiene el cuello más alto de lo normal, puede alcanzar a plantas más altas. Este animal sería el único sobreviviente que tendría hijos y continuaría con dicha especie. De estos hijos, los que tengan los cuellos más altos obtendrían más comida y se convertirían en los más fuertes. De estos, se formaría una nueva población diferente a la original ya que tienen los cuellos más altos.

A través de este procedimiento, han surgido las diferentes especies que existen en la actualidad y algunas ya extintas. Y es así como también los humanos han evolucionado hasta el estado actual.

Ecología

La **ecología** consiste en el estudio del medio ambiente y de cómo los organismos vivos se relacionan entre ellos y con su medio. El enfoque de los ecologistas es en la **biosfera,** como se denomina a la parte de la tierra en donde habitan todos los seres vivos. A la biosfera se le divide en diferentes regiones llamadas **biomas** que son regiones que tienen condiciones ambientales muy similares.

Los diferentes biomas que existen en la tierra son:

- **Océanos:** Ésta es la región más grande de la tierra donde viven organismos diversos. Hay unos que viven en la superficie del mar donde reciben luz solar y otros que viven en sus profundidades.

- **Bosques:** Estas regiones pasan por todas las estaciones. Los árboles van cambiando de acuerdo al clima, sus hojas se secan y caen durante el otoño y vuelven a brotar en la primavera.

- **Agua Fresca:** Son las regiones de agua dulce, es decir, los ríos, lagunas, lagos etc., que contienen organismos acuáticos que no pueden soportar el agua salada del mar.

- **Tundras:** Estas regiones están sometidas a inviernos muy severos en los que la tierra se congela. En estas regiones la hierba crece en el verano cuando se derrite el hielo que cubre la tierra.

- **Desiertos:** Estas regiones tienen muy poca lluvia, y por esto crece vegetación tal como los cactus que pueden soportar esta falta de agua por largos períodos de tiempo. Los animales que habitan estas regiones también están acostumbrados al calor intenso y a la falta de agua. Hay pequeños lugares en medio de los desiertos donde crece abundante vegetación. Estos lugares son denominados oasis.

- **Sabana Tropical:** Conocidas también como pastizales. Estas regiones se caracterizan por grandes planicies llenas de hierba y con pocos árboles. Estas regiones reciben lluvia aunque no mucha y son muy calientes.

- **Selva Tropical:** Estas regiones reciben gran cantidad de agua, y tiene una temperatura muy elevada. En ellas habitan muchos animales y abundante vegetación.

- **Páramo:** Estas regiones no reciben tanta agua como la sabana y las temperaturas que alcanzan son más bajas.

En la biosfera hay **poblaciones,** grupo de individuos de la misma especie que viven en el mismo sitio. Se estudian también a las **comunidades,** o sea grupos de poblaciones de diferentes especies que viven en un sitio más extenso. El **ecosistema** es la relación que sostienen los organismos en una comunidad con su entorno físico. El lugar donde cada población vive es el **hábitat.** Finalmente, **el nicho** de un individuo es el papel que desenvuelve en el ecosistema. Esto incluye cada acción, de parte del individuo, que altera el ambiente de alguna forma: lo que consume, lo que daña etc.

Todos los organismos son parte de alguna cadena alimenticia. La **cadena alimenticia** consiste en una jerarquía de organismos en la cual, energía es transmitida de un organismo a otro. Comienza con las plantas que absorben los rayos solares y producen comida, a estos se les llama **productores.** Los **herbívoros** (animales que comen únicamente plantas) obtienen 10% de la energía de las plantas que consumen. Un **carnívoro** (animal que solamente se alimenta de la carne de otro animal) u **omnívoro** (animal que se alimenta de plantas y carne animal) se alimenta de los herbívoros y obtiene 10% de la energía de éste. A los herbívoros, carnívoros y omnívoros se les llama **consumidores** porque consumen energía de otros organismos, no la producen por sí solos. Finalmente, cuando muere cualquiera de los organismos de esta cadena es descompuesto por organismos más pequeños que se encargan de consumir la energía de los que mueren. Las bacterias y los hongos son ejemplos de organismos que descomponen a otros seres.

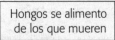

Hongos se alimento de los que mueren

Águila se come al conejo

Conejo se come a la hierba

Hierba produce alimento del sol

Ejercicios de Práctica

Las preguntas 1–3 se refieren al siguiente texto y gráfico:

La siguiente imagen muestra un árbol genealógico de la familia de Juan. En la familia existen algunos daltónicos. Esta condición es ligada al sexo y pasa de madre a hijo. Los portadores de la enfermedad son aquellos en los recuadros negros. Los cuadrados representan a los hombres y los redondos a las mujeres.

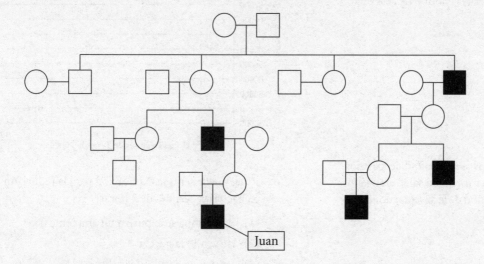

1. ¿Cuál de las siguientes conjeturas es correcta acerca de esta enfermedad?

    (1) Es recesiva

    (2) Es dominante

    (3) Es espontánea

    (4) Muta frecuentemente

    (5) Ninguna de las respuestas anteriores

2. Si Juan se casa con una mujer cuyo padre es daltónico, ¿qué podría ocurrir con las hijas de esta pareja?

    (1) Algunas van a ser portadoras de la enfermedad

    (2) Ninguna va a ser portadora de la enfermedad

    (3) Todas van a ser portadoras de la enfermedad y talvez sufran de ella

    (4) Van a tener otros problemas clínicos

    (5) Sus genes van a mutar

3. Juan es daltónico. Para que esto sea cierto ¿cuál de las siguientes opciones es cierta acerca de la madre de Juan?

    (1) Tiene muchas enfermedades

    (2) Es portadora de la enfermedad

    (3) No es portadora de la enfermedad

    (4) Algunos de sus genes mutan fácilmente

    (5) Es daltónica

Las preguntas 4 y 5 se refieren al siguiente texto:

Un científico decide cruzar dos arvejas, A y B. La arveja A es arrugada, rasgo recesivo, y es por eso que su genotipo es rr. La arveja B es redonda y no se sabe su genotipo.

4. Si al cruzar ambas arvejas todos los hijos salen redondos ¿cuál fuera el genotipo de la arveja redonda?

    (1)   rr
    (2)   Rr
    (3)   RR
    (4)   rx
    (5)   Rrr

5. Si al cruzar ambas arvejas la mitad de los hijos salen redondos y la otra mitad salen arrugados, ¿cuál fuera el genotipo de la arveja redonda?

    (1)   rr
    (2)   rrR
    (3)   RR
    (4)   rx
    (5)   Rrr

La pregunta 6 se refiere a la siguiente tabla.

La siguiente tabla muestra el crecimiento de bacterias en la herida en una persona así pasa el tiempo.

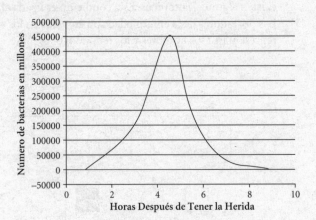

6. ¿Cuál puede ser una explicación para la reducción en bacterias después de 5 horas?

    (1)   la persona se expuso a un ambiente frío
    (2)   se vendó la herida
    (3)   se dejo la herida al aire libre
    (4)   se desinfectó la herida con antibióticos
    (5)   ninguna de las respuestas anteriores

La pregunta 7 se refiere al siguiente gráfico:

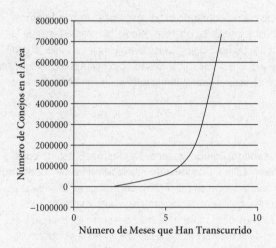

7. El gráfico muestra el crecimiento en la población de conejos en un área. ¿Cuál puede ser una razón para el incremento en número de conejos en el área?

    (1) hay abundante comida para todos

    (2) ha habido migración de conejos de otras partes a este sitio

    (3) no hay predadores que lo maten

    (4) no hay competencia de otros animales por comida o espacio

    (5) todas las respuestas anteriores

Las preguntas 8 y 9 se refieren al siguiente texto:

Muchas personas nacen con defectos y enfermedades que pueden perjudicar grandemente la vida de la persona. Enfermedades tales como el cáncer, la diabetes, los problemas del corazón y deficiencias en otros órganos vitales, pueden causar incluso la muerte. Muchas de estas enfermedades son genéticas.

La ciencia está tratando de remediar estas enfermedades al alterar el material genético de las personas que las padecen a través de la terapia de genes. Este tratamiento consistiría en detectar genes defectuosos a temprana edad e introducir genes que no existen en estas personas. El problema se presenta cuando uno considera que si se modifica la genética de una célula, no cambia en nada la genética completa de la persona, y habría que modificar todas las células del cuerpo. Esto se ha hecho con plantas, para que sean más resistentes a sequías y a enfermedades.

Hay mucha controversia, sin embargo, alrededor de estas investigaciones. Hay muchas personas que están en contra de este tipo de tratamientos alegando que van en contra de la naturaleza.

8. ¿Cuales de las siguientes enfermedades pueden ser curadas a través de este tratamiento?

    (1) Alzheimer

    (2) Mal de Parkinson

    (3) cáncer

    (4) ataques al corazón

    (5) todas las respuestas anteriores

9. ¿Cuál es uno de los problemas que tiene este tratamiento?

    (1) pueden mutar las células

    (2) aún no se aprueba la experimentación con humanos

    (3) habría que modificar todas las células del cuerpo.

    (4) las opciones (3) y (2)

    (5) las opciones (2) y (1)

10. Los rayos solares son extremadamente dañinos para el organismo aunque ciertas cantidades de ellos son necesarios para la piel. ¿Cuál de las siguientes opciones son efectos de mucha exposición al sol?

    (1) el cuerpo adquiere vitamina D

    (2) cáncer a la piel puede surgir

    (3) arrugas

    (4) manchas en la piel

    (5) todas las respuestas anteriores

QUÍMICA

Las reacciones químicas se encuentran a nuestro alrededor todo el tiempo. Cada vez que lavamos la ropa, o hervimos agua, realizamos reacciones químicas. La química estudia las propiedades de la materia. **Materia** es todo lo que vemos alrededor de nosotros, los elementos orgánicos tales como animales y las cosas inanimadas como el aire y el agua. Se estudia desde las partículas más pequeñas de la materia, los átomos, y las reacciones que tiene la materia cuando interactúa con otros elementos.

Materia

La materia tiene diferentes estados. Puede ser **sólida, líquida, gaseosa,** o **plasma**. El estado en el que se encuentra la materia depende de la temperatura. Cuando aumenta la temperatura, los átomos adquieren más energía y por esta razón más libertad, y no se mantienen en estructuras rígidas. En el estado sólido, los átomos no se mueven mucho y mantienen una estructura bastante rígida—una mesa, por ejemplo. En el estado líquido, los átomos de la materia se mueven con más libertad y es por eso que la estructura de ésta en su estado de líquido no es rígida. Esto es claro si se observa la estructura del agua. En estado de gas, los átomos de la materia tienen mucha libertad y se mueven rápidamente, por eso se encuentran esparcidos por todos lados.

La plasma es un estado de la materia que no puede ser observado aquí en la tierra. Las estrellas se encuentran en este estado.

Toda la materia tiene dos propiedades: las **físicas** y las **químicas**. Las propiedades físicas de la materia incluyen el peso, la densidad, la longitud, el ancho etc. Estas propiedades, si son alteradas, no cambian la materia en su composición química. Si tenemos un pedazo de madera que pesa 5 libras y es de 2 metros de largo, y lo cortamos en la mitad, así cambian las propiedades físicas de la madera. Ya que no va a pesar lo mismo ni va a tener la misma longitud; pero sigue siendo madera, no ha sido alterada químicamente. Muchos de los cambios físicos que se le impone a la materia son reversibles.

Las propiedades químicas de la materia por otro lado, si son alteradas, cambian químicamente a la materia. Si se tiene un pedazo de madera y se le quema, ya no va ser madera sino cenizas. Se ha producido un cambio en su composición química. O si se deja que se oxide un pedazo de metal, el metal reacciona con el oxígeno del aire convirtiéndole en otra materia (óxido). Estos cambios, por lo general, son irreversibles.

El Átomo

Toda la materia está compuesta de átomos. Estas partículas son tan pequeñas que no se les puede ver por microscopio. Al pasar los años los científicos han hecho varios modelos de átomos. La estructura de un átomo consta de **neutrones** y **protones** que constituyen el núcleo. Alrededor de este se encuentran los **electrones**. La siguiente imagen muestra la estructura del átomo:

Los protones del átomo tienen una carga positiva, los electrones una carga negativa y los neutrones tienen una carga neutral. En un átomo, el número de protones es el mismo que el de neutrones. Si hay menos neutrones entonces se forma lo que se conoce como un isótopo que generalmente es un átomo radioactivo. El número de electrones también debe ser igual que el de protones para que el átomo sea de carga neutral, si hay menos o más electrones que protones en un átomo se forma un ion. Éstos pueden tener carga negativa o positiva dependiendo del número de electrones y protones que posee el átomo.

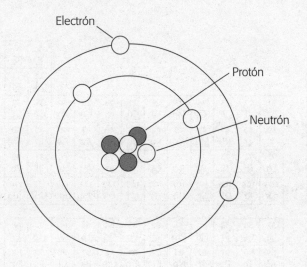

La Tabla Periódica

Toda la materia está hecha de átomos, sin embargo no toda la materia es igual. Esto se debe a que toda la materia está hecha de uno o más elementos. Un elemento es un tipo de materia que no puede ser dividido en una parte más pequeña. Lo que diferencia a un elemento de otro es el número de protones que éste tiene. El elemento de oxígeno tiene 8 protones mientras que el carbono tiene 6 protones.

Los científicos han estudiado todos los elementos que hay en la tierra y los han ordenado de acuerdo al número de protones, o número atómico, en lo que se llama la tabla periódica.

Tabla Periódica de los Elementos

Grupo	1	2		3	4	5	6	7	8	9	10	11	12	13	14	15	16	17	18
Periodo																			
1	1 H																		2 He
2	3 Li	4 Be												5 B	6 C	7 N	8 O	9 F	10 Ne
3	11 Na	12 Mg												13 Al	14 Si	15 P	16 S	17 Cl	18 Ar
4	19 K	20 Ca		21 Sc	22 Ti	23 V	24 Cr	25 Mn	26 Fe	27 Co	28 Ni	29 Cu	30 Zn	31 Ga	32 Ge	33 As	34 Se	35 Br	36 Kr
5	37 Rb	38 Sr		39 Y	40 Zr	41 Nb	42 Mo	43 Tc	44 Ru	45 Rh	46 Pd	47 Ag	48 Cd	49 In	50 Sn	51 Sb	52 Te	53 I	54 Xe
6	55 Cs	56 Ba	*	71 Lu	72 Hf	73 Ta	74 W	75 Re	76 Os	77 Ir	78 Pt	79 Au	80 Hg	81 Tl	82 Pb	83 Bi	84 Po	85 At	86 Rn
7	87 Fr	88 Ra	**	103 Lr	104 Rf	105 Db	106 Sg	107 Bh	108 Hs	109 Mt	110 Ds	111 Uuu	112 Uub	113 Uut	114 Uuq	115 Uup	116 Uuh	117 Uus	118 Uuo

*Latánidos	*	57 Le	58 Ce	59 Pr	60 Nd	61 Pm	62 Sm	63 Eu	64 Gd	65 Tb	66 Dy	67 Ho	68 Er	69 Tm	70 Yb	71 Lu
**Actínidos	**	89 Ac	90 Th	91 Pa	92 U	93 Np	94 Pu	95 Am	96 Cm	97 Bk	98 Cf	99 Es	100 Fm	101 Md	102 No	103 Lr

La tabla periódica indica el número de electrones, el número atómico (número de protones), y la masa atómica que es la suma del número de protones y neutrones. En la parte superior, se encuentran números romanos. Estos números determinan el grupo al que pertenece cada elemento.

Los grupos más importantes son los metales, los no metales, y los gases nobles. Los metales más importantes son los que se encuentran en los grupos I y II. Los no metales se encuentran en los grupos del IV al VII, y los gases nobles son todos los que están en el último grupo, es decir, en el VIII.

Reacciones Químicas

Dependiendo del elemento, el átomo va a tener diferente número de electrones en su última órbita, y este número va a determinar lo estable que es el átomo. Si el átomo tiene menos de 8 electrones en la última órbita se va a unir con otro átomo. Por esto, el átomo de un elemento no se encuentra soloú, ya que en muchos casos está unido a otro átomo, formando lo que se llama un **compuesto**.

Para unirse uno a otro, los átomos crean un **enlace o una unión**. Esta puede ser **covalente, iónica, o metálica**. En la unión covalente, dos átomos se unen y comparten los electrones de su última órbita para volverse más estables. Por ejemplo, el dióxido de carbono es un compuesto de dos átomos de oxígeno con uno de carbono:

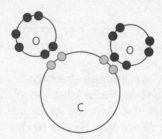

Cada átomo de oxígeno tiene en su última órbita 6 electrones, y el átomo de carbono tiene 4 electrones. A cada átomo de oxígeno le faltan dos electrones para ser estable, mientras que el de carbono necesita 4. Al formar un enlace covalente, cada átomo de oxígeno comparte dos electrones con el átomo de carbono, esto completa los cuatro electrones que le faltaban al átomo de carbono.

Al mismo tiempo, se completa la órbita de ambos oxígenos. Este tipo de compuesto se llama **molécula.** Las moléculas pueden ser formadas entre dos átomos de diferentes elementos o dos átomos del mismo elemento, siempre y cuando pertenezcan al grupo de los no metales.

En la unión iónica, los átomos no comparten electrones como lo hacen en la unión covalente, sino que uno de los átomos pierde electrones y estos se trasladan a otro átomo, y así ambos se convierten en iones—NaF (fluoruro de sodio), por ejemplo. Este compuesto consiste de un átomo de sodio con uno de flúor. El sodio tiene 1 electrón en su última órbita mientras que el flúor tiene 7 electrones en la última órbita. El sodio se vuelve positivo y el flúor se vuelve negativo.

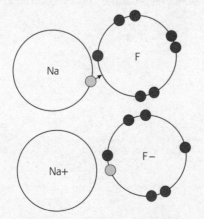

Para representar moléculas y compuestos, se utilizan **fórmulas químicas**. Éstas indican qué elementos son parte de la molécula, el número de átomos de cada elemento y el número de moléculas. En dióxido de carbono, la fórmula es CO2; ésta indica que hay un átomo de carbono y el número pequeño que le sigue a la O nos indica que hay 2 átomos de oxígeno. Si nos muestran una fórmula que es 6CO2, el 6 antes de la fórmula nos indica que se trata de 6 moléculas de dióxido de carbono.

Para representar **reacciones químicas**, se usa una **ecuación.** Todas las reacciones químicas respetan lo que se llama **la ley de la conservación de la masa**. Esto significa que el número de átomos de cada elemento que está a un lado de la ecuación, tiene que ser el mismo al otro lado de la ecuación. Un ejemplo de ecuación de una reacción química es la de la respiración celular:

$$C_6H_{12}O6 + 6O_2 = 6CO_2 + 6H_2O$$

El número de átomos de cada elemento es el mismo a ambos lados de la ecuación.

En la química, hay lo que se llaman las **soluciones**. Una solución consiste en la disolución de una sustancia en otra. A la sustancia que se disuelve se le llama el **soluto**, y a la que disuelve al soluto se le denomina **solvente.** Un gas, líquido o sólido puede ser solvente o soluto. Un claro ejemplo de una solución es el agua mineral, ya que dióxido de carbono se ha disuelto en agua. El dióxido de carbono es el que, al contacto con el aire, produce el gas.

La Escala de pH

Las moléculas de agua tienen una propiedad muy especial, porque aunque están formadas de uniones covalentes, a veces se separan para formar uniones iónicas. Esto causa que el agua se vuelva ácida o alcalina. Si tiene muchos hidrógenos se vuelve ácida, pero si tiene muchos hidróxidos se vuelve alcalina.

Hay muchas sustancias que se usan en la vida cotidiana que tienen propiedades ácidas o alcalinas: el café o el jugo de limón son sustancias ácidas. Los detergentes y los jabones que se usan en el aseo doméstico son alcalinos. Para medir la acidez de una sustancia se creó una escala de pH. Los pH que son mayores que el 1 y llegan al 7 son ácidos, mientras que los pH que son mayores que el 7 y llegan al 14 son alcalinos.

El pH 7 (*pH neutral*) como el agua significa que la sustancia no es ni ácida ni alcalina. Los alimentos que consumimos son, en su mayoría, de pH ácido, y los productos que se utilizan para limpieza tienen un pH alcalino.

Química Orgánica

La química orgánica es una rama de la química que estudia el elemento denominado **carbono** en la tabla periódica. El carbono es uno de los elementos más importantes de la tabla periódica por ser un elemento con características muy especiales. El carbono es componente del petróleo, los diamantes y de todos los organismos vivos.

Todos los seres vivos son compuestos de hidrógeno, nitrógeno, oxígeno y carbono. Cuando un organismo muere, se descompone, y el carbono regresa a la tierra y a otros organismos que lo utilizan. Los científicos pueden saber a que época pertenecen los fósiles haciendo pruebas de carbono 14. Esta prueba mide el nivel de carbono que existe en el fósil encontrado. Al morir un organismo y con el paso del tiempo, los restos del organismo muerto forman compuestos orgánicos que contienen carbono.

Los **hidrocarburos** son unos compuestos de hidrógeno y carbono. El petróleo pertenece a este tipo al igual que el carbón. El petróleo es utilizado por los humanos como fuente de energía y regresa al ambiente como CO_2 y otros gases. Esta es la mayor causa de la contaminación que está sufriendo el ambiente en nuestro planeta. Todos estos procesos conforman un ciclo llamado el ciclo del carbono:

Ejercicios de Práctica

Las preguntas 1 y 2 se refieren al siguiente dibujo:

Una Piedra en un Vaso de Agua, ambas a diferentes temperaturas

1. ¿Cuál de las siguientes opciones es una observación acertada acerca de la transferencia de calor de un objeto al otro?

   (1) La piedra va a perder calor
   (2) El agua va a perder calor
   (3) Ninguno pierde calor
   (4) El agua va absorber calor
   (5) El vaso va a perder calor

2. ¿Qué es cierto acerca de la densidad de la piedra?

   (1) Es menos densa que el agua
   (2) Es de la misma densidad que el agua
   (3) La piedra es más densa que el agua
   (4) La piedra es más densa que el vaso
   (5) Hay muy poca información para dar una respuesta

La pregunta 3 se refiere al siguiente gráfico:

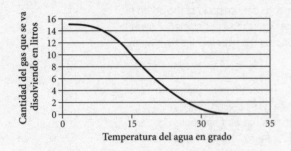

3. El gráfico muestra la cantidad de un gas que se va disolviendo en agua a medida que el agua se va calentando. Si quieres que se disuelva la máxima cantidad de gas en agua, ¿cuál sería un procedimiento lógico para lograrlo?

   (1) Enfriar el agua

   (2) Calentar el agua

   (3) Dejar que esté a su temperatura normal

   (4) Poner otras soluciones en el agua

   (5) Ninguna de las respuestas anteriores

La pregunta se refiere al siguiente gráfico:

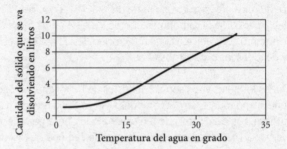

4. Si quieres que se disuelva la máxima cantidad de sólido en agua, ¿cuál sería un procedimiento lógico para lograrlo?

   (1) Enfriar el agua

   (2) Calentar el agua

   (3) Dejar que esté a su temperatura normal

   (4) Poner otras soluciones en el agua

   (5) Ninguna de las respuestas anteriores

5. Un científico encuentra grandes posos de petróleo bajo la tierra. ¿Qué se puede inferir acerca de lo que antes estaba allí?

   (1) Mucha vegetación y animales

   (2) Piedras volcánicas

   (3) Un río grande

   (4) Un desierto

   (5) Ninguna de las respuestas anteriores

LA FÍSICA

La física explora las leyes y fuerzas que rigen a todas las moléculas del universo. Investigan el por qué del comportamiento de todas las cosas.

Fuerzas

Una **fuerza** es simplemente algo que altera el movimiento de un objeto. La **gravedad** es una fuerza, es la causante de que no salgamos flotando al espacio, sino que nos mantengamos firmes en la tierra. Es la que hace que la tierra gire alrededor del sol.

Cuando halamos un objeto o lo empujamos, también estamos ejerciendo fuerza sobre ellos. La **fricción** que da el suelo cuando pateamos una pelota también es un ejemplo de una fuerza. La fricción se produce cuando dos superficies son frotadas una con otra.

Cuando un niño se cuelga de un columpio, hay **tensión** en las cuerdas que sostienen el columpio; ésta es otra fuerza. Si todas las fuerzas que están siendo ejercidas sobre un objeto son iguales en magnitud, el objeto no se mueve o en el caso de que las fuerzas sean ejercidas una vez que el objeto está en movimiento, este movimiento se mantendría constante.

Trabajo

Las Leyes de Newton

Isaac Newton, un físico británico, al plantear sus 3 leyes de movimiento es el que más repercusión ha tenido en el campo de la física.

La primera ley de Newton dice que los objetos tienen una tendencia de mantener el movimiento en el que están, si no son perturbados por alguna fuerza externa. Si uno fuera a patear una pelota en el espacio, esta seguiría su trayecto hasta que una fuerza se lo impida o la haga cambiar de curso. Si dejamos una pelota en el suelo, se va a quedar en esta posición a menos que la pateemos. Esta propiedad se conoce como **inercia**.

La segunda ley dice que la **fuerza** de un objeto es directamente proporcional a su **aceleración** y a su **masa**. La aceleración de un objeto es indirectamente proporcional a su masa. Esta ley se puede resumir en la siguiente ecuación:

$$F = MA$$

Por lo tanto, si se quisiera conocer cual es la aceleración de un objeto, sólo tiene que dividir la fuerza por la masa.

La masa no es lo mismo que el peso. El peso de un objeto es igual a la masa por la gravedad (9.8 m/s^2). La masa se calcula en kilogramos (kg.).

La tercera ley dice que para cada acción, hay una reacción que es igual y opuesta. Cuando uno patea una pelota ejerce una fuerza sobre esta, pero la pelota también ejerce una fuerza igual y opuesta sobre el pie de la persona que la patea.

Energía

Hay varios tipos de energía: eléctrica, química, nuclear, y mecánica. La **energía eléctrica** es la que se refiere al movimiento de los electrones. La materia almacena la energía en forma de **energía química**. La **energía nuclear** es la que surge a partir del núcleo de un átomo. Esta energía es muy poderosa.

Una de las formas en las que se encuentra la **energía mecánica** es al estar un objeto en movimiento. Se denomina como **energía cinética.** Una bala disparada de un arma, un carro que está bajando una autopista, un niño corriendo, son ejemplos de energía cinética.

La **energía potencial** es una forma de energía mecánica que depende de la posición de un objeto. Si usted sostiene una manzana en el aire, ésta tiene energía potencial cuando permite que caiga al suelo. Va perdiendo energía potencial al acercarse al suelo y adquiere energía cinética. Mientras más arriba esté la manzana, más energía potencial tiene. La energía que tiene la manzana antes de que caiga al suelo y también después es la misma según **la ley de la conservación de energía.** Aunque la manzana pierda energía potencial al caer al suelo, adquiere energía cinética; lo cual compensa la energía perdida.

El Calor como Forma de Energía

El calor es una forma de energía altamente desorganizada. Cuando se aplica calor a un objeto, este se expande. Esto se debe a la excitación de los átomos, que al adquirir más energía tienen mayor libertad de movimiento. Cuando se enfría, un objeto se contrae ya que los átomos pierden movimiento. El agua es una sustancia extraña ya que al enfriar se contrae hasta que llega a los 4°C y después se empieza a expandir. Cuando hay diferencias en temperaturas, el calor se traslada de lugar a través de tres procesos: conducción, convención y radiación.

La **convención** es un proceso por el cual el calor viaja a través del aire y el agua. El aire caliente se mueve hacia arriba, mientras que el aire frío baja. Esta diferencia en las temperaturas del aire producen los vientos. Lo mismo ocurre en las corrientes de agua, el agua caliente se mueve hacia arriba mientras que la fría baja.

La **conducción** es un proceso por el cual el calor se transfiere a un objeto, cuando se excitan los átomos de uno se golpean con otros transfiriendo su calor. Los objetos tienen que estar en contacto directo para que esto suceda. El agua es un conductor pobre del calor, pero el aire es mucho mejor.

La **radiación** es un proceso en el que se produce una transferencia de calor por efectos del sol. Esta energía es llamada *radiante* y solo se transforma en calor cuando un objeto la absorbe. Siempre se transfiere el calor del objeto de temperatura más alta al de temperatura más baja. Por ejemplo, si uno pone un hielo en agua, el agua transfiere su calor al hielo calentándolo y causando que se derrita.

Máquinas

Ondas

La energía viaja en forma de ondas. Estas varían en frecuencia, longitud de onda, tamaño de cresta, y período. La **frecuencia** de las ondas es la cantidad de ondas que pasan por un punto en un tiempo dado. El **período** es el tiempo que se demora la onda en pasar de cresta a cresta en un tiempo determinado.

Las ondas se han clasificado de acuerdo a su frecuencia. Las **ondas de alta frecuencia** son las que tienen más energía y muchas de ellas son dañinas para nuestra salud tales como las ultravioleta o los rayos gamma, que producen cáncer a la piel en muchos casos. Las **ondas de poca frecuencia** y de baja energía incluyen las ondas microondas, y los rayos infrarrojos, que son de calor.

Las **ondas visibles** para el ojo humano son limitadas. Nuestros ojos no pueden ver ondas de muy alta ni muy baja frecuencia. Las ondas visibles son esenciales para nosotros ya que son las que nos permiten ver. Las ondas que pertenecen a la luz visible son todos los colores. Colores tales como el rojo, tienen baja frecuencia mientras que el azul tiene alta frecuencia.

La siguiente imagen muestra el rango de ondas desde las de alta frecuencia a las de baja frecuencia.

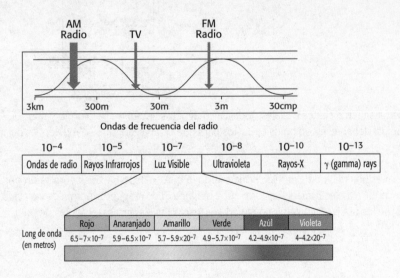

Las ondas de sonido son muy similares porque también tienen diferentes frecuencias. Mientras más alta la frecuencia de la onda de sonido, más agudo es el sonido y si tiene baja frecuencia el sonido se vuelve grave.

Electricidad

Las corrientes de electricidad en un alambre se forman cuando hay flujo de electrones entre los átomos que se encuentran en el alambre. Los alambres y otros materiales que llevan la corriente eléctrica se llaman **conductores**, y los materiales que no son capaces de llevar una corriente se llaman **aislantes.**

La **estática** es parte de la electricidad. Cuando usted frota un globo con una tela, hace que los electrones de la tela se pasen al globo y esto produce una carga negativa en el globo y positiva en la tela, ocasionando que haya atracción entre ambos objetos.

Los **circuitos** son los caminos por los que pasa la corriente eléctrica. Estos tienen tres partes: 1) una batería o cualquier material que produzca un voltaje, 2) un alambre que transporte la corriente y 3) un consumidor del voltaje, como un foco. Hay dos tipos de circuitos: el de serie y el paralelo. Si en un **circuito en serie** se apaga uno de los focos los que le siguen también van a apagarse. En cambio, en un **circuito paralelo** esto no ocurre ya que cada foco es independiente.

Magnetos

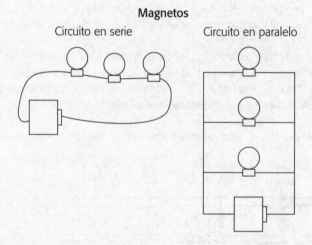

Circuito en serie   Circuito en paralelo

Las magnetos atraen a ciertos metales. Todas las magnetos tienen un polo norte y uno sur. Al juntar a dos magnetos, deben estar en polos opuestos para que se atraigan, sino se repelen, es decir, se alejan uno de otro.

Se puede crear una magneto con electricidad. Todo lo que se debe hacer es enrollar un pedazo de metal que conduzca electricidad y se forma una magneto. Los magnetos normales y eléctricos son muy útiles; se les usa para construir refrigeradores, escaleras eléctricas, secadoras de pelo, timbres etc.

Ejercicios de Práctica

1. Un hombre está montando a caballo y va a gran velocidad. De repente se encuentra con un obstáculo y el caballo por impulso, se detiene repentinamente. El hombre sale volando y cae 3 metros más allá de su posición original. ¿Cuál de los siguientes términos explica cómo se produce la caída?

    (1) Gravedad

    (2) Inercia

    (3) Tensión

    (4) Masa

    (5) Ninguna de las respuestas anteriores

2. La energía cinética es aquella que:

    (1) Depende de la posición del objeto.

    (2) Tiene un objeto cuando está en movimiento

    (3) Hace que el objeto se expanda

    (4) Muestra que el objeto está en reposo

    (5) Ninguna de las respuestas anteriores

3. De acuerdo con la energía en forma de calor, el agua es una sustancia especial porque:

    (1) Al enfriarse se contrae

    (2) Cuando se calienta produce vapor

    (3) Cuando se enfría se contrae y luego se expande cuando se solidifica

    (4) Explota cuando se la calienta

    (5) No es una sustancia especial

4. En electricidad, los _____ son aquellos que transportan la corriente eléctrica y los _____ son los materiales que no transmiten electricidad.

    (1) Circuitos…….magnetos

    (2) Conductores…….batería

    (3) Conductores…….aislantes

    (4) Períodos…….aislantes

    (5) Cables…….circuitos

5. Para que dos magnetos se atraigan entre sí, se necesita que:

    (1) Estén únicamente unidos

    (2) Se unan por los polos opuestos

    (3) Los polos que se vayan a unir sean ambos positivos

    (4) Tengan un sólo polo

    (5) Ninguna de las respuestas anteriores

LA TIERRA (GEOLOGÍA)

Las capas de la tierra

La tierra tiene varias capas debajo de su superficie. La **corteza** es la primera capa, en la que todos los organismos vivos se desarrollan. Esta es muy delgada comparada a las demás. Después de la corteza va una capa llamada el **manto** y está hecha de rocas muy densas las cuales se encuentran a temperaturas extremadamente altas. Las siguientes dos capas son la **capa anterior** y la **capa interior,** ambas de las cuales tienen temperaturas muy altas y están conformadas por los metales níquel y hierro. En la capa anterior estos metales están derretidos pero en la capa interior están en estado sólido debido a la presión.

Placas tectónicas y la formación de continentes

La corteza no es una sola estructura sino que esta dividida en diferentes placas que se encuentran sobre una capa que está hecha de piedra y que se encuentra a temperaturas muy elevadas. Por esto, dicha capa se encuentra en estado casi líquido, y con presión se mueve. Al estar encima de esta estructura inestable las placas tectónicas de la corteza terrestre se mueven también.

Este movimiento de las placas es la causa de que los continentes se encuentren donde están actualmente. Los científicos tienen evidencia de que en un tiempo, hace millones de años, no existían los continentes como los conocemos en la actualidad, sino que había una sola masa de tierra llamada **Pangea,** y que con el movimiento de las placas estos continentes se dividieron y se trasladaron a sus posiciones actuales.

El movimiento de las placas causa que la corteza de la tierra tiemble o se parta y esto causa lo que es conocido como un terremoto. En algunos casos, las placas se chocan o se rozan entre ellas causando que la corteza se quiebre. En algunas partes del mundo los terremotos son más frecuentes y seguidos, mientras que en otras partes suceden muy poco. Esto se debe a que los lugares que se encuentran cerca del final de una placa y del comienzo de otra son los más propensos a sentir estos cambios y movimientos.

Formación de Montañas y Volcanes

Las divisiones de las placas son las causantes de la formación de montañas y volcanes. Las montañas se forman cuando dos placas se chocan y causan que la corteza se vaya doblando como acordeón. Imagínese como se ven dos carros que se chocan de frente, la parte frontal de ambos carros se achata y se dobla; lo mismo le sucede a la corteza de la tierra. La siguiente imagen muestra la colisión de dos placas y como esto resulta en la formación de montañas:

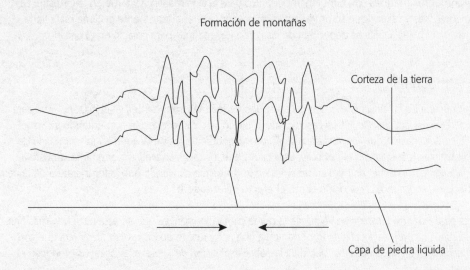

Formación de montañas

Corteza de la tierra

Capa de piedra liquida

Hay muchos tipos de volcanes que se forman de diversas maneras, pero casi todos se forman cuando hay una grieta en las placas que permite que la piedra líquida, a gran temperatura de las capas de debajo de la tierra, salga a la superficie. Esta piedra líquida se acumula y se enfría formando poco a poco un volcán. Los volcanes erupcionan cuando hay presión de las placas sobre la piedra líquida para que salga a la superficie. Sin esta presión, el volcán puede permanecer inactivo por mucho tiempo. Las montañas y los volcanes, al igual que los terremotos, se encuentran solo en ciertas partes de la tierra debido a que se forman donde hay grietas y roces tectónicos.

Piedra

Hay 3 tipos de piedra en la tierra: sedimentaria, ígnea, y metamórfica. La **piedra sedimentaria** se forman mayormente en el suelo del océano, cuando minerales, conchas, y otros escombros se compactan en capas volviéndose piedra. Se pueden formar piedra sedimentaria con la erosión de otras piedras; cuando son sometidas a presión y a altas temperaturas, cambian su estructura y se vuelven **piedra metamórfica**, como el mármol.

La **piedra ígnea** se forman cuando hay una grieta en la corteza de la tierra y la piedra líquida de las capas inferiores de la superficie se endurece. Estas piedras pueden volverse sedimentarias si se erosionan o pueden convertirse en metamórficas cuando se les somete al calor y presión. De esta forma, cualquier tipo de piedra puede convertirse otro tipo dependiendo de las condiciones ambientales a la que está sometida.

El Océano

El suelo del océano, al igual que la tierra firme, cambia y forma montañas, volcanes etc., a través del movimiento de las placas. Algunas islas, como las Islas Galápagos en el océano Pacífico, son formadas por volcanes que se encuentran debajo del agua. Hay organismos que se han adaptado para sobrevivir cerca de estos volcanes, soportando las variaciones de temperaturas y los gases expulsados.

Las **corrientes marinas** son también importantes para la vida marítima y también la terrestre. Las corrientes frías y cálidas que se producen en el océano, alteran fuertemente el clima en la tierra. Muchos animales acuáticos dependen de las corrientes marinas para guiarse en el océano.

La Atmósfera

La atmósfera de la tierra tiene muchos gases, uno de los más importantes es el oxígeno, vital para los seres vivos del planeta. Otros gases como el dióxido de carbono están aumentando a causa de la contaminación que los humanos están provocando a través de la quema indiscriminada de combustibles fósiles como el petróleo. Esto causa que los rayos solares, al penetrar la atmósfera, no reboten como deberían pero se retienen en la atmósfera causando que la temperatura de la tierra suba. Este fenómeno es conocido como **el efecto invernadero.**

La **capa de ozono** también se ve afectada por la contaminación, ya que se está haciendo más fina en algunos lugares. Esta capa es importante ya que nos protege de los rayos ultravioleta que son perjudiciales para la salud, pues debido a la sobre exposición de la piel a estos rayos producen el cáncer cutáneo.

Otro gas muy importante para nosotros es el **nitrógeno**. Los animales no pueden usar este gas de manera directa sino que lo reciben de las plantas. Las plantas obtienen nitrógeno gracias a ciertas bacterias que se encuentran en la tierra, las cuales transforman el nitrógeno puro en compuestos que puedan ser utilizados por las plantas. Las bacterias obtienen el nitrógeno cuando la lluvia lo disuelve y lo lleva a la tierra. El nitrógeno regresa al ambiente cuando cualquier organismo muere.

Ejercicios de Práctica

1. ¿Cómo se denomina a la capa de la tierra en la que todos los organismos vivos se desenvuelven?

   (1) Manto

   (2) Atmósfera

   (3) Corteza

   (4) Núcleo

   (5) Ninguna de las respuestas anteriores

2. Los terremotos son producidos por

   (1) Un movimiento de las placas tectónicas

   (2) Las corrientes marinas

   (3) Los cambios de estaciones

   (4) Las fuertes corrientes de aire

   (5) Todas las respuestas anteriores

3. La formación de las montañas se da debido a

   (1) La erosión del suelo

   (2) El choque de dos placas tectónicas

   (3) El hundimiento del suelo

   (4) La erupción de un volcán submarino

   (5) La inestabilidad del clima

4. La piedra líquida que sale de las profundidades de la tierra y se endurece se denomina

   (1) Piedra ígnea

   (2) Roca natural

   (3) Piedra sedimentaria

   (4) Piedra metamórfica

   (5) Ninguna de las respuestas anteriores

5. Por efectos de la contaminación, la capa de ozono, que hace que los rayos solares reboten, se está deteriorando. Por lo tanto, la tierra se está sobrecalentando. ¿Cómo se denomina este efecto?

   (1) Big Bang

   (2) Polución

   (3) Efecto Invernadero

   (4) Corriente del Niño

   (5) Corriente Fría de Humbolt

EL ESPACIO (ASTRONOMÍA)

Por muchos años, los científicos han tratado de establecer una teoría para explicar la creación del universo. La teoría más aceptada es que el universo fue creado después de una gran explosión llamada el **Big Bang.** Hay evidencia de esta explosión por medio de algo denominado la **radiación de fondo,** que se piensa es energía que quedó como residuo de la mencionada explosión.

Hay varios modelos de cómo es el universo. Uno de ellos es que el universo está en proceso de expansión, esto se llama **la teoría del universo abierto**. Esta teoría establece que como resultado del Big Bang todo el universo está constantemente expandiéndose y que continuará así para siempre. La evidencia de que el universo se está expandiendo se la encuentra en las señales de luz que emiten estrellas lejanas, las cuales indican que cada vez se alejan a gran velocidad una de otra.

Otros científicos están en desacuerdo con esta teoría y establecen que aunque es probable que el universo se expandiera, después de un tiempo la materia se empezó a volver más densa y comprimida. La gravedad de esta materia es la que va a causar que el universo, en vez de seguir expandiéndose, se comprima hasta colapsar en su propio centro. Esta teoría es conocida como **la teoría del universo cerrado.**

Hay otros científicos que piensan que el universo no está en movimiento sino que permanece estático.

El Sistema Solar

Nuestro sistema solar es parte de un grupo de estrellas más grande llamado **galaxia**. La Vía Láctea es la galaxia en donde está ubicado nuestro sistema solar. En el sistema solar hay nueve planetas, y un sol como eje. Mercurio es el planeta más cercano al sol y le sigue Venus, Tierra, Marte, Júpiter, Saturno, Urano, Neptuno y Plutón. Todos estos planetas giran en torno al sol en órbitas ovaladas, esto es a causa de la gravedad del sol, la cual mantiene a estos planetas en estos trayectos.

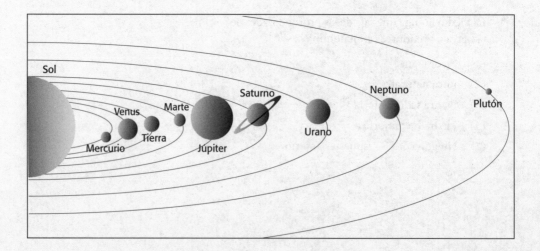

El Sol y La Luna

El sol es muy grande y por esto produce campos gravitatorios gigantes. Esta estrella también produce cantidades enormes de energía y calor y por eso es tan caliente. Su gran temperatura se debe a un proceso llamado **fusión**.

La luna gira alrededor de la tierra por que la gravedad de la tierra la atrae hacia ella, pero la luna también tiene gravedad y esta actúa sobre los océanos causando que se produzcan las mareas. La luna no tiene luz propia. Desde la tierra pareciera lo contrario, pero lo que realmente sucede es que la luna refleja la luz del sol.

Durante un mes la luna atraviesa diferentes fases: 1) luna nueva: cuando la luna no se puede ver desde la tierra, 2) cuarto creciente: cuando empieza a apreciarse la luna en el cielo, 3) luna llena: cuando se puede ver todo el disco de la luna y finalmente 4) cuarto menguante: después de la luna llena, cuando el disco de la luna empieza a decrecer. Estas cuatro etapas constituyen un mes lunar. Esta diferencia en la apreciación de la luna desde la tierra se debe a la posición de la luna con respecto a la tierra y al sol.

La Tierra

La tierra gira alrededor del sol, pero al mismo tiempo gira en su propio eje. Esto hace que exista el día y la noche. Mientras un hemisferio de la tierra está de frente al sol y por consiguiente recibiendo su luz, el otro hemisferio se encuentra en tinieblas, es decir, de noche. La tierra no se encuentra en posición completamente vertical con respecto del sol, sino que está inclinada. Por esta razón se producen las diferentes estaciones en el hemisferio sur y en el del norte. La inclinación de la tierra causa que un hemisferio esté más cerca del sol que el otro en una época específica del año. El hemisferio que se encuentra inclinado hacia el sol tiene verano mientras que el que esta alejado del sol está en invierno.

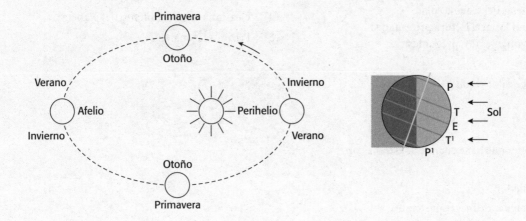

Ejercicios de Práctica

1. Nuestro peso es relativo a la cantidad de gravedad que hay en la tierra. Por ejemplo, en la tierra pesamos más que en la luna. Basándose en sus conocimientos, ¿cuál de las siguientes opciones es una observación correcta en el espacio?

   (1) En Mercurio nuestro peso va a ser mayor que en la tierra

   (2) En Plutón nuestro peso va a ser mayor que en la tierra

   (3) En Júpiter nuestro peso va a ser mayor que en la tierra

   (4) En el sol nuestro peso va a ser menor que en la tierra

   (5) Ninguna de las respuestas anteriores

La preguntas 2 y 3 se refiere al siguiente texto:

El sol es lo que mantiene vivo al planeta tierra, ya que es la fuente de calor y energía que se necesita para la vida. A través de un proceso llamado fusión, el sol emite grande cantidades de energía y calor. El alto nivel de gravedad que produce el sol es lo que mantiene a la tierra en su órbita al igual que a los demás planetas del sistema solar.

Basándose en la corta lectura presentada, responda las siguientes dos preguntas:

2. ¿Cómo produce calor el sol?

   (1) Fusión

   (2) Luz

   (3) Explosiones que tiene cuando se estrella con algo

   (4) Su gravedad

   (5) Por las lenguas de fuego que emite

3. ¿Cuál podría ser un título apropiado para esta lectura?

   (1) La irrelevancia del sol

   (2) El sistema solar

   (3) La importancia del sol

   (4) La tierra y el sol

   (5) Ninguna de las respuestas anteriores

4. La teoría del universo cerrado propone que

   (1) El universo está en constante expansión

   (2) El universo no tiene principio ni final

   (3) El universo surgió a partir de una explosión

   (4) El universo, por efectos de la gravedad, se contrae y finalmente colapsará cuando alcance su centro

   (5) El universo no está en movimiento

5. ¿Qué efecto tiene la luna sobre la tierra?

   (1) Hace que se mueva sobre su propio eje

   (2) Produce las estaciones

   (3) Proporciona calor y energía

   (4) Ocasiona el enfriamiento del planeta

   (5) Provoca las mareas

Respuestas

BIOLOGÍA

1. (1)

Esta enfermedad es recesiva; se puede ver claramente en el gráfico que muestra pocos miembros de la familia que padecen de la enfermedad. Si fuera una enfermedad dominante entonces todos los portadores del gen también tuvieran la enfermedad.

2. (3)

Si Juan se casa con una mujer cuyo padre es daltónico, esto causaría que sus hijas sean en definitiva portadoras de la enfermedad y talvez sufran de ella. Esto se debe a que su madre es portadora de la enfermedad y su padre sufre de ella. El padre da a sus hijas el cromosoma X que tiene la enfermedad a todos sus hijas haciéndolas automáticamente portadoras, si su madre también les dala cromosoma X con enfermedad que heredó de su padre pueden sufrir de ella.

3. (2)

Esta enfermedad es ligada al sexo y por eso normalmente le da al hijo cuando lo hereda de la madre, esto significa que para que Juan sea daltónico lo más probable es que su madre sufra de la enfermedad.

4. (3)

Al cruzar una arveja rr y una RR, todos los hijos saldrán Rr; esto significa que van a portar el rasgo dominante que en este caso es ser redondos. Esto se puede comprobar al hacer la siguiente tabla:

	r	R
R	Rr	Rr
R	Rr	Rr

5. (2)

Si los hijos salen mitad redondos y mitad arrugados la única forma que esto puede ser posible es si la arveja redonda tiene como genotipo Rr, este hecho se puede comprobar al hacer nuevamente una tabla:

	r	R
R	Rr	Rr
r	rr	rr

6. (4)

Las (1) , (2), (3) y (5) no explican la reducción en bacterias. Al dejar la herida al aire libre se infectaría con más bacterias, exponer la herida al frío tampoco es una explicación, el vendaje va a impedir que entren más bacterias pero no las va eliminar.

7. (5)

Todas las opciones son razones por las cuales puede incrementar la población de conejos en el área. Abundante comida va asegurar que todos tengan que comer. La falta de predadores y competencia con otros animales hace que haya menos mortalidad. La migración de conejos aumenta la población.

8. (5)

Todas las enfermedades de las opciones son derivadas de problemas genéticos en las células. Por esta razón pueden ser curadas con la terapia genética.

9. (4)

Según la lectura todavía hay problemas políticos que impiden la investigación y experimentación en humanos. El otro problema que se enfrenta estas investigaciones es que habría que alterar genéticamente a todas las células del cuerpo del enfermo.

10. (5)

El sol causa todos los problemas que están ahí listados, también da vitaminas a la piel haciéndolo esencial para nuestro bienestar.

QUÍMICA

1. (2)

El agua al estar a una temperatura más alta va a perder calor al transferirla a la piedra.

2. (3)

Se puede ver claramente por la ilustración que la piedra se encuentra al fondo del vaso, y que no esta flotando por lo tanto tiene una densidad mayor a la del agua

3. (1)

Se puede ver claramente en el gráfico que mientras el agua esta fría bastante gas se disuelve en ella, y que mientras se va calentando pierde esta capacidad.

4. (2)

Al contrario del gas se puede ver claramente en el gráfico que mientras el agua se calienta más sólido se disuelve en ella.

5.(1)

El Petróleo es formado de los restos de plantas e animales que son orgánicos y tienen mucho carbono. Así que se puede inferir que antes estaba mucha vegetación y animales en este lugar. Las otras respuestas no tienen sentido.

LA FÍSICA

1. (2)

La inercia es la causante de que el hombre haya salido volando, ya que esta fuerza es la tendencia de los objetos a mantener su movimiento.

2. (2)

Hay energía cinética cuando un objeto esta en movimiento. La forma de energía que depende de la posición del objeto se denomina energía potencial. El calor causa que objetos se expandan. .

3. (3)

El agua es una sustancia especial porque se contrae al enfriarse hasta llegar a los 4°C. y luego se expande. Normalmente, al enfriarse un objeto se contrae. El hecho de producir vapor cuando se caliente el agua no le hace una sustancia especial. No explota cuando se calienta.

4. (3)

Las materiales que transportan la corriente eléctrica son denominadas conductores mientras las que no transmiten la corriente se llaman aislantes. La batería produce voltaje y es parte de un circuito. Un cable es un material especifico que transporte la corriente, las magnetos atraen ciertos metales pero no transportan la electricidad.

5. (2)

Para que dos magnetos se atraigan, hay que unir los polos opuestos. Al juntar los polos iguales, se repelen.

LA TIERRA (GEOLOGÍA)

1. (3)

La corteza, o primera capa, es la capa en la que todos los organismos vivos se desarrollan. El manto es la capa que viene después, y las otras respuestas no tienen sentido en el contexto de la pregunta.

2. (1)

El movimiento de las placas tectónicas causa que la corteza de la tierra se parta. Esto causa un terremoto.

3. (2)

Las montañas se forman cuando dos placas se chocan y causan que la corteza se vaya doblando.

4. (1)

Las piedras ígneas son las que se forman cuando hay una grieta en la corteza de la tierra y la piedra liquida de las capas inferiores de la superficie se endurece. Las piedras metamórficas so formados cuando las piedras sedimentarias con sometidas a presión y altas temperaturas. Las piedras sedimentarias se forman en el suelo del océano cuando minerales, conchas, y otros escombros se compactan.

5. (3)

El efecto invernadero esta relacionado con el deterioro de la capa de ozono. La polución es una causa de este problema el Big Bang es una teoría que se trata de la formación del universo, y las otras opciones son corrientes marinas.

EL ESPACIO (ASTRONOMÍA)

1. (3)

Júpiter es considerablemente más grande que la tierra, y por esta razón campo de gravedad es más fuerte, entonces nuestro peso aumentaría en este planeta.

2. (1)

En la lectura claramente consta que el sol produce su calor por un proceso llamado fusión, al liberar grandes cantidades de energía.

3. (3)

La lectura muestra las características del sol y su importancia para nuestra vida en la tierra. Los otros títulos no son tan apropiados ya que son irrelevante al tópico o contradicen lo que se explica en la lectura.

4. (4)

Según la teoría del universo cerrado, el universo se comprime y eventualmente colapsará en su propio centro.

5. (5)

El efecto que la luna tiene sobre la Tierra es que provoca las mareas.

Capítulo 4: **Español: Lenguaje y Lectura**

La prueba de Español: Lenguaje y Lectura consta de preguntas que se toman de textos literarios (en prosa y en verso), y fragmentos de obras dramáticas. Se toman en cuenta también los textos no ficticios. Las preguntas verifican su comprensión del texto inicial y obligan al estudiante o candidato, a leer y comprender los textos que se analizan a través de las preguntas.

La prueba está compuesta de 40 preguntas de selección múltiple.

Usted Sabe Más de Lo Que Piensa

Usted lee todos los días. Entre otras cosas, lee revistas, libros, recetas, y propagandas. Saber leer de una manera crítica y analítica le servirá en la vida, no solamente en el examen. Repasa la hoja "Usted sabe más de lo que piensa" para encontrar circunstancias que lo hacen leer e analizar textos.

Para que usted se presente con tranquilidad a estos exámenes, a continuación encontrará una guía de estudio y análisis de cada uno de los textos: literarios y no ficticios. Además encontrará algunos ejercicios similares a los que se utilizan en los exámenes del GED.

LA LITERATURA

La literatura es el arte de la palabra. Es un arte porque su objetivo va más allá de la simple representación de objetos y realidades a través de la palabra. También es un medio de contacto o comunicación entre el autor y sus lectores.

Un texto literario tiene algunas características que lo distinguen de otro tipo de comunicación escrita:

- Mayor abundancia de figuras o recursos expresivos como las metáforas, símiles, personificaciones, anáforas, metonimias

- Predominio de la función poética (la belleza del lenguaje)

- Abundancia de connotaciones y ambigüedades (diferentes significados de la misma palabra)

- Polisemia (abundancia de significados de las palabras) que permite las diferentes interpretaciones de un texto literario

- Vocabulario (léxico) más escogido, preciso y expresivo

- Intervención de los sonidos (fonética) como elemento importante de un texto literario sobre todo del poético

- Oraciones más variadas y flexibles que las de la lengua común

- Predominio de la imaginación y de los sentimientos y emociones más que de la lógica

El autor de cuentos, novelas, poesías, u obras dramáticas se pone en contacto con sus lectores de distintos lugares, épocas, y condiciones. Gracias a este contacto podemos leer y comprender las obras clásicas escritas siglos antes, en países diferentes y procedentes de culturas completamente extrañas a las nuestras. La literatura transmite el sentir y el pensar de todas las épocas.

Este es el proceso que sigue un acto de comunicación y que se aplica a la literatura con exactitud:

Contexto (referente)

Emisor   Mensaje   Receptor

Código

Canal

- El **emisor** es el autor de una obra literaria. Su intención es crear algo bello que produzca en el receptor el placer estético.

- El **receptor** de la obra de arte literaria es el lector, el oyente o el espectador, si se trata de obras impresas, canciones, recitales o representaciones dramáticas, respectivamente.

- El **contexto** es el ambiente que rodea al autor, las circunstancias en las que fue escrita su obra. A través de la literatura podemos conocer los problemas, los sentimientos, los avances, y todos los cambios de la humanidad en la época del autor y de su obra.

- El **mensaje** es la forma original y creativa de presentar el contenido de la obra. No es importante lo que se dice sino cómo se dice.

- El **código** es la lengua utilizada. Este lenguaje debe ser estético y para conseguirlo, el autor utiliza todos los recursos existentes en la lengua.

- El **canal** puede ser un libro, un recital, una revista, una emisión de canciones.

Tal vez conoce la obra *El Ingenioso Hidalgo don Quijote de la Mancha*. Si se aplica el proceso de comunicación en la extraordinaria novela, el emisor es el escritor español Miguel de Cervantes Saavedra, el receptor **es el lector y** el canal es el libro. Aunque se ha representado la obra a través del teatro, la creación de Cervantes fue presentada en un libro. El mensaje es la parte más importante de la obra; va directamente relacionada con la intención del autor. En efecto, la obra centra su atención en dos puntos: Por un lado, *la crítica* fuerte e inteligente contra las obras de caballería que abundaban en su época. Él mismo era un caballero errante que representaba a todos aquellos héroes de ese tipo de novelas.

El código en el caso de *don Quijote* es la lengua española del siglo XVI y las técnicas o recursos estilísticos utilizados por el autor. Algunos de los recursos son la crítica, la ironía, el lenguaje vulgar, el lenguaje formal y acicalado, el uso de dichos y proverbios del pueblo. También utiliza como recurso, el recorrido geográfico de una región de la España de ese siglo. El contexto, o mejor dicho contextos, son las diferentes condiciones o circunstancias en las que se llevó a cabo la inspiración, ejecución y publicación de la obra.

Forma y Ficción

En los textos literarios debemos identificar dos fases diferentes y complementarias a la vez: **la ficción** y **la forma.**

La **ficción** es la parte que cada autor añade a la realidad. El gran escritor García Márquez dice que toda obra literaria es el resultado de experiencias reales. La ficción duplica o exagera esas realidades y nos permite ir a un plano diferente que es la imaginación. Para conseguir belleza, el autor debe alejarse de la realidad objetiva (lo que se ve) y entrar en la realidad subjetiva (el mundo interior del escritor). Es una manera individual de ver las cosas, como lo hicieron los pintores impresionistas al cuajar sus realidades en imágenes borrosas en las que no era, ni es, importante la definición de las líneas sino la impresión que causó al pintor en el momento de verlas y que reflejan un plano absolutamente personal y subjetivo. Es en el campo de la ficción que un autor puede plasmar sus sueños, sus sentimientos, sus pesadillas, sus anhelos.

La **forma** es lo que traduce la intención estética del autor. Aquí aparecen todos los recursos disponibles del lenguaje y se ordenan o utilizan de manera que los lectores o receptores se sientan satisfechos con la obra que escuchan o leen. Es en la forma en donde aparecen las verdaderas diferencias entre los estilos de los diferentes autores. Cada uno de ellos utiliza una serie de técnicas y de recursos lingüísticos que han dado lugar a *la estilística* como materia fundamental en el análisis de las obras.

En resumen, se puede decir que la literatura forma parte de las bellas artes por la búsqueda del placer estético como es el caso en la pintura, la escultura, el mimo, la danza. El material del que dispone la literatura es especial: las palabras, el lenguaje.

Las Figuras Literarias

Se denominan figuras literarias a los recursos que utiliza el autor para expresarse. Producen asombro en el lector y le permite admirar la forma del lenguaje más que el contenido del mismo. Se les utiliza tanto en los textos en prosa como en verso. Un texto literario se diferencia precisamente por el uso frecuente y acertado de estas figuras o recursos estéticos. Las figuras más importantes son: metáfora, símil, hipérbole, personificación, anáfora, retruécano, aliteración, onomatopeya, hipérbaton, antítesis, paradoja, exclamación, interrogación retórica.

Metáfora es la figura de mayor presencia en el lenguaje literario. Es una comparación de la imagen con algún elemento real.

- Tus ojos, profundos lagos en calma, me dijeron que sí.
  (los ojos = lagos profundos, azules o verdes, tranquilos, hermosos)

Símil: Pone en relación dos términos por la semejanza que existe entre los dos conceptos. Se utiliza nexos que permiten esta relación: *como, igual que, tal, es semejante a*, etc.

- Nuestras vidas son como los ríos.

Hipérbole es visión desproporcionada de una realidad. Expresión exagerada.

- …y las várices se le reventaban como burbujas (García Márquez)

Personificación o prosopopeya es dotar de características humanas a los objetos o seres inanimados.

- … y los goznes soltaron un quejido lúgubre y articulado… (García Márquez)

Anáfora es repetición de una o más palabras al inicio de un verso o de una oración.

- Isla de Puerto Rico
  Isla de palmas…   (Gabriela Mistral)

Aliteración es la repetición de sonidos idénticos o semejantes a lo largo de uno o varios versos o frases.

- El trueno horrendo que en fragor revienta (José Joaquín Olmedo)

Onomatopeya es la reproducción de los sonidos a través de palabras. Se han creado palabras en español que claramente sugieren el sonido respectivo: mugido (*muuuuu*), susurro (*zzzzz*), el tictac (*tic, tac*) del reloj.

- Tú que le dices a la hojosa rama: ¡susurra! ¿muge y gime! … (G. Gómez de Avellaneda)

Hipérbaton es la alteración del orden normal de las palabras. Sintaxis Alterada.

- A Dafne ya los brazos le crecían.
  (El orden normal sería: A Dafne ya le crecían los brazos) (Gracilazo de la Vega)

Antítesis son dos palabras o frases contrarias que dan mayor expresividad y viveza al texto.

- Se apagaron los faroles y se encendieron los grillos (F. García Lorca)

Paradoja es utilización de conceptos contradictorios que aparentan ser absurdos pero representan ideas razonables.

- Vivo sin vivir en mí y tan alta vida espero que muero porque no muero. (Santa Teresa)

Exclamación es una expresión con que una persona da a conocer sus sentimientos en un tono emocionado.

- ¡Ay que la muerte me espera antes de llegar a Córdoba! (García Lorca)

Interrogación retórica es una pregunta que no exige repuesta.

- ¿Y mi vida? Dime, mi vida, ¿Qué es, si no eres tú? (Bécquer)
  Yombe soy, soy lucumí,
  Mandinga, congo, carabalí.
  ¡Mayombe-bombe-mayombé! (Nicolás Guillén)

Ejercicios de Práctica

¿Cómo se llaman estas figuras literarias utilizadas en el texto?

Mi Casa de Campo

Abandonada como un niño huérfano en medio de las montañas. Palacio encantado de las aves del campo. Refugio del viento, del sol y de la lluvia. Fuerte y débil a la vez. Así es mi casita de campo. Me extiende sus brazos, tierna y maternal. Me cobija, me protege y me aconseja en la soledad. Hablo con ella, le cuento mis penas, me cuenta las suyas y juntos vivimos momentos de absoluta serenidad. Su rostro va envejeciendo pero al mismo tiempo, se va ablandando su alma hasta convertirse en miel, agua, aire (…)

–(Laura Vinocuna V. Quito-Ecuador)

1. Abandonada como un niño huérfano…

   (1) Símil
   (2) Hipérbole
   (3) Metáfora
   (4) Antitesis
   (5) Hipérbaton

2. Palacio encantado…

   (1) Hipérbole
   (2) Metáfora
   (3) Paradoja
   (4) Onomatopeya
   (5) Exclamación

3. Fuerte y débil a la vez…

   (1) Símil
   (2) Interrogación retórica
   (3) Antitesis
   (4) Anáfora
   (5) Metáfora

4. Me extiende sus brazos…

   (1) Personificación
   (2) Paradoja
   (3) Onomatopeya
   (4) Aliteración
   (5) Antitesis

5. Su alma es miel, agua, aire…

   (1) Antitesis y personificación
   (2) Paradoja y onomatopeya
   (3) Símil y metáfora
   (4) Personificación y metáfora
   (5) Hipérbaton y antitesis

KAPLAN

LOS GÉNEROS LITERARIOS

Las obras literarias se pueden clasificar en grupos que reúnen características comunes. Existen **tres** grandes grupos o géneros y cada uno de ellos se subdivide en subgéneros.

- La Narración
- La Poesía
- El Drama

La Narración

En este género se agrupan las obras que **cuentan o narran una historia real o ficticia**. La narrativa se presenta en prosa y se utiliza el párrafo como recurso principal. A veces, el autor puede escoger la forma poética (versos y estrofas) para contar su historia. En el género narrativo se pueden distinguir principalmente dos tipos: **el cuento** y **la novela**. Estos dos tipos de narraciones son los de gran difusión en el ámbito mundial.

El Cuento

El **cuento** es un relato breve (oral o escrito) en el que se narra una historia con un reducido número de personajes, una intriga poco desarrollada y la cuál se encamina rápidamente hacia el clímax y el desenlace final. El cuento es una de las formas primitivas de la expresión literaria, transmitida oralmente. Podemos encontrar cuentos fantásticos, maravillosos, históricos, populares, religiosos, míticos, heroicos, etc.

Lea el siguiente fragmento del cuento *El niño blanco*:

> En los años setenta mis hermanas y yo solíamos ir a El Congo Real en la 111 y la Lexington, la botánica mas grande de Spanish Harlem, a comprar fotonovelas, esas historias de amor de baja estofa en las que las protagonistas eran abandonadas por sus hombres, pero, unas cuantas páginas más adelante, el amor volvía a la realidad y se casaba con la muchacha, poco antes de que apareciera la palabra FIN en letras mayúsculas.
>
> En aquel entonces El Congo Real no tenía el gran mostrador de madera que ahora se interpone entre los artículos religiosos y el público. La tienda era un gran espacio abierto, y las cajas de fotonovelas estaban esparcidas por el suelo (…)
>
> Para Mami, las botánicas estaban habitadas por malos espíritus. Pensaba que esas tiendas religiosas… no eran lugares santos sino reductos de oscuridad. La gente acudía allí a consultar sobre asuntos sobrenaturales…Pero a nosotros lo único que nos importaba de las botánicas eran las fotonovelas (…)
>
> —E. Quiñónez, *El Niño Blanco*

Este es un cuento porque *narra una historia*: Un cuento debe iniciar con referencias que respondan a las preguntas ¿Dónde?, ¿Cuándo?, ¿Quién(es)?, e introducir hechos o eventos que más tarde responderán a la pregunta ¿Qué?

- **¿Dónde?** La dirección del almacén El Congo Real

- **¿Cuándo?** En los años setenta

- **¿Quién(es)?** Mis hermanas, yo, mi Mami, y otras personas que aparecen en el resto del cuento y que no están presentes en este fragmento.

En un cuento deben marcarse claramente las tres partes importantes: **introducción**, **nudo o desarrollo**,
y **desenlace**. En el fragmento del cuento anterior solo es posible señalar la introducción en la que se encuentran casi todos los elementos de la narración que responden a ciertas preguntas, como se ha visto en líneas inmediatas anteriores.

La Novela

La **novela** es el subgénero narrativo que tiene las siguientes características:

- Es sobre todo una narración—una historia

- Se presenta en prosa. En otro tiempo se presentaba en verso (poema épico, epopeya)

- Es ficticia (imaginación del autor)

- Es más extensa que el cuento y la novela corta

- Nos cuenta un acontecimiento de la vida—la "trama" de la novela

- Introduce personajes, para que se cumpla la trama

- Los hechos que se narran ocurren en un lugar y en un tiempo determinado (espacio y tiempo)

- Se utilizan formas especiales para atrapar al lector (recursos lingüísticos o técnicas)

Elementos Importantes de una Narración

Las narraciones necesitan ciertos elementos que permiten contar la historia. Estos elementos son: el autor y su contexto, la historia o el argumento, el tema principal y los temas secundarios, los personajes, el narrador o los narradores, los elementos propios del discurso, intención, ambiente, tono y recursos literarios y estilísticos.

El contexto o los contextos son las condiciones en las que se desarrolla la obra. Estas condiciones están de acuerdo con la producción literaria, con la vida política o con el ambiente social.

> Antón de Chinta comprendió que había nacido para pobre cuando palpó la imposibilidad de cumplir aquel sueño dorado suyo de tener un corral propio con dos yuntas por lo menos. Llegó, gracias a mil ahorros, que eran mares de sudor y purgatorio de privaciones, llegó a la primera vaca, la Cordera, y no paso de ahí; antes de poder comprar la segunda se vio obligado, para pagar atrasos al amo, el dueño de la casería que llevaba en renta, a llevar al mercado aquel pedazo de sus entrañas, la Cordera, el amor de sus hijos (…)
>
> – Alas Leopoldo (Clarín) ¡Adiós, cordera!

La Historia o Argumento

La historia, trama, saga, o argumento se forma con la serie de hechos que se desarrollan en la historia. En el cuento, la trama es más sencilla porque es una narración más corta y se desenvuelve alrededor de un solo asunto. A veces, los hechos se cuentan en orden cronológico aunque la literatura moderna prefiera el desorden en la narración. Estos aspectos serán revisados en el espacio correspondiente.

En el siguiente fragmento constan algunos hechos de la historia narrada por el escritor Don Juan Manuel en su obra *El Conde Lucanor*: Lo que sucedió a un mozo que se casó con una moza de mal carácter.

Ejercicios de Práctica

Ponga en orden los eventos:

1. Esa noche, el flamante esposo dio demostraciones de valentía: mató al perro, al gato y al caballo porque no le obedecieron.

2. Fue a hablar con su vecino. El padre de la moza dijo que no convendría esa unión porque su hija era insoportable. El padre del mozo dijo que su hijo ya saíia de esta situación y que insistía en el matrimonio.

3. En un pueblo había un hombre honrado que tenia un hijo que era muy bueno, pero no teíia dinero para vivir como él deseaba.

4. La historia podría terminar con estos versos;

5. Si al principio no te muestras como eres,

6. No podrás hacer lo que quisiereis.

7. En el mismo pueblo había un hombre rico que tenía una hija que era muy contraria del mozo. Tenía mal carácter y nadie quería casarse con ese demonio.

8. Al otro día, los padres de los novios llegaron a la casa temerosos de encontrar muerto al joven.

9. El mozo quería casarse con la mujer de mal carácter y aunque su padre se opuso, aceptó ir a negociar el matrimonio.

10. Se celebró la boda. Los novios quedaron solos en su casa.

11. Después ordenó hacer lo mismo a su esposa y ella muy sumisa, obedeció inmediatamente a las órdenes de su marido.

12. La joven salió a recibirlos y les dijo que se callaran porque su esposo dormía. Todos se quedaron asombrados al ver esposa tan preocupada.

Tema Principal y Temas Secundarios

El **tema principal** es el factor o motivo que permite la narración. El tema de *Cien años de soledad* es justamente la soledad. El tema del texto que se acaba de analizar (El conde Lucanor) es el machismo o los derechos y atribuciones del esposo. Toda narración tiene un tema y a veces también tiene temas secundarios.

La **narración** de una historia comienza, se desarrolla y termina siguiendo un proceso que puede llegar a un momento máximo de tensión. Estos pasos en las novelas son:

- La presentación o introducción
- El nudo o desarrollo
- El clímax o momento máximo
- El desenlace

Como ya se indicó, en el cuento estas partes son más específicas y por la brevedad de su extensión, es mucho más fácil identificarlas. En la novela, en cambio, es necesario llegar a esta deducción después de una lectura detenida, comprensiva y analítica.

Ejercicios de Práctica

En una pequeña población a orillas de un río apacible, vivía una familia muy trabajadora. Todos tenían una tarea asignada y todos la cumplían alegremente. Sabían que de estas actividades dependía el sustento diario. Nada faltaba en esa casa, lo necesario se entregaba a manos llenas: amor, calor humano, pan caliente, comida lista, una sonrisa,
(5) unos ojos cómplices.

Una mañana, cuando el sol despertaba perezoso, llegó una visita inesperada. Un viejo asomó su triste mirada por la ventana pidiendo un espacio para descansar. Al principio, todos pensaron que se trataba de un loco de los alrededores, pero enseguida se dieron cuenta de su bondadosa mirada y lo aceptaron sin restricciones.
(10) Aquel viejo decía ser un mago extraviado en la Tierra cuando ésta era un paraíso, que había deambulado a través de la historia de la humanidad y que por fin había encontrado el lugar que siempre anheló. Hablaba un idioma extraño y apenas podía comprender a sus protectores.

Nadie creyó en sus palabras.
(15) La madre, que todas las mañanas se levantaba antes que el sol, vio una luz que salía por la ventana y llegaba hasta más arriba de la copa de los árboles. Esa luz provenía del lugar en el que habían dejado al viejo. No estaba ahí. Ente las limpias sábanas refulgían también, diez hermosos diamantes formando una corona y una esmeralda en el centro.

(Teresa Villacrés, Quito)

1. El tema del cuento es

    (1) La recompensa o la bendición ante un hecho de solidaridad

    (2) La venganza

    (3) La pobreza

    (4) Las tribulaciones de la vejez

    (5) La magia de los viejos

2. Una de las siguientes afirmaciones es cierta. ¿Cuál es?

    (1) El viejo tuvo una mirada alegre

    (2) El viejo era totalmente loco

    (3) Los miembros de la familia eran muy industriosos

    (4) La familia tenía más dinero de lo que necesitaba

    (5) Un luz procedía de la cocina

Los Personajes

Gracias a los personajes se puede llevar a efecto una historia. Son los personajes los que provocan las situaciones. Estos personajes son ficticios en la mayor parte de las obras literarias o pueden representar a algunas personas relacionadas con el autor o la comunidad.

Una de las diferencias entre el cuento y la novela es precisamente la cantidad de personajes que necesitan cada una de estas narraciones. En un cuento aparecen los personajes en el primer párrafo. En la novela, pueden aparecer más tarde, después de la descripción del lugar.

A continuación sigue un fragmento del capítulo II, que corresponde a la primera salida de *El Quijote*. Identifique los personajes:

> (…) él anduvo todo aquel día, y al anochecer su rocín* y él se hallaron cansados y muertos de hambre; y que, mirando a todas partes por ver si descubriría algún castillo o alguna majada de pastores donde recogerse y adonde pudiese remediar su mucha necesidad, vio, no lejos del camino por donde iba, una venta*, (…) Dióse prisa a caminar,
> *(5)* y llegó a ella a tiempo que anochecía. Estaban acaso a la puerta dos mujeres mozas, destas que llaman "del partido," las cuales iban a Sevilla con sus arrieros (…) luego que vio la venta se le representó que era un castillo con sus cuatro torres y chapiteles de luciente plata (…) Fuese llegando a la venta (que a él le parecía castillo) y a poco trecho della detuvo las tiendas a Rocinante, esperando que algún enano se pusiese entre las almenas a dar señal
> *(10)* con alguna trompeta de que llegaba el caballero al castillo (…) vio a las dos distraídas mozas que allí estaban, que a él le parecieron dos hermosas doncellas o dos graciosas damas que delante del castillo se estaban solazando* (…)
> No fuyan las vuestras mercedes, ni teman desaguisado alguno, ca a la Orden de caballería que profeso, non toca ni atañe facerle a ninguno, cuanto más a tan altas doncellas como
> *(15)* vuestras presencias demuestran (…)

rocín: caballo de trabajo
venta: casa establecida en los caminos para el hospedaje de los pasajeros
solazando: placer, esparcimiento, alivio de los trabajos

KAPLAN

Se pueden identificar dos tipos de personajes aquí: principal y secundario:

Personajes principales son los que están presentes en los eventos o asuntos de la historia. Se habla de ellos y éstos provocan, con sus actuaciones, cada uno de los hechos de la novela. En este fragmento, el protagonista es El Quijote: los hechos ocurren por los efectos de su locura. A veces, el personaje principal no es una persona sino otro *elemento* de la narración. En la novela *Pedro Páramo*, el personaje protagonista es el pueblo mexicano Comala.

Personajes secundarios son los que cumplen con alguna función en la novela y apoyan, de alguna forma, a la realización de los eventos. En el fragmento aquí, aparecen unas mujeres de vida fácil que son confundidas con damas de la nobleza.

El Narrador

El narrador es el que cuenta la historia. Existen algunas maneras de narrar. En la mayor parte de los casos el **narrador es omnisciente**. Esto quiere decir que lo sabe todo; que conoce a todo, inclusive los sentimientos, pensamientos e intenciones de los personajes. Este tipo de narrador cuenta la historia utilizando la tercera persona.

Otros narradores utilizan la primera persona porque son testigos de la historia o porque son los protagonistas de la misma. Estos llevan el nombre de **narrador testigo y narrador protagonista.** Los verbos y los pronombres a la primera persona ayudan a identificar al narrador. En muchos casos es el protagonista de la historia. Cuenta su vida y sus aspiraciones y dice lo que quiere y lo que siente.

Las narraciones pueden tener varios narradores. Aparecen voces que participan en la historia. Cuando esto sucede toma el nombre de **narración polifónica.**

El **narrador de segunda persona** no es frecuente. Generalmente este tipo de narrador es alguien que participa en la narración (protagonista o testigo) y que conoce lo que sucedió y lo que va a suceder. Puede ser una persona que da órdenes e instrucciones a un personaje a quien manipula y sobre quien ejerce algún poder.

Se puede también decir que el narrador es parcial o imparcial de acuerdo con sus comentarios en la historia. Puede ser partidario político o también solidario con tal o cual causa. El machismo aparece en algunas obras porque el narrador comparte esta actitud.

Ejercicios de Práctica

Las preguntas siguientes estan basadas en textos A y B:

A. Hace mucho tiempo vivía en un lejano pueblo una anciana hacendosa que se disponía a preparar un puchero con alubias. Para ello dispuso una fogata en el hogar. Y para hacer que ardiera más deprisa lo encendió ayudándose con un puñado de pajas secas. Al echar las legumbres en el recipiente una cayó al suelo sin que ella lo advirtiera
(5) (Los Hermanos Grimm)

B. Nací y crecí en una aldea muy apartada de la capital. Todos me conocían con el mote de El peregrino porque desaparecía cuando menos lo esperaban. Mi vida no es un ejemplo para las futuras generaciones. Odio el trabajo, odio las responsabilidades, odio mi vida. Quiero convertirme en pájaro y volar hacia límites nunca imaginados. Quiero
(10) convertirme en planta y saborear su savia. Quiero convertirme en relámpago y sacudir la tierra. Quiero… (Anónimo)

1. En el texto A hay

    (1) Un narrador de segunda persona

    (2) Un narrador testigo

    (3) Varios narradores

    (4) Un narrador omnisciente

    (5) Ningún narrador

2. En el texto B, el narrador describe

    (1) Su propia vida

    (2) Una aldea mítica

    (3) La vida de un peregrino famoso

    (4) Una tormenta terrible

    (5) La vida de un hombre que se vuelve una planta

El Discurso y Sus Elementos

Además de los elementos ya descritos y analizados, el discurso o presentación de la historia necesita de otros igualmente importantes.

El orden de la narración permite el seguimiento de los acontecimientos. Si se narra la historia poniendo los hechos en orden, el tiempo es **cronológico**. Si se realizan saltos en el tiempo y se inicia con la segunda o tercera parte para luego pasar a la primera, se habla de un tiempo **anacrónico**. En el tiempo anacrónico aparecen dos factores: las referencias al pasado toman el nombre de *analepsias* y las del futuro, *prolepsis*. También existe el **tiempo circular** que fue y es utilizado por los autores contemporáneos. En este tipo de tiempo, los hechos iniciales aparecen también en la parte final de la novela o del cuento.

Ejercicios de Práctica

Lea estos cortos fragmentos:

A. Había salido muy temprano esa mañana. Un viento helado taladraba sus huesos. Caminó hasta el cruce de tres angostos caminos y esperó que alguien se apiadara de su condición. Quince eternos minutos y allí paró un camión repleto de carga. Tomó al pobre hombre y sin hacer muchas preguntas le condujo hasta un caserío perdido entre las montañas y las
(5) quebradas. Descendió y con un gesto atolondrado siguió su camino.

B. Mientras esperaba su turno, recordó la tragedia de su abuela que años atrás estuvo en el mismo lugar y nunca más regresó a su familia ¿Dónde estaba? ¿Qué sucedió con ella? Sentía que ese destino le esperaba y se negaba a salir sola. Oyó su nombre…

C. Veinte años después, cuando se disponía a firmar el divorcio, Maria sintió que su pasado
(10) regresaba intacto a ella…

1. El orden de la narración en el texto A es

   (1)   anacrónico

   (2)   prolepsis

   (3)   cronológico

   (4)   no hay un orden

   (5)   hay un orden mixto

2. El orden de la narración en el texto B es

   (1)   anacrónico

   (2)   prolepsis

   (3)   cronológico

   (4)   no hay un orden

   (5)   hay un orden mixto

3. El orden de la narración en el texto C es

   (1)   anacrónico

   (2)   prolepsis

   (3)   cronológico

   (4)   no hay un orden

   (5)   hay un orden mixto

El Escenario

El **espacio o escenario** es el lugar en el que se desarrollan los **sucesos** de la historia. Los espacios pueden ser **abiertos o cerrados**. Estos pueden representar el estado **psíquico** de los personajes o el ambiente que existe en el lugar. En la literatura contemporánea los espacios pueden ser **reales** o **ficticios**. Los escenarios de algunas obras pueden ser símbolos de otro lugar mucho más grande. Los espacios cerrados traducen normalmente sentimientos negativos. Los escenarios son descritos casi siempre en la primera parte de la novela o en las primeras líneas del cuento.

Lea este fragmento:

> El comedor de la venta de Aristondo, sitio en donde nos reuníamos después de cenar, tenía en el pueblo los honores de casino. Era una habitación grande, muy larga, separada de la cocina por un tabique, cuya puerta casi nunca se cerraba, lo que permitía llamar a cada paso para pedir café o una copa a la simpática Maitoni, la dueña de la casa, o a sus hijas, dos muchachas a cual más bonita; una de ellas seria y abstraída, con esa mirada dulce que da la contemplación del campo; la otra, vivaracha y de mal genio (…)
>
> – Pío Baroja, *El trasgo*

En este fragmento, encontramos un espacio o escenario: es el comedor que funcionaba como casino. Existe una descripción algo detallada de este espacio que nos permite imaginar el lugar e inclusive, dibujarlo.

Ejercicios de Práctica

Lea este párrafo:

> Érase un castillo encantado situado en lo alto de la colina. El verdor de la pradera permitía el paso de un manso riachuelo al borde del cual jugaban las hadas, habitantes de aquella fortaleza. En el interior todo era luz. Cada esquina, cada espacio brillaba con sus propios objetos celestes. Una escalera espiral que parecía conducir hacia el infinito, comunicaba el piso inferior con el superior. En las habitaciones, el olor de flores de campo inundaba el ambiente y una embriaguez desconcertante invitaba al sueño. Como todas…
>
> (Anónimo)

1. Cual de los siguientes representa un espacio cerrado?

   (1) La pradera

   (2) La colina

   (3) Las habitaciones

   (4) El rio

   (5) No hay espacios cerrados en este párrafo

2. La descripción del interior de la fortaleza crea un ambiente

   (1) Bucólico

   (2) Siniestro

   (3) Malévolo

   (4) Tenso

   (5) Incomodo

El Ambiente y el Tono

La intención del autor al escribir una obra no puede precisarse con un ejemplo. De las primeras obras se puede deducir que los autores querían contar hechos anecdóticos e históricos. Querían ensalzar a sus héroes. Más tarde, las narraciones entraron en el plano de la crítica y la sátira. Traducían el descontento y la realidad que rodeaba a los escritores.

En las obras contemporáneas, a los autores no les interesa convencer a sus lectores ni transmitir informaciones. Lo que ahora les interesa, es simplemente comunicar, expresar sus ideas y su gran imaginación.

El ambiente y el tono de la obra se lee entre líneas. Es necesario conocer el contexto en el cual fue escrita la obra para poder deducir si en ella están presentes el tono irónico o el satírico. Francisco de Quevedo era un escritor satírico y utilizaba la burla en contra de sus enemigos.

El ambiente influye en el tono. En la casa cerrada de Bernarda Alba, las discusiones entre las mujeres de esta obra tenían siempre un tono de envidia y traición porque el ambiente era tenso.

Lea este fragmento y note el tono irónico que utiliza el protagonista

> Echaba mi barriga al sol…y me reía de los puntos de honra y de los embelecos
> del pundonor, porque…todas las demás son muertes, y sola es vida la de los pícaros
>
> – El Lazarillo de Tormes (Anónimo)

Aquí el lazarillo se burla de la honra y del honor. Está seguro que los pícaros, los sin honra, viven mejor.

Ejercicios de Práctica

Lea este fragmento del mismo libro y escoja la respuesta correcta:

Escapé del trueno y di en el relámpago. Porque era el ciego para éste un Alexandre Magno, con ser la mesma* avaricia, como he contado. No digo más, sino que toda la lacería del mundo estaba encerrada en éste. No sé si de su cosecha era, o la había anexado con el hábito de clerecía.

**mesma*: la misma o muy avaro

1. ¿Qué significa la expresión: "escapé del fuego y di en el relámpago?"

   (1) Que se paseaba en medio de la tormenta

   (2) Que salió de un mal para caer en otro peor

   (3) Que es mejor jugar con el fuego que con el relámpago

   (4) Que el ciego era un excelente amo

   (5) Que en realidad el hombre no era ciego

2. Lazarillo quiere expresar con ese dicho popular que

   (1) Ambos amos eran muy comprensivos

   (2) Su vida sería cada vez mejor

   (3) El nuevo amo es peor que el anterior

   (4) Ya no tiene amos

   (5) Es un hombre ingrato

3. ¿Por qué compara al ciego su amo anterior con Alexandre Magno?

   (1) Porque este amo era peor que el anterior

   (2) Porque este amo era aventurero

   (3) Porque este amo era igualmente cruel

   (4) Porque este amo era más cruel que el anterior

   (5) Porque este amo era un gran administrador

4. El tono de "Toda la lacería o avaricia lo había obtenido con el hábito de clérigo" es:

   (1) Un simple enunciado

   (2) Una crítica a los curas

   (3) Una queja por el cambio de amos

   (4) Una alabanza a su nuevo amo

   (5) Una amenaza a su nuevo amo

KAPLAN

La Poesía

La poesía manifiesta los más íntimos sentimientos, el mundo interior del escritor. Normalmente se presenta en verso pero también hay formas líricas en prosa (prosa poética). Todos los poemas que hemos escuchado o aprendido alguna vez en nuestra vida escolar, pertenecen a este grupo lírico. Por ejemplo, el soneto de Sor Juana Inés de la Cruz, utilizado en líneas anteriores, es una composición poética que manifiesta el mundo interior de esta escritora.

La poesía también narraba historias de héroes en tiempos en que todavía no existía el género narrativo. Un poema épico muy extenso e igualmente conocido, es el Mío Cid.

Ejercicios de Práctica

Lea el extracto que sigue de este poema anónimo:

En Valencia con los suyos, el Cid permaneció,
estaban también sus yernos, los infantes de Carrión.
Un día, en un escaño*, dormía el Campeador;
un mal accidente sabed que les ocurrió:
(5) salióse de la jaula, y quedó libre un león.
A todos los presentes, les asaltó gran temor;
Se ponen el manto al brazo los del Campeador,
y rodean el escaño protegiendo a su señor.
Fernán Gonzálvez, infante de Carrión,
(10) no halló dónde subirse, ni abierta alguna habitación;
se escondió bajo el escaño: tanto era su pavor.
Diego Gonzálvez por una puerta salió,
diciendo a grandes gritos: "¡Ya no veré más Carrión!"
Tras una viga lagar se metió con gran pavor;
(15) el manto y el brial* muy sucios los sacó.
En esto, despertó el que en buena hora nació.
El escaño rodeado de sus guerreros vio.
–"¿Qué ocurre, caballeros, por qué esta alteración?"
–"Sucede, señor honrado, que un susto nos dio el león" (…)

(20) *escaño: banco con respaldo en el que pueden sentarse tres o más personas
*brial: faldón que traían los hombres de armas desde la cintura hasta encima de las rodillas

1. ¿Cual de los siguientes no es un nombre del héroe?

   (1) El Cid

   (2) El Campeón

   (3) El Campeador

   (4) El señor

   (5) Señor honrado

2. ¿Qué hacía el héroe?

   (1) El luchó contra sus yernos

   (2) El estaba lleno de temor

   (3) El conquisto Valencia

   (4) El descansaba protegido por sus hombres

   (5) Ellos llevaron mantos sucios

3. Se aterrorizaron algunos de los presente porque

   (1) Se escapo un león

   (2) Estaban rodeados de los infantes de Cariño

   (3) Ellos fueron atacados por un tigre

   (4) Ellos fueron asaltado por un león

   (5) Los Valencianos se escaparon

Análisis Poético

Para analizar un texto poético, es necesario responder a las siguientes preguntas:

¿Quién escribió este poema?
¿En que época y circunstancias fue escrito?
¿Cuáles eran las influencias del momento?
¿Cual es el tema principal?
(5) ¿Cómo se presenta el poema o cuál es la estructura externa del mismo?
¿Cuántas y qué tipo de estrofas tiene?
¿Cómo son los versos de este poema?
¿Tiene rima? ¿De qué tipo?
¿Cuáles son las figuras literarias utilizadas?
(10) ¿Por qué utilizó esas figuras el poeta?

Primeramente, algunos términos propios:

Los textos poéticos se presentan generalmente **en verso.** Verso es la expresión estética del lenguaje. Los versos se disponen o se colocan en líneas distintas y no ocupan un renglón completo. Los versos pueden ser cortos o largos.

Hombres necios que acusáis
a la mujer sin razón,
sin ver que sois la ocasión
de lo mismo que culpáis.

(Sor Juana Inés de la Cruz, México)

El ejemplo nos presenta una estrofa compuesta de cuatro *versos*. Estos versos tienen la misma extensión y están separados por una coma o por una pausa. Existen versos que pueden tener solamente una palabra. Fíjese en este ejemplo y se dará cuenta que los versos son diferentes y están sometidos a la voluntad del autor o poeta:

> Veinte presas
> hemos hecho
> a despecho
> del inglés,
> y han rendido
> sus pendones
> cien naciones
> a mis pies.
>
> (José de Espronceda)

La estrofa es el conjunto de versos combinados y articulados en una estructura fija que se repite en el transcurso del poema. Un poema puede tener estrofas compuestas por el mismo número de versos o estrofas diversas, como el soneto (dos estrofas de cuatro versos y dos estrofas de tres versos).

El primer ejemplo es una estrofa de cuatro versos y el segundo es una estrofa de 8 versos. En la primera estrofa los versos son más largos que en la segunda.

De acuerdo con el número de versos, las estrofas toman diferentes nombres.

> Estrofa pareada es la estrofa compuesta por dos versos.
> Doy consejo, a fuer de viejo: nunca sigas mi consejo.
>
> (A. Machado)

Terceto es estrofa de 3 versos de 11 sílabas métricas o de endecasílabos:

> Vencida de la edad sentí mi espada,
> y no hallé cosa en qué poner mis ojos
> que no fuese recuerdo de la muerte.
>
> (Francisco de Quevedo)

Cuarteto es estrofa de 4 versos de 11 sílabas y que riman el primer verso con el cuarto y el segundo con el tercero (esto se denomina *rima abrazada*).

> Era un aire suave de pausados gi**ros; A**
> El hada Harmonía ritmaba sus vue**los, B**
> E iban frases vagas y tenues suspi**ros B**
> Entre los sollozos de los violonce**los. A**
>
> > (A. Machado)

El ejemplo ilustra con absoluta claridad algunos conceptos: estrofa, versos, rimas, y rima abrazada.

Redondilla es una estrofa de 4 versos de 8 sílabas métricas. Igual que el cuarteto, tiene rima abrazada pero éstas se identifican con letras minúsculas porque sus versos tienen solamente 8 sílabas.

> Combatís con resistencia
> y luego, con gravedad,
> decís que fue liviandad
> lo que hizo la diligencia
>
> > (Sor Juana Inés de la Cruz)

Para contar los versos se toma en cuenta **la pronunciación**, no la escritura. Cada golpe de voz es una sílaba métrica. Así:

1. com ba tís con re sis ten cia (8 sílabas)

2. y lue go con gra ve dad (7 sílabas mas 1 silaba para la última fuerza de voz en –*dad*.)

3. de cís que fue li vian dad (7 sílabas mas 1 silaba para la última fuerza de voz en –*dad*.)

4. lo quehi zo la di li gen cia a (8 sílabas)
   [Debe unir la palabra *que* con la primera sílaba de la palabra *hizo* porque se pronuncia de esta manera.]

Los versos 1 y 4 tienen la misma rima y el mismo número de sílabas: 8 (terminan igual). Los versos 2 y 4 también tienen la misma rima y el mismo número de sílabas: 7 + 1 = 8. Entonces las rimas se presentan así: abba. Es decir, rima abrazada.

Lira es la estrofa de 5 versos de 7 y de 11 sílabas.

> Si de mi baja lira
> Tanto pudiese el son que en un momento
> Aplacase la ira
> Del animoso viento
> Y la furia del mar y el movimiento.

El número de sílabas métricas, las rimas, sílabas métricas diferenciadas con minúsculas y mayúsculas y el nombre de esta estrofa. Asi tendremos:

1. si de mi ba ja li ra (7 sílabas métricas [heptasílabo])

2. tan to pu die sel son quenun mo men to (11 sílabas métricas [endecasílabos])

Los versos que deben unirse están cumpliendo con una de las atribuciones que tiene el poeta para escribir sus poemas. Esto se denomina *licencia poética*. Otras estrofas toman varios nombres: quinteto, quintilla, décima, sexteto, romance, soneto, etc.

Rima: La última parte de la última palabra es la que se toma en cuenta para señalar la rima. Si la última palabra del verso es *momento*, la fuerza de voz está en la sílaba *men*. El resto o lo que falta de la palabra es la rima—en este case, *to*.

Las sílabas métricas: Para saber cuántas sílabas métricas tiene cada verso, se dividen las palabras de acuerdo con la pronunciación normal de las mismas. A veces, es necesario unirlas para formar una sola sílaba. Ya se hizo esta aclaración en un ejercicio anterior. Existen leyes que van de acuerdo con la palabra final del verso.

- Si la palabra final es **aguda**, se aumenta una sílaba

- Si la palabra final es **grave o llana**, se deja en el mismo número de sílabas

- Si la palabra final es **esdrújula**, se disminuye una sílaba.

En Occidente **hún**dese	$8 - 1 = 7$	*húndese* es palabra esdrújula
el sol crepus**cu**lar	$6 + 1 = 7$	*crepuscular* es palabra aguda
vestido de oro y **púr**pura	$8 - 1 = 7$	*púrpura* es palabra esdrújula
mañana volve**rá**	$6 + 1 = 7$	*volverá* es palabra aguda

    (Rubén Darío)

Lanzóse el fiero bruto con ímpetu sal**va**je 14 versos *salvaje* es palabra grave.
    – José Zorrila)

Las sílabas marcadas en negritas señalan la sílaba que tiene la fuerza de voz y que permite clasificarlas en graves, agudas y esdrújulas. Los versos toman diversos nombres de acuerdo con el número de sílabas. Primero se clasifican en dos grupos:

Ejercicios de Práctica

Este poema es antiguo, y por lo tanto, reemplaza a las narraciones.

Romance del conde Olinos

Madrugaba el conde Olinos
mañanita de San Juan
a dar agua a su caballo
a las orillas del mar.
(5) Mientras el caballo bebe,
canta un hermoso cantar,
las aves que iban volando
se paraban a escuchar

—Bebe, mi caballo, bebe—
(10) Dios te me libre del mal,
De los vientos de la tierra
Y de las furias del mar.

La reina que estaba oyendo
Desde el palacio real.
(15) —Mira, hija, cómo canta
la sirena de la mar.
—No es la sirenita, madre,
que esa tiene otro cantar,
es la voz del conde Olinos
(20) que me canta a mí un cantar.

Si es la voz del conde Olinos
yo le mandaré matar,
que para casar contigo
le falta la sangre real.

(25) —No le mande matar, madre,
no le mande usted matar,
que si mata al conde Olinos
a mí la muerte me da.

Guardias mandaba la reina
(30) al conde Olinos buscar,
que le maten a lanzadas
y echen su cuerpo a la mar.
La infantina con gran pena
no dejaba de llorar.
(35) Él murió a la medianoche
y ella a los gallos cantar;
A ella como hija de reyes
la entierran en el altar,
y a él como hijo de Conde
(40) cuatro pasos más atrás.

De ella nació un rosal blanco,
de él un espino albar.
Crece el uno, crece el otro,
los dos se van a juntar.
(45) La reina llena de envidia,
ambos los mandó cortar.
El galán que los cortaba
no dejaba de llorar.
De ella naciera una garza,
(50) de él un fuerte gavilán,
juntos vuelan por el cielo,
juntos se van a posar

(Anónimo)

Lea nuevamente el romance del conde Olinos y escoja la respuesta correcta:

1. ¿Qué narra este romance

   (1) Una historia de terror

   (2) Un momento histórico

   (3) Una anécdota de la vida real

   (4) Una historia de amor

   (5) Una historia de venganza

2. ¿Cuántos personajes aparecen en este poema?

   (1) El conde, la reina, la hija y un narrador

   (2) Los dos enamorados

   (3) El rey y la reina

   (4) Los súbditos de la rein

   (5) El conde, la reina, el rey

3. Los símbolos vivos que representan a la pareja son

   (1) Las flores silvestres del campo

   (2) Los niños y los súbditos del reino

   (3) Garza, gavilán y rosal, espino

   (4) Los guardas que mataron a los enamorados

   (5) El cielo y las nubes

El Drama

El género dramático abarca todas las obras creadas para representarlas ante un público.

El teatro es un espectáculo. Para esta representación son necesarios algunos elementos: la acción, los personajes, la tensión dramática, el ambiente y la representación.

La acción está compuesta por una serie de acontecimientos producidos por el comportamiento de los personajes.

Los personajes son los que llevan a cabo la acción dramática. Toda acción necesita de personajes para ser llevada a escena.

La tensión dramática es la reacción del espectador ante un acontecimiento inminente de la obra. Esta parte es la más importante del espectáculo, por esta razón está casi siempre en la parte final de la obra.

El ambiente es la atmósfera que envuelve a la representación. Son importantes: el vestuario, la escenografía, las luces, la modulación de la voz, los gestos, la intervención del público, etc.

La representación recoge todos los elementos anteriores. El espectáculo es bueno o malo y esta deducción viene finalmente de parte de los espectadores. Las obras se aceptan o se critican. Sucede que en ciertos lugares la misma obra es aceptada con elogios, en otros con reservas y en otros, con actitudes de absoluto rechazo.

En este género, se encuentran 3 subgéneros: tragedia, comedia, y drama. También se aceptan la ópera, el entremés, la farsa, la zarzuela.

La tragedia termina normalmente con la muerte de sus personajes protagonistas. **La comedia**, en cambio, produce risa y divierte al público. **El drama** puede tener elementos de tensión y desenlaces de diferente tipo. Puede inclusive tener la muerte del protagonista pero en la mayor parte de estas obras, son finales más afortunados.

Análisis de un Texto Dramático

Lea con atención el siguiente fragmento de El Burlador de Sevilla y Convidado de Piedra
y siga el proceso de análisis de una obra dramática.

SEGUNDA JORNADA (ACTO)

(Vanse todos, Sale Batricio, desposado con Arminta, Gaseno, viejo, Belisa, y pastores músicos)
Esta es una acotación que presenta a los personajes de esta escena

Lindo sale el sol de abril	
por trébol y toronjil;	
(5) y aunque le sirve de estrella	canción intercalada en las escenas
Arminta sale más bella.	

BATRICIO

Sobre esta alfombra florida,	
adonde en campos de escarcha	
(10) el sol sin aliento marcha	narración en verso
con su luz recién nacida,	
os sentad, pues nos convida	
al tálamo el sitio hermoso.	

ARMINTA

(15) Cantadle a mi dulce esposo	
favores de mil en mil.	

MÚSICOS

Lindo sale el sol de abril	canción intercalada
por trébol y toronjil.	

(20) GASENO

Ya Batricio os he entregado	
el alma y ser en mi Arminta	personaje plebeyo

BATRICIO

Por eso se baña y pinta	
(25) de más colores el prado.	
Con deseos la he ganado,	personaje plebeyo
con obras la he merecido.	

MÚSICOS

Tal mujer y tal marido	
(30) vivan juntos años mil.	
Lindo sale el sol de abril	canción intercalada
por trébol y toronjil (…)	

(Tirso de Molina)

Ahora, el analisis:

El Autor y Su Contexto: Tirso de Molina es el seudónimo del fraile Gabriel Téllez

Estructura Externa

Medio de Expresión: Verso

Se utiliza el verso de diferente número de silabas métricas. Se utilizan también diferentes tipos de estrofas, como redondillas, octavas, romances, etc. Lindo sale el sol de abril por trébol y toronjil.

Subgénero Dramático: Drama

Al leer la obra total, se llega a un punto máximo o clímax que es la aparición de un fantasma que lleva a la muerte al protagonista. Es un castigo por haber deshonrado y engañado a las mujeres.

Estructura de Actos, Cuadros, Escenas

La obra está dividida en tres jornadas o actos. Cada acto se divide en escenas que se introducen con acotaciones entre paréntesis. El fragmento utilizado en este análisis corresponde al último acto de la segunda jornada.

Regla de las Tres Unidades: Lugar, Tiempo, y Espacio

Estas reglas fueron creadas por los griegos y se cumplen en algunas obras. Los griegos decían que las acciones debían desarrollarse en un solo lugar o espacio, y que todos los acontecimientos giran alrededor de un solo asunto y que su tiempo de duración no debía pasar de un día. Estas reglas no se cumplen en la obra que se analiza porque el personaje huye después de deshonrar a las mujeres.

Elementos: Diálogo, Monólogo, Acotaciones

Existen diálogos, monólogos y acotaciones. Los diálogos son los de los esposos Armita y Batricio. No aparecen los monólogos, pero en la tercera jornada, Batricio hace un extenso monólogo (habla él solo) lamentándose de la traición de su esposa con Don Juan.

En el fragmento que se analiza aparece una acotación que permite ubicar a los personajes que participan en la escena. Normalmente las acotaciones van entre paréntesis y ayudan en la representación de la obra. Dan instrucciones acerca del vestuario, la iluminación, la ubicación de los personajes, la decoración, etc.

Estructura Interna

Resumen de la Acción

Esta obra cuenta, en 3 jornadas, las burlas o el deshonor que causa Don Juan Tenorio a cuatro mujeres: dos nobles y dos plebeyas. Al final, en el desenlace de la obra, aparece el fantasma de un noble al que asesinó y se lleva el burlador al infierno.

Tema Principal: El castigo divino (no se debe olvidar que el autor era un clérigo).

Partes de la Obra

La división de la obra en tres partes coincide con las partes de la historia: en las dos primeras jornadas se presenta a los personajes y se llevan a efecto las burlas y un asesinato; en el tercer acto, está el desenlace o castigo divino.

El Título y Su Importancia

El título es importante porque presenta a dos personajes: el burlador de Sevilla y el convidado de piedra. Éstos aparecen al final de la obra cuando el convidado de piedra (que es una aparición, una estatua viviente), se lleva al burlador y cumple con el castigo divino.

Ambiente, Espacio, Tiempo

El ambiente es de intenso dramatismo debido a los peligros que implican las burlas del protagonista. Los espacios cambian porque el burlador huye de las familias de las deshonradas Se nombran ciudades importantes como Nápoles, Portugal, Sevilla, Terragona y el pueblo Dos Hermanas.

Los ambientes citadinos y pueblerinos demuestran la calidad moral del burlador, no tiene limites en sus andanzas.

El tiempo de la narración es cronológico y no se precisa en la obra el tiempo real de la historia.

Intención del autor fraile Téllez fue prevenir a aquellos que hacen mal y se burlan de las reglas divinas de que pueden merecer igual castigo que el burlador. Previene que nadie debe jugar con la honra de los demás y menos aún, romper el sagrado vínculo del matrimonio.

Análisis de Los Personajes

Los personajes protagonistas son el burlador y el fantasma de un asesinado. El primero es inmoral mientras que el segundo es el enviado por Dios para cumplir con la justicia divina. Las mujeres burladas corresponden a la moral de su época: mujeres que necesitan libertad y que no lo consiguen por la presión de la sociedad. También está siempre presente un criado del burlador que representa lo contrario del protagonista, como lo fueron Don Quijote y Sancho Panza.

Recursos Literarios y Estilísticos

Al igual que en la narración y en la poesía, los autores de piezas dramáticas también utilizan recursos de lenguaje que les permite transmitir el tono humorístico, burlón, didáctico, moralista, o satírico de la obra.

El autor utiliza dichos propios del pueblo cuando habla su criado. También utiliza lenguaje hermoso y poético en los monólogos. Aparecen canciones como en el fragmento que se analiza. El recurso más utilizado en esta obra es la variedad de estrofas, cada una de las cuales tiene un objetivo: reflexión, lamento, monólogo, etc. Las canciones demuestran la alegría de la pareja el día de su matrimonio.

Ejercicios de Práctica

Las preguntas siguientes están basadas en este fragmento de *Romeo y Julieta*:

El Jardín de Capuleto (Escena II)

Romeo: … ¡Mirad cómo apoya en su mano la mejilla! ¡O! ¡Quién fuera guante de esa mano para poder tocar esa tibia mejilla!

Julieta: ¡Ay! ¡Pobre de mí!

Romeo: Habla, ¡Habla otra vez ángel resplandeciente!…

Julieta: ¡Oh Romeo, Romeo! ¿Por qué eres Romeo? Niega a tu padre y deja tu nombre; o, si no quieres, júrame tan sólo que me amas, y dejaré yo de ser una Capuleto. (…)

Romeo: Tomo tu palabra. Llámame sólo "amor mío", y seré nuevamente bautizado. ¡Desde ahora mismo dejaré de ser Romeo!

Julieta: ¿Quién eres tú, que así bajo el manto en la noche, sorprendes de tal modo mis secretos?

Romeo: ¡No sé cómo expresarte con un nombre quién soy! Mi nombre, santa adorada, me es odioso, por ser para ti un enemigo (…)

Julieta: Y dime: ¿Cómo has llegado hasta aquí, y para qué? Las tapias del jardín son altas y difíciles de escalar…

Romeo: Con ligeras alas de amor franqueé estos muros, pues no hay cerca de piedra capaz de atajar el amor; y lo que el amor puede hacer, aquello el amor se atreve a intentar.

Julieta: ¿Quién fue tu guía para descubrir este sitio?

Romeo: Amor, que fue el primero que me incitó a indagar; él me prestó consejo y yo le presté mis ojos (…)

1. Este fragmento es un(a)

   (1) Ato
   (2) Parte de una escena
   (3) Verso
   (4) Silaba métrica
   (5) Obra

2. Cuando Romeo dice "Quién fuera guante de esa mano para poder tocar esa tibia mejilla," el esta diciendo que

   (1) El quisiera tocar la cara de Julieta
   (2) El quisiera volverse un guante
   (3) Las manos de Julieta son muy suaves
   (4) La mejilla de Julieta necesita un guante
   (5) Los guantes son más bonitas que la mejilla de Julieta

3. Los recursos literarios y estilísticos utilizados son

   (1) Oraciones cortas sin mucho énfasis
   (2) La rima
   (3) El tono didáctico
   (4) Oraciones exclamativas e interrogativas
   (5) Declaraciones simples

LOS TEXTOS NO FICTICIOS

Todos los días leemos textos que pertenecen a los textos no ficticios: las revistas, los contratos, las leyes de un país, etc. Los textos no ficticios son los que contienen hechos o indicaciones reales. Los autores de estos textos no necesitan la imaginación para escribirlos.

La meta de este tipo de textos es diferente en cada caso: informar, convencer, persuadir, instruir, etc. Entre los documentos principales o textos no ficticios están además de los ya citados las biografías, los ensayos, los reportajes, los discursos, y las cartas históricas.

La Biografía y la Autobiografía

La biografía es la narración cronológica de la vida de una persona o mejor dicho, de un personaje. El autor de la biografía debe acudir a otras personas para conseguir datos y redactarlos de acuerdo con esos testimonios. Corre el riesgo de inventar o interpretar hechos como los que se dan en el caso de personajes que vivieron en épocas ya muy lejanas. Normalmente se escribe una biografía después de la muerte del personaje pero en la actualidad, está muy de moda el escribir biografías con la participación del mismo personaje quien la dirige y se interesa por esa publicación.

Las autobiografías pueden ser más confiables porque vienen del mismo personaje. Ésta es una manera de darse a conocer ante los demás y ganar crédito de su público.

Ejercicios de Práctica

Las preguntas siguientes están basadas en este texto:

¿Quién era William Shakespeare?

Fue el mayor dramaturgo del siglo de Isabel de Inglaterra. Su vida está llena de obras inmortales. Nació en Avon en 1564. Sus primeros estudios los hizo en su pueblo natal.

Abandonó el colegio para ayudar a la familia. A los 18 años contrajo matrimonio y tuvo tres hijos. Las piezas de renombre internacional son las siguientes:

(5) Los dos caballeros de Verona: inspirada en la novela pastoril Diana

- **Romeo y Julieta:** aborda la tragedia

- **Ricardo III, Ricardo II:** dramas históricos, movimiento patriótico que en aquellos momentos sentía el pueblo inglés

- **El sueño de una noche de verano:** cuento de hadas tejido con gran imaginación y
(10)   con emocionante sentimentalismo

- **El mercader de Venecia:** marca el final de la primera etapa de su vida donde

Shakespeare expresa su alegre despreocupación

- **Enrique IV, Enrique V:** dramas de espíritu confiado y optimista. Sigue la historia de Inglaterra
- (15) **Julio César:** tragedia que demuestra su tristeza por la desgracia de sus mejores amigos
- **Hamlet:** tragedia que nos presenta un héroe que se da por vencido por una tarea demasiado pesada.
- **Otelo:** es el drama de los celos homicidas
- **El rey Lear:** está tomada de la crónica de la gran Bretaña
- (20) **Macbeth:** señala el nacimiento y rápida evolución de una criminal ambición que inquieta al misterioso príncipe, víctima de los hechizos
- **Antonio y Cleopatra:** drama en que el placer de los sentidos causa la ruina de estos amantes.

Los últimos años de su vida los pasó en Strafford, estimado por sus conciudadanos. (25) Allí murió el 23 de abril de 1616.

Shakespeare toma sus historias o asuntos de todas partes. Presenta personajes vivos con energía desbordante. Mezcla lo cómico y lo trágico. Emplea la más exquisita poesía o la prosa más popular de acuerdo con las exigencias de las situaciones. Ante todo, su intención es reproducir fielmente la realidad y en esto tiene éxito porque fue actor y autor al mismo (30) tiempo.

Su estilo se caracteriza por los juegos de palabras, imágenes exageradas y burlas para todos los gustos. Cuando presenta tragedias es intenso y apasionado. Sus obras lo han inmortalizado.

1. Las obras de Shakespeare tuvieron tanto éxito porque

    (1)   Eran históricas

    (2)   Eran humorísticas

    (3)   Fue actor y autor al mismo tiempo

    (4)   El público le tenía mucha simpatía

    (5)   El público era ignorante

2. ¿Cuál de sus obras es un cuento de hadas?

    (1)   *Romeo y Julieta*

    (2)   *Sueño de Una Noche de Verano*

    (3)   *Antonio y Cleopatra*

    (4)   *Hamlet*

    (5)   *Otelo*

3. El lenguaje de las obras de Shakespeare puede ser

   (1) Cómico

   (2) Popular y poético

   (3) Acicalado

   (4) Muy popular

   (5) Tedioso

4. Los personajes de las obras de Shakespeare son

   (1) Serios y trágicos

   (2) Patológicos

   (3) Belicosos

   (4) Vivos y llenos de energía

   (5) Poco convincente

5. La obra que aborda el tema de los celos es

   (1) *Otelo*

   (2) *Hamlet*

   (3) *Macbeth*

   (4) *Romeo y Julieta*

   (5) *El Rey Lear*

Las Cartas o Género Epistolar

Las cartas son textos que tienen varios matices. Pueden ser íntimas, familiares, formales, históricas, y hasta inmortales. Los grandes personajes de nuestra historia se comunicaban a través de cartas porque era la única manera de contactarse con sus simpatizantes, amantes, y amigos.

Una de las cartas más tiernas es la que se transcribe completa a continuación. Léala con mucha atención:

La Carta de Sullivan Ballou a Su Esposa (1861)

(Ballou escribió la siguiente carta a su esposa desde un campo ubicado justo a las afueras de la capital de la nación, mientras esperaba órdenes que lo llevarían a Manassas, lugar donde él junto con 27 de sus hombres, murieron una semana después en la batalla de Bull Run.)

Mi muy querida Sarah:

(5)   Todo indica que partiremos en unos días, tal vez mañana. Por si acaso no me es posible escribirte otra vez, me siento impelido a escribir líneas que tus ojos puedan mirar cuando yo ya no esté.

El nuestro es un movimiento que tal vez tenga unos cuantos días de duración pero que está lleno de satisfacciones y que, para mí, podría representar graves conflictos y muerte.

(10) Que se haga la voluntad de Dios y no la mía. Si es necesario que yo caiga en el campo de batalla por mi patria, estoy preparado, no tengo recelos ni dudas sobre la causa en la que participo y mi valor no se detiene ni titubea. Sé cuán enorme es la confianza que tiene la Civilización Estadounidense en el triunfo del Gobierno y cuán grande es la deuda que tenemos con aquellos que derramaron sangre y que padecieron los sufrimientos de la

(15) Revolución antes que nosotros. Y yo estoy dispuesto, totalmente dispuesto, a dejar a un lado todas las alegrías de mi vida con tal de ayudar a mantener este Gobierno y de pagar esa deuda.

Sin embargo, querida esposa, cuando sé que con mis propias alegrías dejo a un lado casi todas las tuyas y las pago en esta vida con preocupaciones y tristezas; cuando, después

(20) de que yo mismo he probado durante tantos años los sinsabores de la orfandad, les ofrezco lo mismo a mis queridos hijos como su único sustento, me pregunto si es debilidad o deshonor que, mientras el estandarte de mi objetivo ondea tranquila y orgullosamente en la brisa, mi infinito amor por ustedes, mis queridos esposa e hijos, tenga que librar una lucha encarnizada, aunque inútil, con mi amor a la patria….

(25) –Sullivan
(U.S. Government)

Ejercicios de Práctica

1. Sullivan escribió una carta de

   (1) Amor
   (2) Amistad
   (3) Simpatía
   (4) Información
   (5) Cordialidad

2. La línea "Por si acaso no me es posible escribirte otra vez" implica que Sullivan

   (1) Tema que va a morir antes de volver a escribir
   (2) Piensa que es probable que no tendré tiempo para escribir
   (3) Ya no adora su familia
   (4) No habrán papel y tinte para escribir
   (5) Escara demasiado lejos de casa para escribir

3. Sullivan era un

   (1) Periodista reportero de guerra
   (2) Profesor de Ingles
   (3) Soldado
   (4) Senador americano
   (5) Abuelo

El Discurso

El discurso es un texto preparado para presentarlo ante un público. Algunos personajes son capaces de presentar un discurso sin preparación previa y para hacerlo se necesita ser experto en artes oratorias. Los discursos pueden tener varios tonos y objetivos. Pueden servir para agradecer, para convencer, para informar. En la entrega de los premios Nóbel se escuchan discursos de agradecimiento. En los canales de televisión se escuchan discursos políticos pronunciados por miembros del gobierno. En las instituciones se presentan discursos de homenaje o de celebración de fechas memorables. No importa el motivo sino la forma de hacerlo.

Ejercicios de Práctica

Las preguntas siguientes están basadas en este texto:

(LA GRAN BATALLA DE Gettysburg, de la que durante 3 días del mes de julio de 1863 fueron teatro las calles y alrededores de dicha pequeña población del estado de Pennsylvania, resolvió el giro que habría de tomar la Guerra Civil. El Congreso decidió convertir en cementerio nacional el campo de batalla en el que cayeron tantos valientes. El Presidente Lincoln fue desde Washington a hacer la dedicación del cementerio. El discurso que pronunció, con ser tan breve, constituye una de las más elocuentes declaraciones del credo democrático que se hayan expresado jamás.)

Hace 87 años, nuestros padres fundaron en este continente una nueva nación, concebida en la libertad y consagrada al principio de que todos los hombres son creados iguales.

Nos hallamos ahora empeñados en una guerra civil en que se está poniendo a prueba si esta nación, o cualquier nación igualmente concebida y consagrada, puede perdurar. Estamos reunidos en un gran campo de batalla de esa guerra. Hemos venido a dedicar parte de ese campo a lugar de reposo de aquellos que aquí dieron la vida para que esta nación pudiera vivir. Es perfectamente justo y propio que así lo hagamos, aunque en realidad, en un sentido más alto, nosotros no podemos dedicar, no podemos consagrar, no podemos santificar este suelo: los valientes que aquí combatieron, los que aquí sobrevivieron, los que murieron y los que sobrevivieron, lo han consagrado mucho más allá de la capacidad de nuestras pobres fuerzas para sumar o restar algo a su obra.

– Abraham Lincoln, 19 de noviembre de 1863 (U.S. Government)

1. El tono de este discurso es

   (1) Solemne y de patriotismo y sumisión ante los que cayeron en la batalla

   (2) De amargura y resignación

   (3) De alegría y buena voluntad

   (4) Del deseo para buscar la venganza

   (5) De orgullo y satisfacción

2. ¿Se escribió el discurso para alabar quién?

   (1) El mundo entero

   (2) Los sobrevivientes del la Guerra Civil

   (3) Los padres de los soldados muertos

   (4) Los soldados que murieron en la guerra

   (5) Las personas que construyeron el cementerio

Los Formularios y Documentos Legales

La vida diaria exige el conocimiento y el uso de ciertos documentos legales que se presentan de diferentes formas. Pueden ser comunicados de prensa, pueden informarse a través de la radio, pueden ser instructivos que se colocan en los paneles de la empresa o pueden ser distribuidos por instituciones, bancos, oficinas del gobierno, etc.

Si tenemos que pagar los impuestos necesitamos llenar un formulario. Si solicitamos préstamos en las tarjetas de crédito, debemos llenar formularios. En el caso de necesitar una visa, igualmente. Estos textos no ficticios son importantes en la vida cotidiana y deben ser leídos con mucha atención antes de utilizarlos.

Ejercicios de Práctica

Lea el instructivo anterior y conteste a las siguientes preguntas:

Formularios de Solicitud de Visa por vía Electrónica

<u>Lo que usted necesita</u>

Un navegador de Internet con un soporte de 128 bits de codificación. Si está usando Internet Explorer (Windows), la versión mínima que funcionará es la versión 5.0, con el paquete de servicio 2.Si está usando Netscape, la versión mínima que funcionará con este sitio es la versión 6.2

Debe usar ya sea una impresora láser o de chorro de tinta para imprimir el formulario de solicitud ya llenado.

<u>Instrucciones para llenar un formulario de solicitud de visa por vía electrónica:</u>

1. Ponga la información solicitada en los espacios indicados. Debe responder en inglés a todas las preguntas.

2. Asegúrese de que toda la información que ha puesto sea exacta.

3. Pulse el botón de "Continue" al final del formulario. Si no pulsa el botón de "Continue" el formulario de la solicitud no quedara debidamente formateado.

4. Imprima el formulario cuando se le haya devuelto y aparezca en Adobe Acrobat.

5. El código de barras que se imprime en la última página tiene la información que usted ha puesto y nos ayudará a tramitar su solicitud con más rapidez.

6. Lleve a su entrevista todas las páginas impresas. Por favor no doble el formulario de la solicitud impreso.

Formularios electrónicos disponibles
Solicitudes de visa de no inmigrante
DS-156: Solicitud de visa de no inmigrante

—U.S. Department of State

1. Para su entrevista, Usted debe

    (1) Doblar el documento cuidadosamente

    (2) Traer dos copias sin firma

    (3) Llevar todas las páginas impresas

    (4) Debería haber mandado sus documentos a la oficina

    (5) Solicitar una copia de los documentas

2. Para imprimir el formulario, es necesario

    (1) Usar una impresora láser o de chorro de tinta para imprimir

    (2) Imprimir en colores

    (3) Comprar un impresor nuevo

    (4) Hacer fotocopias

    (5) Usar una impresora de marcas especiales

Respuestas

MI CASA DE CAMPO

1. (1)

Símil: El palacio es comparado a un huérfano con la palabra *como*.

2. (2)

Metáfora: Una comparación sin la palabras como *como, igual que, tal*.

3. (3)

Antitesis: *Fuerte y débil* son palabras contrarias usadas para dar expresividad al texto.

4. (1)

Personificación: Una casa no tiene brazos.

5. (4)

Personificación y metáfora: Una casa no tiene alma; decir su alma es miel, agua, aire es una metáfora o comparación de la imaginación.

LA HISTORIA O ARGUMENTO

El orden correcto: 3, 5,7, 2, 8, 1, 9, 6, 10, 4

TEMAS

1. (1)

La tema del cuento es recompensa ante un hecho de solidaridad. No tiene nada que ver con venganza. La familia no es rica, pero la pobreza no es el tema. Las otras respuestas no tienen sentido dentro del contexto del cuento.

2. (3)

La única afirmación que es cierta es que la familia es muy trabajadora.

EL NARRADOR

1. (4)

En el texto A, el narrador es omnisciente. Conoce los hechos y porque sabe hasta los sentimientos del personaje del fragmento.

2. (1)

El narrador en el texto B hable de su propia vida en una aldea. No se trata de una aldea mítica. El peregrino es el autor, pero no es famoso. No hay una tormenta terrible, y la ultima respuesta no tiene sentido.

EL DISCURSO

1. (3)

Es una narración cronológica: cuenta los hechos en orden.

2. (1)

En la narración al presente, aparece una analepsia (anacronía) porque recuerda los hechos de años atrás.

3. (2)

El texto C es un avance en el tiempo, o prolepsis.

EL ESCENARIO

1. (3)

Las habitaciones representan un espacio cerrado porque se traduce en un sentimiento negativo

2. (2)

Dentro de la fortaleza, hay "una embriaguez desconcertante que invitaba al sueño. Este sentido es un poco siniestro.

AMBIENTE Y TONO

1. (2)

"Escapé del fuego y di con el relámpago" significa que salió de un mal amo para caer en otro peor.

2. (3)

El significado de esta expresión es que el nuevo amo es peor que el anterior.

3. (4)

Lazarillo compara a su antiguo amo con Alexandre Magno porque el nuevo es más cruel que el anterior de tal manera que se atreve a compararlo con ese gran personaje.

4. (2)

La frase que habla de la lacería del clérigo tiene un tono crítico contra los curas.

LA POESIA

1. (2)

El héroe aparece con los siguientes nombres: El Cid, El Campeador, el señor, el que en buena hora nació, señor honrado.

2. (4)

El Campeador descansaba protegido por sus hombres.

3. (1)

Algunos de los presentes se aterrorizaron porque un león se escapó de su jaula.

ROMANCE DEL CONDE OLINOS

1. (4)

Este romance narra una historia de amor. Es un amor frustrado por diferencias de clase social.

2. (1)

Los personajes que aparecen en este poema son 4: el conde, la reina, su hija, y un narrador omnisciente.

3. (3)

Los símbolos vivos que aparecen en este romance son: la garza, el gavilán, el espino albar y el rosal. Los enamorados se convirtieron primeramente en plantas y luego en aves.

EL DRAMA

1. (2)

El fragmento es parte de una escena.

2. (1)

Romeo quisiera tocar la mejilla de Julieta.

3. (4)

Hay varias preguntas e exclamativas en el texto.

TEXTOS NO FICTICIOS

1.(3)

Las obras de Shakespeare tuvieron éxito porque este genial escritor fue autor y actor al mismo tiempo.

2. (2)

Sueño de una noche de verano es un cuento de hadas.

3. (2)

El lenguaje de las obras de Shakespeare puede ser popular y poético a la vez.

4. (4)

Los personajes de la obra de Shakespeare son vivos y llenos de energía.

5. La obra que aborda el tema de los celos es *Otelo*.

LAS CARTAS

1. (1)

Sullivan escribió una carta de amor muy tierna a su esposa y hijos

2. (1)

Sullivan tema que morirá antes de tener tiempo para volver a escribir.

3. (3)

Sullivan era un soldado en la guerra Civil de los Estados Unidos.

EL DISCURSO

1. (1)

El tono del discurso es muy solemne y de patriotismo y sumisión ante los que se murieron en la batalla. No hay amargura, resignación, alegría o deseo para venganza en el discurso.

2. (4)

El prepósito del discurso es alabar los soldados muertos.

FORMULARIOS Y DOCUMENTOS LEGALES

1. (3)

Si lee las instrucciones con cuidado, verá que la único respuesta correcta es que hay que llevar todas las páginas impresas.

2. (1)

La unica información sobre impresoras indique que hay que usar una de estas dos impresoras.

Capítulo 5: **Matemáticas**

La Prueba de Matemáticas está diseñada para examinar el conocimiento de matemáticas dentro de un contexto familiar. Esto significa que muchas de las preguntas en el examen estarán basadas en problemas de la vida cotidiana. La mayoría de las preguntas serán preguntas de enunciado verbal o se referirán a un gráfico, tabla, o dibujo.

La Prueba se compone de 4 secciones: **operaciones numéricas y sentido numérico** (25–30%), **medidas y geometría** (25–30%), **análisis de datos, estadísticas, y probabilidades** (25–30%), y **álgebra, funciones, y patrones** (25–30%). Las preguntas estarán en desorden y las secciones estarán mezcladas entre sí.

El 80% de la Prueba será de selección múltiple con 5 opciones y el 20% restante requerirá que se construya una **respuesta propia**. Estas preguntas requieren que obtenga sus propias respuestas. No tendrá 5 opciones—tendrá que resolver los problemas y registrar su respuesta en cuadrículas convencionales o cuadrículas de coordenadas. Habrá un aviso indicando que hay que indicar sus repuestas en los espacios disponibles en la hoja de respuestas. Encontrara instrucciones en las últimas páginas de su examen sobre la manera correcta de registrar sus respuestas. Es muy importante revisarlas antes de empezar su examen.

Usted Sabe Más de Lo Que Piensa

La Prueba de Matemáticas no será nada del otro mundo, así que no debe frustrarse y pensar que o sabe nada. Empezaremos por construir una lista con situaciones de la vida diaria en las que empleamos matemáticas:

- **Sumar** el total de una compra en una tienda.

- **Multiplicar** las medidas de nuestra casa; ventana, puerta, marco, etc. para obtener un área.

- Dividir un pastel o una pizza en **fracciones.**

- Leer los **decimales** en un termómetro o llevar cuenta de los decimales de un dólar (centavos).

- Obtener el **volumen** de una piscina o de una lata de gaseosa.

- Calcular el **perímetro** de un cercado o un granero.

- Construir **ecuaciones** algebraicas para obtener la posible ganancia o el costo de un negocio.

- Calcular el **interés** ganado en un banco.

¿Ve? Después de todo sí sabe mucho de matemáticas…ahora podemos empezar.

FÓRMULAS

ÁREA de un:

cuadrado	Área $=$ lado^2
rectángulo	Área $=$ largo $\times$ ancho
paralelogramo	Área $=$ base $\times$ altura
triángulo	Área $= \frac{1}{2} \times$ base $\times$ altura
trapezoide	Área $= \frac{1}{2} \times$ (base$_1$ + base$_2$) $\times$ altura
círculo	Área $= \pi \times$ radio^2; π es aproximadamente igual a 3.14.

PERÍMETRO de un:

cuadrado	Perímetro $= 4 \times$ lado
rectángulo	Perímetro $= 2 \times$ largo $+ 2 \times$ ancho
triángulo	Perímetro $=$ lado$_1$ + lado$_2$ + lado$_3$

CIRCUNFERENCIA de un círculo — Circunferencia $= \pi \times$ diámetro; π es aproximadamente igual a 3.14.

VOLUMEN de un:

cubo	Volumen $=$ arista^3 (lado^3)
sólido rectangular	Volumen $=$ largo $\times$ ancho $\times$ altura
pirámide cuadrada	Volumen $= \frac{1}{3} \times$ (arista base)$^2 \times$ altura
cilindro	Volumen $= \pi \times$ radio$^2 \times$ altura; π es aproximadamente igual a 3.14.
cono	Volumen $= \frac{1}{3} \times \pi \times$ radio$^2 \times$ altura; $\neq$ es aproximadamente igual a 3.14.

GEOMETRÍA ANALÍTICA — distancia entre puntos $= \sqrt{(x_2 - x_1)^2 + (y_2 - y_1)^2}$; (x_1, y_1) y (x_2, y_2) son dos puntos de un plano.

pendiente de una linea $= \frac{(y_2 - y_1)}{(x_2 - x_1)}$; (x_1, y_1) y (x_2, y_2) son dos puntos de la línea.

RELACIÓN PITAGÓRICA — $a^2 + b^2 = c^2$; a y b son los catetos y c la hipotenusa de un triángulo rectángulo recto.

MEDIDAS DE TENDENCIA CENTRAL — **media** $= \frac{x_1 + x_2 + \ldots + x_n}{n}$, donde las x son los valores para los cuales se desea una media y n as el total de los valores de x.

mediana $=$ valor medio de un número impar de puntos _ordenados_, _y la_ mitad entre los dos valores medios de un número par de puntos <u>ordenados</u>.

INTERÉS SIMPLE — interés $=$ capital $\times$ tasa (al tanto por ciento) $\times$ tiempo

DISTANCIA — distancia $=$ velocidad $\times$ tiempo

COSTO TOTAL — costo total $=$ (número de unidades) $\times$ (precio por unidad)

OPERACIONES NUMÉRICAS Y SENTIDO NUMÉRICO

Esta sección es tal vez la más fácil de todas, pues la mayoría de problemas que enfrentamos a diario están relacionadas con las operaciones numéricas y el sentido numérico. Las áreas que se presentan sons:

- Suma
- Resta
- Multiplicación
- División
- Orden de operaciones
- Fracciones
- Decimales

- Proporciones
- Porcentajes
- Promedio o medio
- Mediana
- Raíces
- Notación Científica

Suma

La suma es la operación matemática más sencilla. Requiere agregar un valor a otro valor más pequeño o más grande. Para ilustrar, utilizaremos fichas blancas (positivas) y negras (negativas):

Suma de dos valores positivos

$3 + 2 = 5$

○○○ + ○○ = ○○○○○

Suma de dos valores negativos

$-1 + -6 = -7$

● + ●●●●●● = ●●●●●●●

Suma de un valor positivo y un valor negativo

Los valores se anulan entre sí y el valor restante, positivo o negativo, es la respuesta.

$-5 + 8 = 3$

●●●●● + ○○○○○ = ○○○
            ○○○○

$-11 + 3 = -8$

●●●●● ●●●●● + ○○ = ●●●● ●●●●
           ○

KAPLAN

Resta

La resta es muy similar a la suma, pero en la resta se le quita un valor a otro valor más pequeño o más grande. **Diferencia: la respuesta de una resta.**

Resta de dos valores positivos

$3 - 2 = 1$

○○○ − ○○ = ○

Si es que el segundo valor es mayor que el primer valor, la diferencia resulta negativa:

$2 - 3 = -1$

○○ − ○○○ = ●

Resta de dos valores negativos

El signo de resta antes de un número negativo convierte a la resta en una suma y al número negativo en uno positivo:

$-4 - (-3) = -1$

●●●● − ●●● = ●

Resta de un valor positivo y uno negativo

La resta se convierte en una suma y convierte al número negativo en uno positivo:

$5 - (-3) = 8$

○○○○○ − ●●● = ○○○○
　　　　　　　　　　○○○○

Multiplicación

Para entender la multiplicación, debemos entender la suma. La multiplicación es como si se sumara un número varias veces.

$2 \times 5 = 2$ veces $5 = 5 + 5 = 10$

Este concepto es válido para cualquier multiplicación.

Factor: Una de los valores que se multiplican

Producto: El resultado de una multiplicación

En la multiplicación y división, si se trabaja con dos números positivos la respuesta es positiva, si se trabaja con un número positivo y un número negativo la respuesta es negativa, si se trabaja con dos números negativos la respuesta es positiva.

$256 \times 6 = 1,536$

$$
\begin{array}{r}
256 \\
\times\ 6 \\
\hline
6 \\
30 \\
+\ 1500 \\
\hline
1536
\end{array}
$$

Multiplicamos $6 \times 6 = 36$. Escribimos el 6 y cargamos el 3

Escribimos un 0 en la columna que ya se utilizó para saber que debemos utilizar la segunda columna. Multiplicamos $6 \times 5 = 30$.

Sumamos el 3 anterior $= 33$. Escribimos el 3 y cargamos el 3

Escribimos dos 0 en las columnas que se utilizaron y utilizamos la tercera. Multiplicamos $6 \times 2 = 12$. Sumamos el 3 anterior $= 15$. Escribimos 15.

Sumamos todas las columnas en orden para obtener la respuesta.

Para multiplicar valores de más de 1 dígito entre sí, utilizamos la técnica anterior pero vamos multiplicando dígito por dígito:

$22 \times 12 =$

$$
\begin{array}{r}
22 \\
\times\ 12 \\
\hline
4 \\
40 \\
20 \\
+\ 200 \\
\hline
264
\end{array}
$$

Multiplicamos $2 \times 2 = 4$. Escribimos el 4

Escribimos un 0 en la columna que se utilizó y utilizamos la segunda columna. Nuevamente multiplicamos $2 \times 2 = 4$. Escribimos el 4

Seguimos con el otro dígito del número 12. Multiplicamos $1 \times 2 = 2$. Escribimos el 2 en la columna donde escribimos el último producto del primer dígito de 12.

Escribimos dos ceros en las columnas que ya se utilizaron y pasamos a la siguiente. Multiplicamos $1 \times 2 = 2$. Escribimos el 2

Sumamos todas las columnas.

División

Para dividir un número, debemos pensar que se está partiendo en partes iguales.

Dividendo: Valor que se divide
Divisor: Número por el que se divide el dividendo
Cociente: La respuesta de una división

$$\frac{6}{3} = 2$$

Cuando el número 6 se divide en 3 partes, quedan 3 grupos de 2.

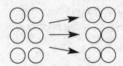

En la multiplicación y división, si se trabaja con dos números positivos la respuesta es positiva, si se trabaja con un número positivo y un número negativo la respuesta es negativa, si se trabaja con dos números negativos la respuesta es positiva

Orden de Operaciones

Debemos saber que en las matemáticas, los problemas **siempre** se deben resolver en un orden específico. Esto se conoce como el **orden de operaciones:**

Paréntesis
Exponentes
Multiplicación
División
Suma
Resta

Fracciones

Cuando nos referimos a una fracción, estamos hablando de una parte de un entero. El **numerador** de la fracción (el número que se coloca arriba) nos dice las partes que estamos contando y el **denominador** (el número que se coloca abajo) nos dice cuantas partes—en total—existen en el entero.

$$\frac{5}{8} \text{ de pizza} =$$

Las fracciones imperfectas son aquellas que tienen el numerador más grande que el denominador:

$$\frac{10}{8} = 1\frac{2}{8}$$

Para hacer que dos fracciones tengan un mismo denominador, encontramos un denominador común:

$$\frac{3}{4} \text{ y } \frac{5}{8} \rightarrow \frac{3 \times 2}{4 \times 2} = \frac{6}{8} \text{ y } \frac{5}{8}$$

Multiplicamos el numerador Y el denominador de $\frac{3}{4}$ para convertirla en una fracción con 8 en el denominador como es el caso de $\frac{5}{8}$.

Para simplificar fracciones, dividimos el numerador y el denominador por un factor común a ambos.

$$\frac{63}{9} = 7$$

$$\frac{45}{9} = 5$$

Para sumar fracciones, debemos sumar el numerador y mantener el denominador intacto. (¡Cuidado! El denominador de las fracciones debe ser el mismo.)

Para restar fracciones, restamos los numeradores y mantener el denominador (¡Cuidado! El denominador de las fracciones debe ser el mismo.)

Para multiplicar fracciones, multiplicamos ambos numeradores y ambos denominadores.

Para dividir fracciones, multiplicamos el numerador de la primera fracción por el denominador de la segunda y el numerador de la segunda por el denominador de la primera (multiplicación inversa).

Decimales

Un decimal también es una parte de un entero pero se escribe de una manera diferente. Para trabajar con decimales, tenemos que conocer los puestos a partir del punto decimal.

Cada número decimal tiene dos partes. Estas partes son separadas por el punto decimal. La parte izquierda del punto decimal es la parte del número entero, y la parte derecha del punto decimal contiene la parte fraccionaria. En el número 50.65, 50 es la parte entera, y 65 es la parte fraccionaria.

Forma en palabras

0.5 = **5 décimos**

0.25 = **25 centésimas**

0.118 = **118 milésimas**

115.48 = **115 y 48 centésimas**

Para redondear un número decimal, seguimos de la siguiente manera:

32.436 → 32.444   Si el número siguiente al número que intentamos redondear es mayor a 5, redondeamos a un número más que el número que intentamos redondear.

27.418 → 27.42   Si el número siguiente al número que intentamos redondear es menor a 5, redondeamos a un número igual al número que intentamos redondear.

Para sumar y restar decimales, podemos sumar los valores en columnas y colocar el punto decimal a la misma altura de los valores que se están sumando:

$$\begin{array}{r} 21.67 \\ +\ \ 6.1 \\ \hline 27.77 \end{array}$$

Para multiplicar decimales, multiplicamos los valores en columna si los alineamos correctamente. Para colocar el punto decimal en el producto debemos contar el total de posiciones decimales en los factores y la respuesta será el número de posiciones decimales en el producto:

$$\begin{array}{r} 13.13 \\ \times \\ 2.2 \\ \hline 2626 \\ 2626 \end{array}$$

Para dividir decimales, se debe convertir al divisor en un número entero y se corre el punto decimal el número de veces que sea necesario. Se corre el punto decimal del dividendo el mismo número de veces. Finalmente el cociente debe tener un punto decimal alineado con el punto decimal del dividendo. (¡Cuidado! Si el primer número entero del divisor no entra en el primer número después del punto decimal del dividendo se debe agregar un 0 al cociente después del punto decimal.)

$$\frac{5.86}{.125} = 46.88$$

$$\begin{array}{r} 46.88 \\ .125\overline{)5.860} \\ -5\ 00 \\ \hline 860 \\ -750 \\ \hline 1100 \\ -1000 \\ \hline 1000 \\ -1000 \\ \hline 0 \end{array}$$

Se mueve el punto decimal 3 veces para convertir al divisor en un número entero. Se mueve el punto decimal del dividendo 3 veces y se agrega un 0 en donde ya no existe un dígito antes del nuevo punto decimal.

Razón y Proporción

La **razón** es casi igual a las fracciones. Cuando hablamos de razón, hablamos de una comparación entre dos valores. Para obtener una razón, debemos construir una fracción entre los valores dados y simplificarla lo más posible.

Una casa mide 12 metros de alto y 36 metros de ancho. La proporción entre el alto y ancho de la casa es de 12:36 o 1:3. Para obtener una razón debemos construir una fracción entre los valores dados y simplificarla lo más posible.

Una **proporción** es una comparación de igualdad entre dos o más fracciones o razones: Utilizamos la **regla de tres**.

Si 7 naranjas cuestan $15, entonces 25 naranjas cuestan…

Multiplicamos 25×15 y dividimos el producto por 7. Esta es la regla de tres.

$$\frac{7}{25} = \frac{15}{x}$$

$$25(15) = 7x$$

$$\frac{25(15)}{7} = x$$

Porcentajes

Cuando hablamos de un porcentaje nos referimos a una parte de un entero cuando el entero es 100. Este tipo singular de fracción revela parte de un entero con relación a 100.

Para convertir una fracción a un porcentaje, multiplicamos el numerador y el denominador por el factor que convierta al denominador a 100.

$$\frac{2}{5} \times 20 = \frac{40}{100} = 40\%$$ El valor registrado en el numerador es el porcentaje equivalente a la fracción.

$$5 \times 20 = 100$$

Para convertir un decimal en un porcentaje, movemos el punto decimal 2 lugares a la derecha.

$$.675 = 67.5\%$$

Para resolver un problema de porcentaje utilizamos la regla de tres:

96.32 es el ____% de 452   Respuesta: 21.31%

$452 = 100\%$

$96.32 = \;?\,\%$

____ es el 82% de 320   Respuesta: 262.4

$320 = 100\%$

$? = 82\%$

24 es el 75% de ____   Respuesta: 32

$? = 100\%$

$24 = 75\%$

Promedio y Mediana

El **promedio**—o medio—es un valor que representa la tendencia de una lista de valores. Se obtiene sumando los valores de una lista y dividiendo por el número de valores en la lista.

El promedio de un estudiante con calificaciones 85, 64, 77, 91, 79, 83 y 91 es:

$$\frac{85 + 64 + 77 + 91 + 79 + 83 + 91}{7} = 81.43$$

La **mediana** es, literalmente, el valor del medio de una lista. Si la lista tiene un número impar de valores la mediana será el valor en la mitad. Si la lista tiene un número par de valores la mediana será el valor entre los dos valores de la mitad. Para la mediana el valor no tiene importancia.

5.50, 61.23, 17.45, 89, 2.01, 36.45, 21   (Mediana: 89)

64.67, 59, 23, 52.12, 89.54, 56   (Mediana: 37.56)

En el segundo caso, la mediana es el valor entre los dos valores en la mitad de la lista.

Raíces: $\sqrt{}$

Las raíces se aplican únicamente a números especiales. Los números con una raíz **entera** son aquellos cuyos factores son el mismo número.

$9 = 3 \times 3$ (La raíz cuadrada (2) de 9 es 3.)

$8 = 2 \times 2 \times 2$ (La raíz cúbica (3) de 8 es 2.)

Es importante saber que 8 NO tiene raíz cuadrada (2)

Lo mismo podemos hacer con valores que no conocemos:

$x^4 = x \times x \times x \times x = x^2 \times x^2$ (La raíz cúbica de x^4 es x?)

Notación Científica

La notación científica requiere que se vuelva a escribir un valor y que se lo convierta a un valor de una unidad y puestos decimales. Convertimos un valor a notación científica de la siguiente forma:

$789 = 7.89 \times 10^2$

El número de lugares que movemos el punto decimal es el valor del exponente de 10.

$.0035 = 3.5 \times 10^{-3}$

Si movemos el punto decimal hacia la derecha el exponente de 10 se hace negativo.

Ejercicios de Práctica

1. $8 + -9 =$

2. $-9 + -3 =$

3. $-8 - 6 =$

4. $1 - -18 =$

5. $64 \times 8 =$

6. $-23 \times -7 =$

7. $\dfrac{56}{3} =$

8. $\dfrac{189}{-26} =$

9. $\dfrac{(16 - 4)}{32} + 21.625 =$

10. $\dfrac{5}{3} \times \dfrac{3}{7} =$

11. $\dfrac{15}{6} + \dfrac{3}{2} =$

12. $\dfrac{563}{.23} =$

13. Si una cama cuesta \$350 en el almacén A y la misma cama cuesta \$70 en el almacén B, ¿cuál es la razón del precio en el almacén A y en el almacén B?

14. En un día asisten 3,820 estudiantes a un cine. ¿Cuántos estudiantes asistirán en 31 días?

15. Juan debe vender 6/8 de sus acciones. Juan tiene 2,448 acciones. ¿Qué porcentaje de sus acciones debe vender Juan? ¿Cuántas acciones debe vender Juan?

16. Ana visita muchas tiendas y obtiene una lista con los precios de pantalones de jean:

\$16.25	\$17.99
\$12.50	\$18.45
\$14.75	\$14.99
\$13.49	\$10.98

    ¿Cuál es el medio de precio de los pantalones? ¿Cuál es la mediana de la lista?

17. $\sqrt{25} =$

18. $\sqrt{81} =$

19. Escriba este número en notación científica: 418

20. Escriba este número en notación científica: .0478

MEDIDAS Y GEOMETRÍA

Esta sección de la Prueba está basada en las medidas de ángulos y otras cantidades (volumen, área) de figuras geométricas. Porque siempre estamos rodeados de figuras geométricas, esta sección se reduce a la aplicación de un conocimiento que ya poseemos por instrucción propia.

Las áreas que se presentan en esta sección son las siguientes:

1. Medidas
2. Figuras geométricas
3. Semejanza
4. Perímetro
5. Área
6. Volumen
7. Ángulos
8. Relación Pitagórica
9. Problemas de cuadrícula

Medidas

La siguiente tabla de conversión le ayudará en los problemas que requieran convertir unidades de medida.

12 pulgadas = 1 pie
3 pies = 1 yarda
5289 pies o **1760 yardas** = 1 milla

Para convertir unidades, puedes usar la **regla de tres:**

12 pulgadas = 1 pie
57 pulgadas = 4.75 pies

Figuras Geométricas

Antes de empezar con la sección de geometría, conoceremos las figuras geométricas más comunes así como sus propiedades.

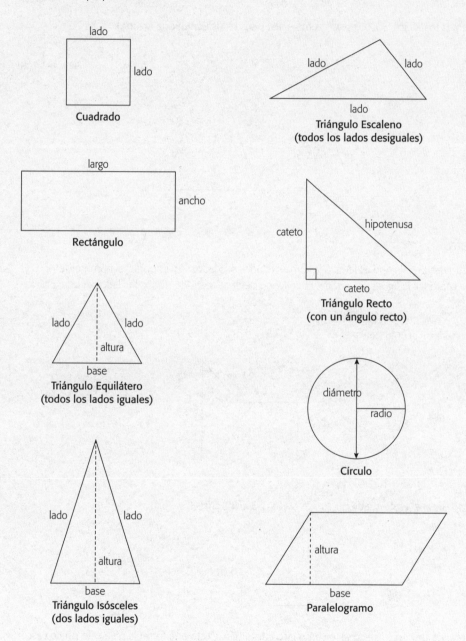

Semejanza

La semejanza se refiere a una o más figuras geométricas que son **similares pero no iguales**. Los lados, ángulos u otras medidas están relacionados por una razón o proporción.

Los siguientes triángulos isósceles son semejantes y sus lados tienen una razón de 1:2.

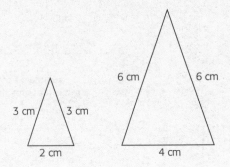

Perímetro

El perímetro de un polígono es igual a la suma de todos sus lados, sin importar el número de lados que contenga la figura. (¡Cuidado! El polígono debe ser cerrado. Todos los lados deben estar conectados.)

El perímetro del siguiente polígono es 2 + 3 + 2.5 + 5 + 7 = 19.5 cm.

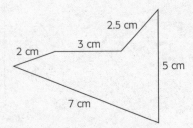

El perímetro del siguiente cuadrado es 3 + 3 + 3 + 3 = 12 cm.

El perímetro de un círculo se conoce como **circunferencia.** Existe una fórmula para este **único** caso:

Circunferencia de un Círculo = $2 \times r \times \pi$, donde r = radio.

Área

El área de una figura geométrica se refiere a las unidades cuadradas que caben dentro de la figura. Las siguientes son fórmulas para obtener el área de las figuras geométricas más comunes:

Área de un Cuadrado: Lado^2

Área de un Rectángulo: Largo × Ancho

Área de un Paralelogramo: Base × Altura

Área de un Triángulo: $\dfrac{\text{Base} \times \text{Altura}}{2}$

Área de un Triángulo Recto: $\dfrac{\text{Cateto}^2}{2}$

Área de un Círculo: $\pi \times r^2$ (π = approximadamente 3.14)

En caso de que la figura en el problema no corresponda a ninguna de las formulas anteriores, se puede **dividir** la figura en diferentes áreas para obtener la respuesta final.

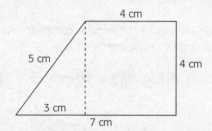

Área Triángulo: $\dfrac{3 \times 4}{2} = \dfrac{12}{2} = 6$

Área Cuadrado: $4 \times 4 = 16$

Respuesta: $6 + 16 = 22 \text{ cm}^2$

Volumen

Volumen es el espacio disponible dentro de una figura de 3 dimensiones: ancho, largo, y altura. En otras palabras, cuántas unidades cúbicas caben dentro de una figura.

Las siguientes son fórmulas para obtener el volumen de las figuras geométricas más comunes:

Volumen de un Cubo: Lado^3 o Arista^3

Volumen de un Sólido Rectangular: Largo × Ancho × Altura

Volumen de una Pirámide de Base Cuadrada: $\dfrac{\text{Lado Base}^2 \times \text{Altura}}{3}$

Volumen de un Cilindro: $\pi \times r^2 \times \text{Altura}$

Volumen de un Cono: $\dfrac{\pi \times r^2 \times \text{Altura}}{3}$

Ángulos

Los ángulos se forman cuando 2 líneas rectas se cruzan o se interceptan. El punto en donde estas líneas se unen se llama **vértice.** La unidad de medida de los ángulos son los **grados.**

Un giro completo alrededor de un mismo punto equivale a 360°.

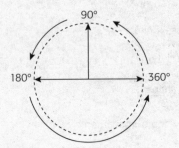

Un ángulo de 90° se llama **ángulo recto.** Cuando dos líneas se cruzan para formar uno o más ángulos rectos, las líneas son **perpendiculares.**

Si la suma de dos ángulos es 90° los ángulos son **ángulos complementarios.** Si la suma de dos ángulos es 180° los ángulos son **ángulos suplementarios.**

Los ángulos opuestos a un mismo vértice son de igual medida.

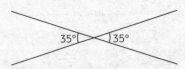

Cuando dos líneas paralelas son interceptadas por una línea secante, se crea una relación especial entre los ángulos. La suma de los ángulos de un triángulo es **siempre 180°.**

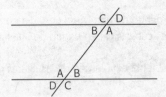

Relación Pitagórica

La Relación pitagórica es una fórmula que nos ayuda a encontrar la hipotenusa o los catetos de un triángulo recto:

Cateto^2 + Cateto^2 = Hipotenusa^2

Ejemplo 1:

Encuentre *x*:

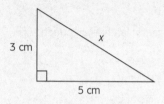

$3^2 + 5^2 = 9 + 25 = 34 =$ hipotenusa^2

$\sqrt{34} = \sqrt{\text{hipotenusa}^2}$

$5.83 =$ hipotenusa

Ejemplo 2:

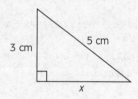

$3^2 + x^2 = 5^2$

$9 + x^2 = 25$

$x^2 = 25 - 9$

$x^2 = 16$

$\sqrt{x^2} = \sqrt{16}$

$x = 4$

Problemas de Cuadrícula

Muchas veces se le pedirá que trabaje con líneas o figuras geométricas dibujadas sobre una cuadrícula o un plano Cartesiano. Cuando trabajamos con cuadrículas, trabajamos con **coordenadas**...como en un juego de "Battleship." Las coordenadas indican la posición de un punto sobre la cuadrícula. Escribimos coordenadas de la siguiente manera:

(valor en el eje de la *x*, valor en el eje de la *y*)

Vamos a conocer una cuadrícula y sus diferentes partes y propiedades.

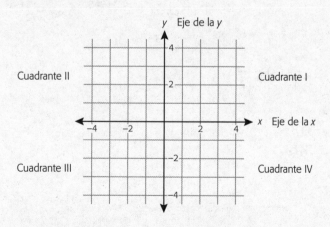

Cuando hablamos de líneas, hablamos de **funciones lineares.** Las funciones lineares son aquellas que interceptan al eje de la y en algún valor y al eje de la x en algún otro valor aunque a veces no veamos estos puntos porque la cuadrícula no es lo suficientemente amplia.

Las funciones lineares tienen una **pendiente**, o un valor que indica cuanto crece la función en el eje de la y por cada unidad que avanza en el eje de la x.

La formula para la pendiente de una línea es: $m = \dfrac{\triangle y}{\triangle x} = \dfrac{y_2 - y_1}{x_2 - x_1}$

Se utilizan dos puntos de la línea y sus respectivas coordenadas.

Otra medida en una cuadrícula es la distancia entre dos puntos. La distancia también se puede obtener mediante una fórmula.

$$\sqrt{(x_2 - x_1)^2 + (y_2 - y_1)^2}$$

Se utilizan dos puntos de la línea y sus respectivas coordenadas.

La pendiente de la siguiente línea es $-\dfrac{4}{7}$.

La distancia entre el punto A y el punto B de la línea es **8.06**.

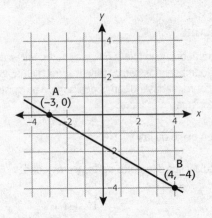

Pendiente:

$$m = \frac{\blacktriangle y}{\blacktriangle x} = \frac{y_2 - y_1}{x_2 - x_1} = \frac{-4 - 0}{4 - -3} = \frac{-4}{7}$$

Distancia:

$$\sqrt{(x_2 - x_1)^2 + (y_2 - y_1)^2} =$$

$$\sqrt{(4 - -3)^2 + (-4 - 0)^2} =$$

$$\sqrt{(7)^2 + (-4)^2} =$$

$$\sqrt{49 + 16} =$$

$$\sqrt{65} = 8.06$$

Ejercicios de Práctica

1. 3.3 yardas = _____ pulgadas

2. 356 onzas = _____ libras

3. Encuentre el lado que falta en los siguientes triángulos semejantes:

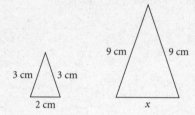

4. Encuentre el ancho del rectángulo grande en los siguientes rectángulos semejantes:

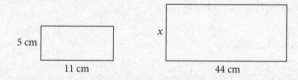

5. ¿Cuál es el perímetro de un cuadrado cuyo lado mide 4.3 cm?

6. ¿Cuál es el perímetro de la siguiente figura?

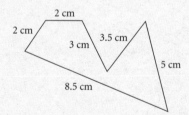

7. ¿Cuál es el área de un cuadrado cuyo lado mide 4.2 cm?

8. Encuentre el área del siguiente triángulo isósceles.

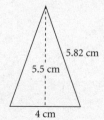

9. Encuentre el área del siguiente rectángulo.

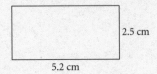

10. Encuentre el volumen de la siguiente pirámide con base cuadrada.

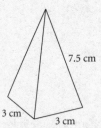

11. ¿Cuál es el volumen de un cubo cuya arista mide 4.7 cm?

12. Encuentre el volumen del siguiente cilindro.

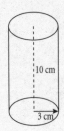

13. ¿Cuál es la medida del ángulo que falta?

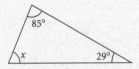

14. ¿Cuál es la medida del ángulo A?

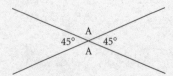

15. Encuentre la hipotenusa del siguiente triángulo recto.

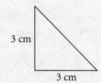

3 cm

3 cm

16. Encuentre el cateto del siguiente triángulo recto.

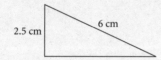

2.5 cm   6 cm

17. Encuentre la pendiente de la línea y la distancia entre el punto A y B.

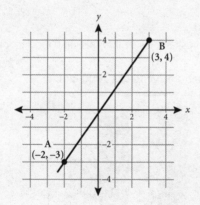

18. Encuentre la pendiente de la línea y la distancia entre los puntos A y B.

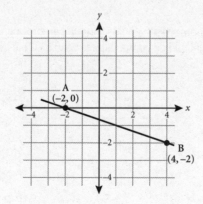

ANÁLISIS DE DATOS, ESTADÍSTICAS, Y PROBABILIDADES

En la Prueba, tendrá que interpretar gráficos y tablas y analizar probabilidades en un evento o situación. Si está acostumbrado a leer el periódico y a observar los diferentes gráficos de tecnología o deportes, está preparado para enfrentar este tipo de problema.

Las áreas que se presentan en esta sección son:

1. Gráficos
2. Tablas
3. Probabilidades

Gráficos

Los gráficos se utilizan para demostrar valores e información de tal manera que se puedan apreciar tendencias visualmente. Existen diferentes tipos de gráficos para diferentes tipos de información.

Barras

Estos gráficos son más utilizados para demostrar listas de información o recolecciones de datos.

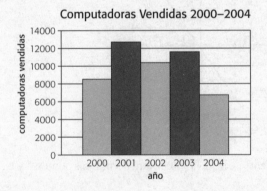

Este gráfico demuestra la cantidad de computadoras vendidas por una empresa en los años 2000 a 2004. La **altura** de las barras registra la cantidad de computadoras vendidas (eje de la *y*) en el año correspondiente a cada barra en el eje de la *x*.

Circulares

Circulares son más utilizadas para representar porcentajes. Este gráfico demuestra cómo se debe dividir la herencia del Señor Juan Reyes entre las primeras 4 generaciones de su familia. El porcentaje está representado por el tamaño de las secciones o **fracciones** del círculo.

División de Herencia

LINEALES

Lineales son más utilizados para demostrar series de información y además graficar tendencias futuras. El siguiente gráfico demuestra la altura del bebé de la Sra. Méndez en sus primeros meses de vida.

Peso Bebé Sra. Méndez

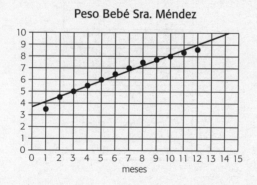

Los puntos registrados con respecto al eje de la *y* marcan el valor de los datos de información con respecto al factor *tiempo (meses)* registrado en el eje de la *x*. Debemos notar la presencia de una **línea de regresión.** La línea de regresión es una función que, basada en la información REAL del peso del bebé de la Sra. Méndez, predice el futuro peso del bebé. Entonces, la línea de regresión es aquella que se basa en información real para estimar valores futuros.

La línea de regresión nos dice que a los 14 meses, el bebé de la Sra. Méndez posiblemente pesará aproximadamente 9.7 kg.

Tablas

Las tablas demuestran valores e información de una manera más exacta sin el apoyo visual que ofrecen los gráficos. Con tablas, podemos comparar datos de información en forma numérica. También podemos obtener valores numéricos especiales como el promedio o medio y la mediana de una lista.

En **cualquier** tabla, los valores **siempre** estarán registrados de tal manera que se puedan transferir los datos de información y crear un gráfico correspondiente:

x	*y*
valores de serie correspondiente al eje de la *x* en el gráfico	valores de serie correspondiente al eje de la *y* en el gráfico

Del problema anterior podemos también observar una tabla si es que buscamos trabajar con los valores **exactos** del peso del bebé.

meses	peso (Kg)
1	3,5
2	4,5
3	5
4	5,5
5	6
6	6,5
7	7
8	7,4
9	7,7
10	8
11	8,3
12	8,5

Los valores correspondientes al eje de la x están a la izquierda, y los valores correspondientes al eje de la y están a la derecha.

Probabilidades

Las probabilidades son fracciones o porcentajes que expresan la posibilidad de que un suceso ocurra de la manera esperada.

Probabilidad de 0 o 0% = El evento no es nada probable

Probabilidad de 1 o 100% = El evento sucederá con certeza

Para calcular probabilidad se utiliza la fórmula siguiente:

$$\text{Probabilidad} = \frac{\text{Resultados Favorables}}{\text{Total Resultados Posibles}}$$

Si en una bolsa de pelotas, hay 4 pelotas negras, 5 pelotas blancas, y 7 pelotas grises; ¿cuál es la posibilidad de escoger una pelota negra?

El problema puede ser ilustrado para resolver con más facilidad:

Existen un total de 16 resultados posibles porque existe 16 pelotas en la bolsa. Existen 4 pelotas negras, por lo tanto, la probabilidad de sacar una pelota negra es de $\frac{4}{16}$ o $\frac{1}{4}$ tras simplificar la primera fracción.

Este resultado expresado en porcentaje es: $1 \times 25 = 25 = 25\%$
$$4 \times 25 = 100$$

Ejercicios de Práctica

Las preguntas 1 a 4 se refieren a la gráfica e información siguientes:

1. ¿En qué año ganó Ana la mayor cantidad de dinero?

2. ¿Cuánto ganó Ana en el año 2002?

3. ¿Cuánto dinero ganó Ana en TOTAL desde el año 2000 al 2004?

4. ¿Cuál es el promedio del sueldo anual de Ana?

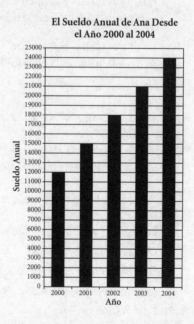

El Sueldo Anual de Ana Desde el Año 2000 al 2004

Las preguntas 5 a 8 se refieren a la gráfica e información siguientes:

Una universidad particular crea el siguiente gráfico para demostrar los porcentajes de la pensión escolar y su distribución a las diferentes áreas.

La pensión escolar TOTAL es de $27,420.

Pensión Escolar

5. ¿Cuánto dinero en total es dirigido a la residencia del estudiante?

6. ¿Qué porcentaje en TOTAL **NO** se dirige a las horas de clase del estudiante?

7. ¿Si el estudiante tiene 18 horas de clase, cuánto dinero se dirige a CADA clase?

8. ¿Cuánto dinero de la pensión corresponde al cargo por actividad?

9. En una bolsa hay 5 chupetes de mora, 6 chupetes, de fresa y 9 chupetes de manzana, ¿cuál es la probabilidad de escoger un chupete de mora?

10. En una bolsa hay boletos con 3 premios de $500,000, 7 premios de $200,000, y 50 premios de $1,000. ¿Cuál es la probabilidad de escoger el boleto con el premio de $500,000?

ÁLGEBRA, FUNCIONES, Y PATRONES

Esta sección es tal vez la más complicada de las otras secciones del examen. Pero no se sientas mal... en la vida diaria también enfrentas muchos problemas algebraicos aunque no le dé cuenta.

Las áreas que se presentan en esta sección son:

1. Expresiones y ecuaciones algebraicas
2. Operaciones con variables
3. Simplificación de expresiones algebraicas
4. Resolver ecuaciones algebraicas
5. Factorización

6. Multiplicación de polinomios
7. Evaluación de otras ecuaciones algebraicas
8. Desigualdades e inecuaciones
9. Ecuaciones cuadráticas
10. Problemas de enunciado verbal

Expresiones y Ecuaciones Algebraicas

En álgebra trabajamos con ecuaciones o expresiones algebraicas. Estas contienen valores numéricos llamados **constantes** y letras cuyo valor depende del problema llamadas **variables**.

Las expresiones y ecuaciones algebraicas son aquellas que relacionan variables con constantes para un determinado fin.

El propósito de las ecuaciones algebraicas es expresar igualdad entre dos expresiones compuestas por variables o constantes o ambos.

$$5 + 3x = 29$$

Operaciones con Variables

Para sumar, restar, multiplicar, dividir y elevar variables a una potencia debemos seguir los siguientes pasos. **Una x sin potencia equivale a x^1.**

Sumar Variables

Se suman los constantes que acompañan al variable pero **no** se altera el variable en sí: $ax + bx = (a + b)x$.

$$5x + 7x = 12x$$
$$3x + -8x = -5x$$
$$-7x + -6x = -13x$$

Restar Variables

Se restan los constantes que acompañan al variable pero **no** se altera el variable en sí: $ax - bx = (a - b)x$.

$$8x - 6x = 2x$$
$$9x - -3x = 12x$$
$$-3x - -2x = -x$$

Multiplicar Variables

Se multiplican los constantes y se considera la potencia a la cual están elevados los variables y se SUMAN las potencias: $cx^a \times dx^b = c \times d \times x^{(a + b)}$.

$$x \times x^2 = x^3$$
$$x^{-6} \times x^4 = x^{-2}$$

Los variables elevados a potencias negativas equivalen al recíproco del variable elevado a la misma potencia positiva.

$$x^{-2} = \frac{1}{x^2}$$

Dividir Variables

Se dividen los constantes y se considera la potencia a la cual están elevados los variables y se RESTAN las potencias: $cx^a = c \times x^{(a-b)}$

$$\frac{cx^a}{dx^b} = \frac{c}{d} \times x^{(a-b)}$$

$$\frac{x^5}{x^2} = x^3$$

$$\frac{x^{-3}}{x^4} = x^{-7}$$

Simplificación de Expresiones Algebraicas

Para simplificar expresiones algebraicas, debemos agrupar **términos semejantes.** En otras palabras, debemos sumar, restar, o multiplicar términos con los mismos variables **no** constantes.

$$2x + 4y - 6xy + 7y - 11x - 5xy =$$
$$2x - 11x - 6xy - 5xy + 4y + 7y =$$
$$-9x - 11xy + 11y$$

La variable **xy no es igual** a la variable *x* ni a la variable *y*. De la misma manera, una variable x^3 no es igual a un variable x^2.

Resolver Ecuaciones Algebraicas

Para resolver ecuaciones algebraicas, debemos aprender a **despejar** la incógnita.

Para despejar la incógnita debemos siempre hacer la **misma** operación en ambos lados de la ecuación (ambos lados del signo de igual [=]) e intentar despejar la incógnita, en otras palabras, dejar a un lado de la ecuación **solamente** la variable.

$6x - 7 = 23$	Sumamos 7 en cada lado para deshacernos del −7 del
$6x - 7 + 7 = 23 + 7$	lado izquierdo y dejar solamente 6x.
$6x = 30$	Dividimos por 6 a cada lado para deshacernos del 6 que
$\frac{6x}{6} = \frac{30}{6}$	multiplica la variable *x* y dejar solamente *x* al lado izquierdo.
$x = 5$	

Factorización

Cuando hablamos de factorización hablamos de convertir a la suma de variables y constantes en la multiplicación de dos o más grupos de variables y constantes. Para factorizar, debemos encontrar un **factor común** entre todos los términos de la expresión.

El factor común de la expresión $4x^2 + 4x + 4$ es 4 ya que todos los términos en la expresión se pueden dividir por 4 y dar cocientes de números enteros. Factorizamos la expresión $4x^2 + 4x + 4$ de la siguiente manera:

$4x^2 + 4x + 4 =$
$4(x^2 + x + 1)$

Muchas veces las expresiones tendrán más de un factor común. Cuando esto ocurra tendrás que repetir el proceso del factor común hasta factorizar completamente.

$12x^3 - 6x^2 + 3x =$
$3(4x^3 - 2x^2 + x) =$
$3x(4x^2 - 2x + 1)$

Para obtener un factor común **todos los términos** deben ser divisibles por el mismo.

En la factorización se dan casos especiales, es decir, existen expresiones que podemos factorizar en un solo paso por ser **productos especiales.** Si es que se reconoce un producto especial se puede aplicar las siguientes fórmulas:

Cuadrado Perfecto con Suma:

$$(a + b)^2 = a^2 + 2ab + b^2$$

Cuadrado Perfecto con Resta:

$$(a - b)^2 = a^2 + 2ab + b^2$$

Diferencia de Cuadrados:

$$(a - b)\,(a + b) = a^2 - b^2$$

Diferencia de Cubos:

$$(a - b)\,(a^2 + ab + b^2) = a^3 - b^3$$

Suma de Cubos:

$$(a + b)\,(a^2 - ab + b^2) = a^3 + b^3$$

La factorización de trinomios es decir, de expresiones de 3 términos, es a veces posible por medio del siguiente procedimiento:

Encontramos dos valores numéricos que sumados equivalgan a la constante del término en la mitad del trinomio y que multiplicados equivalgan al producto de las constantes del primer y el último término. Reemplazamos los valores y términos encontrados por el término de la mitad y factorizamos por **agrupación**.

$6x^2 - x - 15 =$

$6x^2 - 10x + 9x - 15 =$

$6x^2 - 10x + 9x - 15$

$2x(3x - 5) + 3(3x - 5)$

$(2x + 3)(3x - 5)$

Encontramos que $-15 \times 6 = -90$, y la suma de los factores 9 y $-10 = -1$ (el coeficiente del término del medio). Al volverla a escribir, la expresión.

Podemos hacer dos grupos de términos dentro de la expresión para proceder a factorizar el primer grupo seguido por el segundo. Note que todavía existe una suma.

Notamos que existe un grupo semejante en la expresión. Juntamos los términos NO semejantes y nos quedamos con un grupo de términos semejantes.

Para factorizar trinomios con este procedimiento la expresión debe ser de grado 2, es decir, la potencia más alta debe ser 2.

Multiplicación de Polinomios

Los polinomios son un o más grupos compuestos por variables y constantes. La multiplicación de polinomios sigue un orden especial.

$(x + 7)(x + 3) =$

$(x \times x) + (x \times 3) + (7 \times x) + (7 \times 3) =$

$x^2 + 3x + 7x + 21 =$

$x^2 + 10x + 21$

Multiplicamos el primer valor del primer grupo por el primer valor del segundo grupo.

Multiplicamos el primer valor del primer grupo por el siguiente valor del segundo grupo.

Multiplicamos el segundo valor del primer grupo por el primer valor del segundo grupo.

Multiplicamos el segundo valor del primer grupo por el siguiente valor del segundo grupo.

Para terminar agrupamos términos semejantes.

Si es que los grupos de polinomios fueran más grandes, seguimos los mismos pasos hasta que se terminen los valores disponibles para multiplicar.

Evaluación de Otras Ecuaciones Algebraicas

Existen otras formas de plantear problemas con ecuaciones algebraicas. Los siguientes ejemplos le ayudarán a familiarizarse con este tipo de problemas:

Si $x = 2y - 7$, entonces $3x + 7y =$

$3x + 7y =$

$3(2y - 7) + 7y =$

$6y - 21 + 7y =$

$13y - 21$

Sustituimos a x por el valor que se le asigna $(2y - 7)$.

Multiplicamos el valor asignado a x por el constante que la acompañaba.

Simplificamos.

Desigualdades e Inecuaciones

Los signos $<$ (menos que) y $>$ (mayor que) deben parecerte familiares; ambos son signos de desigualdad. En álgebra a veces se encontrarás con *inecuaciones*, o ecuaciones en donde existe más de un valor **negativo** que satisface la incógnita.

Para resolver una inecuación seguimos los mismos pasos que para resolver una ecuación. Existe solamente una diferencia: cuando multiplicamos o dividimos ambos lados de la inecuación por cualquier valor **cambia el sentido del signo de desigualdad.**

$$-3x + 5 < 26$$
$$-3x + 5 - 5 < 26 - 5$$
$$-3x < 21$$
$$\frac{-3x}{-3} > \frac{21}{-3}$$ Al dividir ambos lados, el signo de desigualdad cambió de sentido.
$$x > -7$$

Ecuaciones Cuadráticas

Las ecuaciones cuadráticas son aquellas que están compuestas de la siguiente manera, en donde a, b, y c con constantes y x es una variable:

$$ax^2 + bx + c = 0$$

Las ecuaciones cuadráticas requieren que se encuentre un valor para x. Esto lo podemos hacer utilizando la siguiente fórmula:

$$x = -b +/- \sqrt{b^2} - \frac{4ac}{2a}$$

Sumamos y restamos en la fórmula porque en las ecuaciones cuadráticas, siempre existe la posibilidad de que a x le correspondan 2 valores. Para comprobar esto debemos simplemente reemplazar el valor encontrado por todas las x en la ecuación.

$$4x^2 + 8x = -3$$
$$4^2 + 8x + 3 = 0$$

$$x = \frac{-8 \pm \sqrt{8^2 - 4(4)(3)}}{2(4)}$$

$$x = \frac{-8 \pm \sqrt{64 - 48}}{8}$$

$$x = \frac{-8 \pm \sqrt{16}}{8}$$

$$\frac{-8 + 4}{8} = \frac{-4}{8} = \frac{-1}{2}$$

$$\frac{-8 - 4}{8} = \frac{-12}{2} = \frac{-3}{2}$$

Problemas de Enunciado Verbal

En las Pruebas del GED, encontrará problemas de enunciado verbal que requieren el álgebra para ser resueltos. Estos problemas pueden estar relacionados con medidas de distancia, interés, y costo. Le daremos 3 de las fórmulas más populares:

Interés Simple: Interés = Capital × Tasa (al tanto por ciento) × tiempo

Distancia: Velocidad × Tiempo

Costo Total: (Número de Unidades) × (Precio por Unidad)

Ejercicios de Práctica

1. $x^2 - 8^2 = 0$

2. $19x - 16 - 2x = 0$

3. $x^2 \times x^3 =$

4. $\dfrac{16x}{2x^2} =$

5. Simplifique la siguiente expresión: $2xy + 3x - 9 + xy - y^2 + 9x^2 + y^2$

6. Simplifique la siguiente expresión: $3y + 5x - 3y + 2x - 5x^2$

7. Resuelva la siguiente ecuación: $5x + 7 = 32$

8. Resuelva la siguiente ecuación: $3x - 4 = 23$

9. Factorice la siguiente expresión: $16x^2 - 16xy + 4y^2$

10. Multiplique el siguiente polinomio: $(2x - 5) \times (x + 3)$

11. Si $x = 2y - 1$, entonces $3x - 2y =$

12. Resuelva la siguiente inecuación: $-5x + 2 > -8$

13. Resuelva: $4y^2 + 16y = -15$

14. Paulina deposita \$875 en el banco a un interés de 4% anual. Pedro deposita \$730 en otro banco con un interés de 6% anual. ¿Cuál es la diferencia entre el interés de Paulina y el de Pedro?

15. Si Rafael corre a una velocidad de 5 km/h por 45 minutos, ¿cuál es la distancia total recorrida por Rafael?

Respuestas

Operaciones Numéricas y Sentido Numérico

1. −1

El problema requiere la suma de un número positivo y un número negativo.

2. −12

El problema requiere la suma de dos números negativos.

3. −14

El problema requiere la resta de un número negativo menos un número positivo.

4. 19

El problema requiere la resta de un número positivo menos un número negativo.

5. 512

El problema requiere la multiplicación entre dos números positivos.

6. 161

El problema requiere la multiplicación de dos números negativos que darán un producto positivo.

7. $18\frac{2}{3}$ o 18.66

El problema requiere la división de dos números positivos.

8. $-7\frac{7}{26}$ o −7.269

El problema requiere la división de un número positivo por un número negativo. El cociente será negativo.

9. 22

El problema requiere que se siga el orden de operaciones.

10. $\frac{5}{7}$ o .714

El problema requiere la multiplicación de dos fracciones. Se deben multiplicar los numeradores y los denominadores entre si.

11. 4

El problema requiere la suma de dos fracciones. Se debe encontrar un denominador común para sumar los numeradores.

12. 2447.826

El problema requiere la división de un número entero por un decimal.

13. 5:1

Se pueden dividir los valores de las camas. Ya que $\frac{350}{70} = 5$, la razón entre los precios es 5:1. En otras palabras, una cama en el almacén A cuesta 5 veces lo que cuesta una cama en el almacén B.

14. 118,420

Si en un día asisten 3,820 estudiantes, en 31 días asistirán el producto de 3,820 y 31.

15. 75% y 1,836 acciones

Se debe convertir 6/8 en un porcentaje, multiplicando el denominador y el numerador por el número que haga que el denominador sea 100. El número en el numerador es el porcentaje. Para las acciones, uuUtiliza la regla del tres (si 2,448 es el 100%, entonces ¿cuantas acciones equivalen el 75%?)

16. 14.925 y 15.74

Para encontrar el medio de una lista sumamos todos los valores y dividimos por el número de valores en la lista. Para la mediana de una lista con un número par de valores, encontramos los dos números en el medio de la lista y buscamos la mitad o el medio de esos dos valores.

17. 5

Este es un problema de raíz cuadrada

18. 9

Este es un problema de raíz cuadrada.

19. 4.18×10^2

Para escribir el número en notación científica colocamos un punto decimal y multiplicamos el número por 10 a la potencia que mueva el punto en donde estaba originalmente.

20. 4.78×10^{-2}

Colocamos un punto decimal y multiplicamos el número por 10 a la potencia que mueva el punto en donde estaba originalmente.

Medidas y Geometría

1. 118.8 pulgadas

Se puede usar la regla de tres con los valores en la tabla de conversión.

2. 22.25 libras

Se puede usar la regla de tres con los valores en la tabla de conversión.

3. 6 cm.

Si los triángulos son semejantes debemos encontrar la razón entre los lados del triángulo $\left(\frac{9}{3} = 3:1\right)$ y resolver por la incógnita.

4. 20 cm.

Si los rectángulos son semejantes debemos encontrar la razón entre los lados de los rectángulos $\left(\frac{44}{11} = 4:1\right)$ y resolver por la incógnita.

5. 17.2 cm.

Si un cuadrado tiene 4 lados iguales, el perímetro de ese cuadrado es el lado multiplicado por 4.

6. 24 cm.

Para encontrar el perímetro de la figura se debe sumar todos los lados.

7. 17.64 cm^2

Para encontrar el área de un cuadrado se multiplica el lado por el lado.

8. 11 cm^2

El área de un triángulo se obtiene multiplicando la base por la altura y dividiendo por 2.

9. 13 cm^2

El área de un rectángulo se obtiene al multiplicar la longitud por el ancho.

10. 22.5 cm^3

Para encontrar el volumen de una pirámide se multiplican dos lados del cuadrado por la altura y se divide por 3.

11. 103.823 cm^3

El volumen de un cubo se obtiene al multiplicar la arista por sí tres veces.

12. $90\pi \text{ cm}^3$ o 282.74 cm^3

El volumen de un cilindro se obtiene al multiplicar el área del círculo por la altura del cilindro.

13. 66°

El ángulo que falta se obtiene restando los lados que conocemos de 180 (la suma de todos los ángulos de un triángulo).

14. 135°

El ángulo que falta se obtiene restando 45 de 180 ya que la incógnita y 45 con ángulos complementarios (la suma es de 180).

15. $\sqrt{18}$ cm. o 4.24 cm.

La hipotenusa se encuentra con la relación pitagórica.

16. 5.45 cm.

Encontramos el cateto con la relación pitagórica, esta vez resolvemos para el cateto y no para la hipotenusa.

$$x^2 + 2.5^2 = 36$$
$$x = \sqrt{36 - 2.5^2}$$
$$x = 5.45$$

17. Pendiente: $\frac{7}{6}$ o 1.166

Se encuentra la pendiente con la fórmula para la pendiente de una curva.

Distancia: $\sqrt{74}$ o 8.602

Para encontrar la distancia entre dos puntos se utiliza la fórmula para la distancia entre dos coordenadas.

18. Pendiente: $-\frac{1}{3}$ o $-.33$

Se encuentra la pendiente con la fórmula para la pendiente de una curva.

Distancia: $\sqrt{40}$ o 6.325

Para encontrar la distancia entre dos puntos se utiliza la fórmula para la distancia entre dos coordenadas.

Análisis de datos, Estadísticas y Probabilidades

1. 2004

Buscamos la barra más alta.

2. $18,000

Encontramos el valor en el eje de la y para el año 2002.

3. $ 89,500

Sumamos todos salarios de Ana para cada año.

4. $ 17,900

Dividimos el TOTAL de los salarios de Ana por el número de años (5).

5. $4,661.40

Con una regla de tres encontramos el 17% de 27,420.

6. 28%

Sumamos todos los porcentajes menos el de horas de clase. También podemos simplemente restar el porcentaje de horas de clase del 100%.

7. $1,096.80

Encontramos el 72% de 27,420 y dividimos por 18.

8. $274.20

Encontramos el 1% de 27,420

9. 25%

Dividimos el número de chupetes de mora por el total de chupetes y convertimos el decimal en porcentaje.

10. 5%

Dividimos el número de premios de $500,000 por el total de premios y convertimos el decimal en porcentaje.

Álgebra, Funciones, y Patrones

1. $x = 8$

$$x^2 = -8^2$$
$$x^2 = 64$$
$$\sqrt{x^2} = \sqrt{64}$$
$$x = 8$$

2. $x = \frac{16}{17}$

$$17x = 16$$
$$x = \frac{16}{17}$$

3. x^5

$$x^{2+3} = x^5$$

4. $8x^{-1}$ o $8/x$

$$\frac{8x}{x^2} = \frac{8}{x}$$

5. $9x^2 + 3x + 3xy - 9$

Agrupamos términos similares.

6. $-5x^2 + 7x$

Agrupamos términos similares.

7. $x = 5$

$5x = 32 - 7$

$5x = 25$

$x = \dfrac{25}{5}$

$x = 5$

8. $4(4x^2 - 4xy + y^2) = 4(2x - y)^2$

$3x = 23 + 4$

$3x = 27$

$x = \dfrac{27}{3}$

$x = 9$

9. $4(4x^2 - 4xy + y^2) = 4(2x - y)^2$

Factorizamos 4 como factor común y luego factorizamos el trinomino que también es un cuadrado perfecto.

10. $2x^2 + x - 15$

Multiplicamos el primer término del primer grupo por el primer término del segundo grupo. Luego multiplicamos el mismo término del primer grupo por el segundo del segundo grupo. Luego el segundo término por el primero y luego el segundo término del segundo grupo. Agrupamos términos similares para simplificar.

11. $4y - 3$

$3(2y - 1) - 2y =$

$6y - 3 - 2y =$

$4y - 3$

12. $x < 2$

$-5x + 2 - 2 > -8 - 2$

$-5x > -10$

$\dfrac{-5x}{-5} > \dfrac{-10}{-5}$

$x < 2$

13. $4y^2 + 16y + 15 = 0$

Utilizamos la formula para funciones cuadráticas:

$y = \dfrac{-16 \pm \sqrt{16^2 - (4 \times 4 \times 15)}}{8}$

$y = \dfrac{-16 \pm \sqrt{256 - 240}}{8}$

$y = \dfrac{-16 \pm \sqrt{16}}{8}$

$y = \dfrac{-16 \pm 4}{8}$

$\dfrac{-16 + 4}{8} = -\dfrac{12}{8} \text{ o } -\dfrac{3}{2}$

$\dfrac{-16 - 4}{8} = -\dfrac{20}{8} \text{ o } -\dfrac{5}{2}$

14. $\$8.8$

Interés Paulina $= 850 \times .04 = 35$

Interés Pedro $= 70 \times .06 = 43.8$

Diferencia $= 8.8$

15. 3.75 km

$D = V \times T$

$\dfrac{5(45)}{60} = 3.75$ km

Prueba de Práctica

El sistema de calificación de las pruebas de GED es muy complicado y sus resultados no serán la suma de las preguntas contestadas correctamente. Para cada una de las pruebas, recibirá un puntaje estándar de 200 a 800 y una clasificación por percentil, de 1 al 99.

Para aprobar el examen hay que cumplir con dos criterios. Los requisitos varían entre estados, pero la norma mínima de aprobación es de 410 en cada prueba y un promedio de 450 en la batería de 5 pruebas (un total de 2250 puntos).

No se olvide que puede volver a tomar cualquiera de los 5 exámenes en el caso de no aprobar una prueba o de no conseguir los 2250 puntos.

Prueba de Práctica
Hoja de Respuestas

Redaccion

1. Ⓐ Ⓑ Ⓒ Ⓓ Ⓔ   14. Ⓐ Ⓑ Ⓒ Ⓓ Ⓔ   27. Ⓐ Ⓑ Ⓒ Ⓓ Ⓔ   40. Ⓐ Ⓑ Ⓒ Ⓓ Ⓔ
2. Ⓐ Ⓑ Ⓒ Ⓓ Ⓔ   15. Ⓐ Ⓑ Ⓒ Ⓓ Ⓔ   28. Ⓐ Ⓑ Ⓒ Ⓓ Ⓔ   41. Ⓐ Ⓑ Ⓒ Ⓓ Ⓔ
3. Ⓐ Ⓑ Ⓒ Ⓓ Ⓔ   16. Ⓐ Ⓑ Ⓒ Ⓓ Ⓔ   29. Ⓐ Ⓑ Ⓒ Ⓓ Ⓔ   42. Ⓐ Ⓑ Ⓒ Ⓓ Ⓔ
4. Ⓐ Ⓑ Ⓒ Ⓓ Ⓔ   17. Ⓐ Ⓑ Ⓒ Ⓓ Ⓔ   30. Ⓐ Ⓑ Ⓒ Ⓓ Ⓔ   43. Ⓐ Ⓑ Ⓒ Ⓓ Ⓔ
5. Ⓐ Ⓑ Ⓒ Ⓓ Ⓔ   18. Ⓐ Ⓑ Ⓒ Ⓓ Ⓔ   31. Ⓐ Ⓑ Ⓒ Ⓓ Ⓔ   44. Ⓐ Ⓑ Ⓒ Ⓓ Ⓔ
6. Ⓐ Ⓑ Ⓒ Ⓓ Ⓔ   19. Ⓐ Ⓑ Ⓒ Ⓓ Ⓔ   32. Ⓐ Ⓑ Ⓒ Ⓓ Ⓔ   45. Ⓐ Ⓑ Ⓒ Ⓓ Ⓔ
7. Ⓐ Ⓑ Ⓒ Ⓓ Ⓔ   20. Ⓐ Ⓑ Ⓒ Ⓓ Ⓔ   33. Ⓐ Ⓑ Ⓒ Ⓓ Ⓔ   46. Ⓐ Ⓑ Ⓒ Ⓓ Ⓔ
8. Ⓐ Ⓑ Ⓒ Ⓓ Ⓔ   21. Ⓐ Ⓑ Ⓒ Ⓓ Ⓔ   34. Ⓐ Ⓑ Ⓒ Ⓓ Ⓔ   47. Ⓐ Ⓑ Ⓒ Ⓓ Ⓔ
9. Ⓐ Ⓑ Ⓒ Ⓓ Ⓔ   22. Ⓐ Ⓑ Ⓒ Ⓓ Ⓔ   35. Ⓐ Ⓑ Ⓒ Ⓓ Ⓔ   48. Ⓐ Ⓑ Ⓒ Ⓓ Ⓔ
10. Ⓐ Ⓑ Ⓒ Ⓓ Ⓔ   23. Ⓐ Ⓑ Ⓒ Ⓓ Ⓔ   36. Ⓐ Ⓑ Ⓒ Ⓓ Ⓔ   49. Ⓐ Ⓑ Ⓒ Ⓓ Ⓔ
11. Ⓐ Ⓑ Ⓒ Ⓓ Ⓔ   24. Ⓐ Ⓑ Ⓒ Ⓓ Ⓔ   37. Ⓐ Ⓑ Ⓒ Ⓓ Ⓔ   50. Ⓐ Ⓑ Ⓒ Ⓓ Ⓔ
12. Ⓐ Ⓑ Ⓒ Ⓓ Ⓔ   25. Ⓐ Ⓑ Ⓒ Ⓓ Ⓔ   38. Ⓐ Ⓑ Ⓒ Ⓓ Ⓔ
13. Ⓐ Ⓑ Ⓒ Ⓓ Ⓔ   26. Ⓐ Ⓑ Ⓒ Ⓓ Ⓔ   39. Ⓐ Ⓑ Ⓒ Ⓓ Ⓔ

Estudios Sociales

1. Ⓐ Ⓑ Ⓒ Ⓓ Ⓔ   14. Ⓐ Ⓑ Ⓒ Ⓓ Ⓔ   27. Ⓐ Ⓑ Ⓒ Ⓓ Ⓔ   40. Ⓐ Ⓑ Ⓒ Ⓓ Ⓔ
2. Ⓐ Ⓑ Ⓒ Ⓓ Ⓔ   15. Ⓐ Ⓑ Ⓒ Ⓓ Ⓔ   28. Ⓐ Ⓑ Ⓒ Ⓓ Ⓔ   41. Ⓐ Ⓑ Ⓒ Ⓓ Ⓔ
3. Ⓐ Ⓑ Ⓒ Ⓓ Ⓔ   16. Ⓐ Ⓑ Ⓒ Ⓓ Ⓔ   29. Ⓐ Ⓑ Ⓒ Ⓓ Ⓔ   42. Ⓐ Ⓑ Ⓒ Ⓓ Ⓔ
4. Ⓐ Ⓑ Ⓒ Ⓓ Ⓔ   17. Ⓐ Ⓑ Ⓒ Ⓓ Ⓔ   30. Ⓐ Ⓑ Ⓒ Ⓓ Ⓔ   43. Ⓐ Ⓑ Ⓒ Ⓓ Ⓔ
5. Ⓐ Ⓑ Ⓒ Ⓓ Ⓔ   18. Ⓐ Ⓑ Ⓒ Ⓓ Ⓔ   31. Ⓐ Ⓑ Ⓒ Ⓓ Ⓔ   44. Ⓐ Ⓑ Ⓒ Ⓓ Ⓔ
6. Ⓐ Ⓑ Ⓒ Ⓓ Ⓔ   19. Ⓐ Ⓑ Ⓒ Ⓓ Ⓔ   32. Ⓐ Ⓑ Ⓒ Ⓓ Ⓔ   45. Ⓐ Ⓑ Ⓒ Ⓓ Ⓔ
7. Ⓐ Ⓑ Ⓒ Ⓓ Ⓔ   20. Ⓐ Ⓑ Ⓒ Ⓓ Ⓔ   33. Ⓐ Ⓑ Ⓒ Ⓓ Ⓔ   46. Ⓐ Ⓑ Ⓒ Ⓓ Ⓔ
8. Ⓐ Ⓑ Ⓒ Ⓓ Ⓔ   21. Ⓐ Ⓑ Ⓒ Ⓓ Ⓔ   34. Ⓐ Ⓑ Ⓒ Ⓓ Ⓔ   47. Ⓐ Ⓑ Ⓒ Ⓓ Ⓔ
9. Ⓐ Ⓑ Ⓒ Ⓓ Ⓔ   22. Ⓐ Ⓑ Ⓒ Ⓓ Ⓔ   35. Ⓐ Ⓑ Ⓒ Ⓓ Ⓔ   48. Ⓐ Ⓑ Ⓒ Ⓓ Ⓔ
10. Ⓐ Ⓑ Ⓒ Ⓓ Ⓔ   23. Ⓐ Ⓑ Ⓒ Ⓓ Ⓔ   36. Ⓐ Ⓑ Ⓒ Ⓓ Ⓔ   49. Ⓐ Ⓑ Ⓒ Ⓓ Ⓔ
11. Ⓐ Ⓑ Ⓒ Ⓓ Ⓔ   24. Ⓐ Ⓑ Ⓒ Ⓓ Ⓔ   37. Ⓐ Ⓑ Ⓒ Ⓓ Ⓔ   50. Ⓐ Ⓑ Ⓒ Ⓓ Ⓔ
12. Ⓐ Ⓑ Ⓒ Ⓓ Ⓔ   25. Ⓐ Ⓑ Ⓒ Ⓓ Ⓔ   38. Ⓐ Ⓑ Ⓒ Ⓓ Ⓔ
13. Ⓐ Ⓑ Ⓒ Ⓓ Ⓔ   26. Ⓐ Ⓑ Ⓒ Ⓓ Ⓔ   39. Ⓐ Ⓑ Ⓒ Ⓓ Ⓔ

KAPLAN

Ciencias

1. Ⓐ Ⓑ Ⓒ Ⓓ Ⓔ	14. Ⓐ Ⓑ Ⓒ Ⓓ Ⓔ	27. Ⓐ Ⓑ Ⓒ Ⓓ Ⓔ	40. Ⓐ Ⓑ Ⓒ Ⓓ Ⓔ
2. Ⓐ Ⓑ Ⓒ Ⓓ Ⓔ	15. Ⓐ Ⓑ Ⓒ Ⓓ Ⓔ	28. Ⓐ Ⓑ Ⓒ Ⓓ Ⓔ	41. Ⓐ Ⓑ Ⓒ Ⓓ Ⓔ
3. Ⓐ Ⓑ Ⓒ Ⓓ Ⓔ	16. Ⓐ Ⓑ Ⓒ Ⓓ Ⓔ	29. Ⓐ Ⓑ Ⓒ Ⓓ Ⓔ	42. Ⓐ Ⓑ Ⓒ Ⓓ Ⓔ
4. Ⓐ Ⓑ Ⓒ Ⓓ Ⓔ	17. Ⓐ Ⓑ Ⓒ Ⓓ Ⓔ	30. Ⓐ Ⓑ Ⓒ Ⓓ Ⓔ	43. Ⓐ Ⓑ Ⓒ Ⓓ Ⓔ
5. Ⓐ Ⓑ Ⓒ Ⓓ Ⓔ	18. Ⓐ Ⓑ Ⓒ Ⓓ Ⓔ	31. Ⓐ Ⓑ Ⓒ Ⓓ Ⓔ	44. Ⓐ Ⓑ Ⓒ Ⓓ Ⓔ
6. Ⓐ Ⓑ Ⓒ Ⓓ Ⓔ	19. Ⓐ Ⓑ Ⓒ Ⓓ Ⓔ	32. Ⓐ Ⓑ Ⓒ Ⓓ Ⓔ	45. Ⓐ Ⓑ Ⓒ Ⓓ Ⓔ
7. Ⓐ Ⓑ Ⓒ Ⓓ Ⓔ	20. Ⓐ Ⓑ Ⓒ Ⓓ Ⓔ	33. Ⓐ Ⓑ Ⓒ Ⓓ Ⓔ	46. Ⓐ Ⓑ Ⓒ Ⓓ Ⓔ
8. Ⓐ Ⓑ Ⓒ Ⓓ Ⓔ	21. Ⓐ Ⓑ Ⓒ Ⓓ Ⓔ	34. Ⓐ Ⓑ Ⓒ Ⓓ Ⓔ	47. Ⓐ Ⓑ Ⓒ Ⓓ Ⓔ
9. Ⓐ Ⓑ Ⓒ Ⓓ Ⓔ	22. Ⓐ Ⓑ Ⓒ Ⓓ Ⓔ	35. Ⓐ Ⓑ Ⓒ Ⓓ Ⓔ	48. Ⓐ Ⓑ Ⓒ Ⓓ Ⓔ
10. Ⓐ Ⓑ Ⓒ Ⓓ Ⓔ	23. Ⓐ Ⓑ Ⓒ Ⓓ Ⓔ	36. Ⓐ Ⓑ Ⓒ Ⓓ Ⓔ	49. Ⓐ Ⓑ Ⓒ Ⓓ Ⓔ
11. Ⓐ Ⓑ Ⓒ Ⓓ Ⓔ	24. Ⓐ Ⓑ Ⓒ Ⓓ Ⓔ	37. Ⓐ Ⓑ Ⓒ Ⓓ Ⓔ	50. Ⓐ Ⓑ Ⓒ Ⓓ Ⓔ
12. Ⓐ Ⓑ Ⓒ Ⓓ Ⓔ	25. Ⓐ Ⓑ Ⓒ Ⓓ Ⓔ	38. Ⓐ Ⓑ Ⓒ Ⓓ Ⓔ	
13. Ⓐ Ⓑ Ⓒ Ⓓ Ⓔ	26. Ⓐ Ⓑ Ⓒ Ⓓ Ⓔ	39. Ⓐ Ⓑ Ⓒ Ⓓ Ⓔ	

Español: Lenguaje y Lectura

1. Ⓐ Ⓑ Ⓒ Ⓓ Ⓔ	11. Ⓐ Ⓑ Ⓒ Ⓓ Ⓔ	21. Ⓐ Ⓑ Ⓒ Ⓓ Ⓔ	31. Ⓐ Ⓑ Ⓒ Ⓓ Ⓔ
2. Ⓐ Ⓑ Ⓒ Ⓓ Ⓔ	12. Ⓐ Ⓑ Ⓒ Ⓓ Ⓔ	22. Ⓐ Ⓑ Ⓒ Ⓓ Ⓔ	32. Ⓐ Ⓑ Ⓒ Ⓓ Ⓔ
3. Ⓐ Ⓑ Ⓒ Ⓓ Ⓔ	13. Ⓐ Ⓑ Ⓒ Ⓓ Ⓔ	23. Ⓐ Ⓑ Ⓒ Ⓓ Ⓔ	33. Ⓐ Ⓑ Ⓒ Ⓓ Ⓔ
4. Ⓐ Ⓑ Ⓒ Ⓓ Ⓔ	14. Ⓐ Ⓑ Ⓒ Ⓓ Ⓔ	24. Ⓐ Ⓑ Ⓒ Ⓓ Ⓔ	34. Ⓐ Ⓑ Ⓒ Ⓓ Ⓔ
5. Ⓐ Ⓑ Ⓒ Ⓓ Ⓔ	15. Ⓐ Ⓑ Ⓒ Ⓓ Ⓔ	25. Ⓐ Ⓑ Ⓒ Ⓓ Ⓔ	35. Ⓐ Ⓑ Ⓒ Ⓓ Ⓔ
6. Ⓐ Ⓑ Ⓒ Ⓓ Ⓔ	16. Ⓐ Ⓑ Ⓒ Ⓓ Ⓔ	26. Ⓐ Ⓑ Ⓒ Ⓓ Ⓔ	36. Ⓐ Ⓑ Ⓒ Ⓓ Ⓔ
7. Ⓐ Ⓑ Ⓒ Ⓓ Ⓔ	17. Ⓐ Ⓑ Ⓒ Ⓓ Ⓔ	27. Ⓐ Ⓑ Ⓒ Ⓓ Ⓔ	37. Ⓐ Ⓑ Ⓒ Ⓓ Ⓔ
8. Ⓐ Ⓑ Ⓒ Ⓓ Ⓔ	18. Ⓐ Ⓑ Ⓒ Ⓓ Ⓔ	28. Ⓐ Ⓑ Ⓒ Ⓓ Ⓔ	38. Ⓐ Ⓑ Ⓒ Ⓓ Ⓔ
9. Ⓐ Ⓑ Ⓒ Ⓓ Ⓔ	19. Ⓐ Ⓑ Ⓒ Ⓓ Ⓔ	29. Ⓐ Ⓑ Ⓒ Ⓓ Ⓔ	39. Ⓐ Ⓑ Ⓒ Ⓓ Ⓔ
10. Ⓐ Ⓑ Ⓒ Ⓓ Ⓔ	20. Ⓐ Ⓑ Ⓒ Ⓓ Ⓔ	30. Ⓐ Ⓑ Ⓒ Ⓓ Ⓔ	40. Ⓐ Ⓑ Ⓒ Ⓓ Ⓔ

Matemáticas

1. ① ② ③ ④ ⑤   6. ① ② ③ ④ ⑤   11. ① ② ③ ④ ⑤   16. ① ② ③ ④ ⑤

2. ① ② ③ ④ ⑤   7. ① ② ③ ④ ⑤   12. ① ② ③ ④ ⑤   17. ① ② ③ ④ ⑤

3. ① ② ③ ④ ⑤   8. ① ② ③ ④ ⑤   13. ① ② ③ ④ ⑤   18. ① ② ③ ④ ⑤

4. ① ② ③ ④ ⑤   9. ① ② ③ ④ ⑤   14. ① ② ③ ④ ⑤   19. ① ② ③ ④ ⑤

5. ① ② ③ ④ ⑤   10. ① ② ③ ④ ⑤   15. ① ② ③ ④ ⑤   20. ① ② ③ ④ ⑤

21.   22.   23.   24.   25.

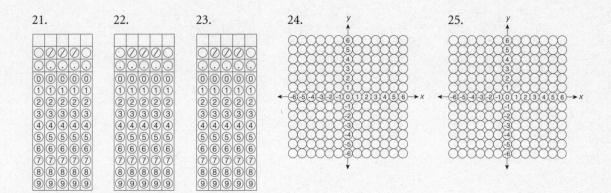

26. ① ② ③ ④ ⑤   31. ① ② ③ ④ ⑤   36. ① ② ③ ④ ⑤   41. ① ② ③ ④ ⑤

27. ① ② ③ ④ ⑤   32. ① ② ③ ④ ⑤   37. ① ② ③ ④ ⑤   42. ① ② ③ ④ ⑤

28. ① ② ③ ④ ⑤   33. ① ② ③ ④ ⑤   38. ① ② ③ ④ ⑤   43. ① ② ③ ④ ⑤

29. ① ② ③ ④ ⑤   34. ① ② ③ ④ ⑤   39. ① ② ③ ④ ⑤   44. ① ② ③ ④ ⑤

30. ① ② ③ ④ ⑤   35. ① ② ③ ④ ⑤   50. ① ② ③ ④ ⑤   45. ① ② ③ ④ ⑤

46.   47.   48.   49.   50.

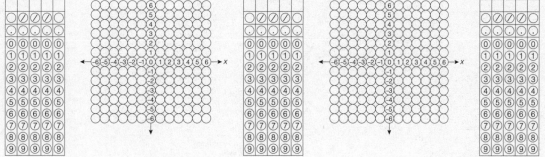

Prueba de Práctica: **Redacción**

Parte I

<u>Instrucciones</u>: Escoja la mejor respuesta a cada pregunta. Tiene 80 minutos para contestar 50 preguntas.

Las preguntas 1–7 se refieren al siguiente texto.

El cuervo y la jarra

Esopo

(1) Un cuervo se acercó, medio muerto de sed, a una jarra que creyó llena de agua; mas, al introducir su pico por la boca de la vasija, se encontró con que sólo quedaba un poco de agua en el fondo y que no podía alcanzar a beberla, por mucho que se esforzaba. (2) Hizo varios intentos, luchó, batalló, pero todo fue inútil. (3) Se le ocurrió entonces inclinar la jarra, probó una y otra vez, pero al fin, desesperado, tuvo que desistir de su intento. (4) ¿Tendría que resignarse a morir de sed?

(5) De pronto, tuvo una idea y se apresuró a llevarle a la práctica. (6) Cogió una piedrecilla y la dejó caer en el fondo de la jarra; cogió luego una segunda piedrecilla y la dejó caer en el fondo de la jarra; cogió otra piedrecilla y la dejó caer en el fondo de la jarra; (7) cogió otra piedrecilla y la dejó caer en el fondo de la jarra…hasta que, ¡por fin!, vio subir el agua. (8) Entonces, llenó el fondo con unas cuantas piedrecillas más y de esta manera pudo satisfacer su sed y salvar su vida.

(9) *Poquito a poco se llega lejos*

1. Oración 1: **Un cuervo se acercó, medio muerto de sed, a una jarra que creyó llena de agua; <u>mas</u>, al introducir su pico por la boca de la vasija, se encontró con que sólo quedaba un poco de agua en el fondo y que no podía alcanzar a beberla, por mucho que se esforzaba.** La conjunción *mas* puede ser reemplazada por

   (1) más
   (2) por
   (3) con
   (4) para
   (5) pero

2. Oración 2: **Hizo varios intentos, luchó, batalló, pero todo fue inútil.** Si la oración comenzara así: <u>*Haría muchos* intentos,…</u> ¿Cómo completaría la oración?

   (1) lucharé, batallaré, pero todo será inútil.
   (2) lucha, batalla, pero todo es inútil.
   (3) luchaba, batallaba, pero todo era inútil.
   (4) lucharía, batallaría, pero todo sería inútil.
   (5) hubo luchado y batallado, pero todo fue inútil.

3. Oración 3: **Se le ocurrió entonces inclinar la jarra, <u>probó una y otra vez</u>, pero al fin, desesperado, tuvo que desistir de su intento.** ¿Qué corrección se debe hacer en la parte subrayada? Si es correcta, escoja la opción 1.

   (1) probó una y otra vez

   (2) probo una y otra vez

   (3) provo una y otra vez

   (4) probo una y otra ves

   (5) probó una y otra ves

4. Oración 5: **De pronto, tuvo una idea y <u>se apresuró a llevarle a la práctica.</u>** ¿Existe un error en la parte subrayada? Si está correcta, escoja la opción 1.

   (1) se apresuró a llevarle a la práctica.

   (2) se apresuró a llevarla a la práctica.

   (3) se apresuro a llevarle a la práctica.

   (4) se apresuró a llevarle a la practica.

   (5) se apresuro a llebarle a la práctica.

5. Oración 6: **<u>Cogió una piedrecilla y la dejó caer en el fondo de la jarra;…</u>** Si reemplazamos la palabra *piedrecilla* por *guisantes* ¿Cómo escribiríamos esta oración?

   (1) Cogió unos guisantes y les dejó caer en el fondo de la jarra

   (2) Cogió unos guisantes y lo dejó caer en el fondo de la jarra

   (3) Cogió unos guisantes y les dejó caer en los fondos de la jarra

   (4) Los cogió unos guisantes y dejó caer en el fondo de la jarra

   (5) Cogió unos guisantes y los dejó caer en el fondo de la jarra.

6. Oración 7: **cogió otra piedrecilla y la dejó caer en el fondo de la jarra… <u>hasta que, ¡por fin!, vió subir el agua.</u>** ¿Qué corrección se debe hacer en la parte subrayada? Si la original es correcta, escoja la opción 1.

   (1) Hasta que ¡por fin!, vió subir el agua.

   (2) Hasta que ¡por fín!, vio subir el agua

   (3) Hasta que ¡por fin!, vio subir el agua

   (4) Asta que ¡por fin!, vió subir el agua

   (5) Hasta que ¡por fin!, vio subir el agua

7. Oración 8: **<u>Entonces,</u> llenó el fondo con unas cuantas piedrecillas más y de esta manera pudo satisfacer su sed y salvar su vida.** Si quisiera ubicar la palabra subrayada en otro lugar de la oración ¿En dónde sería más adecuado de acuerdo con la sintaxis del español?

   (1) Llenó el fondo con unas cuantas entonces piedrecilla más y de esta manera pudo satisfacer su sed y salvar su vida.

   (2) Llenó el fondo con entonces unas cuantas piedrecillas más y de esta manera pudo satisfacer su sed y salvar su vida.

   (3) Llenó el fondo con unas cuantas piedrecillas más y de entonces de esta manera pudo satisfacer su sed y salvar su vida.

   (4) Llenó, entonces, el fondo con unas cuantas piedrecillas más y de esta manera pudo satisfacer su sed y salvar su vida.

   (5) Llenó el fondo con unas cuantas piedrecillas entonces más y de esta manera pudo satisfacer su sed y salvar su vida.

Las preguntas 8–18 se refieren a la siguiente carta:

Sr./Sra. Bonmains
11, Place de la Victoire
45000 Lyon

Fundación
Niños del Mundo
28, rue Léon-Blum
69000 Lyon

Lyon, 25 de julio de 2003

Señores:

(1) Mi esposo y yo deseamos profundamente adoptar un niño abandonado. (2) Estamos casados desde hace 11 años y a partir de ese momento, hemos soñado con formar una familia completa. (3) Tengo 39 años y mi esposo 41. (4) Ambos procedemos de familias numerosas de la campiña francesa.

(5) Instalamos una pastelería en esta ciudad en 1996 y gracias a esta actividad, conocemos a casi todos los habitantes de nuestro barrio y gozamos de la amistad y el aprecio de muchos de ellos. (6) Tenía 31 años cuando supe que no podría consebir debido a problemas conjénitos. (7) Desde ese momento, mi esposo y yo decidimos adoptar un niño. (8) Para el efecto presentamos los documentos legales correspondientes a la primera etapa del proceso. (9) Hace un mes, el servicio de ayuda social nos notificó que nuestra carpeta había sido aceptada y que debremos esperar una segunda etapa.

(10) La espera es larga y dolorosa pero hemos perseverado convencidos de que no existe peor injusticia que la de un niño privado de cariño y protección de una familia. (11) Nuestra ilusión es guiar los pasos de una niña de 5 o 6 años de cualquier nacionalidad.

(12) Gracias por su apoyo a nuestro proyecto de adopción. En espera de su respuesta, reciban ustedes nuestros sinceros respetos y agradecimientos.

—Odile Bonmains

8. Oración 1: **Mi esposo y yo deseamos profundamente adoptar un niño abandonado.** ¿Cuál sería un sinónimo de la palabra subrayada?

   (1) prodigiosamente
   (2) decentemente
   (3) honradamente
   (4) intensamente
   (5) superficialmente

9. Oración 2. **Estamos casados desde hace 11 años y a partir de ese momento, hemos soñado con formar una familia completa.** Si esta oración comenzara así: *Desde que…* ¿Cómo continuaría esta oración?

   (1) nos casamos, hace 11 años, hemos soñado con formar una familia completa.
   (2) hemos soñado con formar una familia completa, hace 11 años, nos casamos.
   (3) con formar una familia completa, hace 11 años, nos casamos, hemos soñado.
   (4) nos casamos, hemos soñado, hace 11 años, con formar una familia completa.
   (5) nos casamos, hemos soñado con formar, hace 11 años, una familia completa.

10. Oración 3: **Tengo 39 años y mi esposo 41.** Si debe escribir la edad con letras, ¿cómo lo haría?

   (1) treinta y nueve…cuarentaicinco
   (2) trentainueve…cuarenta y cinco
   (3) treinta y nuebe…cuarentaicinco
   (4) treinta y nueve…cuarenta y cinco
   (5) treintainuebe…cuarenta y cinco

11. Oración 4: **Ambos procedemos de familias numerosas de la campiña francesa.** ¿Qué corrección se debe hacer en la frase subrayada? Si está correcta, escoja la opción 1.

    (1) la campiña francesa.

    (2) la campiña Francesa.

    (3) la campiña francesa.

    (4) la canpiña francesa.

    (5) la campina Francesa.

12. Oración 5: **Instalamos una pastelería en esta ciudad en 1996 y gracias a esta actividad, conocemos a casi todos los habitantes de nuestro barrio y gozamos de la amistad y el aprecio de muchos de ellos.** Si se iniciara la oración con la expresión *Gracias a nuestra pastelería…* ¿Cuál serían las tres palabras siguientes?

    (1) los habitantes de…

    (2) el barrio y…

    (3) instalada en 1996,

    (4) la amistad…

    (5) el aprecio de…

13. Oración 6: **Tenía 31 años cuando supe que no podría <u>consebir</u> debido a problemas <u>conjénitos</u>.** ¿Debo hacer correcciones en las palabras subrayadas? Si no las necesitan, escoja la opción 1.

    (1) consebir…conjénitos…

    (2) concebir…conjenitos…

    (3) concevir…congenitos

    (4) consevir…congénitos…

    (5) concebir…congénitos…

14. Oración 7: **Desde <u>ese momento</u>, mi esposo y yo decidimos adoptar un niño.** Las palabras subrayadas se refieren a

    (1) desde que decidieron adoptar un niño

    (2) desde que se casaron

    (3) desde que instalaron el negocio

    (4) desde que supo que no podría concebir

    (5) desde que soñaron con tener una familia

15. Oración 8: **Para <u>el efecto</u> presentamos los documentos legales correspondientes a la primera etapa del proceso.** ¿A qué se refiere la parte subrayada?

    (1) A la concepción de un niño.

    (2) A la imposibilidad de concebir.

    (3) Al proceso de adopción.

    (4) A los problemas de esterilidad.

    (5) A la edad de la señora.

16. Oración 9: **Hace un mes, el servicio de ayuda social nos notificó que nuestra carpeta <u>había sido aceptada y que debremos esperar</u> una segunda etapa.** ¿Están bien conjugados los verbos de esta oración?

    (1) Habría sido aceptada y que debremos esperar…

    (2) Habrá sido aceptada y que deberemos esperar…

    (3) Ha sido aceptada y que debimos esperar…

    (4) Había sido aceptada y que debíamos esperar…

    (5) Es aceptada y que debemos esperar…

17. Oración 10: **La espera es larga y dolorosa, pero hemos perseverado convencidos de que no existe peor injusticia que la de un niño privado de cariño y protección de una familia.** ¿Cómo puede sustituir la conjunción subrayada?

    (1) con dos puntos
    (2) con punto seguido
    (3) con tres puntos suspensivos
    (4) con un signo de interrogación
    (5) con un guión

18. Oración 11: **Nuestra ilusión es guiar los pasos de una niña de 5 o 6 años de cualquier nacionalidad.** ¿Qué significa la expresión subrayada?

    (1) Enseñarle a dar los primeros pasos
    (2) Vigilar los primeros pasos de la niña
    (3) Controlar los primeros pasos de la niña
    (4) Conducirla y educarla
    (5) Dominar su vida

Las preguntas de 19–27 se refieren al siguiente texto:

Río sagrado.

(1) El Ganges no es un río como los otros. (2) Una leyenda conocida por todos los hindúes cuenta que la vida se había extinguido de la tierra hace muchísimo tiempo. (3) Los *yoghis* suplicaron a la celestial Ganga (diosa de la vía láctea) que baje para darle vida otra vez. (4) Pero fue el rey Bhariratha quien obtuvo la gracia de Brahma, creador del universo. (5) Para atenuar la caída de Ganga, Shiva, el héroe, cuya morada es la cima del Himalaya, acepta recibir el río en las trenzas de su cabellera. (6) Ganga desciende suavemente y comienza a deslizarse por este río hacia el mar, purificando todo a su paso. (7) Desde hace tres mil años los hindúes consideran al Ganges (Ganga en Hindi) como la imajen de un ser divino, una fuente de puresa. (8) Millones de personas se unen a los peregrinajes a lo largo de sus aguas, desde su origen hasta su desembocadura. (9) Los peregrinos procedentes de todas las provincias para beber sus aguas y tomar un baño ritual, lo que borra las faltas. (10) Sus aguas, supuestamente, curan las enfermedades; se las bebe en la ceremonia del casamiento, se humedece los labios del agonizante con ellas, circulan en jarras por todo el país. (11) Se queman los muertos en su vera (40.000 por año) sobre todo en Benares, y se esparcen sus cenizas en el río; así el difunto alcanzará el paraíso.

19. Oración 2: **Una leyenda conocida por todos los hindúes cuenta que la vida se había extinguido de la tierra hace muchísimo tiempo.** Para reemplazar los verbos subrayados podría utilizar:

    (1) había desaparecido de…
    (2) se había extendido en…
    (3) se había propalado en…
    (4) había comenzado en…
    (5) había aumentado en…

20. Oración 3: **Los *yoghis* suplicaron a la celestial Ganga (diosa de la vía láctea) que baje para darle vida otra vez.** ¿La concordancia de los verbos de la parte subrayada es correcta? Si lo es, escoja la opción (1).

    (1) suplicaron….que baje
    (2) suplicaron….que baja
    (3) suplicaron…que bajara
    (4) suplicaron…que bajaría
    (5) suplicaron…que haya bajado

21. Oración 4: **Pero fue el rey Bhariratha quien obtuvo la gracia de Brahma, creador del universo.** Si Bhariratha obtuvo la gracia, ¿cuál sería el verbo correcto a utilizar en el caso de Brahma?

    (1) Brahma aceptó la gracia.
    (2) Brahma concedió la gracia.
    (3) Brahma solicitó la gracia.
    (4) Brahma rogó por la gracia.
    (5) Brahma recibió la gracia.

22. Oración 5: **Para <u>atenuar</u> la caída de Ganga, Shiva, el héroe, cuya morada es la cima del Himalaya, acepta recibir el río en las trenzas de su cabellera.** ¿Qué significa el verbo *atenuar*?

    (1) salvar
    (2) soportar
    (3) observar
    (4) provocar
    (5) amortiguar

23. Oración 6: **Ganga desciende suavemente y comienza a deslizarse por <u>este río</u> hacia el mar, purificando todo a su paso.** *Este río* es el Ganges, pero en la leyenda es

    (1) Los Himalayas
    (2) Brahma
    (3) Bhariratha
    (4) Shiva
    (5) Ganga

24. Oración 7: **Desde hace tres mil años los hindúes consideran al Ganges (Ganga en Hindi) como <u>la imajen de un ser divino, una fuente de puresa</u>.** ¿Debo corregir la ortografía de la parte subrayada? Si no necesita correcciones, escoja la opción 1.

    (1) La imajen de un ser divino, una fuente de puresa
    (2) La imájen de un ser divino, una fuente de puresa
    (3) La imagen de un ser divino, una fuente de puresa
    (4) La imagen de un ser divino, una fuente de puresa
    (5) La imagen de un ser divino, una fuente de pureza.

25. Oración 9: **Los peregrinos procedentes de todas las provincias para beber sus aguas y tomar un baño ritual, <u>lo que borra las faltas.</u>** Si comenzara la oración modificando la parte subrayada de esta manera: Con el propósito de borrar sus faltas… ¿Cuáles serían las dos o tres palabras que vendrían a continuación?

    (1) beber sus aguas…
    (2) todas las provincias…
    (3) los peregrinos…
    (4) tomar un baño…
    (5) el baño ritual…

26. Oración 10: **Sus aguas, supuestamente, <u>curan</u> las enfermedades; se las <u>bebe</u> en la ceremonia del casamiento, se <u>humedece</u> los labios del agonizante con ellas, <u>circulan</u> en jarras por todo el país.** Si comenzara la oración así: *Las aguas del Ganges sirven para…*, ¿cómo utilizaría los verbos (subrayados) que se encuentran a continuación?

    (1) curan las…, beber en…, humedecer los…, circulan en…
    (2) curar las…, beber en… humedecer los… circular en…
    (3) cura las…, bebe en…, humedece los…, circula en…
    (4) curas las…, bebes en…, humedeces los…, circulas en…
    (5) curan las…, beben en…, humedecen los…, circulan…

27. Oración 11: **Se queman los muertos <u>en su vera</u> (40.000 por año) sobre todo en Benares, y se esparcen sus cenizas en el río, así el difunto alcanzará el paraíso.** Para reemplazar la palabra subrayada puede utilizar:

    (1) en su corriente
    (2) en su desembocadura
    (3) en sus esclusas
    (4) en su caudal
    (5) en sus orillas

Las preguntas 28–34 se refieren al siguiente texto:

Cómo Redactar una Denuncia

(1) Es importante redactar el motivo de la denuncia en forma clara, debiendo efectuarse un relato completo de los hechos por los cuales el denunciante se considera perjudicado. (2) El denunciante debe explicar en una nota, por que considera que la empresa ha tenido un comportamiento inadecuado. (3) Quizás denuncie a un empleado que ocultó información o puso en riesgo la vida o salud del consumidor. (4) O a un empleado que se niega a reparar un producto con garantía, o no entregó el peso, cantidad, o medida acordado.

(5) La nota debe contar con los datos completos del denunciante y del acusado. (6) La nota debe incluir la dirección de hoy del denunciante.

(7) A pesar de la denuncia debe contener una petición concreta. (8) El consumidor debe decir qué quiere, cómo considera que la empresa debe reparar el perjuicio que le han ocasionado.

(9) La denuncia debe ser firmada por el solicitante con aclaración y un número de teléfono donde se le pueda dejar un mensaje. (10) El denunciante debe tener en cuenta el art. 36 de la Ley 87.361 que se trata de denuncias maliciosas. (11) Ellos que presentaren denuncias maliciosas o sin justa causa serán sancionados.

28. Oración 1: **Es importante redactar el motivo de la denuncia en forma clara, debiendo efectuarse un relato completo de los hechos por los cuales el denunciante se considera perjudicado.** ¿Qué corrección se debe hacer en la oración 1?

    (1) Reemplazar *debiendo efectuarse* por *debiendo efectuar*

    (2) Quitar la coma después de *en forma clara*

    (3) Reemplazar *por los cuales* por *por el cual*

    (4) Reemplazar *por los cuales* por *por lo cuál*

    (5) No necesita corrección

29. Oración 2: **El denunciante debe explicar en una nota, por que considera que la empresa ha tenido un comportamiento inadecuado.** ¿Qué corrección se debe hacer en la oración 1?

    (1) Reemplazar debe explicar por debiendo explicar

    (2) Reemplazar que la empresa por con que

    (3) Cambiar inadecuado por inadequado

    (4) Reemplazar por que considera por porqué considera

    (5) No necesita corrección.

30. Oración 3 y 4: **Quizás denuncie a un empleado que ocultó información o puso en riesgo la vida o salud del consumidor. O a un empleado que se niega a reparar un producto con garantía, o no entregó el peso, cantidad, o medida acordado.** ¿Cuál sería la mejor manera de combinar las oraciones 3 y 4?

    (1) …o puso en riesgo la vida o salud del consumidor y a un empleado que se

    (2) …o puso en riesgo la vida o salud del consumidor, o a un empleado que se

    (3) …o puso en riesgo la vida o salud del consumidor o un empleado que se

    (4) …o puso en riesgo la vida o salud del consumidor o a un empleado que se

    (5) No hay manera de combinar las oraciones

31. Oración 6: **La nota debe incluir la dirección de hoy del denunciante.** ¿Qué corrección se debe hacer en la oración?

    (1) Reemplazar *nota* por *carta*

    (2) Agregar a después de *incluir*

    (3) Reemplazar *de hoy* por *actual*

    (4) Agregar una coma después de *dirección*

    (5) No necesita corrección

32. Oración 7: **A pesar de la denuncia debe contener una petición concreta.** Se debe redactar la oración 7 quitando las palabras subrayadas y comenzando con la(s) palabra(s)

    (1) Además
    (2) Sin embargo
    (3) En el caso de
    (4) Por otra parte
    (5) También

33. Oración 8: **El consumidor debe decir qué quiere, cómo considera que la empresa debe reparar el perjuicio que le han ocasionado.** ¿Qué corrección se debe hacer en la oración 8?

    (1) Reemplazar *han* por *ha*
    (2) Reemplazar *el perjuicio* por *el porjuicio*
    (3) Reemplazar *cómo* por *propongo*
    (4) Reemplazar *debe* por *deberán*
    (5) No necesita corrección

34. Oración 11: **Ellos que presentaren denuncias maliciosas o sin justa causa serán sancionados.** ¿Cuál es la mejor manera de escribir la parte subrayada de la oración?

    (1) El que
    (2) A ellos que
    (3) Uno quien
    (4) Quienes
    (5) Algunos que

Las preguntas 35–42 se refieren al siguiente texto:

(1) El final del Programa Fulbright es mejorar el entendimiento mutuo entre los pueblos del mundo y el pueblo de los Estados Unidos. (2) El programa se estableció poco después de terminada la Segunda Guerra Mundial. (3) Desde entonces, se ha convertido en el programa de intercambio educativo más extenso a nivel mundial. (4) En el año 2002, 140 países participaron en el mismo.

(5) En los Estados Unidos, El Departamento del Educación administra los programas académicos para ciudadanos norteamericanos. (6) En el exterior, los programas están administrados por las 51 Comisiones Binacionales. (7) En los cuáles países que no cuentan con Comisiones Binacionales, los programas son mantenidos por la Embajada de los EEUU.

(8) El Congreso es la principal fuente de financiamiento en los EEUU. (9) En el año 2002, $133 millones fueron asignados al programa. (10) Aproximadamente 40% del presupuesto global del programa proviene de gobiernos extranjeros y fuentes privadas.

(11) Cada año, aproximadamente 6,000 becas son otorgadas a ciudadanos de los EEUU y de otros países. (12) Estas becas son divididas entre estudiantes de programas de post-grado y estudiantes universitarios; tambien hay becas para expertos académicos y profesores de escuelas secundarias.

(13) El Programa Fulbright tiene un impacto significativo. (14) Contribuye al intercambio de ideas y a la internacionalización de las actividades académicas globales.

35. Oración 1: **El final del Programa Fulbright es mejorar el entendimiento mutuo entre los pueblos del mundo y el pueblo de los Estados Unidos.** ¿Qué corrección se debe hacer en la oración 1?

    (1) Reemplazar *es mejorar* por *es de mejorar*
    (2) Agregar una coma después de *Fulbright*
    (3) Cambiar *Estados Unidos* por *estados unidos*
    (4) Reemplazar *el final* por *el fin*
    (5) No necesita corrección

36. Oraciones 3 y 4: **Desde entonces, se ha convertido en el programa de intercambio educativo más extenso a nivel mundial. En el año 2002, 140 países participaron en el mismo.** ¿Cuál sería la mejor manera de combinar estas dos oraciones?

    (1) Cambiar el punto por una coma

    (2) Quitar el punto y escribir, *además* antes de *en el año 2002*

    (3) Cambiar el punto por *y*

    (4) Reemplazar *el punto* por una coma, y escribir *hasta que* antes de *en el año 2002*

    (5) No necesita corrección

37. Oración 5: **En los Estados Unidos, el Departamento del Educación administra los programas académicos para ciudadanos norteamericanos.** ¿Qué corrección se debe hacer en la oración 5?

    (1) Reemplazar *el Departamento del Educación* por *el Departamento de Educación*

    (2) Reemplazar *académicos* por *académicas*

    (3) Quitar la coma después de *Estados Unidos*

    (4) Cambiar *para* por *por*

    (5) No necesita corrección

38. Oración 6: **En el exterior, los programas están administrados por las 51 Comisiones Binacionales.** ¿Que corrección se debe hacer en la oración 6?

    (1) Reemplazar *están* por *está*

    (2) Colocar una coma después de *exterior*

    (3) Reemplazar *Binacionales* por *Doblenacionales*

    (4) Reemplazar *Comisiones Binacionales* por *comisiones binacionales*

    (5) No necesita corrección

39. Oración 7: **En los cuáles países que no cuentan con Comisiones Binacionales, los programas son mantenidos por la Embajada de los EEUU.** ¿Cuál es la mejor manera de escribir la parte subrayada? Si no necesita correcciones, escoja la opción 1.

    (1) En los cuáles

    (2) En aquellos

    (3) Entre

    (4) Apropósito de los

    (5) No necesita corrección

40. Oración 10: **Aproximadamente 40% del presupuesto global del programa proviene de gobiernos extranjeros y fuentes privadas.** ¿Qué corrección se debe hacer en la oración 15?

    (1) Cambiar *del presupuesto global* por *del presupuesto mundial*

    (2) Colocar la palabra *un* antes de *40%*

    (3) Reemplazar *presupuesto* por *pre-supuesto*

    (4) Reemplazar *extranjeros* por *estrangeros*

    (5) No necesita corrección

41. Oración 12: **Estas becas son divididas entre estudiantes de programas de post-grado y estudiantes universitarios; tambien hay becas para expertos académicos y profesores de escuelas secundarias.** ¿Cuál es la mejor manera de escribir la parte subrayada? Si no necesita correcciones, escoja la opción 1.

    (1) tambien

    (2) tan bien

    (3) también

    (4) tambien

    (5) no necesita corrección

42. Oraciones 13 y 14: **El programa Fulbright tiene un impacto significativo. Contribuye al intercambio de ideas y a la internacionalización de las actividades académicas globales.** ¿Cuál es la mejor manera de combinar estas dos oraciones?

    (1) …signifactivo porque hace contribuciones…

    (2) …significativo, contribuyendo al…

    (3) …significativo puesto que además contribuye…

    (4) …significativo porque contribuyendo…

    (5) …significativo entonces contribuya…

Las preguntas 43–50 se refieren al siguiente texto:

(1) El cambio de mentalidad y el desarrollo intelectual del Renacimiento fueron incentivos para los estudios de geografía, que progresaron a tal extremo que varios científicos afirmaran que la tierra tenía forma esférica y no de disco como se creía. (2) Por otra parte, se desarrollaron numerosas invenciones. (3) Entre ellas, *la imprenta* (debida a los chinos) que fue perfeccionada por el alemán Gutenberg al sustituir las letras de madera por tipos de metal movibles. (4) Gracias a la imprenta se divulgaron los relatos de viajes terrestres a la China y se publicaron mapas y nuevos tratados de geografía. (5) La narración que más influyó a los exploradores fue la de Marco Polo, un mercader veneciano que había pasado varios años en China y a cuyo relato no se le dió crédito inicialmente. (6) *La pólvora*, otro invento chino, fue aplicada a las primeras armas de fuego como las bombardas, los mosquetes y otras que dieron mucha más confianza al hombre para enfrentarse a los pueblos de tierras extrañas.

(7) Se lograron importantes adelantos técnicos en la navegación. (8) *El astrolabio*, instrumento para calcular la situación de las embarcaciones, *el cuadrante* que permitía calcular la altura de los astros sobre el horizonte, y *los almanaques*, que indicaban la posición del sol en las distintas épocas del año. (9) Sobre todo, la aplicación de *la brújula* (invento chino) a la navegación permitió a los marinos depender menos de la observación de los astros y viajar de noche y en días nublados. (10) Pero lo más importante fue la construcción de nuevos tipos de embarcaciones llamadas carabelas. (11) Eran pequeñas, ligeras, de proa alta, y resistentes al oleaje de los océanos; se movían por grandes velas, las cuales manipuladas hábilmente, permitían continuar navegando cuando cambiaba o disminuía el viento.

43. Oración 1: **El cambio de mentalidad y el desarrollo intelectual del Renacimiento fueron incentivos para los estudios de geografía, que progresaron al extremo de que varios científicos afirmaran que la tierra tenía forma esférica y no de disco como se creía.** Si la oración comenzara así: *Antes se creía que la tierra tenía forma de disco pero gracias a…*, ¿cuál sería la frase que vendría a continuación?

    (1) los científicos

    (2) la forma esférica

    (3) las afirmaciones

    (4) al Renacimiento

    (5) la tierra

44. Oraciones 2 y 3: **Por otra parte, se desarrollaron numerosas invenciones. Entre ellas, *la imprenta* (debida a los chinos) que fue perfeccionada por el alemán Gutenberg al sustituir las letras de madera por tipos de metal movibles.** ¿Qué puntuación o conjunción se podría utilizar para reemplazar el punto que separa estas dos oraciones?

    (1) *y*

    (2) dos puntos

    (3) *entonces*

    (4) *mas*

    (5) *pero*

45. Oración 3: **Entre ellas, <u>la imprenta (debida a los chinos) que fue perfeccionada por el alemán Gutenberg</u> al sustituir las letras de madera por tipos de metal movibles.** Complete esta oración pasiva transformándola a oración activa. Utilice sólo la parte subrayada. *Gutenberg…*

    (1) cambió la imprenta inventada por los chinos

    (2) el alemán transformó la imprenta

    (3) y los chinos crearon la imprenta

    (4) perfeccionó la imprenta inventada por los chinos

    (5) Tomó la imprenta de los chinos

46. Oración 4: **Gracias a la imprenta se <u>divulgaron</u> los relatos de viajes terrestres a la China y se <u>publicaron</u> mapas y nuevos tratados de geografía.** Al cambiar la primera parte de la oración a: *La imprenta permitió la…*, ¿cómo se utilizarían los verbos subrayados?

    (1) divulgar y publicar

    (2) divulgando y publicando

    (3) divulgamiento y publicamiento

    (4) divulcración y publicración

    (5) divulgación y publicación

47. Oración 5: **La narración que más influyó los exploradores fue la de Marco Polo, un mercader veneciano que había pasado varios años en China y a <u>cuyo relato no se le dió crédito inicialmente.</u>** ¿Qué corrección se debe hacer en la parte subrayada? Si no necesita corrección, escoja la opción 1.

    (1) a cuyo relato no se le dió crédito inicialmente.

    (2) a cullo relato no se le dio crédito inicialmente.

    (3) a cuyo relato no se le dio credito inicialmente.

    (4) a cuyo relato no se le dio crédito inicialmente.

    (5) a cuyo relato no se le dio crédito inisialmente.

48. Oración 6: *La pólvora,* **otro invento chino, fue aplicada a las primeras armas de fuego como las bombardas, los mosquetes y <u>otras</u> que dieron mucha más confianza al hombre para enfrentarse a los pueblos de tierras extrañas.** Después de la palabra subrayada se puede colocar un sustantivo que ha sido eliminado. ¿Cuál?

    (1) invenciones

    (2) bombardas

    (3) armas de fuego

    (4) tierras

    (5) confianzas

49. Oraciones 7 y 8: **Se lograron importantes adelantos técnicos en la <u>navegación.</u>** *El astrolabio,* **instrumento para calcular la situación de las embarcaciones,** *el cuadrante* **que permitía calcular la altura de los astros sobre el horizonte, y** *los almanaques,* **que indicaban la posición del sol en las distintas épocas del año.** ¿Cómo se puede sustituir *el punto* que separa la palabra subrayada de la siguiente?

    (1) con dos puntos

    (2) con puntos suspensivos

    (3) con guión

    (4) con la conjunción *y*

    (5) con la conjunción *mas*

50. Oración 9: **Sobre todo, la aplicación de** *la brújula* **(invento chino) a la navegación permitió a los marinos depender menos de la observación de los astros y viajar de noche y en días nublados.** Si la oración comenzara así: *Gracias a la brújula, otro invento chino, los marinos (poder)…..* Termine la oración utilizando el verbo entre paréntesis.

    (1) podieron depender menos….

    (2) podrán…

    (3) pudieron….

    (4) pudiesen…

    (5) pudieran…

Parte II

<u>Instrucciones</u>: Tiene 45 minutos para escribir un ensayo.

Recientemente, el gobierno inglés aprobó la clonación de seres humanos con fines terapéuticos. Tratan de eliminar enfermedades como la de Alzheimer y el mal de Parkinson. Sin embargo, las voces de protesta se dejan oír alrededor de todo el mundo con diferentes argumentos.

¿Cuál sería su posición en caso de un debate al respecto?

Prueba de Práctica: **Estudios Sociales**

Instrucciones: Escoja la mejor respuesta para cada pregunta.

1. Los países A y B tienen los mismos recursos naturales. Ambos países tienen altos niveles de desempleo y pobreza. Sin embargo, el País B exporta algodón y productos manufacturados, mientras que el País A solo produce suficiente algodón para uso doméstico y no tiene fábricas. ¿Cuál puede ser una explicación lógica para esta diferencia en productividad?

   (1) Los ciudadanos del País A tienen un nivel de educación más bajo que los del País B

   (2) La gente del País B no usa ropa de algodón

   (3) Hay más demanda de productos manufacturados en el País B

   (4) No hay suficientes edificios grandes para montar fábricas en el País A

   (5) En el País A no hay suficiente gente para trabajar en las fábricas

Las preguntas 2 a la 4 se refieren al siguiente texto:

Los Estados Unidos y México firman un convenio de Seguro Social
Convenio para beneficiar a los trabajadores y empleadores estadounidenses

Jo Anne B. Barnhart, Comisionada del Seguro Social, firmó hoy un convenio con el Dr. Santiago Levy Algazi, Director General del Instituto de Seguro Social en México, este seguro beneficia a los
(5) ciudadanos de los Estados Unidos que trabajan en México en empresas estadounidenses, ya que elimina el peso de pagar contribuciones al Seguro Social de ambos países. También eliminará el doble cobro de contribuciones, requerido para los ciudadanos
(10) Mexicanos que trabajan en empresas Mexicanas en los Estados Unidos. "El acuerdo elimina un serio e innecesario obstáculo para los negocios americanos y mexicanos y sus empleados," la Comisionada Barnhart declaró "También es importante porque
(15) promueve la igualdad y la justicia para los trabajadores que dividen sus vidas profesionales entre ambos países."

Actualmente, las empresas estadounidenses que emplean ciudadanos de los Estados Unidos
(20) en México, están obligadas a contribuir en ambos sistemas de seguro social. Cuando el convenio entre en vigencia, los patrones y sus empleados contribuirán al sistema de los Estados Unidos o al de México, pero no a los dos. Esto dará como
(25) resultado que aproximadamente 3,000 trabajadores y patrones estadounidenses compartan 140 millones en ahorros de contribuciones en los primeros cinco años del acuerdo.

El convenio también mejorará la protección
(30) del seguro social para las personas que trabajan en
ambos países. Actualmente, algunos trabajadores
que han dividido su vida profesional entre los
EEUU y México, no tienen derecho a los beneficios
del seguro social de uno o ambos países, porque no
(35) cumplen con los requisitos mínimos para establecer
este derecho. Con este acuerdo, será posible que
los trabajadores y sus familias tengan derecho a
beneficios prorrateados de los EEUU o de México,
basados en las cotizaciones de ambos países. Esto
(40) hará que aproximadamente 50,000 trabajadores
estadounidenses y mexicanos reciban beneficios
después de los primeros cinco años del convenio.

—ssa.gov/pressoffice

2. Según el texto, un beneficio del convenio es que

(1) Los trabajadores mejicanos tendrán el
derecho de contribuir a sistemas de seguro
social en ambos países

(2) Los trabajadores de los EEUU podrán
trabajar legalmente en México sin pagar
impuestos de seguro social

(3) Los trabajadores de ambos países estarán
libres de impuestos

(4) Los empleadores solo contribuirán a un
sistema de seguro social

(5) Los empleadores tendrán que pagar todos los
impuestos

3. Aproximadamente 50,000 trabajadores
estadounidenses y mexicanos recibirán beneficios

(1) Después de los primeros cinco años
del convenio

(2) Enseguida

(3) Retroactivamente

(4) Después de cumplir cinco años de trabajo

(5) En el año 2005

4. Un propósito importante de este convenio es

(1) Igualar los salarios de los trabajadores de
ambos países

(2) Abrir las fronteras de México y los EEUU

(3) Aumentar la producción agrícola en México

(4) Sembrar justicia e igualdad para los
trabajadores, que dividen su vida profesional
entre ambos países

(5) Convencer a más trabajadores de los EEUU
para que trabajen en México

5. Los exploradores ingleses, españoles, holandeses y
franceses viajaron a América en busca de nuevos
mundos, oro, y gloria. No hicieron mucho caso a
las boscosas riberas de Norte América porque

(1) Ellos tuvieron miedo que los indios habitaran
los bosques

(2) Tenían prisa

(3) Se acabaron los suministros

(4) Faltó suficiente agua para sobrevivir en los
bosques

(5) No encontraron tesoros fabulosos

La pregunta 6 se refiere a la siguiente foto:

—Library of Congress

6. En 1938 el Congreso aprobó la ley de Estándares de Empleo Justos, que prohibía el empleo de jóvenes menores de 18 años, en trabajos riesgosos. Esta foto es de empleados de una fábrica de vidrio. ¿Qué se puede asumir al mirar esta foto?

(1) Los jóvenes son muy pequeños para sus edades

(2) La foto fue tomada antes de 1938

(3) A los jóvenes les gustaba trabajar

(4) Non son trabajadores sino miembros de un equipo de fútbol

(5) Solamente hombres trabajaban en esta fábrica

7. Un impuesto *regresivo* impone una tasa de menor impuesto a mayor ganancia. Un impuesto *progresivo* impone una tasa de mayor impuesto a mayor ganancia. ¿Cuál seria el efecto de un impuesto progresivo para un individuo de ingresos menores, en comparación con un impuesto regresivo?

(1) La persona tendría que pagar un porcentaje más alto sobre sus ganancias

(2) La persona no tendría que pagar impuestos sobre sus ganancias

(3) La persona tendría que pagar un porcentaje más bajo sobre sus ganancias

(4) La persona compraría menos bienes y servicios

(5) La persona tendría que buscar un trabajo con mayores ingresos

La pregunta 8 se refiere al siguiente dibujo:

El Dominio de la Televisión
Artist: Best of Latin America – 10/21/2004

8. ¿Qué se puede asumir sobre lo que piensa el caricaturista acerca de la influencia de la televisión en los televidentes?

(1) Que la mayoría de los televidentes son capaces de formar sus propias opiniones.

(2) Que la conducta de los televidentes es afectada por lo que ellos ven.

(3) Que el espectador no gasta mucho tiempo viendo la televisión.

(4) Que hay una persona en la televisión.

(5) Que un juguete ha salido de la televisión.

La pregunta 9 se refiere al siguiente texto:

En el siglo XIX, el descontento entre los granjeros impulsó el crecimiento de grupos de acción política tales como los "Patrocinadores de la Agricultura" (1870) y el Partido Populista (1890).
(5) Los miembros del primer grupo, conocidos como "Grangers", hicieron campaña contra los precios altos y las prácticas monopolistas de los ferrocarriles. Sus esfuerzos dieron como resultado, la aprobación de leyes conocidas como "Leyes Granger" en
(10) muchos estados. Estas leyes llevaron a la creación de cuerpos gubernamentales que reglamentaban, entre otras cosas, las tarifas de los ferrocarriles.

—usinfo.state.gov/espanol/eua

9. ¿Cuál de las siguientes afirmaciones es una conclusión basada en el párrafo?

(1) Los granjeros no quisieron pagar para transportar sus productos

(2) La producción agrícola no era rentable si el costo del transporte era demasiado alto

(3) Los monopolios en el transporte crearon un ambiente de comercio justo

(4) Las acciones fueron ignoradas por el gobierno

(5) El gobierno controló los precios del transporte

10. Algunos grupos organizados, tales como los sindicatos, están involucrados en la política nacional. ¿Qué ventaja puede tener un grupo organizado de individuos, o un "grupo de interés," sobre un individuo que actúa sólo?

(1) Un grupo de interés puede tener sus propias elecciones

(2) Un individuo es menos enfocado que un grupo

(3) Un grupo puede tener reuniones y partidos

(4) Un grupo es más poderoso que una sola persona

(5) Los líderes del grupo son elegidos por sus miembros

Las preguntas 11 y 12 se refieren al siguiente mapa:

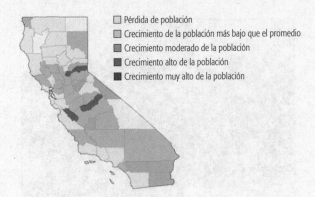

□ Pérdida de población
▢ Crecimiento de la población más bajo que el promedio
▨ Crecimiento moderado de la población
▩ Crecimiento alto de la población
■ Crecimiento muy alto de la población

—http://www.ers.usda.gov

11. Según el mapa, ¿cuál de las siguientes afirmaciones es cierta?

(1) El crecimiento en el noreste fue más alto que en el sur

(2) Hubo una pérdida de población en el suroeste durante este periodo

(3) Hubo más crecimiento en el norte que en el sur

(4) Hubo un crecimiento moderado o alto en toda la costa oeste del estado

(5) Hubo más crecimiento en el sur que en el norte

12. ¿Cuál sería un buen titulo para este mapa?

(1) Los cambios de la población en California

(2) Los cambios en la distribución de nacimientos en California

(3) La distribución de productos agrícolas en California

(4) El estado de la salud en California

(5) Distribución de la precipitación en California

La pregunta 13 se refiere al siguiente texto:

Los aztecas peleaban constantemente con sus vecinos para obtener más bienes y terrenos y así poder satisfacer las necesidades de su población creciente. Ellos también luchaban para conseguir
(5) víctimas y sacrificarlas a sus dioses. Pensaban que sus dioses se pondrían contra ellos si no recibían sacrificios humanos. Por ejemplo, creían que si el dios del sol no era alimentado con sangre y corazones humanos, el sol no subiría y el mundo
(10) terminaría en desastre. Los aztecas pensaban que su propósito especial en la vida era hacer demorar esa destrucción. Ellos hicieron sacrificios a los dioses, para evitar la destrucción, mientras les fue posible. El número de víctimas sacrificadas a los
(15) dioses fue enorme. Durante una hambruna, los aztecas sacrificaron más de 10,000 personas.

13. ¿Cuál cree que sería el resultado esperado por los aztecas al sacrificar los 10.000 individuos mencionados en el texto? Se puede asumir que los aztecas creyeron que el resultado de sacrificar 10,000 individuos sería que:

   (1)   Los dioses aparecerían en la tierra

   (2)   Ellos ganarían una guerra

   (3)   Ellos conquistarían a sus vecinos

   (4)   Los dioses terminarían con la hambruna

   (5)   Ellos no serían invadidos por los españoles

14. En 1882, el Acto de exclusión de los chinos fue pasado por el Congreso y firmado por el Presidente Chester Arthur. Este acto proporcionó una moratoria absoluta de 10 años a los inmigrantes y trabajadores chinos. Fue la primera vez en la historia americana que una ley Federal proscribió la entrada de un grupo étnico. Esta ley fue un ejemplo de

   (1)   Discriminación

   (2)   Tolerancia

   (3)   Derecho civil

   (4)   Destino manifiesto

   (5)   Diplomacia

Las preguntas 15 y 16 se basan en el siguiente gráfico:

Porcentagje de Personas sin Seguro Medico por Estado 2001–2003

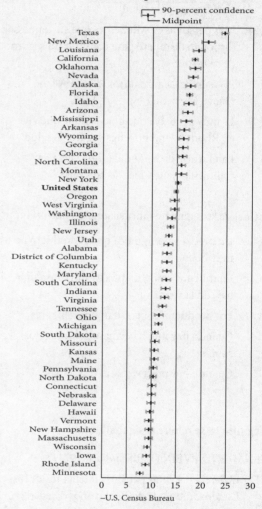

—U.S. Census Bureau

15. ¿Cuál de los estados tiene el porcentaje más alto de personas sin seguro de salud?

   (1)   Minnesota

   (2)   Wisconsin

   (3)   New México

   (4)   New Jersey

   (5)   Texas

16. ¿Cuál de las siguientes conclusiones podría estar apoyada por el gráfico?

    (1) Más personas en Louisiana que en Arizona tienen seguro de salud

    (2) Más personas en Minnesota que en Tennessee disponen de dinero para comprar un seguro de salud

    (3) El costo del seguro de salud es muy bajo en Nuevo México

    (4) Es muy probable que una persona que vive en Rhode Island no tenga seguro de salud

    (5) La mayoría de las familias que viven en California tienen más de tres hijos

17. ¿Cuál de las siguientes afirmaciones es una opinión?

    (1) Un precio bajo significa que el producto no es muy bueno

    (2) En muchos casos, un precio alto causa una baja en la venta

    (3) Los productores necesitan una ganancia

    (4) Cuando hay mucha demanda, los precios suben

    (5) Cuando hay poca venta, el precio baja

La pregunta 18 se refiere al siguiente texto:

ENMIENDA VEINTISEIS *(Julio 1, 1971)*

1. El derecho a votar para los ciudadanos de los Estado Unidos, de dieciocho años de edad o más, no será negado o menguado ni por los Estados Unidos ni por ningún Estado a causa de la edad.

2. El Congreso tendrá poder para hacer valer este artículo mediante la legislación adecuada.

18. Una explicación para el cambio de edad del votante, de 21 a 18 años de edad podría ser

    (1) Jóvenes de menos de 21años fueron conscriptos para pelear en Vietnam

    (2) Una persona de 18 años de edad es más inteligente que una de 21 años

    (3) Los congresistas necesitaban más votos para ser elegidos

    (4) La edad para votar debe ser igual a la edad para conducir un vehículo

    (5) La mayoría de los ciudadanos norteamericanos no votan

La pregunta 19 se refiere al siguiente texto:

Según diferentes interpretaciones de los tratados y los acuerdos, en los que Perú y Ecuador habían participado los últimos dos siglos, el conflicto entre ambos países parecía insoluble, en parte porque ambos lados revindicaron como suya el área de la frontera común. Ambas naciones tenían razones económicas para reclamar el territorio. Ecuador necesitaba el acceso al Amazonas. Así como, la región contigua es potencialmente rica en petróleo y minerales.

19. ¿Qué conclusión puede hacer utilizando la información del texto?

    (1) El único acceso del Ecuador al Amazonas, estaba en el territorio disputado

    (2) El territorio perteneció realmente a Ecuador

    (3) El territorio perteneció realmente a Perú

    (4) Los intereses económicos no jugaron un papel importante

    (5) No había manera de resolver el problema

Las preguntas 20 y 21 se refieren al siguiente gráfico:

Ingresos Semanales por Sexo y Ocupación

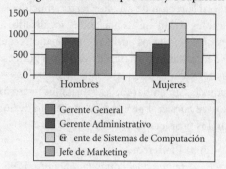

20. ¿En que profesión puede una mujer ganar más que un hombre?

   (1)   Gerente administrativo

   (2)   Gerente de Sistemas de computación

   (3)   Jefe de Marketing

   (4)   Ninguna de las opciones mencionadas

   (5)   Gerente General

21. Basado en el gráfico, ¿qué se puede determinar?

   (1)   Los hombres tienen más años de experiencia de trabajo que las mujeres

   (2)   A las mujeres les falta preparación para trabajar

   (3)   El trabajo que más paga, a hombres y mujeres, es el de gerente de sistemas de computación

   (4)   Las mujeres prefieren trabajar en puestos bajos

   (5)   Hay una discrepancia en los salarios de hombres y mujeres

22. Entre los siglos VII y VIII, comerciantes y viajeros árabes comenzaron a difundir la religión Islámica por la costa oriental del África y por Sudán occidental y central. En ese entonces la religión fue diseminada por

   (1)   Seguidores del Islam

   (2)   Clérigos

   (3)   Refugiados

   (4)   La conquista

   (5)   Reglamentos

23. Una diferencia básica entre las democracias constitucionales del Canadá y de los EEUU es que el Canadá es una monarquía constitucional y los Estados Unidos es una república. Esto significa Canadá tiene un(a)

   (1)   Reina o un rey

   (2)   Gobierno comunista

   (3)   Dictador

   (4)   Presidente

   (5)   Oligarquía

La pregunta 24 se refiere al siguiente anuncio:

¡Ahora a 24 meses plazo!

Televisor 21"

Pantalla contra distorsión de imagines
Entradas laterales y traseras para audio y video
Función de sonido turbo

Gran oferta

¡$259!

*Cuota inicial ajustable a su conveniencia

24. ¿Qué información importante no está incluida en este anuncio?

(1) Las cualidades de la pantalla

(2) Información sobre las entradas de audio y video

(3) El precio inicial

(4) El tipo de interés

(5) Información sobre la cuota inicial

La pregunta 25 se refiere al siguiente grafico:

25. Este gráfico representa el gobierno de

(1) Los Estados Unidos

(2) Canadá

(3) Cuba

(4) Irán

(5) Arabia Saudita

La pregunta 26 se refiere al siguiente texto:

Antes que los horribles saqueos de los apaches llenaran la región de miedo y terror, muchos españoles vivían en sus haciendas, localizadas a corta distancia de los pueblos, cultivaban sus campos o se dedicaban a la crianza de ganado a gran escala; estas actividades les producían considerables ganancias. Sin embargo, las constantes incursiones de los salvajes acabaron con la seguridad de Sonora y con los propietarios.

—Ignaz Pfeffercon,
Beschreibung del Landschaft Sonora, 1795

26. ¿Qué término en esta declaración indica que los españoles no entendían la cultura de los apaches?

(1) Saqueos

(2) Salvajes

(3) Gran escala

(4) Incursiones

(5) Ganancias

Las preguntas 27 y 28 se refieren al siguiente póster y texto:

Los bonos de la libertad son un tipo especial de bono de la guerra, que se vendían durante la Primera Guerra Mundial, para sostener la causa aliada.

(5)   Se podían redimir por un ciudadano por el valor original del bono más el interés. Este póster expone: "¡Si no puede inscribirse, invierta! Compre un bono de libertad."

27.   ¿Por qué se utilizó la figura del Tío Sam en este cartel?

(1)   Como un grito de guerra

(2)   Porque era un soldado alemán

(3)   Porque él era un soldado

(4)   Para despertar el sentimiento de patriotismo

(5)   Porque él era un símbolo de paz

28.   ¿Qué información está implícita en el texto?

(1)   Era inevitable que los aliados ganarían la guerra

(2)   Los bonos de libertad eran una inversión muy buena

(3)   Todos los americanos patriotas compraron estos bonos

(4)   Los Estados Unidos tuvieron que recaudar dinero para el esfuerzo de la guerra

(5)   Los bonos de libertad eran una mala inversión

La pregunta 29 se refiere al siguiente gráfico:

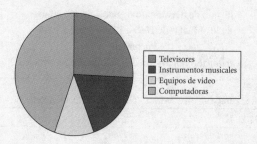

29.   Del gráfico, ¿cuál de los siguientes enunciados es una opinión?

(1)   Los consumidores gastan más en televisores que en equipos de video

(2)   Los consumidores gastan aproximadamente dos veces más en instrumentos musicales que en equipos de video

(3)   Los consumidores gastan más en televisores que en instrumentos musicales

(4)   Los consumidores gastan más en computadoras que en equipos de video e instrumentos musicales

(5)   Los consumidores gastan más en computadores que en equipos de video porque la calidad de la pantalla de las computadoras es mejor

30.   En 1947 un programa de ayuda económica intensivo para reconstruir Europa—*Plan Marshall*—fue propuesto por los Estados Unidos. La URSS rechazó la oferta de los EEUU para participar en este plan. ¿Cuál de las siguientes afirmaciones puede haber sido una razón para esta decisión soviética?

(1)   Ellos se daban cuenta de que una Europa empobrecida, llena de miserias y desesperación, sería una presa fácil para los movimientos socialistas y comunistas.

(2)   Ellos no sufrieron en la guerra.

(3)   La URSS no tuvo ningún interés en Europa.

(4)   Europa no necesitaba ayuda.

(5)   Los rusos solo tuvieron interés en los países asiáticos.

Las pregunta 31 se refiere a la siguiente tabla:

Región de nacimiento de población asentada
en los EEUU (de 1860 a 1910 y 1960 a 1990)
Porcentaje
Distribución por región de nacimientos reportados

Año	Europa	Asia	África	Oceanía	América Latina	Norteamérica
1990	22.9	26.3	1.9	0.5	44.3	4.0
1980	39.0	19.3	1.5	0.6	33.1	6.5
1970	61.7	8.9	0.9	0.4	19.4	8.7
1960	75.0	5.1	0.4	0.4	9.4	9.8
1910	87.4	1.4	–	0.1	2.1	9.0
1900	86.0	1.2	–	0.1	1.3	11.4
1890	86.9	1.2	–	0.1	1.2	10.6
1880	86.2	1.6	–	0.1	1.3	10.7
1870	88.8	1.2	–	0.1	1.0	8.9
1860	92.1	0.9	–	0.1	0.9	6.0

–U.S. Census Bureau, Population Division, Gibson and Lennon

31. ¿Qué tendencia importante de inmigración ocurrió de 1960 a 1990?

(1) Más europeos inmigraron a los Estados Unidos

(2) Menos personas de Oceanía inmigraron a los Estados Unidos

(3) La inmigración desde América Latina experimentó una subida significativa, empezando con la década de 1960

(4) La inmigración desde Norteamérica se incrementó cada década

(5) La inmigración desde Oceanía se incrementó cada década

32. En el sistema federal de los Estados Unidos, el gobierno está dividido en tres ramas de gobierno, cada una con sus respectivos poderes. Esta división de poder representa un sistema de

(1) Cheques y balanzas

(2) Derechos civiles

(3) Derechos estatales

(4) Poder absoluto

(5) Divorcio

La pregunta 33 se refiere al siguiente mapa:

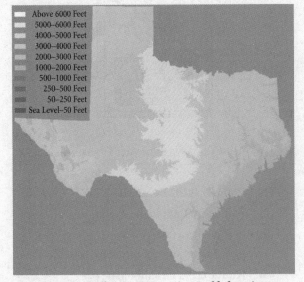

Above 6000 Feet
5000–6000 Feet
4000–5000 Feet
3000–4000 Feet
2000–3000 Feet
1000–2000 Feet
500–1000 Feet
250–500 Feet
50–250 Feet
Sea Level–50 Feet

–http://cswgcin.nbii.gov/ecoregion/gulfofmexico

33. ¿Se utilizaría este mapa para determinar cuál de los siguientes hechos?

(1) La distribución de la población

(2) La elevación

(3) El nivel de ingresos por familia

(4) Las fronteras estatales

(5) La utilización del agua

34. La frase "patrón oro" significa el uso del oro como valor monetario en un país. Si un país convierte su dinero en oro utiliza el patrón oro. Los EEUU y muchos otros países occidentales, se adhirieron al patrón oro durante los primeros años del siglo 1900. Aunque los EEUU ya no utilizan más el patrón oro ¿cuál sería una razón para invertir en oro?

    (1) El oro es un bien internacionalmente reconocido, que no puede ser cambiado por una legislación, ni puede ser manipulado por países interesados
    (2) El oro es un metal hermoso
    (3) El oro es un metal maleable que tiene usos múltiples
    (4) El oro es fácil de almacenar
    (5) Se utiliza el oro como valor monetario en todas las naciones occidentales

Las preguntas 35 y 36 se refieren al siguiente texto:

El Khan de Kublai (1215–1294) era un líder mongol que impactó en la China, no sólo por sus conquistas, sino porque también gobernó exito-
(5) samente. El Khan se transformó exitosamente de conquistador en gobernante, y fue responsable del importante desarrollo de la cultura china. Además de proporcionar la libertad religiosa, creó las agencias de ayuda, incrementó el uso de
(10) las estaciones postales, estableció el papel como moneda, mejoró, y reorganizó los caminos y ensanchó las vías navegables.

35. ¿Cuál de los siguientes hechos se puede inferir del texto arriba expuesto?

    (1) El Khan nació en la China
    (2) El Khan fue un líder tiránico
    (3) Antes del reino del Khan no había libertad religiosa en la China
    (4) El Khan era pacifista
    (5) El Khan vivió en el siglo XI

36. El Khan era un gobernante exitoso, en parte porque él estableció una fuerte

    (1) Religión estatal
    (2) Infraestructura
    (3) Economía industrial
    (4) Universidad
    (5) Oligarquía

Las preguntas 37 y 38 se refieren a la siguiente tabla:

Gobierno Nacional	Gobiernos Estatales
No puede violar la Declaración de Derechos	No pueden hacer tratados con otros países
No puede imponer impuestos de exportación entre los estados	No pueden emitir dinero
No puede utilizar el dinero del Tesoro Nacional sin la aprobación de la legislación de apropiaciones	No puede imponer impuestos
No puede cambiar los limites estatales	No pueden suspender los derechos individuales sin la conformidad del debido proceso

37. ¿Según la tabla, cuál de las siguientes acciones no puede hacer un estado?

    (1) Permitir a los estudiantes entrar en la escuela a los seis años
    (2) Declarar que la edad para conseguir una licencia para conducir será los dieciséis años
    (3) Elegir un gobernador
    (4) Cobrar impuestos a las verduras producidas en un estado vecino
    (5) Imponer un impuesto sobre la propiedad inmobiliaria

38. El gobierno nacional no tiene derecho a:

   (1) Imponer un impuesto a los productos que se envían de Nueva York a California

   (2) Usar dinero del Tesoro Nacional

   (3) Acuñar monedas

   (4) Entrar en tratados con otros países

   (5) Mantener un ejército

La pregunta 39 se refiere al siguiente aviso:

No sea la única persona en su vecindario que maneja un auto viejo.

¡Aproveche nuestras bajas tasas de interés y el fácil financiamiento para comprar su nuevo *Encanto* hoy!

39. Este tipo de aviso asume que

   (1) La mayoría de las personas son inconformistas

   (2) Pocas personas se interesan en los autos

   (3) La mayoría de las personas son conformistas

   (4) Los autos viejos son los mejores autos

   (5) Todos deben manejar un auto usado

Las preguntas 40-42 se refieren al siguiente texto:

Cada producto de ahorro o inversión tiene sus ventajas y desventajas. Las diferencias incluyen cuán rápido usted puede tener acceso a su dinero cuando lo necesite, cuán rápido su dinero crece,
(5) y cuán seguro está su dinero. Por ejemplo: cuentas Aseguradas de Mercado monetario, y los CDS.

Con estos productos, su dinero tiende a estar muy seguro porque está asegurado federalmente, y es más fácil tener acceso a su dinero si lo necesita
(10) por cualquier razón. Pero su dinero gana un tipo de interés bajo, comparado con las inversiones. Es decir, obtiene un rendimiento bajo.

Las Acciones

Durante las últimas 5 décadas, las inversiones
(15) que ha proporcionado la tasa más alta de rendimiento promedio, han sido las acciones. Pero no hay garantía de ganancia cuando se compran acciones, ya que son unas de las inversiones más arriesgadas. Si la compañía pierde dinero, sus acciones pueden
(20) caer de precio y podría perder su dinero. Una de las inversiones más arriesgadas que usted puede hacer, es comprar acciones en una compañía nueva. Las compañías nuevas cierran con mayor frecuencia que las compañías ya establecidas. Si compra
(25) acciones en una compañía pequeña y nueva, usted podría perder todo lo que invirtió. O la compañía podría resultar ser un éxito.

Los Bonos

En el caso de los bonos, una compañía promete
(30) devolver su capital, entonces son menos riesgosos que las acciones, aunque no son seguros. Ellos proporcionan generalmente rendimientos más altos (con un riesgo más alto) que en el caso de las cuentas de ahorros, pero los rendimientos son más
(35) bajos (con un riesgo más bajo) que en el caso de las acciones.

Los Fondos de inversión mobiliaria.

En el caso de los fondos de inversión mobiliaria el riesgo es determinado por las acciones y los bonos
(40) de los fondos. Ningún fondo de inversión mobiliaria puede garantizar sus rendimientos, y ningún fondo de inversión mobiliaria es libre de riesgo.

40. Catalina tiene un salario fijo y esta ahorrando para comprar un departamento. Ella no quiere arriesgar su dinero. ¿Dónde debe invertirlo?

    (1) En un fondo de ahorros
    (2) En una cuenta corriente
    (3) En acciones
    (4) En bonos
    (5) En un fondo de inversión mobiliaria

41. Teodoro quiere comprar acciones en una compañía nueva. ¿Qué debe hacer antes de decidir en cual compañía invertir?

    (1) Hablar con sus amigos
    (2) Sacar el dinero de su cuenta de ahorros
    (3) Aprender tanto como pueda, sobre la compañía
    (4) Rezar
    (5) Hablar con su jefe

42. Blanca quiere invertir su dinero en algo que rinda bastante y que no tenga ningún riesgo. ¿En qué debe invertir?

    (1) En CDS
    (2) En acciones
    (3) En bonos
    (4) En un fondo de inversión mobiliaria
    (5) Ella debe invertir sólo el dinero que puede perder, porque no hay una inversión de alto rendimiento y ningún riesgo

43. A finales del siglo XX, tres estados—California, Hawaii, y Nuevo México—y el Distrito de Columbia tuvieron mayoría de población "minoritaria" (inclusive hispanos). ¿Qué significa mayoría "minoritaria"?

    (1) La población blanca era menor que la población de minorías
    (2) La población entera era negra
    (3) No hubo una población minoritaria
    (4) Habían más hispanos que negros
    (5) La mayoría de la población era asiática

Las preguntas 44 y 45 se basan en el siguiente texto:

Según la oficina del censo de los EEUU, la población metropolitana creció más cada década (del 28% en 1910 al 80% en el 2000). Los suburbios, más que las ciudades centrales, justificaron la mayor parte del crecimiento metropolitano. Por el año 2000, la mitad de la población de los EEUU vivía en áreas suburbanas.

44. ¿Qué conclusión puede sacar a partir de la información del texto?

    (1) Más personas trabajaban en la agricultura que en la anterioridad
    (2) La vida en los centros urbanos era mejor que en los suburbios
    (3) Las personas preferían vivir fuera de los centros urbanos
    (4) La mitad de la población vivía en granjas
    (5) La población disminuía

45. Basándose en la información del texto, ¿cuál de las siguientes afirmaciones es una opinión?

    (1) Previamente, menos personas vivieron en áreas rurales
    (2) Las personas se trasladaron a las áreas metropolitanas
    (3) Las áreas metropolitanas crecieron cada década
    (4) Las personas prefirieron vivir en los suburbios
    (5) El índice de criminalidad fue más alto en los centros urbanos que en los suburbios

Las preguntas 46 y 47 se refieren a los siguientes gráficos:

Estimado Uso de Agua en Los Estados Unidos

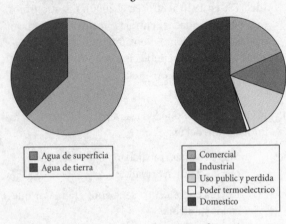

☐ Agua de superficia
■ Agua de tierra

☐ Comercial
☐ Industrial
☐ Uso public y perdida
☐ Poder termoeléctrico
■ Domestico

—US Geological Survey, Department of Interior

46. ¿Cuál de los siguientes enunciados está apoyado por la información del gráfico?

(1) El uso comercial es mayor que el uso doméstico

(2) El uso para generar energía termoeléctrica es muy significante

(3) El uso comercial es más bajo que el uso industrial

(4) El uso doméstico es el más alto

(5) La pérdida es más grande que el uso público

47. ¿Cuál sería el efecto más probable de una sequía prolongada?

(1) Una rebaja en la producción comercial

(2) Una baja de precios

(3) Un incremento en el uso doméstico

(4) Un incremento en la pérdida

(5) Una alza en la producción industrial

La pregunta 48 se refiere al siguiente texto:

El 30 de junio 1950, el Ejército de los Estados Unidos tuvo una fuerza autorizada de 610.900 tropas, pero una fuerza verdadera de 593.167. Hubo 348.904 tropas en los Estados Unidos,
(5) 111.430 en el Lejano Oriente, 88.956 en Europa, y las demás en el Pacífico, el Caribe y en Alaska. La estructura de la fuerza del Ejército consistió en diez divisiones activas, cuatro divisiones de instrucción y tropas secundarias. La Reserva
(10) General, mantenida en los Estados Unidos para tareas de emergencia, consistía de 5 divisiones de combate y unidades más pequeñas, un total de cerca 140.000 hombres. Como resultado de medidas económicas durante los años anteriores, a todas las
(15) unidades les faltaron fuerza, especialmente a las del Lejano Oriente. A la mayoría de los regimientos de infantería en el Lejano Oriente les faltó un batallón. El equipo general consistía de armas del tipo de la segunda guerra mundial.

—US Military

48. ¿Cuál es la idea principal de este párrafo?

(1) Los EEUU estaban preparados para luchar una guerra en cualquier parte del mundo

(2) Cuando la guerra coreana empezó en 1950, los EEUU no estaban militarmente preparados

(3) Los ciudadanos de los EEUU no quisieron entrar en una guerra en Corea

(4) En 1950, las fuerzas militares estaban en un punto alto nunca igualado

(5) Hubo un excedente de tropas en el Lejano Oriente

49. En civilizaciones antiguas, una subida de los recursos agrarios en el cultivo (específicamente de especialización), a menudo llevó a un superávit. ¿Cuál fue una consecuencia de un exceso?

    (1) Un aumento eventual de población

    (2) Una reducción en la producción industrial

    (3) La formación de gremios

    (4) Una baja en el nivel de educación

    (5) Guerras civiles

50. Aproximadamente 2 mil millones de dólares son gastados en publicidad para atraer a los consumidores jóvenes en los Estados Unidos. ¿Por qué son los niños el objetivo de tanta publicidad?

    (1) Los niños son capaces de discriminar entre la publicidad buena y mala

    (2) La población joven disminuye cada año

    (3) Los niños tienen dinero propio para gastar, también ellos influyen en las decisiones del gasto familiar

    (4) Los niños no son impresionables

    (5) Los niños generalmente determinan como se gastarán los ingresos de la familia

Prueba de Práctica: **Ciencias**

Instrucciones: Escoja la mejor respuesta para cada pregunta.

1. Algunas plantas tales como el musgo y varias algas, al no tener tallo ni células especiales para transportar alimento y agua, dependen de un proceso en el cual cada una de las células absorbe directamente el agua y el alimento necesario. Cuando la concentración de alimento (tal como minerales)es más alta alrededor de las células de la planta que adentro de las mismas la célula absorbe el alimento. A este proceso se lo conoce como

   (1) Difusión
   (2) Osmosis
   (3) Fotosíntesis
   (4) Respiración celular
   (5) Digestión

2. Los arqueólogos encuentran un dinosaurio en las costas de Argentina, que es de la misma especie que uno encontrado anteriormente en la costa oeste de África. Alrededor de los dinosaurios se encontraron fósiles de plantas que son exactamente iguales en ambos lugares. Ambos fósiles son de la misma época, en la cual todavía no se habían separado los continentes. ¿Cuál de las siguientes opciones es una explicación válida del por qué ocurrió esto?

   (1) Estos dinosaurios eran probablemente marinos y viajaron de África a Argentina
   (2) Las corrientes marinas y el viento causaron que uno de los fósiles se moviera hasta Argentina
   (3) La misma especie de dinosaurio surgió en ambos lugares simultáneamente
   (4) Estos fósiles probablemente se encontraban en el mismo sitio, y el movimiento de los continentes causó que se separaran
   (5) Ninguna de las respuestas anteriores

3. ¿Cuál de las siguientes opciones es una predicción concebible de lo que podría ocurrir en la tierra después de miles de años?

   (1) No a va cambiar la posición de ninguno de los continentes
   (2) Algunos de los continentes van a desaparecer
   (3) Los continentes van a cambiar de posición
   (4) Los terremotos van a acabar con la civilización
   (5) Habrán muchos más terremotos que en el pasado

4. Un paciente nace con asma. No es el único en su familia con problemas de asma, muchos de sus parientes también lo tienen. Uno de los padres del paciente y uno de sus hermanos sufren de la enfermedad, los otros hermanos tienen leves niveles de asma, y uno de sus hijos también padece de la enfermedad. ¿Cuál es una conclusión lógica sobre la enfermedad del paciente?

   (1) El asma se produjo a causa de que fue criado en una casa llena de suciedad

   (2) El problema es genético y se pasa de una generación a otra

   (3) Se produjo la enfermedad porque cuando estaba creciendo se golpeó uno de los pulmones

   (4) Al paciente no se le administraron suficientes inyecciones cuando era niño

   (5) Se contagió de la enfermedad a temprana edad

La pregunta 5 se refiere al siguiente texto:

   El efecto invernadero es algo que esta volviéndose un problema cada vez más grande. La contaminación del aire se acumula en la atmósfera y cuando los rayos solares caen sobre la tierra en lugar de reflejarse
(5) hacia el espacio, como normalmente lo harían, se quedan en la atmósfera. Estos rayos causan que aumente el calor en el ambiente, y esto a su vez aumenta la temperatura y empiezan a derretirse los polos, causando un aumento en el volumen de
(10) los mares. El mar también ayuda en la absorción de dióxido de carbono pero mientras más se calienta, menos de este aire es absorbido. Este es un problema al que todos debemos prestar atención y ayudar a solucionarlo.

5. De acuerdo a la información de la lectura, ¿cuál de las siguientes opciones es una predicción lógica de lo que podría pasar en el futuro?

   (1) Este problema va a causar que los inviernos se vuelvan más intensos

   (2) El calentamiento global va a causar la muerte de muchos animales que viven en la humedad y también causará anomalías en la caída de lluvia sobre lugares áridos del planeta

   (3) Muchos animales se van a beneficiar con el calentamiento global, en especial los que viven en los polos

   (4) No va a haber mayor efecto en las ciudades importantes del mundo

   (5) El calentamiento global es algo fácil de manejar y en el futuro ya no será un problema

6. La idea principal de esta lectura es que

   (1) El calentamiento global causa daños en el mundo

   (2) El calentamiento global es un problema creciente que debe ser solucionado ya que causa muchos daños

   (3) La contaminación es un problema creciente en el mundo

   (4) Hay una variedad de soluciones al problema del calentamiento global

   (5) La contaminación causa la muerte

Las preguntas 7 y 8 se basan en el siguiente texto e imágenes:

    Las imágenes A y B muestran a dos células con una concentración determinada de agua dentro y fuera de cada una de ellas. La concentración de agua en la célula de la imagen A se está reduciendo, mientras que la concentración de agua en la célula de la imagen B aumenta, ya que va absorbiendo agua del ambiente.

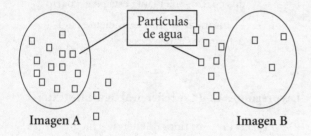

Imagen A   Imagen B

7. Usando la información proporcionada por las imágenes, ¿cuál de las siguientes descripciones podría ser la de una planta que está absorbiendo agua por difusión?

(1) La planta siente poca presión osmótica afuera de ella, pero hay poca presión de agua por entrar

(2) La planta se encuentra en un lugar donde hay mucha agua, pero dentro de ella hay poca

(3) La concentración de agua afuera y adentro de la célula es la misma

(4) La planta no siente presión osmótica ni adentro ni afuera de ella

(5) La concentración de agua en el interior de la planta es mayor que la de afuera

8. ¿Qué es lo más probable que le ocurra a la célula de la imagen A?

(1) Probablemente la célula explote por el exceso de flujo del agua que se encuentra en su interior

(2) No le pasará nada a la célula

(3) La célula necesitará energía para poder sacar toda el agua que tiene en su interior

(4) La célula va a perder minerales vitales

(5) La célula se encogerá al perder mucha agua

9. Los mangos de las ollas están hechos de madera, para que al tocarlos una persona no se queme, ya que la parte metálica de la olla se calienta rápidamente. ¿Cuál puede ser la razón por la cual la madera no se calienta como el metal en la olla?

(1) La madera conduce el calor rápidamente y el metal no es un buen conductor

(2) El metal es más frío y la madera no tanto

(3) El metal conduce el calor mientras que la madera no es un buen conductor

(4) Los mangos se encuentran lejos de la llama, mientras que el metal está directamente en contacto con la llama

(5) Lo que se está calentando dentro de la olla solo calienta el metal que se encuentra en contacto directo con él, mientras que los mangos no

10. Unos geólogos van a un sitio determinado de un desierto, en el que aseguran alguna vez se encontró un río, ¿qué deberían encontrar en este sitio para poder sustentar esta hipótesis?

(1) En el área deben encontrar fósiles de conchas y escamas.

(2) La arena que pisan debe tener restos de fragmentos de conchas.

(3) El lugar debe ser más fértil que el resto.

(4) Al excavar profundo deben encontrar fósiles de escamas, conchas y algas.

(5) Se deben encontrar fósiles y huellas de animales pequeños tales como roedores.

Las pregunta 11 se basa en el siguiente texto y los gráficos:

Los siguientes gráficos muestran la cantidad de dióxido de carbono que hay en el ambiente, en dos cuartos y a diferentes horas del día. En uno de los cuartos se encuentra una planta; en el otro, un ratón. Las plantas, como se sabe, hacen fotosíntesis, un proceso que requiere del consumo de dióxido de carbono, mientras que el ratón al respirar exhala el dióxido de carbono.

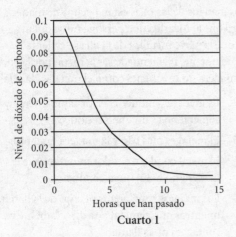

Cuarto 1

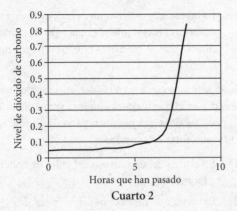

Cuarto 2

11. Usando la información de los gráficos, ¿cuál de las siguientes afirmaciones es válida?

(1) El ratón se encuentra en el cuarto 1 y la planta en el cuarto 2

(2) El ratón se encuentra en el cuarto 2 y la planta en el cuarto 1

(3) El ratón se encuentra en el cuarto 1 y la planta en ninguno de los dos cuartos

(4) El ratón no se encuentra en ninguno de los dos cuartos y la planta está en el cuarto 2

(5) La información no es suficiente para determinar la respuesta

Las preguntas 12–14 se refieren al siguiente texto:

Hay diversos tipos de energía y fuentes de las cuales se puede obtener energía. En la actualidad, la que más se utiliza es la energía que proviene de los combustibles fósiles, tales como el carbón y el
(5) petróleo, pero estas reservas se están acabando a gran velocidad y muchos científicos están buscando fuentes alternas de energía que no se puedan acabar. Algunas empresas eléctricas usan la energía del agua o del viento, pero éstas no son viables
(10) para el uso en los motores de los autos. En algunas ciudades del mundo usan la energía nuclear para proporcionar energía. Ésta se crea cuando se dividen los átomos en un proceso llamado fisión nuclear. Este proceso se lleva acabo en un lugar
(15) llamado reactor, esto produce mucho calor que después calienta el agua y el vapor y de esta manera se mueven las turbinas que generan electricidad. Esta forma de obtener energía es extremadamente eficiente pero peligrosa. Chernobyl, Rusia sufrió
(20) los efectos de un accidente nuclear a causa de una planta nuclear. Los daños causados por un accidente de este tipo son muy graves. Por esta razón, esta alternativa no es todavía viable a los ojos de muchos científicos. La energía solar es una de las opciones
(25) más atractivas, pero todavía falta para poder emprender este proyecto.

12. Según el artículo, el problema de seguir usando los combustibles fósiles es

    (1) Se van a acabar

    (2) No son eficientes

    (3) Producen mucha contaminación del medio ambiente

    (4) Son formas peligrosas de obtener energía

    (5) Causan accidentes graves en las ciudades grandes

13. La idea principal de la lectura es

    (1) La energía nuclear es mala y peligrosa

    (2) El problema del uso del petróleo

    (3) Las diferentes alternativas de obtener energía en el presente y el futuro

    (4) La tragedia que sufrió Chernobyl es uno de los desastres más grandes de la historia

    (5) La energía solar como la única alternativa viable

14. ¿Cuáles de las siguientes opciones no son ejemplos descritos en la lectura como formas de obtener energía que se pueda utilizar?

    (1) Energía nuclear

    (2) Energía solar

    (3) Energía de molinos de viento

    (4) Energía de combustibles fósiles

    (5) Energía de animales

Las preguntas 15 y 16 se refieren a la siguiente información:

La tierra se encuentra sobre placas tectónicas las cuales están encima del magma que está debajo de la tierra, éste se mueve y a su vez mueve las placas que se encuentran encima de ella, y esto causa que haya colisiones entre las placas.

15. Un efecto del movimiento de las placas tectónicas es

    (1) La formación de volcanes

    (2) Terremotos

    (3) La erupción de volcanes

    (4) La formación de nuevas montañas

    (5) Todas las respuestas anteriores

16. ¿Cuál de las siguientes opciones es probablemente un sitio en donde existe una división de una placa teutónica

    (1) Hay muchos volcanes y montañas en el lugar

    (2) Un terreno bastante plano

    (3) Hay millas de bosques

    (4) Es un desierto completo

    (5) Ninguna de las respuestas anteriores

Las preguntas 17–19 se refieren al siguiente diagrama:

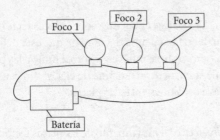

17. Si se apaga el foco número 2, ¿qué sucedería?

    (1) El resto de los focos seguirían encendidos

    (2) Se apagaría el foco 1

    (3) Las baterías dejarían de funcionar

    (4) Se apagarían todos los focos

    (5) Se apagaría el foco 3

18. Si se apaga el foco número 1, ¿qué sucedería?

    (1) El resto de los focos seguirían encendidos

    (2) Se apagaría el foco 2

    (3) Se apagaría el foco 3

    (4) Se apagarían el resto de los focos

    (5) Las baterías dejarían de funcionar

19. Si se apaga el foco número 3, ¿qué sucedería?

    (1) El resto de los focos seguirían encendidos

    (2) Se apagaría el foco 2

    (3) Se apagaría el foco 3

    (4) Se apagarían el resto de los focos

    (5) Las baterías dejarían de funcionar

Las preguntas 20–22 se refieren al siguiente texto:

El síndrome de Down es una enfermedad que ha sido mal entendida por mucho tiempo. Antes de que se conociera bien de que se trataba, personas racistas y prejuiciosas pensaban que la gente que
(5) padecía de esta enfermedad era de raza asiática ya que sus facciones se parecían a los de tal raza en algunos aspectos. Ahora que se conoce más sobre esta condición, se sabe que esto no tiene fundamento. Esta enfermedad se ha vuelto cada vez más
(10) común entre los niños de madres de edad avanzada. La enfermedad es el producto de un cromosoma adicional en el cromosoma 21.

Aunque todavía se desconoce porqué es más común en hijos/as de madres de edad avanzada,
(15) se les advierte a estas mujeres no tener hijos por el riesgo que corren de tener niños con este problema. Esta enfermedad se caracteriza por un leve retardo mental.

20. La idea principal de esta lectura es que el sindrome de Down

    (1) Se encuentra en niños de madres de edad avanzada

    (2) Es una enfermedad que fue discriminada por los racistas

    (3) Es un problema genético que no tiene cura

    (4) Causa que el individuo tenga varias complicaciones

    (5) Es una enfermedad que por muchos años no se ha entendido y acerca de la cual aún existen misterios

21. ¿En cuál de las siguientes situaciones es más probable que un niño tenga el síndrome de Down?

    (1) La madre es retardada mental

    (2) El padre tomaba mucho y fumaba droga

    (3) La madre rodó las gradas antes de que el niño naciera

    (4) La madre tuvo 45 años cuando el niño nació

    (5) La madre tuvo dificultades en el parto

22. ¿Cuál no es una característica del síndrome de Down?

    (1)   Retardo mental

    (2)   Facciones que no son normales

    (3)   Un cromosoma adicional en el cromosoma 21

    (4)   Los niños son especialmente delicados cuando son expuestos a mucho sol

    (5)   Tienen un problema genético

23. La tierra rota alrededor del sol de manera inclinada, esto causa que haya cambios en el clima de los hemisferios norte y sur. ¿Cuál sería la ubicación de la tierra cuando hay invierno en los EEUU?

    (1)   La tierra está más cerca del sol que en otros tiempos en el año

    (2)   La tierra está más lejos del sol que en otros tiempos en el año

    (3)   El hemisferio norte está inclinado hacia el sol mientras que hemisferio sur está lejos de él

    (4)   El hemisferio sur está inclinado hacia el sol mientras que el hemisferio norte está lejos de él

    (5)   La tierra no está inclinada en esa temporada del año

La pregunta 24 se basa en la siguiente información:

El magnetismo está relacionado a la electricidad. Se puede crear un magneto (imán eléctrico), si se usa un alambre enrollado y se pasa electricidad a través de él. Hay muchos artefactos que utilizan este mecanismo, tales como los secadores de pelo, el teléfono etc.

24. Un timbre para alertar een caso de un incendio, usa un magneto de electricidad para atraer el martillo de acero hacia la campana y, de esta forma, producir sonido. Si dejase de funcionar la electricidad en el edificio, ¿qué pasaría cuando alguien trate de hacer sonar el timbre?

    (1)   Funcionaría de manera normal

    (2)   No funcionaría

    (3)   Empezaría a sonar pero sería un sonido menos fuerte

    (4)   Se prendería y apagaría de manera irregular

    (5)   No se puede determina

La pregunta 25 se refiere a los siguientes dibujos:

 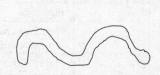

Imagen A
Un Organismo con
Simetría de Cuerpo Llamada Radial

Imagen B
Un Organismo con
Simetría Bilateral

25. Usando la información proporcionada por las imágenes, ¿cuál de las siguientes opciones es un ejemplo de un organismo con simetría bilateral?

    (1)   Una estrella de mar

    (2)   Una medusa

    (3)   Una hidra

    (4)   Un cangrejo

    (5)   Los corales

26. Hay algunas novelas que describen viajes al centro de la tierra en los cuales se piensa que seres fantásticos habitan estos lugares ¿Qué hace que esto sea improbable?

    (1) En el centro de la tierra no hay nada

    (2) El centro de la tierra está hecho de piedra sólida

    (3) Es demasiado frío en el centro de la tierra

    (4) El aire es venenoso

    (5) El centro de la tierra está hecho de metal derretido y la temperatura que tiene es increíblemente alta

27. Si piensas construir un horno, que quieres se caliente rápidamente, ¿cuál sería un buen material que podrías usar para el interior de éste?

    (1) Metal

    (2) Madera

    (3) Vidrio

    (4) Plástico

    (5) Ninguna de las opciones anteriores

Las preguntas 28–30 se refieren a la siguiente tabla:

Glándulas del Sistema Endocrino

Glándula	Hormona	Función	
		Parte del cuerpo afectado	Efecto
Páncreas	Insulina	Hígado, músculos	Bajo nivel de azúcar en la sangre
	Glucagón	Hígado	Aumento del nivel de azúcar en la sangre
Anterior Pituitario	Hormona folículo-estimulante (en inglés: FSH)	Ovarios	Regula el crecimiento de óvulos y esperma
	Hormonas de crecimiento	Huesos y músculos	Estimula el crecimiento
	Prolactina	Glándulas mamarias	Regula la producción de leche
	Hormona luteinizante (en inglés: LH)	Ovarios	Regula el crecimiento de óvulos y esperma
Posterior Pituitario	Hormona antidiurética (en inglés: ADH)	Riñones	Incremento y reabsorción de agua
	Oxitocina	Glándulas mamarias	Estimula la secreción de leche
Adrenal	Epinefrina o adrenalina	Hígado, vasos sanguíneos y corazón	Contrae los vasos sanguíneos
	Glucorticoides	Riñón	Incrementa el azúcar en la sangre
Tiroideas	Calcitonina Tiroxina (T4) Triodotironina (T3)	Hueso	Baja los niveles de calcio
Paratiroideas	Hormona paratiroidea o HTP	Hueso	Incrementa el calcio
Pineal	Melatonina	Cuerpo	Ritmos circadianos

28. En la época de crecimiento de un niño, ¿qué glándula está activa y qué hormona se supone que circule por su cuerpo?

    (1) Pituitaria anterior y la hormona hormona de crecimiento

    (2) Pituitaria posterior y la hormona hormona de crecimiento

    (3) Adrenalina y epinefrina

    (4) Paratiroidea y calcitonina

    (5) Páncreas y hormona folículo-estimulante

29. Durante el ciclo de menstruación de la mujer, las hormonas que circulan por su cuerpo son

    (1) Calcitonina y HTP

    (2) Melatonina y PRL

    (3) Insulina y Oxytocin

    (4) FSH y ADH

    (5) FSH y LH

30. Los diabéticos sufren de niveles irregulares de azúcar. ¿Cuál de las siguientes hormonas puede ser la responsable de este problema?

    (1) Melatonina

    (2) Insulina

    (3) Hormona luteinizante

    (4) Hormona folículo-estimulante

    (5) DHA

31. Cuando pateas una pelota ésta se mueve, pero va perdiendo velocidad conforme rueda, esto se debe a que

    (1) Pierde fuerza

    (2) Pierde energía

    (3) Hace fricción

    (4) Existe la inercia

    (5) Ninguna de las repuestas anteriores

32. ¿Cuál es la fuerza que mantiene a la luna en su órbita y también causa que hayan olas en el mar?

    (1) Inercia

    (2) Gravedad

    (3) Fricción

    (4) Electromagnetismo

    (5) La velocidad a la que viaja la luna

La pregunta 33 se refiere al siguiente grafico:

La Secreción de Anticuerpos en el Sistema Inmunológico de un Perro (durante una semana)

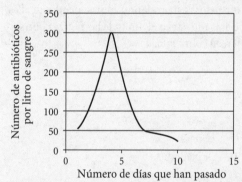

33. Una razón válida para el incremento de anticuerpos en el perro durante el período de 3 días es

    (1) Exposición al frío y a la lluvia

    (2) El perro sufre de hambre

    (3) Maltrato físico

    (4) Una herida grave en la pierna del perro

    (5) Exceso de comida

34. La luna no tiene energía interna, sin embargo desde la tierra, parece como si brillara. ¿Cuál es la causa de esto?

    (1) Es una ilusión causada por los satélites
    (2) El reflejo de la luz solar
    (3) La atmósfera de la tierra hace que pareciera como si brillara
    (4) La gravedad de la luna
    (5) Ninguna de las respuestas anteriores

35. ¿Cuál de las siguientes fuerzas está representada por la flecha de la derecha?

    Una pelota está rodando en una pendiente. Las flechas muestran algunas de las fuerzas que se ejercen sobre ésta.

    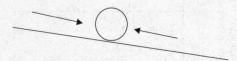

    (1) Tensión
    (2) Gravedad
    (3) Masa
    (4) Fricción
    (5) Ninguna de las respuestas anteriores

36. Un atleta se encuentra nadando en un río que tiene una temperatura de 20 grados. ¿Cuál de las siguientes opciones experimenta un cambio en calor?

    A. El atleta
    B. El río
    C. El sol

    (1) Sólo A
    (2) Sólo B
    (3) A y B
    (4) Sólo C
    (5) Ninguna de las respuestas anteriores

Las preguntas 37 y 38 se refieren a la siguiente información:

Todas las ondas que existen en el universo tienen una frecuencia que es el número de ondas que pasan por un determinado punto en un tiempo dado. Las ondas que tienen frecuencias altas y mucha energía son dañinas para las personas. La luz visible también tiene frecuencias diferentes, los colores, como el azul, tienen altas frecuencias y mucha energía en comparación a los tonos rojos.

37. ¿Cuál es la mejor descripcion para describir a los rayos gama?

    (1) Tienen poca frecuencia y poca energía
    (2) Su frecuencia es normal
    (3) Tiene una frecuencia muy grande y mucha energía
    (4) Su energía es mucha, pero su frecuencia es poca
    (5) Tiene un nivel regular de energía

38. ¿Cuál de los siguientes colores tendrá la frecuencia y la energía más alta?

    (1) Púrpura
    (2) Verde
    (3) Rojo
    (4) Amarillo
    (5) Anaranjado

Las preguntas 39–41 se refieren al siguiente grafico:

Ciclo de Crecimiento y División por el que Pasan las Células

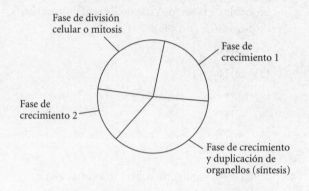

39. Usando la información proporcionada por el gráfico, ¿en qué fase del ciclo es más probable encontrar a las células?

    (1) En la fase de crecimiento 1

    (2) En la fase de crecimiento 2

    (3) En la fase de división

    (4) En la fase de crecimiento y duplicación (síntesis)

    (5) En ninguna

40. ¿En qué fase del ciclo de la célula hay duplicación de ADN?

    (1) En la síntesis

    (2) En la división

    (3) En las fases de crecimiento

    (4) En todas las fases

    (5) En ninguna de las fases

41. Las células cancerosas crecen y se duplican a gran velocidad y frecuencia. Este crecimiento anormal causa que haya tumores. Usando el gráfico, ¿cuál es la fase en la que estas células se encuentran frecuentemente?

    (1) En la de crecimiento 1

    (2) En la de crecimiento 2

    (3) En la de síntesis

    (4) En ninguna

    (5) En la de mitosis

Las preguntas 42 y 43 se refieren al siguiente gráfico:

Gráfico de peces que sobreviven a diferentes concentraciones de sal

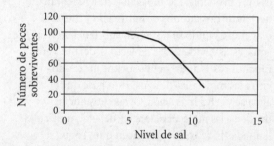

42. En un experimento, se pusieron peces de agua dulce en tanques que tenían diferentes concentraciones de sal. Se muestra en el gráfico la cantidad de peces que sobrevivieron las diferentes concentraciones. ¿Qué concentración de sal prefieren los peces de agua dulce?

    (1) .1%

    (2) .5%

    (3) 1%

    (4) 1.5%

    (5) Más de 1.5%

43. Una lógica predicción de lo que ocurriría si en tu pecera pusieras más de 1.5% de sal sería

   (1) Aumentaría la cantidad de peces
   (2) Empezarían a morir los peces
   (3) No habría efecto alguno
   (4) Se eliminaría toda bacteria de la pecera
   (5) El agua se tornaría de un color verdoso

Las preguntas 44–46 se refieren al siguiente texto:

Al escuchar la palabra ácido, uno piensa en venenos, pero esto no es completamente cierto. Al abrir una llave de agua, pocos se imaginan que el agua puede ser ácida. La verdad es que hay
(5) tantas substancias disueltas en el agua que esto es muy probable. Las moléculas de agua están hechas de dos átomos de hidrógeno y uno de oxígeno. Cuando se disuelven substancias en el agua, éstas dividen a las moléculas, dejando en
(10) muchos casos, hidrógenos sueltos mezclados entre las moléculas de agua. Esto hace que el agua se vuelva más ácida. Otras substancias dividen a las moléculas de agua, dejando moléculas llamadas hidróxidos que hacen que el agua se
(15) vuelva alcalina. Se usa una escala llamada escala de pH para medir la acidez actual del agua, del 1 al 14. Un pH de 7 es la medida balance, ha ese punto el agua no es ni ácida ni alcalina.

44. ¿Cuál de las siguientes substancias sería una sustancia ácida?

   (1) Una sustancia en la que no se encuentran hidrógenos
   (2) Una sustancia en la que no se encuentran hidróxidos
   (3) Una sustancia en la que los hidrógenos y los hidróxidos son iguales
   (4) Una sustancia en la que los hidrógenos son más que los hidróxidos
   (5) Una sustancia en la que los hidróxidos son más que los hidrógenos

45. El cuerpo regula el pH de la sangre, pero el dióxido de carbono al reaccionar con otros químicos de la sangre, hace que la sangre se vuelva un poco ácida por un período corto. ¿Cuál sería el pH más probable de la sangre cuando llega al pulmón llena de dióxido de carbono?

   (1) pH 9
   (2) pH 8
   (3) pH 7.5
   (4) pH 7
   (5) pH 6

46. ¿Cuál de las siguientes substancias es alcalina?

   (1) Gaseosa
   (2) Jabón
   (3) Jugos gástricos del estómago
   (4) Café
   (5) Ninguna de las respuestas anteriores

47. Cuando se frota un globo con una tela, ésta se queda pegada contra la superficie del globo. ¿Qué partículas se transfieren de un material al otro?

   (1) Electrones
   (2) Neutrones
   (3) Protones
   (4) Átomos
   (5) Ninguna de las respuestas anteriores

48. La tierra fértil y llena de nutrientes se está volviendo cada vez más escasa. Los agricultores tienen que gastar mucho dinero en fertilizantes. Cada vez se están formando más y más desiertos en muchos lugares del mundo. ¿Cuál de las siguientes opciones es una causa de la desertificación?

   (1) El pastizal de animales
   (2) Exceso de agricultura
   (3) La destrucción de bosques
   (4) La sequía continua
   (5) Todas las respuestas anteriores

Las preguntas 49 y 50 se refieren al siguiente gráfico:

**El Efecto de Una Enzima en la Velocidad
a la Que Se Desenvuelve una Reacción Química**

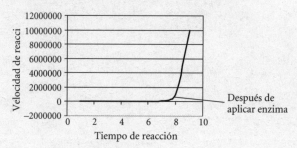

49. Si quisieras acelerar un proceso químico, ¿cuál sería
    un procedimiento lógico?

    (1) Dejar que se enfríe

    (2) Usar una enzima

    (3) Quitar toda enzima

    (4) Evitar que entren otros materiales químicos
        o substancias en la reacción

    (5) Dejarle tal como está

50. ¿Qué pasaría con la reacción química si no se agrega
    una enzima?

    (1) Se aceleraría la reacción

    (2) Se detendría completamente

    (3) Se disminuiría la reacción

    (4) La reacción cambiaría

    (5) No tendría efecto sobre ella

Prueba de Práctica:
Español: Lenguaje y Lectura

<u>Instrucciones</u>: Escoja la mejor respuesta a cada pregunta.
Tiene 70 minutos para contestar 40 preguntas.

Las preguntas 1–5 se basan el siguiente extracto de una obra de teatro:

¿Quién es Ahasver?

[Una fogata quema debajo del tanque de agua.
Algo hierve a fuego bajo en una olla oxidada.
Un viejo vagabundo, AHASVER, y CORDERO,
un muchacho con una armónica, se sientan sobre
(5) cajones cerca del fuego.]

CORDERO
    ¿Usted no ha de ser realmente el Judío Errante?

AHASVER
    ¿De veras quieres saber? [Pausa malvada,
(10) después una risa lenta.] Pues, no, chico. Un
veterano, sí, e un imbécil errabundo. Se cuenta
que ese Viejo Cartofílio continuaba viajando
por unas razones poderosas. Condenado al
andariego hasta fines del mundo. Creo que
(15) antes que eso estaré tomando ese antiguo
ferrocarril hasta donde se pone el sol.

CORDERO
    Condenado. ¿Y porqué?

AHASVER
(20) Bueno. Hay varias explicaciones de donde
salió esa maldición. De todas formas, dicen
que después de varios siglos podía recontar
la historia del mundo, hablar todas sus lenguas,
y hasta predecir el futuro. Pudiera haber sido
(25) peor.

CORDERO
    Varios siglos en camino…

AHASVER
    Cargando a espaldas su culpabilidad. De acá
(30) para allá, y de nuevo por acá. Andaba por toda
la diáspora. Visto en lugares diversos, desde
Europa hasta Asia, y de vez en cuando por estas
tierras lejanas. Se dice que contó una vez que
habían pasado cinco generaciones, por lo menos,
(35) desde que oyó la voz de su enamorada.

CORDERO
    ¡Seguramente cruzó el planeta! Extraña
maldición, la libertad. Sería peor ser capturado,
o torturado.

(40) AHASVER
    Tienes toda la razón. Pero a la vez debería
contarte muchachito que ninguno de nosotros,
hasta aquí con este aire puro, estamos tan libres
como solemos decir.

(45) CORDERO
    Usted no tiene ningún encierro que puedo notar.

AHASVER
    Tal vez. Por lo menos no del tipo literal de que
hablas. Pero es una cuestión rara que todos
(50) nosotros, los vagabundos e andariegos, tenemos
un amante quién de repente nos llama, y llama,
y llama… Y para quién no es agradable ser
ignorada.

CORDERO

(55)   ¿De quién habla? ¿Quién le llama?

AHASVER

Estoy hablando del camino, muchacho. De esa
ansia potente que comienza con un cambio de
aire, y termina con un deseo perpetuo de

(60)   ambular, para estar en camino, subirte al tren,
siguiendo la ruta, y, ¡todas esas tonterías! Estoy
hablando de la seducción, chico. De una lujuria
tan fuerte que no importa cuantas veces se
intenta zafar para quedarse quieto dentro del

(65)   mundo cotidiano, pues, de nuevo se apodera del
alma, y no hay nadar que hacer excepto saltarse
al próximo tren, lo más rápido posible. Fíjate en
esto joven. Todavía no es demasiado tarde para ti.

CORDERO

(70)   Mi amigo LOBO dice que es la vocación más
noble que hay.

AHASVER

Pues, no sé nada del honor, chico. Pero cuando
te agarra, ya estás atrapado.

(75) CORDERO

Entonces tu también ya estás condenado.
¿No es así?

—Errabundo, (Wanderlust), Acto II, Escena 3,
© 2003 Rachel Perlmeter

Las preguntas 1–6 se refieren al siguiente poema:

1. Cordero esta conversando con Ahasver acera de sus
    viajes porque

    (1)   Ahasver acaba de iniciar sus viajes

    (2)   Cordero ha visto mucho del mundo y quiere
          impresionar con su conocimiento del camino

    (3)   Ahasver ha viajado por mucho tiempo y es un
          gran sabio

    (4)   Ahasver es el Judío Errante

    (5)   Ahasver es un extranjero y no entiende las
          costumbres locales

2. Ahasver explica al Cordero que

    (1)   Se siente completamente libre en la vida
          que escogió

    (2)   Odia estar en camino de nuevo

    (3)   La vida como ambulante esta llena de
          aventuras

    (4)   Se pierde una vez por semana

    (5)   Vagabundear se puede convertir en adicción

3. Cuando Ahasver dice que estará "tomando ese
    antiguo ferrocarril hasta donde se pone el sol"
    quiere decir que

    (1)   Ya mismo estará partiendo

    (2)   Se alista para un viaje por tren de lujo

    (3)   No tiene muchos años para vivir

    (4)   Estará viajando hasta que se termine el mundo

    (5)   Quiere que Cordero le acompaña hasta el oeste

4. A través de la duración de la conversación, Cordero
    se da cuenta de que:

    (1)   Ahasver necesita un compañero de viaje

    (2)   Demasiada libertad puede ser una maldición

    (3)   La vida de vagabundo es peligrosa

    (4)   Ahasver quiere que continúe viajando

    (5)   Debería ayudar a Ahasver para conquistar
          su adicción

5. El propósito de Ahasver al hablar con Cordero de
    sus experiencias es

    (1)   Avisar a Cordero que reconsidere su decisión
          de vivir en camino

    (2)   Asustar a Cordero

    (3)   Inspirar pena en Cordero

    (4)   Entretener a Cordero con cuentos graciosos
          para pasar el tiempo

    (5)   Explicar sus razones para dejar de viajar

Las preguntas 6-10 se refieren al siguiente extracto de un ensayo:

¿Cómo reacciona el autor al número 24?

"La Nochebuena de 1836"

El número 24 me es fatal; si tuviera que probarlo diría que en día 24 nací. Doce veces al año amanece, sin embargo, día 24; soy supersticioso, porque el corazón del hombre necesita creer algo, y cree

(5) mentiras cuando no encuentra verdades que creer; sin duda por esa razón creen los amantes, los casados y los pueblos a sus ídolos, a sus consortes y a sus gobiernos, y una de mis supersticiones consiste en creer que no puede haber para mí un día 24 bueno.

(10) El día 23 es siempre en mi calendario víspera de desgracia, y a imitación de aquel jefe de policía ruso que mandaba tener prontas las bombas las vísperas de incendios, así yo desde el 23 me prevengo para el siguiente día de sufrimiento y resignación, y,

(15) en dando las doce, ni tomo vaso en mi mano por no romperle, ni apunto carta por no perderla, ni enamoro a mujer porque no me diga que sí, pues en punto a amores tengo otra superstición: imagin o que la mayor desgracia que a un hombre le puede

(20) suceder es que una mujer le diga que le quiere. Si no la cree es un tormento, y si la cree… ¡Bienaventurado aquel a quien la mujer dice *no quiero*, porque ése, a lo menos, oye la verdad!

– "La Nochebuena de 1836. Yo y mi criado. Delirio filosófico" Mariano José Larrea

6. ¿Qué evidencia ofrece el autor para probar que el número 24 le es fatal?

   (1) El nació en el día 24
   (2) Su madre fue supersticiosa
   (3) El día 23 es aun peor
   (4) Los hombres necesitan creer en algo
   (5) Tiene muy mala suerte

7. ¿Qué significa la palabra "víspera"?

   (1) La noche anterior a un día importante
   (2) Un tipo de explosivo
   (3) Una medida preventiva
   (4) Alguna infelicidad
   (5) Un tipo de culebra

8. El autor piensa que las mujeres

   (1) Son siempre honestas
   (2) Siempre mienten
   (3) Son muy fieles
   (4) Son muy responsables
   (5) Son malvadas

9. ¿Cuál es el tono de este ensayo?

   (1) Irónico
   (2) Didáctico
   (3) Romántico
   (4) Histérico
   (5) Siniestro

10. Se puede deducir que el autor

    (1) Es un hombre joven
    (2) Es un profesor de español
    (3) Ha tenido mala suerte con las mujeres
    (4) Nació el 22 de Diciembre
    (5) Confía en su gobierno

KAPLAN

Las preguntas del 11–15 se refieren al siguiente texto:

¿Qué derechos tiene un extranjero casado con un norteamericano?

La inmigración y el matrimonio

Un extranjero que procura la clasificación de residente permanente a través del matrimonio con un ciudadano de los Estados Unidos o un residente permanente, o que viene a los Estados Unidos como
(5) prometido o prometida, no inmigrante, de un ciudadano para después solicitar la clasificación de residente permanente, le será otorgada la clasificación de residente condicional por dos años. Si después de los dos años la pareja continúa casada,
(10) el extranjero puede solicitar la residencia permanente. Esto se debe hacer dentro de noventa días antes del segundo aniversario. Si el matrimonio se disuelve antes de los dos años, salvo por la muerte de un cónyuge o porque un cónyuge es víctima
(15) de maltrato físico y emocional, el matrimonio se considera fraudulento, con el único objetivo de obtener algún beneficio de inmigración. En esta situación, termina la clasificación de residente y comienzan los procedimientos de deportación.
(20) Si la solicitud para modificar la clasificación migratoria no se presenta, la clasificación de residente se dará por terminada y comenzarán los procedimientos de deportación. La pareja es llamada a una entrevista y deberá demostrar que el
(25) matrimonio es solvente y no fue formado solamente con el propósito de recibir el beneficio de inmigrar.

El matrimonio fraudulento trae consigo severas penalidades. Una persona convicta de haberse casado para evadir las leyes de inmigración de los
(30) Estados Unidos puede ser multada o enviada a prisión. A toda persona convicta de casarse fraudulentamente se le negará la clasificación de residente permanente, incluso si más tarde contrae matrimonio de buena fe con un ciudadano o residente
(35) permanente de los Estados Unidos.

La ley de los Estados Unidos restringe la modificación de la clasificación de un extranjero que contrae matrimonio durante el procedimiento de deportación o exclusión. La ley asume que
(40) los extranjeros que se casan durante este período lo hacen solamente con propósitos de inmigrar. Para superar esta presunción el aplicante deberá adjuntar a la petición una solicitud de excepción, acompañada de documentos que demuestren que
(45) el matrimonio es genuino *(bona fide)*.

La ley de inmigración trata el fraude en asuntos de matrimonio muy seriamente. Un extranjero que está considerando casarse con un ciudadano o residente permanente de los Estados Unidos, o que
(50) haya entrado al país como prometido o prometida no inmigrante, debe asegurarse de cumplir con todos los requisitos de inmigración para el matrimonio y de presentar las solicitudes y documentos debidos en las fechas requeridas. Si es necesario,
(55) el extranjero debe consultar con un abogado especialista en leyes de inmigración.

–Araujo, Jess J, *La Ley y Sus Derechos Legales*,
Fireside, New York, 1998

11. Según el texto, se solicita la residencia permanente

    (1) Inmediatamente después de llegar a los Estados Unidos
    (2) Después de cinco años de matrimonio
    (3) Noventa días antes de cumplir dos años de matrimonio
    (4) Antes de casarse
    (5) Antes de la deportación

12. Se considera matrimonio fraudulento cuando

    (1) Se disuelve el vínculo matrimonial a los tres años
    (2) No se ha solicitado la residencia condicional
    (3) No se ha solicitado la residencia permanente
    (4) El matrimonio termina antes de los dos años
    (5) Los cónyuges están en proceso de deportación

13. Utilizar el matrimonio para evadir las leyes de inmigración trae como consecuencias

    (1) El arresto domiciliario
    (2) Deportación, multa o prisión
    (3) El impedimento de salir del país
    (4) Castigos corporales y emocionales
    (5) Pérdida del trabajo

14. Si no se conocen las leyes de inmigración sobre el matrimonio se debe

    (1) Comprar manuales jurídicos
    (2) Consultar a otros inmigrantes
    (3) Consultar con un abogado especialista
    (4) Acudir a las respectivas embajadas
    (5) Buscar el apoyo de sus compatriotas

15. Se deben presentar los documentos llamados de *bona fide* para

    (1) Demostrar que el matrimonio es legítimo
    (2) Solicitar residencia temporal
    (3) Evitar la deportación
    (4) Evitar el despido del trabajo
    (5) Obtener la ciudadanía americana

Las preguntas 16–22 analizan el siguiente poema barroco:

Amor constante más allá de la muerte

Quevedo

Cerrar podrá mis ojos la postrera
sombra que me llevare el blanco día
Y podrá desatar esta alma mía
hora a su afán ansioso lisonjera;

(5) Más no de esotra parte en la ribera
dejará la memoria, en donde ardía;
nadar sabe mi alma la agua fría,
y perder el respeto a la ley severa.

Alma a quien todo un Dios prisión ha sido,
(10) venas que humor a tanto fuego han dado,
médulas que han gloriosamente ardido:

Su cuerpo dejarán, no su cuidado;
serán ceniza, mas tendrá sentido;
polvo serán, mas polvo enamorado.

16. El tema principal de este soneto de Quevedo es

    (1) El amor termina con la muerte
    (2) El sacrificio del amor
    (3) El amor es eterno
    (4) El amor es ilusorio
    (5) El amor es una maldición

17. El verso 1 termina con el adjetivo "postrera" y el verso 2 comienza con el sustantivo "sombra." Entonces, entre los dos versos existe

    (1) Un símil
    (2) Un encabalgamiento
    (3) Una hipérbole
    (4) Una concatenación
    (5) Una aliteración

18. En el verso 2 "…que me llevare el blanco día," se refiere

    (1) Al sol
    (2) Al alba
    (3) A la soledad
    (4) A la luz
    (5) A la muerte

19. En el segundo cuarteto aparecen palabras como: ribera, nadar, agua fría porque

    (1) Cuando alguien muere cruza un río
    (2) Cuando alguien ama sabe nadar
    (3) Cuando alguien vive ama
    (4) Cuando alguien ama ya no vive
    (5) Cuando alguien vive pierde el respeto a la ley severa

20. En el verso 7 "… mi llama," significa

    (1) Cólera
    (2) Furia
    (3) Deseo
    (4) Pasión/amor
    (5) Fuego

21. Sabemos que es un soneto porque, entre otras características, está formado de 14 versos

    (1) Eneasílabos
    (2) Dodecasílabos
    (3) Decasílabos
    (4) Heptasílabos
    (5) Endecasílabos

22. "…polvo serán, mas polvo enamorado" (verso 14) se refiere a

    (1) La amada
    (2) Al amante
    (3) A los dos enamorados
    (4) A los que se oponían a este amor
    (5) Al polvo que levanta el viento

Las preguntas 23–25 se refieren a la siguiente biografía:

Don Juan Manuel

Fue nieto del rey Fernando III el Santo y sobrino de Alfonso X el Sabio. Nació en 1282, en Escalona. Desde muy joven participó en la Reconquista e intervino activamente en la agitada vida política de
(5) su tiempo. Murió en Murcia en 1348. Erróneamente se le da a veces el título de *Infante;* no lo poseyó por no ser hijo de rey, sí le corresponde el de *príncipe,* según la etiqueta cortesana de entonces.

Don Juan Manuel fue uno de los hombres más
(10) cultos de su época. Él mismo justificó su vocación de escritor, con estas palabras (texto modernizado):
Yo sé que algunos murmuran de mí porque escribo libros, pero no por eso dejaré de hacerlo. Pienso que es mejor pasar el tiempo escribiendo libros que jugando
(15) *a los dados o haciendo otras cosas viles.*

Sus obras están escritas en prosa y casi todas poseen un carácter didáctico o moral; más en concreto, se proponen la educación de jóvenes de la nobleza. Así ocurre en el *Libro del Caballero*
(20) *y el escudero*, en el cual, el primero aconseja al segundo acerca de la caballería y lo instruye en Teología, Astronomía, etc.

Pero la principal de todas es la titulada *El conde Lucanor o Libro de Patronio* que es una colección
(25) de cincuenta enxiemplos (ejemplos o cuentos) enlazados entre sí por el siguiente artificio: El conde Lucanor consulta a su preceptor Patronio sobre diversos asuntos. Patronio, en vez de darle una respuesta directa, le narra un cuento apropiado
(30) para el caso y, al final, resume la moraleja en dos versos (*un pareado*).

Los cuentos de don Juan Manuel no son originales: son relatos tradicionales de amplia difusión internacional (muchos de origen oriental) Pero,
(35) conforme al método del autor, están narrados de modo muy personal y con un notable *arte del relato*.

23. Los cuentos didácticos o exiemplos de *El conde Lucanor* terminan

    (1) Con una moraleja

    (2) Con una advertencia

    (3) Con una amenaza

    (4) Con una posdata

    (5) Con tres puntos suspensivos

24. Don Juan Manuel revolucionó la literatura de su tiempo porque

    (1) Sus cuentos son muy originales

    (2) Sus consejos fueron apropiados

    (3) Tienen un estilo renacentista

    (4) Están escritos en prosa

    (5) Son cuentos de caballería

25. ¿Cuál es la función de Patronio en la obra *El conde Lucanor*?

    (1) Es un caballero

    (2) Es un noble de la Corte

    (3) Es el relator de los cuentos

    (4) Es el representante del conde

    (5) Es el intérprete del conde Lucanor

Las preguntas 26–30 se refieren al siguiente texto:

CAPITULO XII

Cómo los indios nos trajeron de comer.
(fragmento)

Otro día, saliendo el sol, que era la hora que los indios nos habían dicho, vinieron a nosotros—como lo habían prometido—y nos trajeron mucho pescado y de unas raíces que ellos comen, y son
(5) como nueces, algunas mayores o menores. La mayor parte de ellas se sacan debajo del agua y con mucho trabajo. A la tarde volvieron, y nos trajeron más pescado y de las mismas raíces. Hicieron venir sus mujeres e hijos para que nos viesen; y así se volvieron
(10) ricos de cascabeles y cuentas que les dimos. Otros días nos tornaron a visitar con lo mismo que esas otras veces.

Como nosotros veíamos que estábamos proveídos de pescado y de raíces y de agua y de
(15) las otras que pedimos, acordamos de tornarnos a embarcar y seguir nuestro camino. Desenterramos la barca de la arena en que estaba metida. Fue menester que nos desnudásemos todos y pasamos gran trabajo para echarla al agua (porque nosotros
(20) estábamos tales, que otras cosas muy más livianas bastaban para ponernos en él. Así embarcados, a dos tiros de ballesta dentro en la mar nos dio tal golpe de agua, que nos mojó a todos. Como íbamos desnudos, y el frío que hacía era muy grande,
(25) soltamos los remos de las manos, y a otro golpe que la mar nos dio, trastornó la barca. El veedor y otros dos se asieron de ella, para escaparse; mas sucedió muy al revés, que la barca los tomó debajo y se ahogaron. Como la costa es muy brava, el mar de
(30) un tumbo echó a todos los otros, envueltos en las olas y medio ahogados, en la costa de la misma isla, sin que faltasen más de los tres que la barca había tomado debajo. Los que quedamos escapados, desnudos como nacimos, y perdido todo lo que
(35) traíamos; aunque todo valía poco, pero entonces valía mucho. Y como entonces era por noviembre, y el frío muy grande, y nosotros tales, que con poca dificultad se nos podía contar los huesos, estábamos hechos propia figura de la muerte.

(40)   De mí sé decir que desde el mes de mayo pasado
yo no había comido otra cosa sino maíz tostado, y
algunas veces me vi en necesidad de comerlo crudo;
porque, aunque se mataron los caballos entre tanto
que las barcas se hacían, yo nunca pude comer de
(45) ellos, y no fueron diez veces las que comí pescado.
Esto digo por excusar razones, porque pueda cada
uno ver qué tales estábamos. Sobre todo lo dicho,
había sobrevenido viento norte, de suerte que más
estábamos cerca de la muerte que de la vida. Plugo
(50) a nuestro Señor que buscando los tizones del fuego
que allí hablamos hecho, hallamos lumbre, con que
hicimos grandes fuegos; y así estuvimos pidiendo
a nuestro Señor misericordia y perdón de nuestros
pecados, derramando muchas lágrimas, habiendo
(55) cada uno lástima, no solo de sí, mas de todos los
otros, que en el mismo estado veían (…)

                    –Núñez Cabeza de Vaca, Alvar.
                    Los Naufragios y Relación dé la Florida

26. En este texto se habla de:

    (1)   La conquista de los indígenas

    (2)   La convivencia con los indígenas

    (3)   Hechos violentos entre los indígenas

    (4)   Las aventuras en territorio indígena

    (5)   El naufrago en Europa

27. De acuerdo con el texto, los indígenas fueron:

    (1)   Excelentes guías y compañeros

    (2)   Amables y gentiles con los visitantes

    (3)   Extraños y alejados de sus visitantes

    (4)   Violentos y agresivos con los blancos

    (5)   Ociosos y indiferentes

28. Los náufragos se encontraban

    (1)   En condiciones deplorables

    (2)   Gozando de su viaje

    (3)   Haciendo amistades y conociendo los
          nuevos lugares

    (4)   Conquistando territorios para España

    (5)   Descansando antes de volver a España

29. Cuando tomaron nuevamente las embarcaciones

    (1)   Llegaron a nuevas y lejanas islas

    (2)   Recorrieron buena parte de los nuevos
          territorios

    (3)   Fueron asesinados por los indígenas

    (4)   Tuvieron un nuevo naufragio y murieron
          algunos de ellos

    (5)   Tuvieron un viaje agradable

30. La actitud de los sobrevivientes fue

    (1)   De gran alegría por las hermosas experiencias
          vividas

    (2)   De pena por haber dejado su país

    (3)   De llanto y plegaria por su triste situación

    (4)   De fiesta y regocijo

    (5)   De pena por haber dejado las islas

Las preguntas 31–34 se refieren al siguiente texto:

Roberto Suárez
Presidente, *Miami Herald* Publishing Company
Editor, *El Nuevo Herald*

    En pocos meses pasé de ser presidente de una
gran institución financiera, la Nacional de Cuba, a
quedar desempleado sin posibilidades de encontrar
trabajo. Mi familia se vino a Miami de Cuba justo
(5) antes de la invasión de la Bahía de los Cochinos en
abril de 1961. No pude encontrar un empleo, a
pesar de mis esfuerzos. Teníamos nueve hijos y
estábamos sin dinero, porque no pudimos retirar
nuestro capital de Cuba.
(10)   Mi primer trabajo fue limpiando casas. Resulta
que era alérgico a uno de los ingredientes químicos
en los líquidos para la limpieza, y tuve que gastar
los primeros 20 dólares que gané en un remedio.
Luego, un sobrino me comentó que el periódico
(15) *The Miami Herald* estaba tomando gente. Le
pregunté si sabía lo que era y me dijo que no. Le dije
que pensaba visitarlos de todos modos. *The Miami
Herald* buscaba personal para el departamento de

envíos. En la industria de los periódicos el departa-
(20) mento de envíos no es sólo el sitio donde envías
cartas, también es donde se preparan los paquetes
de periódicos. Salen de las rotativas, y los envías
a la sala de cargas donde esperan los camiones de
reparto.
(25)   Me pasé una noche entera preparando paquetes
con diarios y cargando camiones. Cuando terminó
el turno, me dijeron que regresara a la mañana
siguiente. En casa mi esposa tuvo que ponerme
compresas frías en los brazos porque estaban
(30) hinchados. Ése fue mi segundo empleo.
   El primer cheque que recibí del periódico lo
gasté entero comprando leche para mis hijos en
el Centro para Refugiados Cubanos, donde nos
daban raciones de leche en polvo, huevos en polvo,
(35) arroz y la carne más extraña que vi en mi vida. Los
niños bebían mucha leche en polvo, que básicamente
es agua. Estaban muy delgados, y por eso decidí
comprar leche de verdad por primera vez. Me dio
una gran satisfacción.
(40)   Cuando trabajaba en el departamento de envíos
tomé varios exámenes de capacitación y me dijeron
que no podría avanzar en el departamento de producción porque no tenía conocimientos de mecánica.
Al poco tiempo se dieron cuenta que podía hacer
(45) otras tareas, y me pidieron que preparara los pagos
para el personal. Luego me ofrecieron un cargo de
supervisor, mi primera oportunidad para avanzar.
   Fui a ver al director de personal y le comenté
que podía ser más útil en la empresa trabajando en
(50) el área comercial que en el departamento de envíos.
Me dijo que debería estar feliz de haber logrado en
uno o dos años lo que otros obtienen después de
30 años, y que no sabía nada sobre la industria de
periódicos. Entendí su punto de vista pero no me
(55) di por vencido. Poco después me enteré de una
oportunidad en el departamento contable, y fui a
hablar con el director financiero. Me preguntó qué
sabía sobre la industria de los periódicos. Le dije,
"Muy poco, pero le aseguro que en seis meses sabré
(60) todo lo que sea necesario." Se rió.
   Me tomó como contador para la operación
general de la empresa, y con el tiempo llegué a ser
el director financiero, y aprendí mi oficio empezando desde abajo. Tienes que tener fe, fe en lo que
(65) puedes hacer.

31. El título más apropiado para este texto sería
   (1) Un Cubano en Estados Unidos
   (2) Un Padre de Familia Excepcional
   (3) Las Oportunidades de Este Gran País
   (4) El Esfuerzo y La Perseverancia Dan Sus Frutos
   (5) Los Sufrimientos de Los Inmigrantes

32. Al terminar el texto sabemos que Roberto Suárez pasó de
   (1) Obrero a contador
   (2) Contador a cargador de periódicos
   (3) De limpiador de casas a director financiero
   (4) De cargador a director
   (4) De limpiador de casas a presidente de su empresa

33. Su primer cheque lo tuvo que gastar en
   (1) Leche en polvo para sus hijos
   (2) Huevos en polvo para la familia
   (3) Verdadera lecha para sus hijos
   (4) En remedios para su alergia
   (5) En carne y otros alimentos para su familia

34. Entre las habilidades de Roberto Suárez, la más destacada en el texto es:
   (1) La mecánica
   (2) La contabilidad
   (3) Los envíos y cargas
   (4) Los servicios de limpieza
   (5) La producción

Las preguntas 35–40 se refieren a la siguiente biografía de Diego Velásquez y a su máxima obra Las Meninas:

El pintor español Diego Velázquez nació en Sevilla en 1599 y murió en Madrid en 1660. Entre 1611 y 1617 realizó su aprendizaje en el taller del pintor sevillano Francisco Pacheco, quien muy
(5) pronto advirtió sus dotes y lo consideró su mejor discípulo. Ya en sus comienzos introdujo nuevas ideas y perspectivas en su ciudad, importante centro artístico de la época; abandonó el manierismo y adoptó un realismo barroco inspirado en temas
(10) populares: *El aguador de Sevilla*.

Viajó dos veces a Madrid donde pintó un retrato de Felipe IV que le valió ser nombrado pintor de la Corte. Visitó dos veces Italia y allí estudió a fondo la obra de los maestros contemporáneos y anteriores
(15) a él y actuó como embajador del monarca español en Roma, figurando entre sus atribuciones la de adquirir obras de arte que enriquecieran la colección real. En Italia trabó amistad con Rubens y estudió la obra de Tiziano, una de las que más influirían en
(20) su actividad artística, modificando su estilo y abriendo nuevas perspectivas en su acercamiento a la realidad. De este período datan *La Fragua de Vulcano, La Túnica de José,* y *El Retrato de Inocencio X*. Destacan además *La Venus del Espejo, Las Hilanderas*, en el
(25) que representa la leyenda de Atenea y Aracne, *La Rendición de Breda o Las Lanzas,* destinada a la sala de Reinos, y *Las Meninas,* que para algunos críticos constituye su obra maestra. Fue un genial retratista y a través de sus telas supo dejar traslucir el carácter
(30) de sus personajes.

Es particularmente importante la serie de retratos de los bufones de la Corte, en los que expresa con sobriedad lo jocoso y lo patético. Fue amigo personal de Felipe IV, que a lo largo de su vida lo distinguió
(35) con importantes cargos. Poco antes de su muerte le otorgó el título de caballero de la Orden de Santiago convirtiéndole en el único pintor que ha ostentado esa distinción.

El cuadro representa a Velásquez mismo—
(40) con la cruz de la Orden de Santiago—pintando un cuadro que no vemos y a la Infanta Margarita atendida por dos meninas (damas de honor), doña María Agustina Sarmiento a su derecha, y a la izquierda doña Isabel de Velasco; un enano,
(45) Nicolasito Pertusato, una enana, Mari Bárbola; detrás, doña Marcela de Ulloa, y un guarda-damas. Por la puerta del fondo, aparece José Nieto Velázquez, Aposentador de la Reina. En el espejo, de busto, se reflejan los Reyes Felipe IV y doña Mariana.

35. El pintor Diego Velázquez se destacó por ser

    (1) Paisajista
    (2) Retratista
    (3) Impresionista
    (4) Cubista
    (5) Clásico

36. Ingresó a la Corte de Felipe IV gracias a

    (1) Su pintura: el retrato de Felipe IV
    (2) Sus viajes a Italia
    (3) Sus viajes a Madrid
    (4) Su interés por el arte de Tiziano
    (5) Sus influencias

37. En *Las Meninas,* su obra cumbre, se puede apreciar

    (1) Al pintor en su taller
    (2) A los reyes Felipe IV y su esposa
    (3) Al Aposentador de la reina
    (4) A las meninas
    (5) La familia de Felipe IV

38. *El Retrato de Inocencio X* es una obra en la que Velázquez utilizó la influencia de

    (1) El manierismo

    (2) Rubens

    (3) El barroco

    (4) Tiziano

    (5) Su maestro Pacheco

39. La leyenda de Atenea y Aracne está representada en

    (1) *El Aguador de Sevilla*

    (2) *Las Lanzas*

    (3) *Las Hilanderas*

    (4) *La Túnica de José*

    (5) *La Fragua de Vulcano*

40. Si queremos observar directamente la obra *Las meninas* debemos realizar un viaje a

    (1) Italia

    (2) Sevilla

    (3) Francia

    (4) Nápoles

    (5) España

Prueba de Práctica: **Matemáticas**

En esta Prueba de Matemáticas, hay algunas preguntas que no son de selección múltiple.
Estas no son las preguntas más difíciles de la prueba.

Cuadrícula Estándar

Los números mixtos, como $3\frac{1}{2}$, no pueden ser anotados en la cuadrícula del formato alterno.
En lugar de ello, es necesario representarlos como números decimales (3.5) o fracciones $\left(\frac{7}{2}\right)$.
Ninguna respuesta en la cuadrícula será un número negativo, como −6.

Para apuntar su respuesta:

- Empieza en cualquier columna que le permita apuntar su respuesta

- Escriba su respuesta en los cuadros de la fila superior

- En la columna   debajo de la barra de fracción o de un punto decimal (si lo hubiera)y cada
  número de su respuesta, llene el circulo que representa ese signo o número

- Deje en blanco las columnas que no utilice

Cuadrícula de Coordenadas

Es necesario rellenar sólo un circulo para representar su respuesta. Si usted rellena más de un circulo
en el gráfico, su respuesta se calificará como incorrecta.

Para apuntar su respuesta:

- Hay que tener un valor *x* y un valor *y*

- Ninguna respuesta tendrá un valor fraccionario o decimal

Parte I

<u>Instrucciones</u>: Para las selecciones múltiples, escoja la mejor respuesta a cada pregunta.
Tiene 50 minutos para contestar 25 preguntas.

Para las preguntas de formato alternativo, marque su respuesta en los círculos de la cuadrícula.

<u>En esta parte de la prueba se puede utilizar una calculadora.</u>

1. Un florero tiene una base circular con un diámetro de 20 cm. ¿Cuál es el área de la base de este florero aproximadamente?

   (1) 314 cm^2

   (2) 100 cm^2

   (3) $20\neq \text{ cm}^2$

   (4) $3.14\neq \text{ cm}^2$

   (5) $\neq \text{ cm}^2$

2. ¿Cuál es el perímetro de la estructura de esta iglesia?

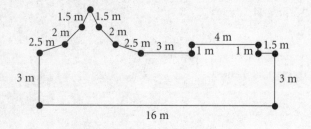

   (1) 44.5 m

   (2) 42.5 m

   (3) 37 m

   (4) 48 m

   (5) 45.6 m

3. 177.94 es ____ % de 214?

   (1) .83%

   (2) 18%

   (3) 80%

   (4) 83%

   (5) 1.7794%

4. Un tubo de petróleo debe pasar por debajo de un río desde el punto A hasta el punto B. Si la longitud del río es 6 km., y el ancho es 3 km., ¿Cuál es la longitud del tubo aproximadamente?

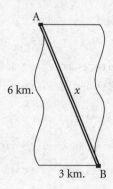

   (1) 6.71 km.

   (2) 45 km.

   (3) 6.24 km.

   (4) 3.87 km.

   (5) 6 km.

5. Jorge llena el tanque de gasolina con 39 galones. Si cada kilómetro recorrido utiliza 0.3 galones, ¿cuántos galones (g) quedan después de haber recorrido 27 kilómetros?

   (1) $g = 27\,(39 + 0.3)$

   (2) $g = (27 \times 39) + 0.3$

   (3) $g = 39 - .3\,(27)$

   (4) $g = 0.3\,(27 + 39)$

   (5) $g = 27\,(36 - 0.3)$

Las preguntas 6–8 se refieren a la gráfica e información siguiente:

Dan salió a la pastelería en su automóvil. El siguiente gráfico demuestra la relación del tiempo y la distancia con referencia a su casa.

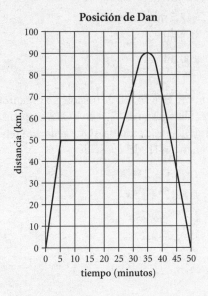

Posición de Dan

6. Al automóvil se le baja una llanta y Dan tiene que parar. Si para por 20 minutos, ¿qué intervalo corresponde al tiempo por el que Dan detiene su viaje?

   (1) 30–50 minutos

   (2) 25–45 minutos

   (3) 5–25 minutos

   (4) 35 minutos

   (5) 0–5 minutos

7. Dan llega a la pastelería que está a 90 km. de su casa. ¿En qué tiempo ocurre esto?

   (1) 0 minutos

   (2) 5 minutos

   (3) 20 minutos

   (4) 25 minutos

   (5) 35 minutos

8. ¿Cuánto demora Dan en regresar de la pastelería a su casa?

   (1) 50 minutos

   (2) 35 minutos

   (3) 20 minutos

   (4) 10 minutos

   (5) 15 minutos

9. Si $a + b = w$, y $ab = P$, entonces $a^2 + b^2 = ?$

   (1) w^2

   (2) $w^2 - 2P$

   (3) $w^2 + 2P$

   (4) $w^2 + P$

   (5) $w^2 - P$

10. Una escuela necesita hacer un pedido de uniformes para los estudiantes. Si cada estudiante necesita 3 uniformes, ¿cuántos uniformes debe pedir la escuela en TOTAL?

Grado	Número de Estudiantes
1 ero	32
2 do	30
3 ero	35
4 to	38
5 to	40

   (1) 525 uniformes

   (2) 105 uniformes

   (3) 175 uniformes

   (4) 192 uniformes

   (5) 576 uniformes

KAPLAN

11. ¿Cuáles son las coordenadas del centro del círculo?

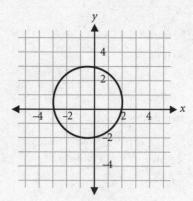

(1) $\left(\dfrac{1}{2}, \dfrac{1}{2}\right)$

(2) $\left(-\dfrac{1}{2}, \dfrac{1}{2}\right)$

(3) $\left(-\dfrac{1}{2}, 0\right)$

(4) $\left(-1, \dfrac{1}{2}\right)$

(5) $\left(-\dfrac{1}{2}, -\dfrac{1}{2}\right)$

12. ¿Cuál es la razón de pedazos de pizza en una pizza familiar y una pizza mediana?

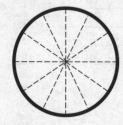 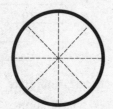

(1) 12:1

(2) 8:3

(3) 12:2

(4) 3:2

(5) 6:2

13. Tom tiene 250 ml. de un jarabe para la tos. El farmacéutico le dice que tome $\dfrac{2}{5}$ del jarabe para curarse. ¿Cuántos mililitros debe tomar Tom?

(1) 50 ml

(2) 125 ml

(3) 12.5 ml

(4) 5 ml

(5) 100 ml

14. El consejo estudiantil de un colegio organiza una fiesta. Ellos gastan \$2,274 en TOTAL y piensan cobrar \$5 por la entrada. ¿Qué ecuación representa las ganancias (I) del consejo?

(1) $I = 5 + 2,274$

(2) $I = 2,274 + 5x$

(3) $I = 5 \times 2,274x$

(4) $I = 5x - 2,274$

(5) $I = x(5 + 2,274)$

Las preguntas 15 a 17 se refieren a la gráfica e información siguientes:

El departamento financiero de un colegio particular crea el siguiente gráfico de sus gastos anuales para el año 2003.

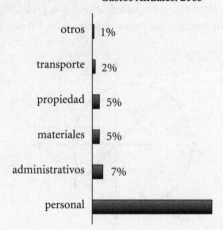

Gastos Anuales: 2003

15. El dinero disponible para el año 2003 fue $1,380,135. ¿Cuánto dinero se gastó en transporte?

   (1) $27,602.70
   (2) $1,352,532.30
   (3) $27,050.65
   (4) $270,506.46
   (5) $25,026

16. Si el personal del colegio está compuesto ÚNICAMENTE por 98 profesores, ¿cuál es el sueldo anual de cada profesor?

   (1) $14,083.01
   (2) $1,104,108.00
   (3) $11,266.41
   (4) $938.87
   (5) $110,411.04

17. Igualmente, si hay 2 administrativos, ¿cuánto recibe cada uno de ellos anualmente?

   (1) $96,609.45
   (2) $48,304.73
   (3) $1,283,525.55
   (4) $641,762.78
   (5) $176.278

18. Factorice la siguiente ecuación: $12x^3 + 3x^2 + 3$

   (1) $x(12x^2 + 3x + x)$
   (2) $3(4x^3 + x^2 + 1)$
   (3) $3x(12x^3 + 3x^2 + 3)$
   (4) $12x^3(1 + 4x + 4x^3)$
   (5) $3(12x^3 + 3x^2 + 3)$

19. Multiplique y simplifique el siguiente polinomio: $(3x - 6)(1 + 2x)$

   (1) $-3x^2$
   (2) $5x^2 - 7$
   (3) $3x^2 + 2x - 5$
   (4) $-36x$
   (5) $6x^2 - 9x - 6$

20. Resuelva el siguiente problema: $\dfrac{8 + 5}{2^2}$

   (1)   42.25
   (2)   6.5
   (3)   3.25
   (4)   .75
   (5)   2.25

21. Juan coloca una escalera contra un árbol de la forma indicada en la siguiente figura:

¿Cuál es la medida del ángulo x?

Indique su respuesta en el gráfico de la hoja de respuestas.

22. ¿Cuánto es $\frac{1}{8}$ en decimales?

Indique su respuesta en el gráfico de la hoja de respuestas.

23. Un granjero quiere construir un cercado para sus gallinas contiguo a la pared. Si el lado más grande mide 30 metros y el lado pequeño mide la mitad, ¿Cuántos metros cuadrados de cercado debe comprar el granjero?

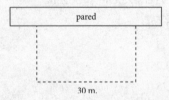

Indique su respuesta en el gráfico de la hoja de respuestas.

24. Linea ℓ_1 tiene la ecuacion $y_1 = 2x + 2$. Linea ℓ_2 tiene la ecuacion $y_2 = -x - 1$. ¿Cuál es el punto de intersección de las linens?

Indique su respuesta en el gráfico de la hoja de respuestas.

25. ¿La cuadrícula siguiente muestra la grafica de un circulo. ¿En qué punto se ubica el centro del círculo?

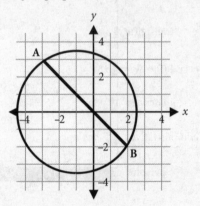

Indique su respuesta en el gráfico de la hoja de respuestas.

Parte II

<u>Instrucciones</u>: Para las selecciones múltiples, escoja la mejor respuesta a cada pregunta.
Tiene 50 minutos para contestar 25 preguntas.

Para las preguntas de formato alternativo, marque su respuesta en los círculos de la cuadrícula.

<u>**En esta parte de la prueba no se puede utilizar una calculadora.**</u>

Las preguntas 26 a 28 se refieren a la gráfica e información siguientes:

El departamento de deportes de una universidad hace la siguiente gráfica del número de estudiantes, hombres y mujeres, que participan en algún deporte.

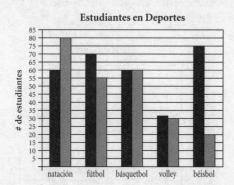

Estudiantes en Deportes

26. ¿En qué deporte participan más mujeres que hombres?

   (1) La natación

   (2) El fútbol

   (3) El básquetbol

   (4) El volley

   (5) El béisbol

27. ¿Cuántos más hombres que mujeres juegan béisbol?

   (1) 20

   (2) 75

   (3) 95

   (4) 55

   (5) 50

28. ¿Cuántos estudiantes en TOTAL juegan básquetbol?

   (1) 120

   (2) 60

   (3) 3,600

   (4) 62

   (5) 85

29. ¿Cuál es la medida del ángulo Y en el siguiente paralelogramo?

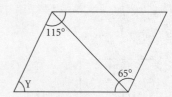

   (1) 65°

   (2) 50°

   (3) 115°

   (4) 60°

   (5) 55°

30. Si $y = (2 - 3x)$, entonces $6x + y =$

   (1) $2 - 3x$

   (2) $6xy$

   (3) $3x + 2$

   (4) $9x + 2$

   (5) $11x$

31. Una piscina rectangular mide 2 metros de alto, 3 metros de ancho, y 7 metros de largo. ¿Cuál es el volumen de la piscina?

    (1) $13m^3$

    (2) $21m^3$

    (3) $14m^3$

    (4) $6m^3$

    (5) $42m^3$

32. Donna compra ropa en una tienda de moda. Ella compra un total de $67.00. Por su compra, Donna recibe un descuento de $3.00. ¿Cuánto paga Donna al final?

    (1) $64.00

    (2) $64.99

    (3) $46.90

    (4) $70.00

    (5) $66.97

33. ¿Cuál es el área de este cuadrado?

    2x

    (1) $8x^2$

    (2) $4x$

    (3) $4x^2$

    (4) $8x$

    (5) $2x^2$

34. Resuelva: $\sqrt{x^4}$

    (1) x

    (2) 4

    (3) x^2

    (4) $2x$

    (5) 2

35. Factorice completamente: $4x^3 - 4x + 4$

    (1) $4(x^3 - x + 1)$

    (2) $4x(4x^2 - 1 + x)$

    (3) $4(x^3 + x + 1)$

    (4) $x(4x^2 - 4 + x)$

    (5) $4(4x^3 - 4x + 4)$

Las preguntas 36 a 38 se refieren a la gráfica e información siguientes:

Carla hizo una gráfica de su peso cada mes durante los primeros 7 meses que estuvo en la universidad. Los meses están en orden desde enero (#1) a diciembre (#12).

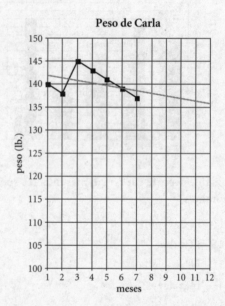

36. Según la línea de regresión, ¿cuál era el peso de Carla, aproximadamente, en Octubre?

    (1) 140 lb.

    (2) 137 lb.

    (3) 135 lb.

    (4) 130 lb.

    (5) 141 lb.

37. ¿En que mes se aleja MÁS el peso verdadero de Carla del peso que marca la línea de regresión?

    (1) Enero

    (2) Marzo

    (3) Mayo

    (4) Julio

    (5) Septiembre

38. En Junio (mes #6), Carla pesa 139 lb., exactamente el valor marcado en la línea de regresión. En Diciembre (mes #12), según la línea de regresión, Carla pesaría 136 lb. ¿Cuál es la pendiente de la línea de regresión?

    (1) $-\dfrac{1}{2}$

    (2) 2

    (3) $\dfrac{1}{3}$

    (4) $\dfrac{1}{2}$

    (5) -2

39. En la cometa de la figura siguiente, ¿cuál es la medida del ángulo X?

    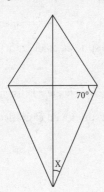

    (1) 30°

    (2) 55°

    (3) 45°

    (4) 35°

    (5) 20°

40. Sí $2x - 7 = 11$, $x =$

    (1) 2

    (2) $\dfrac{1}{2}$

    (3) 8

    (4) 9

    (5) 4

41. Ana recibe una lista con las ventas del día: $20.00, $17.26, $21.02, $6.06, $7.00, $3.25, $67.01. ¿Cuál es la mediana de esta lista?

    (1) $20.23

    (2) $141.60

    (3) $20.00

    (4) $7.50

    (5) $6.06

42. En una clase de historia, hay 9 estudiantes de las siguientes edades: 16, 14, 15, 16, 17, 16, 14, 15, 15. ¿Cuál es el medio de las edades de los estudiantes?

    (1) 15.33 años

    (2) 17 años

    (3) 16 años

    (4) 14 años

    (5) 15 años

43. Si los triángulos de diferentes lados de la misma casa son semejantes, ¿cuánto mide la base del triángulo pequeño?

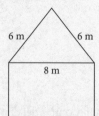 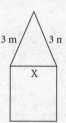

6 m   6 m   3 m   3 m

8 m   X

   (1)   3 metros
   (2)   6 metros
   (3)   2 metros
   (4)   1.5 metros
   (5)   4 metros

44. Simplifique la siguiente expresión agrupando los valores semejantes:

$$2x - 4xy + 7y - b + ab + 5b + 4xy$$

   (1) $2x + 7y + ab + 4b$
   (2) $2x + 8xy + 7y + 6b + ab$
   (3) $2x + 7y + 5ab$
   (4) $2x + 8xy + 7y + 7ab$
   (5) $17xy + 7ab$

45. Escriba este valor en notación científica: 6,320,000

   (1) 6.32^9
   (2) 632×10^6
   (3)   6.32
   (4) 6.32×10^6
   (5) 10^6

46. La puerta de un departamento mide 4 metros de longitud y 3 metros de ancho. ¿Cuál es la longitud de la diagonal?

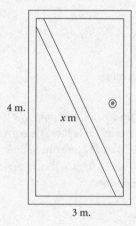

4 m. x m   3 m.

Indique su respuesta en el gráfico de la hoja de respuestas.

47. Completa el rectántulo ubicando el cuarto punto. Los coordinados de las tres vértices son (−3, 1), (−3, 2), y (1, 1).

Indique su respuesta en el gráfico de la hoja de respuestas.

48. Si $y > 0$, $x = 2y^2$, y si $x + x = 36$, entonces $y =$

Indique su respuesta en el gráfico de la hoja de respuestas.

49. En donde se corta la eje x la linea $x − y = −1$?

Indique su respuesta en el gráfico de la hoja de respuestas.

50. Si $x = 85$, $2x + y =$

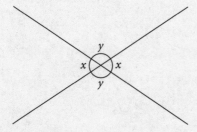

Indique su respuesta en el gráfico de la hoja de respuestas.

Prueba de Práctica: **Respuestas**

REDACCIÓN

Parte I

1. (5)

Mas y *pero* son conjunciones adversativas.

2. (4)

Los verbos están conjugados al condicional como el verbo de la introducción de la oración. Si se escogieran las otras opciones, los errores de concordancia no permitirían la comprensión de la oración.

3. (1)

La oración original no contiene errores. Es muy frecuente observar la ausencia de tilde en los verbos al pretérito simple (probó). La palabra *vez* puede ser confundida con *ves* del verbo *ver*.

4. (2)

El pronombre *la* reemplaza al objeto directo...una idea (desinencia del verbo llevar): *llevarla*.

5. (5)

El pronombre *los* dejó...reemplaza al objeto directo... *los guisantes*.

6. (3)

Vio y *fin* son palabras monosílabas, por lo tanto, no llevan tilde. Puede haber confusión en la ortografía de *hasta* y *asta*, palabras homófonas pero con distinto significado.

7. (4)

Entonces es un adverbio de tiempo que puede romper la oración principal—*llenó el fondo*—sin alterar el significado ni la lógica de la oración.

8. (4)

Profundamente significa *vivamente*, *intensamente*. Las (1), (2), y (3) (*prodigioso, honrado, decente*) son adjetivos de diferente significado. La (5) es un antónimo (contrario) de la (4).

9. (1)

La introducción, *desde que*... es ya una expresión de tiempo que más tarde se precisa con hace 11 años.

10. (3)

La regla ortográfica dice que las cifras de 0–30 se escriben en una sola palabra. A partir de 31 se les separa por medio de la conjunción *y*. Además, el 9 se escribe con *v*.

11. (1)

La frase original es la correcta porque, en español, los gentilicios se escriben con minúsculas: americano, mexicano, español, etc. Además, la palabra *campiña* obedece a la regla de ortográfica *m antes de p*.

12. (3)

En la oración original, se explica que el negocio fue instalado en 1996. Al iniciar la oración con *Gracias a nuestra pastelería*... es necesario incluir, a manera de aposición, la fecha de instalación de ese negocio porque de eso depende el significado del resto de la oración.

13. (5)

La palabra *concebir* viene del sustantivo *concepción* y la mayor parte de verbos terminados en *-bir* (salvo pocas excepciones) se escriben con *b*. La palabra *congénito* tiene problemas de confusión fonética entre *g/j*: jefe, gelatina, jirafa, gemelo, etc. Las respectivas reglas ortográficas tienen muchas excepciones.

14. (4)

La oración anterior informa que a los 31 años supo que no podría concebir. La siguiente oración habla precisamente de ese momento.

15. (3)

Para el efecto podrían ser reemplazadas por *Para iniciar los trámites de adopción*… El texto evita las repeticiones y por eso, se utiliza un conector que permite continuar con la idea anterior.

16. (4)

La oración comienza con una referencia de tiempo pasado: *Hace un mes*… La carpeta fue aceptada antes de ese día, por lo tanto, el primer verbo debe estar en un pasado anterior—el pluscuamperfecto: *había sido aceptada* y luego viene un verbo que se refiere a un tiempo posterior a la fecha de comunicación: *debíamos*.

17. (2)

La primera oración está completa y se le puede separar de la siguiente con un punto seguido: *La espera es larga y dolorosa. Hemos*…

18. (4)

La expresión *guiar los pasos* de alguien significa ser un guardián de la vida de alguien con el propósito de no dejarlo caer en problemas. Puede ser confundida *con guiar los primeros pasos de un bebé* que está aprendiendo a caminar.

19. (1)

Extinguir significa *desaparecerse* o *casi desaparecerse*. *Extender*, *propalar*, *comenzar*, y *aumentar* tienen significados contrarios a *extinción*.

20. (3)

La expresión *suplicar que*… necesita completarse con un subjuntivo; en este caso, en el pasado: *bajara o bajase*. Si el verbo introductorio estuviese en presente, el segundo verbo estaría también en subjuntivo presente. Por ejemplo, *suplican que baje*.

21. (2)

Si Bhariratha *obtuvo*, la acción de Brahma debe ser contraria; esto es, *conceder*, *dar*, *ofrecer*, etc.

22. (5)

El verbo *atenuar* tiene varios significados: *mitigar*, *amortiguar*, o *apaciguar*.

23. (4)

La leyenda dice que Shiva aceptó recibir el río (Ganges) en las trenzas de su cabellera y así pudo amortiguar la caída de Ganga en la Tierra.

24. (5)

Imagen es una palabra grave o llana, termina en *n* y de acuerdo con la regla ortográfica, no debe llevar tilde. La letra *g* puede confundirse con la *j* porque tienen la misma pronunciación junto a *e/i*. Todos los sustantivos terminados en *-eza* y que vienen de un adjetivo, se escriben con *z*. Así: pobre–pobreza, rico–riqueza, y fuerte–fortaleza.

25. (3)

La (3) introduce el sujeto de la oración para luego desarrollarlo. Podría ser esta una posibilidad: *Con el propósito de borrar sus faltas, los peregrinos, que proceden de todas las provincias, beben sus aguas y toman un baño ritual.*

26. (2)

Después de la preposición *para*, se deben utilizar los verbos en el infinitivo: *para bailar* o *para estudiar*.

27. (5)

Vera significa *ribera, orilla, al lado*.

28. (1)

Es innecesario el uso del pronombre reflexivo al final de una acción que no recae sobre el sujeto.

29. (4)

La (4) es la correcta, pues no se trata de una pregunta explícita sino implícita, en cuyo caso las palabras "por" y "qué" van unidas y mantienen la tilde que indica duda o desconocimiento.

30. (4)

La (4) es la correcta, ya que tenemos posibilidades que no se excluyen ni se incluyen una a otra. En esta situación gramatical, la conjunción "o" abre paso a las opciones, y nunca va antecedida por una coma.

31. (3)

La palabra "actual" hace referencia a algo que está vigente.

32. (1)

La opción 1 es la correcta, pues la palabra "además" sugiere que se trata de un requerimiento aparte de los ya mencionados.

33. (1)

El sujeto "el consumidor" es singular y en la oración se hace referencia a una acción que recae sobre él.

34. (4)

Es necesaria la presencia de un sujeto activo pero impersonal.

35. (4)

En español, "final" únicamente significa la terminación de algo, mientras que "fin" puede ser un objetivo (además de un final).

36. (4)

La (4) introduce a la segunda oración como la culminación de una meta: el programa, en efecto, se ha convertido en el más extenso a nivel mundial.

37. (1)

El nombre de dicho departamento es Departamento de Educación.

38. (2)

Siempre se necesita una coma después de una frase introductoria.

39. (2)

Todas las opciones son incorrectas, excepto la (2).

40. (2)

El concepto de porcentaje implica una parte del total, y el artículo indeterminado "un" así lo especifica.

41. (3)

La (3) se trata de una sola palabra, aguda y terminada en "n" (por lo que lleva tilde).

42. (2)

La (2) debido a la fuerza directa del razonamiento.

43. (4)

La (4) implica otras partes de la oración: *desarrollo intelectual*, *cambio de mentalidad*, *avances en los estudios*, etc.

44. (2)

Los dos puntos en la (2) indican que se va a enumerar lo que se anuncia antes de éstos, en este caso, las invenciones. Las otras opciones no permiten dicha enumeración.

45. (4)

Una oración pasiva puede ser transformada a activa al cambiar el sujeto de la original. El sujeto de la oración es *la imprenta* y ésta *fue perfeccionada por…* Al cambiar el sujeto a *Gutenberg,* debemos utilizar el verbo *perfeccionar* a la forma activa, esto es, *perfeccionó la imprenta…*

46. (5)

A veces, los estudiantes desconocen la escritura correcta de los sustantivos que provienen de un verbo e inventan palabras que no existen en el idioma español. Aplican ciertas terminaciones familiares.

47. (4)

En la oración original, solamente se debía corregir la tilde mal colocada en la palabra monosílaba *dio*. Los estudiantes pueden tener problemas con la pronunciación de las letras *y-ll* (cuyo) que suenan iguales junto a una vocal. Pueden olvidar la tilde de la esdrújula *crédito* y finalmente, la letra *c* de inicial podría ser motivo de dudas.

48. (3)

Antes de la conjunción *y*, están dos tipos de armas de fuego en las que se aplicó la pólvora faltaban, en la enumeración, otras armas…

49. (1)

La primera oración habla de *los importantes adelantos técnicos en la navegación* y en la segunda oración aparecen dichos adelantos. Es una clara enumeración que permite y exige los dos puntos.

50. (3)

El texto está en el pasado. El verbo *poder* es irregular y cambia la vocal de su raíz en algunas conjugaciones. Las (4) y (5) son conjugaciones al subjuntivo. La (1) no existe y la (2) es un verbo al futuro que no concuerda con el texto.

Parte II

Recientemente, el gobierno inglés aprobó la clonación de seres humanos con fines terapéuticos. Tratan de eliminar enfermedades como la de Alzheimer y el mal de Parkinson. Sin embargo, las voces de protesta se dejan oír alrededor de todo el mundo con diferentes argumentos.

¿Cuál sería su posición en caso de un debate al respecto?

La ciencia avanza diariamente a pasos agigantados y ha encontrado la solución a varios problemas que han aquejado a la humanidad. La clonación ha sido experimentada con relativo éxito en los animales y en las plantas. Los ingleses han conseguido la autorización para aplicarla a los seres humanos justificando sus pruebas con la posibilidad de eliminar enfermedades como la de Alzheimer y el mal de Parkinson. Es difícil ubicarse en pro o en contra de esta decisión inglesa. Sin embargo, mis argumentos en contra son más fuertes. Yo creo que se juega con la vida humana, que se toma al ser humano como sujeto de experimento y que los científicos podrían utilizar otros caminos para obtener óptimos resultados como lo han hecho en otros casos.

Mi primer argumento parte del respeto que los seres humanos merecemos. Nuestro cuerpo es un conjunto de aspectos físicos, síquicos y emocionales los cuales son inseparables. Tocar el cuerpo y transformarlo a gusto y capricho de los científicos es una violación a nuestra integridad y un atentado a la vida misma.

Un científico tomaría nuestro cuerpo al igual que el de un ratón o de otro animal de laboratorio y trataría de modificarlo de acuerdo con sus objetivos. Es verdad que la justificación terapéutica es sólida pero lo es también el hecho de que nadie puede jugar con el cuerpo de un ser humano y escudriñarlo hasta en sus orígenes. ¿Se han olvidado acaso de las deformaciones que se produjeron en algunos animales y en la muerte súbita de la oveja Dolly? ¿Qué pasaría si en lugar de curar las enfermedades referidas se provocan a nacer seres humanos con deformaciones monstruosas? Estas preguntas son la que me obligan a ubicarme en contra de esta inusitada decisión inglesa.

La ciencia ha encontrado la solución a un sinnúmero de enfermedades de los seres humanos sin recurrir a la famosa clonación. La genética ha avanzado tanto en los últimos años que ya es posible identificar los genes que producen algunas enfermedades graves ¿No sería ésta la mejor manera de encontrar la cura para otras enfermedades tan graves como las anteriores? ¿Cómo trabajaron los científicos de siglos anteriores para evitar las infecciones y sus catastróficos efectos?

Estos argumentos y muchos más estarían en la mesa de un debate acerca de esta polémica autorización. No se puede jugar con la vida de los seres humanos ni se puede tomarlos como animales de laboratorio. Se debe buscar formas de investigar y descubrir remedios más éticos para beneficio de la humanidad.

ESTUDIOS SOCIALES

1. (1)

Si el país B tiene trabajadores con niveles más altos de educación, esto puede explicar por qué puede producir más que el país A.

2. (4)

El texto explica que ahora, empleadores que emplean ciudadanos de los Estados Unidos en México están obligadas a contribuir en ambos países.

3. (1)

El documento indica que los trabajadores recibirán beneficios después de los primeros cinco años del convenio, entonces las otras respuestas son incorrectas.

4. (4)

El propósito de este convenio no es de igualar los salarios, abrir las fronteras entre México y los EEUU, aumentar la producción agrícola en México, o de convencer a más trabajadores de los EEUU para que trabajen en México.

5. (5)

Los exploradores europeos buscaron tesoros, gloria, y nuevos mundos. No tenían interés en las riveras de Norte América, donde no habían encontrado oro.

6. (1)

Ya que hay niños que obviamente tienen menos de 18 años de edad, se puede asumir que la foto fue tomado antes de 1938, cuando todavía era legal emplear niños jóvenes.

7. (3)

Puesto que un impuesto *progresivo* está basado en los ingresos, una persona de ingresos menores tuviera que pagar menos impuestos con este tipo de impuesto, de lo que tuviera que pagar con un impuesto *regresivo*.

8. (2)

El dibujo implica que el televidente es controlado por su televisión, entonces la respuesta es que la conducta de tal persona es muy afectada por lo que ve.

9. (2)

Los granjeros no podían vender sus productos sin transportarlos al mercado. Si los precios del transporte eran muy altos, su producción dejaba de ser rentable.

10. (4)

Un grupo tiene más poder que un individuo. Por eso se organizan grupos para lograr metas específicas.

11. (5)

Se puede ver que el crecimiento en el sur fue más alto, ya que en el norte hubo una baja de crecimiento de la población y también una pérdida.

12. (1)

Puesto que el mapa muestra el crecimiento y la pérdida de población en el estado, un buen título seria *Los cambios de la población en California*. (2) no es correcto porque no se puede asumir que las pérdidas y la tasa de crecimiento en una población tienen que ver con la tasa de nacimientos.

13. (4)

Los aztecas apaciguaron a sus dioses haciendo sacrificios humanos. En un tiempo de desastres naturales, como una hambruna, ellos hicieron más sacrificios en la esperanza que así los dioses terminarían el hambre.

14. (1)

La discriminación ocurre cuando hay un trato diferencial o inferior en cuanto a los derechos de las personas basados en el color de su piel, su etnia, sexo, edad, cultura, o religión. En este caso, la ley discriminó a personas de una nacionalidad específica.

15. (3)

Nueva México tiene el porcentaje más alto de personas sin seguro de salud.

16. (2)

La (2) es una conclusión lógica, basada en el gráfico. Las otras respuestas contradicen la información mostrada, o no son respaldadas por el mismo.

17. (1)

El precio del producto no determina su calidad, entonces es una opinión. Las otras respuestas son hechos.

18. (1)

La (1) podría ser una explicación para el cambio de edad del votante en los EEUU, ya que la edad para conscripción era de dieciocho años. Las otras respuestas no tienen sentido en el contexto de la pregunta.

19. (1)

El motivo para el reclamo del Ecuador a tener un acceso al Amazonas, es justificado por una necesidad económica. Se puede concluir que sin la posesión de este territorio, Ecuador no tuvo acceso al Amazonas.

20. (4)

Según el gráfico, una mujer no puede ganar más que un hombre en cualquiera de las posiciones.

21. (3)

Se puede determinar que el trabajo que más paga a hombres y mujeres es el de gerente de sistemas de computación. No se puede determinar si las otras enunciadas son ciertas o no.

22. (1)

La religión fue diseminada por seguidores del Islam. Ellos difundían la religión por medio de conversaciones con personas de otras religiones.

23. (1)

Una monarquía constitucional siempre tiene un monarca. La reina de Inglaterra es monarca de Canadá.

24. (4)

En este anuncio, el tipo de interés no esta expuesto, entonces no se puede calcular el precio final del auto.

25. (1)

El gráfico representa el gobierno de los EEUU. No puede ser de Canadá, porque Canadá tiene un sistema parlamentario, ni de Cuba (dictadura), Irán (teocracia), o Arabia Saudita (monarquía).

26. (2)

El término que indica que los españoles no entendían ni apreciaban la cultura de los apaches es "salvajes."

27. (4)

El imagen de Tío Sam despierta sentimientos de patriotismo en muchos norteamericanos.

28. (4)

La necesidad de emitir bonos de libertad implica que el país necesitó fondos para sostener la guerra.

29. (5)

El gráfico no muestra niveles de calidad. La respuesta (5) es el único enunciado que es una opinión.

30. (1)

La meta de la USSR fue diseminar el comunismo en todo Europa. Los líderes rusos sabían que esta tarea sería más fácil en países pobres y desorganizados.

31. (3)

Se puede ver en la tabla que en las décadas 60, 70, 80, y 90, hubo un crecimiento significativo en la inmigración de la América Latina a los EEUU.

32. (1)

La separación de poderes en el sistema federal de los EEUU e llama *cheques y balanzas* porque cada rama tiene sus propios poderes, y ninguna tiene el poder absoluto.

33. (2)

Este mapa sería utilizado para determinar elevaciones, porque la única información expuesta está expresada en pies.

34. (5)

Aunque muchos países ya no usan el *patrón oro*, el oro se considera una inversión atractiva porque tiene un valor intrínseco.

35. (3)

El texto indica que el Khan proporcionó la libertad religiosa, así que se puede asumir que esto no había existido previamente.

36. (1)

El Khan creó agencias, aumentó el uso de estaciones postales, estableció moneda de papel, y mejoró los caminos y las vías navegables. Entonces, él estableció una infraestructura fuerte.

37. (4)

Según la tabla, un estado no puede cobrar impuestos sobre productos producidos en otros estados.

38. (1)

El gobierno nacional tiene derecho de hacer todas las cosas mencionadas con la excepción de cobrar impuestos sobre productos intercambiados entre estados.

39. (3)

El aviso está diseñado para convencer a personas conformistas que deben comprar un auto nuevo para mantener el nivel de vida de sus vecinos.

40. (1)

Catalina debe colocar su dinero en un fondo de ahorros, porque las otras inversiones corren riesgos.

41. (3)

Antes de comprar acciones en una compañía nueva, Teodoro debe investigarla y aprender todo lo posible sobre sus finanzas para determinar si el riesgo es demasiado grande.

42. (5)

El texto explica que las inversiones que rinden altas ganancias son riesgosas.

43. (1)

En estos estados, la población blanca es en realidad una minoría.

44. (3)

Puesto que hay más personas viviendo en los suburbios que en los centros urbanos, se puede concluir que muchas personas prefieren vivir fuera del centro urbano.

45. (5)

La única opinión expresada entre las respuestas es que hay más crimen en los centros urbanos. Eso puede ser la verdad, pero no está establecido en el texto.

46. (4)

La única respuesta apoyada por la gráfica es que el uso doméstico es el más alto.

47. (1)

Se usa abundante agua en la producción industrial, entonces un resultado de una sequía prolongada podría ser una baja en la producción industrial. Las otras respuestas son poco probables.

48. (2)

Los datos establecidos en el texto apoyan la respuesta (2), que los EEUU no estaban preparados para una guerra en el Lejano Oriente.

49. (1)

Una subida en la producción agrícola implica que una civilización tiene los recursos para mantener una población más grande.

50. (3)

Hay mucha publicidad dirigida a los niños porque los niños hacen compras para sí mismos con su propio dinero y ayudan a determinar lo que sus padres comprarán.

CIENCIAS

1. (1)

Este proceso se llama *difusión*. La *osmosis* es un proceso por el cual se transporta agua. La *fotosíntesis* es el proceso en el cual la luz solar es convertida en alimento para las plantas. La *digestión* es un proceso en el cual se rompe el alimento en partes más pequeñas, las cuales pueden ser absorbidas y usadas por el organismo. La *respiración celular* es un proceso en el cual la célula convierte el alimento en energía usable.

2. (4)

Cuando los continentes eran un solo pedazo de tierra todas las especies animales y vegetales se encontraban en el mismo sitio, estos se separaron en diversos continentes. Lo que hace muy probable la teoría de la razón por la cual ahora se encuentran fósiles de la misma especie en diferentes continentes, es porque alguna vez estuvieron en el mismo sitio.

3. (3)

Si ahora hay evidencia que los continentes no han estado siempre en el mismo sitio, y que alguna vez estuvieron en otras posiciones, es lógico suponer que no van a permanecer en sus sitios actuales. Realmente no hay evidencia para suponer que las otras opciones son correctas.

4. (1)

La lectura especifíca que nadie de la familia del paciente sufre del problema, entonces esto descarta que sea un problema genético. Otra información proporcionada por la lectura es que el paciente pasaba mucho tiempo en el sol, por esta razón se puede concluir lógicamente que ésta es la causa de su problema.

5. (2)

La lectura explica que el calentamiento global es un problema creciente que tiene que ser solucionado. La (1) es muy concreta, las (3), (4), y (5) no se mencionan en la lectura.

6. (2)

La lectura nos da a conocer que el calentamiento global es un problema que va a causar un incremento en la temperatura, esto lógicamente va a afectar a los animales que están acostumbrados a vivir en la humedad. Las ciudades se van a ver afectadas, los animales del polo no se beneficiarán del calentamiento global, los inviernos probablemente no se volverán más intensos, y el calentamiento global es un problema grande y no fácil de solucionar.

7. (2)

La célula que absorbe el agua por difusión tiene que tener poca agua adentro de ella y mucha afuera, ésta es la situación presentada por la imagen B.

8. (5)

La célula que se muestra en la imagen A, no está absorbiendo agua, sino que está perdiendo agua, ya que ocurre lo opuesto de lo que pasa en la célula de la imagen B, hay más agua adentro de la célula que afuera de ella.

9. (3)

La madera no es un buen conductor de calor, mientras que el metal sí lo es. Es por esta razón que el metal se calienta de manera más rápida y la madera no. Los mangos de las ollas están hechos de manera que uno no se queme al toparlos.

10. (4)

Las (1) y (2), aunque pueden aparentar ser válidas, no lo son ya que si se encontraba un río en ese sitio hace mucho tiempo. No es probable que se encuentren fósiles ni restos de conchas en la superficie, sino con más profundidad. La fertilidad de la tierra no da indicación de que hace muchos años había un río en ese sitio, ya que hay muchas capas de tierra por encima, esto descarta la (3). La (5) no tiene lógica, ya que no se indica evidencia alguna de la existencia de un río.

11. (2)

Se ve claramente que el ratón se encuentra en el cuarto 2 y la planta en el cuarto 1. El ratón hace respiración celular y esto provoca un aumento de los niveles de dióxido de carbono, lo que se ve en el gráfico 2 del cuarto 2, mientras que la planta consume el dióxido de carbono por el proceso de fotosíntesis que realiza, entonces el nivel de dióxido de carbono tiene que disminuir.

12. (1)

El problema que destaca la lectura sobre los combustibles fósiles es que se van a acabar, esta respuesta se puede ver claramente en la línea 1.

13. (3)

La idea principal de la lectura son las diferentes fuentes de energía que se pueden encontrar en la tierra, y como éstas pueden servir de alternativas en el futuro. Las (1), (2), (4), y (5), aunque son mencionadas en la lectura, son muy específicas. Por ejemplo, aunque la lectura menciona la tragedia de Chernobyl, ésta no es la idea principal de la lectura.

14. (5)

A lo largo de la lectura las opciones (1) a la (4) son mencionadas como formas de obtener energía pero la opción (5) no lo es.

15. (5)

El movimiento de las placas tectónicas hace que la tierra se mueva, y esto, a su vez, causa terremotos y formación de montañas. Al moverse las placas también causan que el magma se mueva y algunas veces salga a la superficie a través de los volcanes, causando que estos erupten.

16. (1)

Un claro signo de una división en las placas teutónicas, es la cercanía de volcanes y montañas, esto se ve claramente en muchos países. Japón sufre mucho por la erupción de volcanes, al igual que muchos países de América Latina y California.

17. (5)

El diagrama es un circuito en serie. Esto significa que al apagar el foco 2, esto ocasionará que también se apague el foco 3, porque éste depende de la corriente del foco 2 para permanecer encendido. Ni el foco 1 ni las baterías se verían afectados.

18. (4)

Al apagar el foco 1, el resto de los focos también se apagarían tal como en la pregunta anterior, el foco 2 y 3 dependen del foco 1 para permanecer encendidos.

19. (1)

Si se apagara el foco número 3, nada sucedería ya que éste está al final del circuito y no proporciona corriente a ninguno de los otros focos.

20. (5)

La lectura dice que los aspectos de esta enfermedad son todavía desconocidos, y también que por mucho tiempo esta enfermedad fue mal entendida. Las demás respuestas, aunque se mencionan en la lectura, son muy específicas y no muestran la idea general de la lectura.

21. (4)

De las opciones, una madre con 45 años es la válida, ya que la lectura claramente dice que los niños nacidos de madres de edad avanzada tienen más probabilidad de tener síndrome de Down.

22. (4)

Todas las opciones se mencionan como aspectos de la enfermedad, menos la opción (4).

23. (4)

Es lógico pensar que estar lejos del sol va a causar que la tierra se torne más fría, entonces cuando hay invierno en el hemisferio norte, esta parte de la tierra debe estar alejada del sol. Esto indica que la tierra debe estar inclinada de tal manera que el hemisferio sur esté cerca del sol y el norte esté alejado.

24. (2)

Sin electricidad el martillo que golpea la campana no se movería, ya que sin la electricidad la campana no funcionaría como magneto.

25. (4)

El cangrejo es la única de las opciones que tiene una simetría bilateral, los otros organismos todos tienen una simetría radial. Si uno pone a una medusa con todas sus extremidades extendidas sobre una superficie plana, puede verse que cuando uno divide su cuerpo en cualquier ángulo hay simetría, esto es lo que se llama simetría radial. Las hidras, corales y medusas pertenecen al mismo fylum, y por eso tienen la misma simetría. La forma de las estrellas de mar siendo parecida a la de la medusa tiene lógicamente una simetría radial.

26. (5)

La tierra en su centro es muy caliente y tiene varias capas de metales y piedra derretida, esto hace que la vida allí sea muy improbable.

27. (1)

El metal es muy buen conductor de calor y por esta razón se calienta muy rápidamente, por esto sería una buena idea cubrir el interior del horno con metal.

28. (1)

En la tabla se puede ver claramente que la hormona que estimula el crecimiento es la hormona de crecimiento y es producida por la glándula anterior pituitaria.

29. (5)

Las hormonas LH (hormona luteinizante) y FSH (hormona folículo estimulante) son las producidas por los ovarios y estimulan el crecimiento de óvulos, por esto están relacionadas a la menstruación.

30. (2)

La insulina es la única de las opciones que controla los niveles de azúcar.

31. (3)

Cuando uno patea una pelota sobre el suelo, esta crea fricción, lo cual frena a la pelota. Esto no se aplica, por ejemplo, en el espacio en el cual uno patea una pelota y esta puede seguir su trayecto hasta que alguna fuerza se lo impida.

32. (2)

La gravedad es una fuerza relacionada con la masa de un objeto, por eso es que la tierra produce esta fuerza y la luna también lo hace. El campo de gravedad de la tierra mantiene a la luna en su órbita alrededor de la tierra, y la gravedad de la luna causa que haya olas y mareas en los océanos de la tierra.

33. (4)

Cuando uno sufre una herida se expone a que el cuerpo se contamine con cualquier germen, y por eso el sistema inmunológico se estimula en la creación de anticuerpos para poder pelear contra los entes extraños. Las otras opciones no explican porqué el cuerpo produciría anticuerpos, ya que en ninguna de estas opciones es claro si han ingresado intrusos en el cuerpo del perro.

34. (2)

Es la luz del sol la que produce la luz en la luna. Los satélites están alrededor de la tierra y no tiene efecto alguno sobre el brillo de la luna. La atmósfera tampoco tiene efecto sobre la luna, ni sobre la gravedad de la luna.

35. (2)

Fricción es la fuerza que ejerce el suelo sobre la pelota que va en sentido contrario al movimiento de la pelota. Las otras opciones son improbables. La tensión es una fuerza que aparece cuando hay una soga de algún tipo de por medio. La gravedad se ejerce de manera vertical hacia la tierra. La masa de un objeto no es una fuerza.

36. (3)

El atleta y el agua sufren de cambios de calor, ya que ambos tienen diferentes temperaturas (el río tiene 20 grados y la persona 37). Esta diferencia hace que el calor del atleta se vaya hacia el río, y de esta forma hay un cambio de calor en ambos, aunque sea mínima.

37. (3)

Los rayos gama tienen mucha energía y sus ondas son de altas frecuencias, es por eso que son tan peligrosos para los humanos. Por esto cualquier onda que se asemeje a estos rayos, también debe ser de frecuencia y energía alta.

38. (1)

El color púrpura tiene mucha energía ya que se acerca más al azul que al rojo. Esto nos asegura que tiene una frecuencia elevada.

39. (4)

Mirando el gráfico se puede ver claramente que la fase más grande del ciclo celular es la de síntesis en la que hay crecimiento y duplicación. Es por eso que es más probable que encontremos a las células en esta fase. Las otras opciones son fases más pequeñas y por eso es menos probable encontrar a una célula en estas fases.

40. (1)

La fase de síntesis es nuevamente la fase en la que hay duplicación de ADN. Si uno se fija en el gráfico, dice claramente que ésta es la fase de duplicación de los organellos de la célula y por esto se podría inferir que ésta es la fase en la que hay duplicación del ADN.

41. (5)

Las células cancerosas, como explica la pregunta, se duplican en grandes números y por esto causan tumores. La fase de la célula que permite la división celular es la de la mitosis, en la que la célula se divide para formar dos células más. Las células cancerosas pasan gran parte del tiempo en esta fase del ciclo celular.

42. (1)

Es claro del gráfico que hay más sobrevivientes cuando la cantidad de sal no supera el .1%, por eso se puede concluir que ésta es la concentración que prefieren los peces.

43. (4)

Cuando la concentración de sal es de 1.5%, los peces empiezan a morir.

44. (4)

Cuando hay más hidrógenos en una sustancia, ésta se hace más ácida.

45. (4)

Al estar la sangre con dióxido de carbono, ésta se torna un poco ácida, la única de las respuestas que muestra un pH ácido es la respuesta (4), ya que las otras tienen un pH de más de 7, lo cual es un pH alcalino.

46. (2)

El jabón no es una sustancia ácida sino alcalina.

47. (1)

Al frotar una tela en un globo hay estática y esto se debe a que los electrones que se encuentran en uno de los objetos se transfieren al otro. Esto causa que se pegue uno de los objetos al otro.

48. (5)

En muchos casos, la desertificación se produce a causa de la falta de agua, pero hay otras causas menos evidentes. Las raíces de los árboles hacen que la superficie de la tierra esté fértil, cuando alguien tala los bosques, causa que ésta fertilidad se vaya, y que no haya cualquier indicio de viento o lluvia. Lo mismo sucede cuando hay muchos animales pastando, estos quitan los nutrientes de la tierra. La tierra una vez sin nutrientes no sirve ya que nada crece en ella y se convierte en un desierto.

49. (2)

El gráfico muestra que al agregar enzimas a una reacción, estas causan que la reacción se acelere, por esta razón si uno quisiera que una reacción química se acelere ésta es la alternativa lógica.

50. (3)

Lo que probablemente suceda con la reacción es que vaya de manera muy lenta ya que la enzima es la que la acelera. La (1) no tiene lógica ya que pasaría lo opuesto. La (2) es incorrecta porque el gráfico muestra que antes de aplicar la enzima sí hay reacción. La (4) no es probable ya que la reacción no puede cambiar. La (5) es incorrecta porque, de acuerdo al gráfico, es claro que las enzimas, o la falta de ellas, si ocasionan un efecto sobre la reacción.

ESPAÑOL: LENGUAJE Y LECTURA

Ahasver

1. (3)

Cordero habla con Ahasver porque tiene experiencia como errabundo, entonces las respuestas están incorrectas.

2. (5)

Ahasver dice que una vez que se empieza a vivir como errabundo no es fácil dejar de caminar.

3. (3)

El "antiguo ferrocarril" es una metáfora para el cuerpo de Ahasver. El es viejo y no vivirá muchos años más.

4. (2)

En el transcurso de la conversación, Cordero se da cuenta de que Ahasver no puede dejar de viajar, entonces la libertad se ha convertido en una maldición.

5. (1)

Ahasver no quiere asustar a Cordero, ni inspirarle, entretenerle, o explicarle porque el viaja. Su prepósito es avisarle que debe reconsiderar su decisión de ser errabundo.

Nochebuena de 1836

6. (1)

El dice que la prueba de que el número 24 es fatal para él el que él nació en día 24.

7. (1)

Las otras respuestas no tienen nada que ver con la palabra *víspera*.

8. (2)

El autor no confía en las mujeres. Él piensa que todas causan sufrimiento y tormenta a los hombres.

9. (1)

El tono del ensayo es irónico. No se puede tomar lo que él dice literalmente, porque usa el sarcasmo y el humor en su ensayo. Las otras respuestas no describen el tono de este extracto.

10. (3)

Es obvio que el autor desconfía de las mujeres porque él piensa que "la mayor desagracia que le puede suceder es que una mujer le diga que le quiere." Las otras respuestas no tienen sentido.

Inmigración y Matrimonio

11. (3)

En las primeras líneas del primer párrafo está la respuesta: noventa días antes de cumplir dos años de matrimonio.

12. (4)

El matrimonio debe durar por lo menos dos años antes de pedir residencia permanente, por lo tanto, si este vínculo se disuelve antes de este tiempo, la ley lo considera como matrimonio fraudulento.

13. (2)

Los párrafos dos y tres hablan de las consecuencias de evadir las leyes de inmigración a través del matrimonio y señalan como consecuencias la deportación, la multa y/o prisión.

14. (3)

La última línea del texto aconseja consultar con un abogado especialista en leyes de inmigración.

Poema Barroco

15. (1)

El cuarto párrafo termina con las palabras *bona fide* con una explicación previa sobre el tipo de pruebas que se deben presentar para demostrar que el matrimonio es genuino.

16. (3)

El título habla de la eternidad del amor (*amor más allá de la muerte*).

17. (2)

El encabalgamiento es la figura literaria que consiste en terminar la idea de un verso en el siguiente. En este caso, es un *encabalgamiento sirremático* porque se trata de un *adjetivo* con el respectivo *sustantivo* al que califica (postrera sombra).

18. (5)

El blanco día es una metonimia de la muerte.

19. (1)

Aunque el poema no incluye el nombre del río que debían atravesar los griegos (Leteo), las palabras referentes a éste están en el segundo cuarteto.

20. (4)

La pasión y el amor son tan fuertes que pueden desafiar las aguas del río de la muerte. Véase pregunta anterior

21. (5)

Los sonetos clásicos italianos y más tarde, españoles, están formados de versos endecasílabos, es decir, de 11 sílabas métricas.

22. (3)

El verbo *ser* conjugado en plural junto a un sustantivo singular representa a los dos enamorados o amantes. Se altera la sintaxis porque los autores de estos sonetos utilizaron el hipérbaton o inversión de la oración como característica importante además de incluir la cultura griega.

Don Juan Manuel

23. (1)

Cada uno de los ejemplos que constituyen la obra *El Conde Lucanor* terminan con una moraleja que se presenta en dos versos que toman el nombre de *pareado*. Por ejemplo: Entregaos a las cosas ciertas y dejad las esperanzas vanas.

24. (4)

Los escritos medievales son narraciones en verso como El Mío Cid. *El Conde Lucanor* presenta sus ejemplos en prosa y esto es ya considerado un avance en la creación literaria de la época.

25. (3)

El que relata los cuentos es Patronio a manera de respuesta a los requerimientos del conde Lucanor.

Capitulo XII

26. (2)

El texto habla de la convivencia de los españoles que habían naufragado en aguas del Nuevo Mundo y que fueron acogidos por los indígenas de esas islas.

27. (2)

Cabeza de Vaca dice que los indígenas les atendieron con amabilidad y que les trajeron pescado, raíces, nueces.

28. (1)

Los náufragos se encontraban en condiciones deplorables, *"propia figura de la muerte."*

29. (4)

Una vez que salieron del hospedaje ofrecido por los indígenas, volvieron a ser golpeados por las olas y la barca naufragó produciéndose la muerte de algunos de ellos y los sobrevivientes quedaron desnudos y desprovistos de todo lo material.

30. (3)

El texto dice que lloraron y que pidieron perdón a Dios por sus pecados.

Miami Herald

31. (4)

El señor Roberto Suárez demostró su esfuerzo y perseverancia para llegar a ser el presidente de su empresa. Comenzó desde abajo y llegó a su máximo nivel.

32. (5)

Inició limpiando casas y llegó a ser presidente de la empresa en la que trabajaba.

33. (3)

El texto dice que la leche en polvo que los niños cubanos recibían no alimentaba porque tenía un alto contenido de agua. Los hijos del señor Suárez estaban delgados. Su cheque lo utilizó para comprar leche entera (verdadera) para su familia.

34. (2)

De todas las actividades en las que se desempeñó el señor Suárez, se destaca la de contador y financiero que lo llevaría al nivel que logró alcanzar

Diego Velázquez

35. (2)

La biografía destaca la calidad de los retratos de Velázquez: el de Felipe IV, de Inocencio X, de la Familia del Rey, de los bufones de la Corte.

36. (1)

El texto dice claramente que gracias al retrato de Felipe IV, Velázquez pudo ingresar a la Corte.

37. (5)

En esta obra maestra de Velázquez se aprecia a toda la familia de Felipe IV incluyendo al mismo pintor y a otros personajes.

38. (4)

La biografía destaca algunas obras, entre ellas *El Retrato de Inocencio X,* que pertenecieron a la época en la que Velázquez se dedicó a estudiar profundamente el arte de Tiziano.

39. (3)

Leyendo el texto con atención se encuentra fácilmente la explicación sobre la leyenda de Atenea y Aracne plasmada en la pintura *Las Hilanderas.*

40. (5)

La presencia de España se nota tanto en la biografía del pintor como en la descripción de su obra maestra.

MATEMÁTICAS

Parte I

1. (1)

Se debe utilizar la fórmula para calcular la base de un círculo ($\neq r^2$). Como el problema le da el diámetro del círculo, se debe dividir este número por 2; el resultado es igual al radio del círculo. Este valor es el que se debe utilizar en la fórmula.

2. (1)

El problema requiere la suma de todos los lados indicados en la figura. Una respuesta incorrecta es producto de la omisión de un lado o de haber sumado un lado más de una vez.

3. (4)

Se puede hacer una simple regla de tres. Si 214 es el 100%, entonces ¿qué porcentaje representa 177.94?

$$177.94 = \frac{x}{100}(214)$$

La Palabra "es" puede ser representada por el simbolo "="

"de" $\rightarrow$ multiplicación

"%" $\rightarrow$ dividido por 100

4. (1)

Se usa la relación Pitagórica una vez que se tenga en claro que la longitud de los catetos es de 6 y 3 km.

$$\sqrt{6^2 + 3^2} = x$$

5. (3)

Para calcular los galones que sobran tras haber recorrido cualquier distancia debemos escribir una ecuación en donde g = galones que sobran, 39 = galones en el tanque del auto, .3 = galones que se utilizan por cada kilómetro recorrido, x = kilómetros recorridos:

$g = 39 - .3x$
$g = 39 - .3(27)$

6. (3)

Si Dan tienen que detenerse para cambiar la llanta, entonces su distancia con relación a su casa no debe cambiar, en otras palabras la pendiente de la línea debe ser 0 (la línea debe ser horizontal). Esto ocurre únicamente en el intervalo de 5–25 minutos.

7. (5)

Para saber el tiempo en que Dan llega a una distancia de 90 km., se debe localizar la marca de 90 km. en la línea con relación al eje de la Y (distancia) y se debe registrar el correspondiente valor de tiempo sobre el eje de la X.

8. (5)

El viaje de regreso a casa de Dan debe estar graficado por un línea descendiente pues la distancia con la casa disminuye. Esto ocurre a partir del pico del gráfico, localizado en el minuto 35. Si la línea regresa a 0 en el minuto 50 se resta 35 a 50 para obtener la respuesta.

9. (2)

Si $a + b = w$ entonces

$$(a+b)^2 = w^2$$
$$a^2 + 2ab + b^2 = w^2$$
$$a^2 + b^2 = w^2 - 2ab$$
$$a^2 + b^2 = w^2 - 2P$$

10. (1)

Este problema requiere que se sume el número de estudiantes en cada grado para saber el número de estudiantes en *toda* la escuela. Luego se puede proceder a multiplicar 3 (el número de uniformes por estudiante) por el número *total* de estudiantes en la escuela.

11. (2)

$$\left(\frac{-3+2}{2}, \frac{-2+3}{2}\right) \text{ es } \left(-\frac{1}{2}, \frac{1}{2}\right)$$

12. (4)

Para obtener una razón se construye una fracción y se simplifica, o se dividen, los valores y se simplifican. Si una pizza tiene 12 pedazos y la otra tiene 8 pedazos, la fracción es 12:8. Simplificada, es igual a 3:2.

13. (5)

$250 \times \dfrac{2}{5} = 100$

14. (4)

La ganancia neta de cualquier negocio es representada por los ingresos (en este caso el dinero de las entradas es el único ingreso del consejo estudiantil) menos el costo total (en este caso 2,274).

$I = 5x - 2,274$

en donde I es ganancia neta, 5 es el costo de la entrada, x es el número de personas que asisten a la fiesta, y 2,274 es costo total de la fiesta.

15. (1)

Si el porcentaje destinado al transporte es 2% y el total de dinero a gastar el 1,380,135; entonces la respuesta es el 2% de 1,380,135. Para resolver, utiliza una regla de tres o multiplica el total de dinero a gastar por .02 (2% en decimales).

16. (3)

Primero, se debe obtener el 80% de 1,380,135 para saber cuál es el dinero total destinado al personal del colegio. Con este número, se procede a dividirlo por los 98 profesores del colegio.

17. (2)

Se debe obtener el 7% de 1,380,135 para saber cual es el total de dinero destinado a los administrativos del colegio. Se divide la respuesta por 2 para obtener el sueldo de cada uno de los administrativos.

18. (2)

Para factorizar se debe convertir una suma de valores en una multiplicación de dos o más grupos.

$12x^3 + 3x^2 + 3$
$3(4x^3 + x^2 + 1)$

19. (5)

Para multiplicar polinomios, se debe seguir un orden específico. Primero se multiplica el primer valor del primer grupo por el primer valor del segundo grupo. A esta respuesta se le suma o resta el producto del primer valor del primer grupo por el segundo valor del segundo grupo. A esta respuesta se le suma o resta el producto del segundo valor del primer grupo por el primer valor del segundo grupo. Finalmente, a esta respuesta se le suma o resta el producto del segundo valor del primer grupo por el segundo valor del segundo grupo.

$(3x - 6)(1 + 2x)$
$(3x \times 1) + (3x \times 2x) + (-6 \times 1) + (-6 \times 2x)$
$(3x) + (6x^2) + (-6) + (-12x)$
$3x + 6x^2 - 6 - 12x$
$6x^2 - 9x - 6$

20. (3)

Se debe respetar el orden de operaciones. Primero se suma lo que está dentro del paréntesis, luego se resuelve la parte del problema con exponentes, finalmente se divide el primer resultado por el segundo resultado. La respuesta es 3.25.

21. 37

$x + 53 + 90 = 180$
$x + 143 = 180$
$x = 37$

22. .125

$$\frac{1}{8} = 0.125$$

Una fracción se puede convertir en decimal multiplicando la fracción entera por 1.

23. 450

El área de un rectángulo es longitud por amplitud. Longitud es 30 y amplitud es $\frac{1}{2}(30) = 15$. El área es $30 \times 15 = 450$.

24. (−1, 0)

$$y = 2x + 2y$$
$$y = -x - 1$$
$$2x + 2 = -x - 1$$
$$3x = -3$$
$$x = -1$$

$$y = 2x + 2$$
$$y = 2(-1) + 2$$
$$y = -2 + 2$$
$$y = 0$$

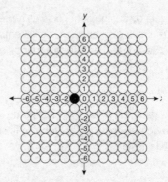

El punto de interseccion es (−1, 0).

O, se puede realizar una tabla de valores comparativos, en la que se reemplacen valores dentro de las ecuaciones. Cuando dos valores sean iguales en y, en el mismo valor de x, se asume que ese es el punto de interseccion.

25. (−1, 0)

Dividir al círculo en 4 partes iguales, contar el número de unidades en y y x independientemente de cada línea. Al dividir cada cantidad para 2, se debe obtener el mismo reultado. Se reemplaza en el plano y se obtiene el centro del círculo. (−1, 0).

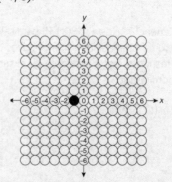

Parte II

26. (1)

La columna de mujeres es más alta que la columna de hombres únicamente en el deporte de natación.

27. (4)

Debemos referirnos a las columnas de béisbol. El valor registrado para los hombres es de 75 y el valor registrado para las mujeres es de 20. Una resta de estos valores dará la respuesta.

28. (1)

Debemos referirnos a las columnas de básquetbol. Ambas columnas registran un valor de 60 para hombres y un valor de 60 para mujeres. La suma de estos valores dará la respuesta.

29. (1)

El paralelogramo tiene ángulos diagonales iguales, por lo tanto, hay que restar 60 de 115 para conocer el ángulo adyacente al ángulo de 60°. Luego se debe sumar la respuesta y 60° y restar la nueva respuesta de 180° pues un triángulo siempre suma 180° en total.

30. (3)

Se debe sustituir el valor asignado a y por la y en la ecuación $6x + y$. Se debe cuidar y respetar los signos de las variables:

$$y = (2 - 3x)$$
$$6x + y = 6x + (2 - 3x)$$
$$= 6x + 2 - 3x \quad \text{(Se debe respetar el signo de } 3x\text{)}$$
$$= 3x + 2$$

31. (5)

Utiliza la fórmula del volumen de un rectángulo en la que se multiplica el ancho por la altura por el largo para obtener una respuesta.

32. (1)

El problema requiere una simple resta.

33. (3)

Multiplica los dos lados del cuadrado. Como los lados de un cuadrado son iguales, se puede proseguir a elevar un lado del cuadrado a la segunda potencia. Recuerda que un variable por el mismo variable es igual al variable al cuadrado.

34. (3)

Para obtener la raíz cuadrada, se puede escribir de nuevo al problema en esta manera:

$$\sqrt{x^4} = \sqrt{x \times x \times x \times x} = x \times x = x^2$$

El problema también se puede entender con valores numéricos:

$$\sqrt{16} \text{ o } \sqrt{2^4} = \sqrt{2 \times 2 \times 2 \times 2} = 2 \times 2 = 2^2 = 4$$

35. (1)

Para factorizar se debe transformar la suma de muchos valores en la multiplicación de dos o más grupos.

$$4x^3 - 4x + 4$$
$$4(x^3 - x + 1)$$

36. (2)

Se debe llegar al mes de Octubre (mes #10) en el eje de la X y leer el valor registrado por la línea de regresión en el eje de la Y. Ese será el peso de Carla en el mes de Octubre.

37. (2)

El problema requiere que se compare los puntos registrados en el plano Cartesiano como el peso REAL de Carla, con los valores registrados por la línea de regresión. El punto que más se aleje de la línea es aquel que registra el mes en donde existe la mayor diferencia entre el peso real de Carla y el peso estimado por la línea de regresión.

38. (1)

Se deben utilizar las coordenadas dictadas por el problema en la fórmula para calcular la pendiente de una línea.

39. (5)

La cometa del problema está dividida en 4 triángulos de ángulo recto. Como la suma de todos los ángulos de un triángulo es 180°, se puede proceder a sumar 90 + 70 y restar la respuesta de 180 para resolver para el ángulo x.

40. (4)

$2x - 7 = 11$
$2x = 11 + 7$
$2x = 18$
$x = \dfrac{18}{2}$
$x = 9$

41. (5)

La mediana de una lista es el valor ubicado en el medio o centro de la misma. Para encontrar la mediana no se debe alterar el orden de la lista pues no importa el valor en sí sino su posición. En este caso el número del medio es el $6.06.

42. (1)

Hay que sumar todas las edades y dividir por 9.

$\dfrac{138}{9} = 15.\overline{3}$ años

43. (5)

Si los triángulos son semejantes, la proporción entre cada lado es la misma. Para resolver este problema, se debe obtener la proporción, utilizando la información de la longitud de los otros lados de los triángulos. Si un lado del triángulo grande mide 6 metros y un lado del triángulo pequeño mide 3 metros, entonces la proporción es de 6:3 o 2:1. Si el triángulo de la casa por frente es 2 veces más grande al de la casa por el costado, la base del triángulo pequeño mide 4 metros.

44. (1)

Para simplificar, se debe sumar todos los valores semejantes en cuanto sea posible:

$2x - 4xy + 7y - b + ab + 5b + 4xy$
$2x - 4xy + 4xy + 7y + ab - b + 5b$
$2x + 7y + ab + 4b$

45. (4)

La notación científica hace que un valor de muchos dígitos se convierta en un valor de *una* unidad y dos decimales. Esto se hace multiplicando al dígito de mayor valor y los decimales por 10 elevado a la potencia que será determinada por los espacios entre el dígito de mayor valor y el punto decimal de la siguiente manera:

$6{,}320{,}000.00 \rightarrow 6.32 \times 10^6$ (6 = espacios entre el 6 millones y el punto decimal original)

46. 5

Se necesita la relación Pitagórica. La diagonal de la puerta (rectángulo) es igual a la hipotenusa del triángulo creado entre dos lados de la puerta y la diagonal. Si tenemos la longitud de los dos lados de la puerta se puede proceder a resolver por la longitud de la diagonal.

$x^2 = 4^2 + 3^2$
$x^2 = 16 + 9$
$x^2 = 25$
$x = 5$

47. (1, 2)

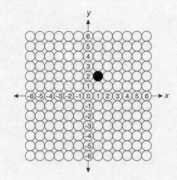

48. 3

Se debe sustituir por cada x de la segunda ecuación el valor asignado a la x en la ecuación $x = 2y^2$. De esta forma se puede operar más fácilmente con una sola variable y resolver para y:

$$2y^2 + 2y^2 = 36 \qquad \text{(se sustituye por x)}$$
$$4y^2 = 36$$
$$y^2 = 9$$
$$y = 3$$

49. −1

Primero se procede a resolver la ecuación para y:

$$x - y = -1$$
$$x - 0 = -1$$
$$x = -1$$

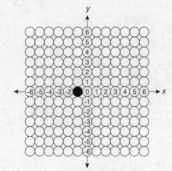

La línea interfecta el eje de la x en (−1, 0).

50. 265

$$x + y = 180$$
$$85 + y = 180$$
$$y = 95$$
$$2x + y = 2(85) + 95 = 170 + 95 = 265$$

NOTES

NOTES

NOTES

NOTES